Generation Hoyerswerda

HEIKE KLEFFNER
ANNA SPANGENBERG (HRSG.)

GENERATION HOYERSWERDA

DAS NETZWERK MILITANTER NEONAZIS IN BRANDENBURG

be.bra verlag

Bibliografische Information der Deutschen Nationalbibliothek
Die Deutsche Nationalbibliothek verzeichnet diese Publikation in der Deutschen Nationalbibliografie; detaillierte bibliografische Daten sind im Internet über http://dnb.d-nb.de abrufbar.

KulturBrauerei Haus 2
Schönhauser Allee 37, 10435 Berlin
post@bebraverlag.de
Redaktion: Jonas Frykman, Potsdam
Lektorat: Stephan Lahrem, Berlin
Umschlag: hawemannundmosch, Berlin (Foto: ullsteinbild)
Satz: typegerecht, Berlin
Schrift: Dante 10/13 pt
Druck und Bindung: CPI – Clausen & Bosse, Leck
ISBN 978-3-89809-127-5

www.bebraverlag.de

INHALT

RÜCKBLICKE UND AUSBLICKE

ANHANG

VORWORT DER HERAUSGEBERINNEN

Mit dem Einbruch der Dunkelheit strömten am 19. Oktober 2015 Tausende Menschen auf den Theaterplatz in Dresden. Sie kamen, um das einjährige Bestehen der *Pegida*-Bewegung zu feiern. Vom Rand des Platzes aus sahen wir, wie sich Journalistinnen und Journalisten unter die Menge mischten, ohne ihre Presseausweise zu zeigen, um nicht als Angehörige der verhassten »Lügenpresse« erkannt zu werden. Vor der Bühne sammelten sich ältere Männer und Frauen, auch junge Familien, vor allem aber: viele Männer aus Sachsen, Thüringen, Mecklenburg-Vorpommern, Berlin und Brandenburg zwischen 30 und 45 Jahren, ganz in schwarzen Sportklamotten, mit Turnschuhen und festen Handschuhen, selbstbewusst und angespannt. Redner wie der Schriftsteller Akif Pirinçci peitschten die Menge auf, bis diese immer wieder lautstark »Abschiebung« und »Widerstand« skandierte. Die gespenstische Inszenierung ließ uns verstummen. Wir waren Zeuginnen, wie eine Bewegung auf den »Kampf auf der Straße« eingeschworen wurde.

Auf der Rückfahrt zählten wir, wie viele »Nein zum Heim«-Kundgebungen auf dem Theaterplatz angekündigt worden waren: Allein für Brandenburg waren es elf, die innerhalb von drei Wochen bis Anfang November 2015 stattfinden sollten. Noch nie in der 25-jährigen Geschichte des Landes Brandenburg hat es so viele Demonstrationen von Neonazis gegeben wie 2015. Und nahezu alle hatten dasselbe Ziel: den Hass auf Flüchtlinge anzufachen. Mit der Zahl der Aufmärsche nahm auch die Zahl von Überfällen und Anschlägen zu. Schon im September 2015 hatte die Brandenburger Polizei drei Mal mehr rassistische Gewalttaten festgestellt als im gesamten Jahr zuvor. Dazu gehört mit großer Wahrscheinlichkeit auch das Feuer, das in der Nacht zum 25. August 2015 die Turnhalle des Oberstufenzentrums in Nauen vollständig zerstörte – einer von fünf Brandanschlägen binnen einer einzigen Sommerwoche in Deutschland. In der Kleinstadt im Havelland waren in den Monaten davor immer wieder Neonazis aufmarschiert, »Nauen bleibt weiss« und »Mut zur Tat« hatte auf ihren Schildern gestanden. Brandenburgs Ministerpräsident Dietmar Woidke nannte die Tat einen Akt des

»Rechtsterrorismus«. Der Anschlag war laut Polizei minutiös geplant. Die Täter bzw. Täterinnen sind noch immer unbekannt, und wir müssen davon ausgehen, dass sie – oder andere – weitere Anschläge vorbereiten.

DER *NSU*-KOMPLEX: EINE SPURENSUCHE IN BRANDENBURG

Als wir mit der Arbeit an diesem Buch begannen, war diese Aktualität nicht absehbar. Der Anlass war ein anderer: Nach der Selbstenttarnung des *Nationalsozialistischen Untergrunds (NSU)* im November 2011 war immer deutlicher geworden, dass es ein weitverzweigtes Netzwerk von Neonazis gab und gibt, die von Morden und Anschlägen des *NSU* gewusst, sie gebilligt oder sie unterstützt haben müssen. Waren auch märkische Neonazis in dieses Netzwerk eingebunden? Und wenn ja, sind sie heute noch aktiv?

Die Anregung zu diesem Band gab der Vorstand des brandenburgischen Aktionsbündnisses gegen Gewalt, Rechtsextremismus und Fremdenfeindlichkeit. Im Herbst 2014 hatte das Aktionsbündnis 50 Brandenburgerinnen und Brandenburger eingeladen, den Strafprozess gegen Beate Zschäpe und ihre vier Mitangeklagten vor dem Oberlandesgericht München zu besuchen und sich mit der Aufarbeitung des *NSU*-Komplexes im Rahmen einer mehrtägigen Bildungsreise zu befassen. Deutlich wurde dabei, dass zahlreiche Fragen bis heute nicht beantwortet sind. Mit wem hatten Uwe Böhnhardt, Uwe Mundlos und Beate Zschäpe in den Städten der Mord- und Anschlagsserie des *NSU* Kontakt? Wer hat den drei polizeilich Gesuchten zwischen 1998 und 2011 geholfen und was wussten die Verfassungsschutzämter und ihre neonazistischen V-Leute? In Brandenburg hat das *NSU*-Kerntrio Böhnhardt, Mundlos und Zschäpe, soweit bekannt, weder gemordet noch andere Straftaten begangen. Das mag erklären, weshalb die Potsdamer Landespolitik eine Aufarbeitung rechtsterroristischer Aktivitäten und Netzwerke in den 1990er- und 2000er-Jahren – wie sie in anderen Bundesländern durch mittlerweile zehn parlamentarische Untersuchungsausschüsse geleistet wurde und wird – bislang nicht für notwendig hält. Wir haben die Anregung des Aktionsbündnisses aufgegriffen und wollen mit dem vorliegenden Buch einen Impuls für die öffentliche Aufarbeitung geben.

Mit den Ausgangsfragen, welche Verbindungen zum *NSU*-Komplex und welche Kontinuitätslinien bis heute im militanten Neonazismus in Brandenburg bestehen, begaben sich die Autorinnen und Autoren dieses Buches auf eine Spurensuche und kehrten dabei bewusst zurück in die frühen

1990er-Jahre. Denn um zu verstehen, wie sich aus der Neonazi-Bewegung des ersten Jahrzehnts nach dem Mauerfall ein militanter Flügel herausbilden konnte, ist es unerlässlich, die Erfahrungen nachzuzeichnen, die eine Generation damals junger Rechter geprägt haben. Der erste *NSU*-Untersuchungsausschuss des Deutschen Bundestages sah in diesen Erfahrungen Faktoren, die das Entstehen des *NSU*-Netzwerks begünstigten. In seinem Abschlussbericht vom 22. August 2013 heißt es: »Die frühen 1990er Jahre waren geprägt durch eine Welle rassistischer und neonazistischer Gewalttaten, insbesondere gegen Flüchtlinge und Migranten. Diese rassistisch motivierte Gewalt wurde in den neuen Bundesländern vielfach im öffentlichen Raum, vor den Augen zahlreicher – oftmals sympathisierender – Anwohner verübt, ohne dass staatliche Sicherheits- und Strafverfolgungsbehörden wirksam auf Seiten der Opfer eingriffen und effektiv und erkennbar gegen die Täterinnen und Täter vorgingen. Potenzielle Nachahmer und Sympathisanten der extremen Rechten konnten sich dadurch ermutigt und bestätigt fühlen. Dies gilt insbesondere für die tagelangen pogromartigen Angriffe auf Wohnheime von Asylbewerbern und mosambikanischen Vertragsarbeitern im sächsischen Hoyerswerda im August 1991. Diese endeten erst, nachdem die Angegriffenen unter Polizeischutz mit Bussen aus der Stadt transportiert worden waren. Neonazis feierten Hoyerswerda als bundesweit ›erste ausländerfreie Stadt‹ und forderten zur Nachahmung auf.«

»GENERATION HOYERSWERDA«

Dass sich Szenen wie in Hoyerswerda 1991 vor Flüchtlingsunterkünften auch im Brandenburgischen in den folgenden Monaten vielfach wiederholten, zeigt die ebenso bedrückende wie anschauliche Chronik des »Jahrzehnts der Glatzen«, die Christoph Schulze für diesen Band zusammengestellt hat. Als Beispiel kann ein Samstagabend Ende August 1992 dienen: Polizisten evakuieren nach einer Bombendrohung das Eberswalder Flüchtlingsheim. Unterdessen werden Molotowcocktails auf Polizeiketten in Eisenhüttenstadt geworfen; 80 Neonazis versuchen dort, die Zentrale Aufnahmestelle für Asylbewerber in Brandenburg zu stürmen. Während 180 Neonazis eine Flüchtlingsunterkunft in Cottbus-Sachsendorf angreifen, geht ein Polizeistreifenwagen in Flammen auf. Auch in Lübbenau, Spremberg, Wittenberge, Althüttendorf und Wittstock greifen an diesem Abend rechte Gruppen Flüchtlingsunterkünfte an.

Die Autorinnen und Autoren dieses Buches beobachten die rechte Szene seit vielen Jahren. Ihre Berichte zeigen, dass Neonazis in Brandenburg ab den frühen 1990er-Jahren militante Organisationen aufbauten, einen »Rassenkrieg« propagierten und Terrorzellen gründeten. Sie beschreiben die Netzwerke der märkischen Neonazis und stellen Fragen nach deren Verbindungen zum *NSU*. Schließlich zeigen sie, dass es heute vielerorts erfahrene Aktivistinnen und Aktivisten der »Generation Hoyerswerda« – so nannten die Journalisten Thorsten Thissen und Johannes Wiedemann sie 2011 in einem Artikel der »Welt« – sind, die unter dem Slogan »Nein zum Heim« den Protest gegen die Aufnahme von Flüchtlingen organisieren.

Die Journalistin Jeannette Goddar berichtete in den 1990er-Jahren aus Schwedt, Eberswalde, Bernau, als diese Städte in überregionalen Medien vor allem als Tatorte rechter Gewalt vorkamen. 25 Jahre später ist sie zurückgekehrt, um Zeitzeuginnen und -zeugen zu befragen und auch um zu beschreiben, was sich verändert hat. Ihr Beitrag wirft Schlaglichter auf ein Jahrzehnt, in dem Sozialarbeiterinnen und Sozialarbeiter zuhörten, als Skinheads in städtischen Jugendklubs »Sieg Heil!« brüllten, und die Polizei zusah, wie sie anschließend mit Baseballschlägern Jagd auf Menschen machten.

David Begrich erkennt in den Pogromszenen von Hoyerswerda und Rostock-Lichtenhagen, bei denen die Behörden dem Druck der Straße nachgaben, die Urszenen des rassistischen Flächenbrandes in Ostdeutschland. Die Erfahrung, rassistischen Vorstellungen nicht nur Gehör, sondern ihnen – durch den Einsatz von Gewalt – Geltung verschaffen zu können, prägte eine ganze Alterskohorte rechter Jugendlicher. Die »Generation Hoyerswerda« hat den Neonazismus von einer Szene in eine soziale Bewegung verwandelt, die in den Straßen ostdeutscher Dörfer und Städte – nicht überall in gleicher Weise und Intensität – als eine tatsächliche Macht auftrat.

Welche Ursachen hatte dieser plötzliche Aufschwung des Rechtsextremismus? Dass er allein auf den schädlichen Einfluss »aus dem Westen« zurückzuführen sei, ist ein im Osten bis heute gern gepflegter Mythos. Im Westen wurde mal die »Proletarisierung« (Jörg Schönbohm), mal die »frühe Ent-Individualisierung« (Christian Pfeiffer) durch Kitas – für manche Westdeutsche bis heute eine kulturfremde Einrichtung – als Ursache ausgemacht. Dass die Entwertung von Berufsbiografien und die hohe Arbeitslosigkeit, die auf das Ende der DDR folgten, für die Ausprägung des ostdeutschen Rechtsextremismus eine Rolle gespielt haben, ist wohl das Einzige, auf das sich alle einigen können.

Gideon Botsch beschreibt die »Faschos« und Hooligans, aus denen sich die ersten Neonazi-Gruppen zusammenfanden in den Bezirken, die später das Bundesland Brandenburg wurden. Er schildert ihre Verbindungen – bereits in den 1980er-Jahren – zu westdeutschen Neonazi-Organisationen und, vor dem Hintergrund des Umbruchs im Zuge der deutschen Vereinigung, die Herausbildung des spezifisch ostdeutschen Rechtsextremismus: militant, subkulturell, bewegungsförmig. Dessen Eingliederung in eine gesamtdeutsche Neonazi-Bewegung analysiert er als einen Prozess der sukzessiven Aufschichtung von einer fragmentierten subkulturellen Szene zu einer gesamtdeutschen »Nationalen Opposition«.

Zur Attraktivität der damaligen Bewegung hat der Modernisierungsschub durch die Naziskinhead-Kultur beigetragen. Mit den Texten ihrer Kultbands wurde auch die »White Power«-Ideologie aus England und den USA importiert. In der deutschen Neonazi-Szene war dafür die in Königs Wusterhausen erscheinende Zeitschrift »United Skins« ein wichtiges Sprachrohr. Ulli Jentsch zeigt, wie die Ideenwelt des *Ku-Klux-Klan (KKK)* und von *Blood & Honour (B&H)* jene inspirierte, die mehr wollten, als »im szenetypischen Aussehen herumzulaufen« und »mit Kameraden in der Kneipe zu saufen«, wie es ein anonymer Autor 1998 in einem Beitrag unter der Überschrift »An die Bewegung« für das Naziskin-Magazin »White Supremacy« ausdrückte. Nicht nur Uwe Mundlos, der mutmaßliche Autor dieses Aufrufs, und die späteren *NSU*-Mitglieder hielten die Zeit für einen Kampf »mit allen Mitteln« für gekommen. Die Vorstellung, sich in einem »Rassenkrieg« zu befinden, wurde zum gedanklichen Fluchtpunkt einer sich radikalisierenden Szene auch in Potsdam, Königs Wusterhausen und Cottbus.

Und ihre Angehörigen begannen, sich zu organisieren. In Brandenburg war die *Nationalistische Front (NF)* eine treibende Kraft, die aus Jugendlichen, die vor Bahnhöfen Dosenbier tranken und Rechtsrock hörten, »politische Soldaten« zu formen suchte. Gideon Botsch schildert, wie die 1985 in Westdeutschland gegründete Kleinpartei ab 1990 in zahlreichen Orten Brandenburgs Jugendgruppen aufbaute, die von erfahrenen Neonazi-Kadern in Weltanschauung, Organisation und Propaganda unterwiesen wurden. 1992 wurde die Partei verboten; sie hatte begonnen, *Nationale Einsatzkommandos* aufzubauen.

Einige derjenigen, die in den Folgejahren zu Anführern militanter Gruppierungen in Brandenburg wurden, stammen aus der Kaderschmiede der *Nationalistischen Front*. Aus diesem Umfeld kam auch der langjährige V-Mann Carsten Szczepanski, dessen Werdegang Heike Kleffner schildert.

Der Westberliner ist ein klassischer Kader des militanten Neonazismus der 1990er-Jahre: International mit Führern von *Ku-Klux-Klan* und *Blood & Honour* vernetzt, gründete er 1991 einen Klan-Ableger in Deutschland und scharte in Königs Wusterhausen die militante Gruppe *United Skins* um sich. In seiner weiteren Karriere war er nach einer Haftstrafe am Aufbau einer Terrorzelle beteiligt und stieg zum Organisationsleiter der berlin-brandenburgischen *NPD* auf. Im *NSU*-Komplex kommt Carsten Szczepanski eine zentrale Rolle zu, weil er ab Mitte der 1990er-Jahre eng mit der *B&H*-Sektion in Chemnitz zusammenarbeitete – mit denjenigen Neonazis also, die das ab Januar 1998 von der Polizei gesuchte *NSU*-Kerntrio versteckten und die drei Untergetauchten mit Wohnungen, Geld und falschen Identitäten ausstatteten.

Mit Szene-Hits wie »Barbecue in Rostock« lieferte *Blood & Honour* den Soundtrack zur Pogromstimmung. Marie Kwiatek und Michael Weiss beleuchten das internationale Netzwerk, das Hunderttausende Rechtsrock-CDs vertrieb – ein überaus wirksamer Propagandaapparat und ein Millionengeschäft zugleich. Sie schildern den Aufbau der *B&H-Sektion Brandenburg* und stellen mit Uwe Menzel einen weiteren wichtigen Netzwerker und Weggefährten Szczepanskis vor. »Uwocaust«, wie sich der Potsdamer nennen lässt, war das Gesicht von *B&H* in Brandenburg, bis die Organisation im Jahr 2000 verboten wurde. Nach 25 Jahren mit wechselnden Bands ist Menzel bis heute eine feste Größe im Rechtsrock. Unter dem Label »Söhne Potsdams« widmet er sich der Neonazi-Nachwuchsförderung.

Als einflussreich und gut vernetzt gilt auch Maik Eminger. Sein Zwillingsbruder André, der als enger Vertrauter des *NSU*-Kerntrios in München vor Gericht steht, wurde im November 2011, wenige Tage nach der Selbstenttarnung des *NSU*, auf seinem Vierseithof in Potsdam-Mittelmark festgenommen. Gemeinsam führten die Zwillinge Eminger in den 1990er-Jahren die *Weiße Bruderschaft Erzgebirge* an. Ihrem Ziel, einer »weißen Revolution«, sind die Brüder bis heute treu geblieben. Maik Eminger war in der *Heimattreuen Deutschen Jugend* und in der *NPD* aktiv, heute zieht er als gefragter Agitator für die Kaderpartei *Der III. Weg* von Kundgebung zu Kundgebung und schürt Hass gegen Flüchtlinge. Maik Baumgärtner porträtiert ihn.

Die Namen wechseln, die Netzwerke bleiben – das ist eine Konstante in den Biografien von Kadern wie Carsten Szczepanski, Uwe Menzel und Maik Eminger. Aufbauend auf gemeinsamen Erfahrungen und Beziehungen, die nach Verboten in anderen oder neuen Organisationen fortgesetzt werden, wird die Struktur neonazistischer Netzwerke erneuert und ausgebaut. Untypisch für den Neonazismus erscheinen insofern die *1. Werwolf-Jagdeinheit Senftenberg* und die *Nationale Bewegung*. Denn diese beiden Gruppen blieben – zumindest nach dem, was bislang bekannt ist – isoliert.

Die *1. Werwolf-Jagdeinheit Senftenberg* war eine in der Lausitz ab 1989 aktive Wehrsportgruppe, die über große Mengen an Waffen und Sprengstoff verfügte. Ihr Anführer Jens K., ein notorischer Neonazi, ermordete mit Komplizen 1991 einen 27-jährigen Familienvater, um dessen Auto für einen Raubüberfall zu verwenden. Simone Wendler hat die Taten und Ziele der Gruppe recherchiert und mit der Witwe des Mordopfers über die Folgen der Tat für die Familie gesprochen.

Rätsel gibt bis heute eine Serie von Brandanschlägen und Propagandaaktionen auf, die sich im Laufe des Jahres 2000 in und um Potsdam ereigneten und zu denen sich eine Gruppierung namens *Nationale Bewegung* bekannte. Die Gruppe verschwand nach einem Jahr gerade rechtzeitig, bevor die Polizei mit einer Razzia gegen Verdächtige vorgehen konnte. Später kam heraus: Ein V-Mann hatte die Polizeiaktion auf Anweisung des Verfassungsschutzes an einen Neonazi verraten. Dies war nicht die erste und es sollte auch nicht die letzte V-Mann-Affäre bleiben. In seinem Artikel stellt Maik Baumgärtner denn auch fest: »Im Märkischen reihte sich um die Jahrtausendwende ein Geheimdienstskandal an den nächsten, und immer ging es um militante Kameraden, die als V-Leute für den Dienst arbeiteten und während oder vor ihrer Tätigkeit in Verbrechen verstrickt waren.« Gründe genug, der Frage genauer nachzugehen, wie die Behörden dem Terror von Rechts entgegentraten.

STAATLICHES HANDELN UND RECHTER TERROR

Christoph Kopke schildert in seinem Beitrag anhand eines katastrophalen Polizeieinsatzes im Jahr 1990 – die Nacht, in der Neonazis vor den Augen von Polizisten den Angolaner Amadeu Antonio totschlugen – die Überforderung und die Fehler der Polizei. Er kommt in seiner Bilanz dennoch zu einem ermutigenden Ergebnis: Ab 1992 habe die Polizei die Verfolgung rechter Gewalttaten schrittweise verbessert. Im Jahr 2013 hat das Potsdamer Innenministerium den Autor beauftragt, sämtliche Tötungsdelikte seit 1990, bei denen ein rechtes Motiv möglich schien, einer unabhängigen Prüfung zu unterziehen – für eine Innenbehörde ein mutiger Schritt, der bundesweit Maßstäbe gesetzt hat.

Eine unabhängige Kontrolle des Verfassungsschutzes erscheint mindestens ebenso dringend. Das wird durch die Beiträge von Dirk Laabs und Antonia von der Behrens überdeutlich, die den Fall »Piatto« untersuchen, der Deckname des Neonazi-Anführers und V-Manns Carsten Szczepanski. Dirk Laabs rekonstruiert minutiös dessen Karriere und kommt zu dem Schluss: Wenn der Dienst, wie er behauptet, Szczepanski tatsächlich 1994 angeworben haben sollte, als dieser des Mordversuchs verdächtig in Untersuchungshaft saß, wäre das schlimm. Aber so, wie es die Behörde darstellt, kann es kaum gewesen sein. Denn schon seit 1990 wurden strafrechtliche Ermittlungen immer dann, wenn sie für Carsten Szczepanski gefährlich wurden, nicht weiter verfolgt, oder der Neonazi wurde aus der Schusslinie genommen. Für plausibler als die Version des Verfassungsschutzes hält der Autor es deshalb, dass der umtriebige Neonazi-Kader geschützt wurde, weil er bereits in den frühen 1990er-Jahren als Informant arbeitete. Das Brandenburger Innenministerium bestreitet dies.

Antonia von der Behrens stellt eine brisante Frage: Hätte der Potsdamer Verfassungsschutz die Morde des *NSU* verhindern können? Die Anwältin der Hinterbliebenen des am 4. April 2006 vom *NSU* in Dortmund ermordeten Mehmet Kubaşık meint: Mit großer Wahrscheinlichkeit, ja. Denn gleich vier Geheimdienste hatten durch »Piatto« 1998 Informationen, die eine Festnahme des mutmaßlichen *NSU*-Kerntrios vor dem ersten Mord ermöglicht hätten. Was die damals zuständigen Verfassungsschützer vor Gericht und in den parlamentarischen Untersuchungsausschüssen bislang dazu sagten? »Ich weiß nicht«, »ich erinnere mich nicht«, »davon wusste ich nichts«. Das ist weniger, als man von Beamten, die einen Eid auf das Grundgesetz geschworen haben, erwarten darf.

KONTINUITÄTEN RASSISTISCHER MOBILISIERUNGEN

Auf die vergangenen 25 Jahre zurückzublicken, das übernehmen drei Personen des öffentlichen Lebens in Brandenburg, die für die Bekämpfung des Rechtsextremismus in ihren Ämtern jeweils viel geleistet haben und die als Bürgerinnen und Bürger mit Herzblut und langem Atem für die Demokratie streiten: die ehemalige Polizeipräsidentin des Polizeipräsidiums Eberswalde, Uta Leichsenring, die langjährige Ausländerbeauftragte Brandenburgs, Almuth Berger, und der dienstälteste Generalstaatsanwalt Deutschlands, Erardo Cristoforo Rautenberg.

Einen Ausblick mit einer Einschätzung, wie groß die Gefahr ist, dass sich die Demonstrationen und Gewalttaten gegen Flüchtlinge und gegen jene, die für ihre Aufnahme eintreten, weiter radikalisieren, legt Andrea Röpke vor. Sie zeigt die Kontinuitätslinien aus den 1990er-Jahren in die Gegenwart auf und warnt vor der Aufbruchsstimmung, die bei den erfahrenen Kadern herrscht. Sie seien dabei, die Stimmung im Land so aufzuheizen, dass sich Einzelne und Kleingruppen nach dem Prinzip des »führerlosen Widerstands« ermutigt fühlen könnten, loszuschlagen. Die steigende Zahl von Anschlägen auf Unterkünfte und der versuchte Mordanschlag auf die Kölner Oberbürgermeisterin im Oktober 2015 durch einen Neonazi, der zur »Generation Hoyerswerda« gehört, untermauern diese Einschätzung.

»Taten statt Worte« lautete der Grundsatz des *Nationalsozialistischen Untergrunds*. Es gibt deutliche Anzeichen dafür, dass Neonazis aus den aktuellen Mobilisierungen gegen Flüchtlinge ableiten, die Zeit sei gekommen, um ihre politischen Ziele mit organisierter Gewalt durchzusetzen. Können wir aus der jüngeren Geschichte und dem *NSU*-Komplex lernen, wie eine solche Entwicklung zu verhindern ist? Wenn dieses Buch dazu beitragen kann, die Struktur und Dynamik des militanten Neonazismus und sein Zusammenwirken mit rassistischen Protesten zu veranschaulichen, wäre eines unserer Ziele erreicht. Die mit diesem Band vorliegende Auseinandersetzung mit der Geschichte von Rechtsterrorismus in Brandenburg kann dabei – auch vor dem Hintergrund des noch laufenden Strafverfahrens gegen Beate Zschäpe und ihre Mitangeklagten am Oberlandesgericht München – nur ein Anfang sein. Unbefriedigend bleibt, dass viele Fragen, insbesondere die nach der Rolle des Verfassungsschutzes mit seinem V-Leute-System, von den Autorinnen und Autoren zwar präzise gestellt werden – beantworten aber können und müssten sie andere.

Dass die Netzwerke der Neonazis in diesem Buch so detailliert beschrieben werden können, ist auch denjenigen zu verdanken, die sich seit den frühen 1990er-Jahren in Brandenburg gegen rechte Gewalt engagiert haben. Ohne den Fundus des Wissens, der durch journalistische Recherchen, wissenschaftliche Arbeiten und durch die Dokumentation der Antifa-Bewegung zusammengetragen wurde, wäre diese Publikation nicht möglich gewesen. Wir danken allen, die zum Entstehen dieses Buches beigetragen haben.

Berlin und Potsdam im November 2015
Heike Kleffner/Anna Spangenberg

ANFÄNGE

JEANNETTE GODDAR

»UND DANN KAMEN NUR ZWEI POLIZISTEN ...«[1]

EIN BLICK ZURÜCK IN DIE 1990ER-JAHRE

> »Ich darf Ihnen versichern, daß die kurzgeschorenen Protestanten – deren Aufführung ich scharf mißbillige – nur eine winzige Minorität sind, überdies Kinder einer besonderen Not, arbeitslos, von den kleinen Freuden des Alltags abgeschnitten, die uns so selbstverständlich sind, vielleicht auch ein bisschen gelangweilt: Sie wollten ihren Herzen Luft machen, sonst nichts .... Sie verdienen unsere sorgende Zuwendung mehr als unseren Zorn, unser Mitleid mehr als unsere Entrüstung, ganz gewiß brauchen sie vor allem unsere gütige Unterweisung, nicht die strafende Hand unseres Staates.«
>
> (Klaus Harpprecht, Journalist und Redenschreiber von Willy Brandt, nach den Ausschreitungen in Hoyerswerda in einem Offenen Brief an eine vietnamesische Freundin. In: Die Zeit vom 18. September 1992)

Die Mauer in Berlin war gefallen. Jone Munjunga fürchtete um sein Leben, und mit ihm Hunderte andere, die als Vertragsarbeiter nach Eberswalde gekommen waren. Im Jahr 1987 war der junge Angolaner aus der Heimat aufgebrochen, jung, lebenslustig, offen für etwas Neues. Er kam in eine DDR, in der, wie er sich heute erinnert, »die Deutschen Distanz hielten, und wir auch«. »Die sind halt so«, dachte er. Und dann, ab November 1989, war alles anders: »Über Nacht wurden wir wie Freiwild behandelt. Sie riefen uns ›Bimbo‹ und ›Neger‹, beschimpften unsere Frauen als ›Negerschlampen‹. Draußen auf der Straße, manchmal auch im Betrieb, unter Kollegen. Mal kam die Polizei und sagte, wir sollten nicht rausgehen. Mal gingen wir raus und kehrten gleich wieder um. Zum Einkaufen gingen wir nur zu viert oder fünft. Abends in den Club am besten gar nicht.«[2]

Einen Freund von Munjunga, Amadeu Antonio, kostete die gewalttätige Stimmung das Leben. Ein Kollege von ihm hatte sich entschieden, nach Mosambik zurückzukehren. Er wollte seinen Abschied nicht in dem schäbigen Wohnheim in der damaligen Max-Reimann-Siedlung feiern, schlecht betreut von einem Betreuer, der das Heim lieber heute als morgen räumen lassen wollte. Also zog man in den Hüttengasthof, es waren nur ein paar Hundert Meter die Straße runter, in das einzige Gasthaus in der Doppelstadt Eberswalde-Finow mit seinen 50.000 Einwohnern, in das die Mosambikaner noch reingelassen wurden. Die Party wurde wegen »Gefahr im Verzug« von der Polizei beendet. Zu den letzten vier Gästen, die noch vor der Tür standen, als rund 50 rechtsextreme Jugendliche mit Baseballschlägern von zwei Seiten anrückten, gehörte Amadeu Antonio. Sie schlugen ihn und traten so lange auf seinen Kopf ein, bis er sich nicht mehr rührte. Die Polizei war in der Nähe, tat aber nichts; ob aus heimlicher Zustimmung, Angst oder Unterbesetzung, ist bis heute unklar.[3] Es war die Nacht vom 24. auf den 25. November 1990.

Jone Munjunga, der an diesem Abend nur wenige Meter entfernt im Wohnheim saß, einem roten Block, der an der Straße von Eberswalde nach Finow noch heute vor sich hin rottet, verlor einen Freund. Er hat später dem Prozess vor dem Bezirksgericht Frankfurt (Oder) beigewohnt und feststellen müssen, wie wenig die Menschen, von denen er in der DDR umgeben gewesen war, sich auskannten: »Die meisten wussten nicht, wie viele Kontinente es gibt, oder wo Afrika liegt«, erinnert er sich, »alles, was sie gelernt hatten, war von Ideologie gefärbt.« Und er hat gesehen, wie junge Männer, mit kurzgeschorenen Haaren, aus dem Westen vordergründig Partys und hintergründig eine neue Ideologie anboten: »Sie kamen mit Cola, Bier und Bananen. Und sie trichterten den Jugendlichen ein: Das neue Deutschland gehört den Deutschen.«

Trotzdem wollte Munjunga bleiben. Er organisierte die verbliebenen Afrikaner in der Stadt. Er wurde immer bekannter. Und je bekannter er wurde, desto gefährlicher wurde es für ihn. Es gab Zeiten, da ließ er sich in seinem Wohnheim von Mitgliedern der Antirassistischen Initiative aus Berlin bewachen. Auch seine deutsche Frau, die eine Wohnung in Eberswalde hatte, zog zeitweise aus Sicherheitsgründen zu Bekannten. Wollten die beiden sich treffen, taten sie das heimlich – in einer Kirche. Im Laufe des Jahres 1991 wurde die Situation so unerträglich, dass Munjunga aufgab: Er ließ sich – um Mitternacht, von Berliner Unterstützern und unter Polizeischutz – abholen und zog in die Nähe von Stuttgart. Auf die Frage, ob ihn nicht auch Bürgerinnen und Bürger aus Eberswalde hätten schützen können, erwidert er: »Nein, das hat sich keiner getraut.«

Marietta Böttger, die 1991 vom Lehramt in das Amt der Ausländerbeauftragten von Eberswalde wechselte, hat in den 24 Jahren ihrer Amtszeit vieles verstanden und verstehen müssen. Fragt man sie aber schlicht: »Wie konnte das passieren?«, dann sagt sie: »Ich frage mich das immer wieder. Und ich habe keine Erklärung.« Dann erzählt sie von einem Bild, das sich ihr von mehr als einem Abend in ihrem eigenen Zuhause eingebrannt hat: »Stellen Sie sich vor: Sie sitzen in Ihrer Neubauwohnung und vor Ihrem Balkon marschieren 100 Glatzköpfe in Springerstiefeln vorbei. Mit Fackeln.« Jens Reich, Bürgerrechtler und Mitgründer des Neuen Forums, lag vielleicht nicht so falsch, als er die Stimmung in den neuen Ländern mit jener in der Wirtschaftskrise 1929 verglich, als die *NSDAP* und die *SA* massenhaft Anhänger rekrutierten.[4]

Fest steht: Die frühen 1990er-Jahre waren für viele Menschen lebensgefährlich und für noch mehr bedrohlich. Und sie machten – jenseits von der Überforderung und Unfähigkeit von Polizei, Justiz und Staat – die ganze Gesellschaft mundtot.[5]

»Die Rechten waren nicht überall gleich viele und nicht überall gleich stark«, erinnert sich Susanne Lang, die ab 1997 mit der Aktion Noteingang versuchte, dem etwas entgegenzusetzen, »aber sie waren überall präsent. An jedem Wochenende, in jeder Kleinstadt, passierte irgendetwas.« Dem etwas entgegenzusetzen, dazu war der Staat lange nicht in der Lage, schon gar nicht flächendeckend. Susanne Lang erinnert sich an eine Nacht in einer Disco bei Schwedt im Sommer 1990, in der 50 Neonazis den Raum stürmten: »Und dann kamen nur zwei Polizisten.«

»Die Stadt gehört uns« heißt eine ARD-Fernsehdokumentation über Schwedt aus dem Jahr 1993, die, gekürt mit dem CIVIS-Medienpreis, über Jahre als Anschauungsmaterial dafür diente, wie es zugeht, wenn Rechtsextreme die Kontrolle einmal erobert haben.[6] »Ein einziges Wochenende«, erinnert sich der Filmemacher Enrico Demurray, »hat genügt, um das zu zeigen. Wo immer wir hinkamen: Alles passte zusammen.« Vor der Kamera demonstrieren Krankenschwestern, die ihre Namen nicht nennen wollen, in einer Rettungsstelle an ihren instabilen Türen, wie Leute oft versuchen, diese von außen einzutreten, während sie drinnen Verletzte behandeln. Ein Arzt sagt, es gebe alles, von »Bagatellverletzung bis Totschlag«; eine Bagatellverletzung sei etwa ein Nasenbeinbruch. Anzeigen gebe es »vermutlich aus Angst vor neuen Übergriffen und Rachefeldzügen« selten. Zu sehen sind auch fünf Erwachsene, überwiegend Lehrer, die sich gegen Rechts engagieren – und sich sicherheitshalber an wechselnden Orten treffen; Jugendliche, die ständig nervös um sich blicken. Garderobenkräfte, denen, ohne dass klar wird, von wem, aus dem Off der Mund verboten wird (»nebensächlich«), als sie gefragt werden, wie viele Waffen jeden Abend abgegeben werden. Und eine Sozialarbeiterin, die einen stadtbekannten Neonazi und Schläger für ein Interview gewinnen will und ihm entgegenflötet, ein

Rassistische Demonstration vor dem Rathaus in Eberswalde am 26. August 1992

Fernsehteam sei da: »Nun kann ich denen hier ganz viel erzählen: dass du eigentlich ein ganz netter Junge bist und kein Schläger und kein rechtes Vieh und brauner Kampfhund; und dass du mehr kannst als bellen.« Besser, soll das suggerieren, wäre es, wenn er selber käme. Der Neonazi sagt ab, das Filmteam war entgeistert: »Das war nicht Bösartigkeit, sondern Unfähigkeit«, konstatiert Demurray heute. Weil die Lage so war, wie sie war, hatte die Polizeipräsidentin von Eberswalde das Filmteam für die Zeit der Dreharbeiten unter Polizeischutz gestellt.

Ein vernichtendes Urteil über die Schwedter Kommunalpolitiker fällte auch der Kriminologe und Mitgründer des Mobilen Beratungsteams Brandenburg (MBT) Bernd Wagner: Im Jahr 1993 seien fünf Schwedter Jugendclubs mindestens zeitweise von der rechten Szene erobert gewesen. Vor allem der 1992 verbotenen *Nationalistischen Front (NF)* sei es mit »rasant wachsender eigener Macht« gelungen, bis zu 300 Jugendliche in ein »Kontakt- und Kommunikationsnetz« einzugliedern und zu funktionalisieren.[7] All das weit mehr als nur geduldet: Ganz offiziell kommunizierte das Jugendamt mit dem *Freizeittreff H.I.T. – Nationalistische Jugend Schwedt*, einer *NF*-Unterorganisation; auch dieses Schreiben ist in der Dokumentation von Enrico Demurray und Gesine Enwaldt zu sehen. In der »Zeit« hieß es, eine der Schwedter Führungsfiguren, die später in den Bundesvorstand der *Sozialrevolutionären Arbeiterfront (SrA)* aufrückte, habe bis zu dem Verbot der *Nationalistischen Front* ihre Korrespondenz als »*NF*-Stützpunktleiter Schwedt« geführt.[8]

Landauf und landab führte das massive Unterschätzen der Rechtsextremen dazu, dass sie Räume nicht mühsam erobern mussten, sondern immer wieder gestellt bekamen. »Aktionsprogramm gegen Aggression und Gewalt« hieß ein Programm der Bundesregierung, das den Begriff Rechtsextremismus nicht einmal im Namen trug und für das die damalige Jugendministerin Angela Merkel 20 Millionen DM im Jahr zur Verfügung stellte, nachdem Neonazis in Hoyerswerda 1991 durch tagelange Krawalle die Evakuierung von Ausländern erzwungen hatten. Ziel sei, so Merkel, »gewalttätigen Ausschreitungen vorzubeugen«, indem »junge, bisher gewaltgeneigte Menschen in sinnvolle Projekte« eingebunden werden.[9] In Brandenburg wurden als Schwerpunkte genau jene Regionen definiert, in denen besonders viele Menschen gejagt wurden: Eberswalde-Finow, Oranienburg, Velten, Cottbus, Fürstenwalde, Schwedt und Angermünde.[10] Das Programm folgte in wesentlichen Teilen dem Ansatz der »akzeptierenden Jugendarbeit«, den der Sozialpädagogik-Professor Franz Josef Krafeld in den 1980er-Jahren in Bremen entwickelt hatte, als dort vereinzelt rechte Gruppen aufgetaucht waren. Wie Drogenabhängige und andere Randgruppen sollten auch rechte Jugendliche »dort abgeholt werden, wo sie stehen«; um dann, mit pädagogischer Kompetenz und in klaren Grenzen, in Konfrontationen verstrickt zu werden.[11]

Über den Ansatz mochte man damals schon streiten. Fest steht, dass auch Menschen an der »akzeptierenden Jugendarbeit« scheiterten, die dafür prädestiniert waren, sie nach allen Regeln der Kunst umzusetzen. Ruft man heute Jann Jakobs, Oberbürgermeister der Landeshauptstadt Potsdam, an, wird der fast hörbar schamesrot: »Kein Ruhmesblatt« sei das gewesen, immer noch ärgere er sich »maßlos« darüber. Warum? Jakobs ist Sozialarbeiter, Sozialpädagoge und Soziologe und hat, bevor er 1993 erst Jugendamtsleiter und später in Personalunion Jugendstadtrat wurde, jahrelang an verschiedenen Hochschulen gearbeitet. Ein idealer Vorgesetzter also, um ein schwieriges Programm in strenge Bahnen zu leiten, was mindestens bedeutet hätte, diffus rechte Jugendliche streng von organisierten Kadern zu trennen – und Letztere deutlich nicht zu akzeptieren. Das ist in Potsdam, wie auch anderswo, grandios gescheitert. Über drei Jahre, von 1995 bis 1998, probten im Club 18 unter Jakobs' politischer Verantwortung und

Amtsaufsicht die *Proissenheads*, angeführt von Uwe Menzel, Propagandist des rechtsextremen Neonazi-Netzwerks *Blood & Honour* und eine der am besten vernetzten Figuren in der Rechtsrock-Szene Ostdeutschlands. Mit wem sie es zu tun hatten, hätten Jakobs wie die Landesregierung durchaus wissen können: Das Landesamt für Verfassungsschutz vermerkte die *Proissenheads* 1996 in seinem jährlichen Bericht als Band, die »bei ihren Auftritten rechtsextremistische Texte« verbreitet.[12]

Wie es passieren konnte, dass sie an einem vom Staat betriebenen und beheizten Ort proben konnten? »Ich kann das nicht schönreden«, konstatiert der Oberbürgermeister, »im Durcheinander der zwei Ämter« sei ihm das »durchgerutscht«. Mit dem Brandenburger Verfassungsschutz sei zudem zu Beginn durchaus gesprochen worden, wobei keine Bedenken laut geworden seien. Und die Mitarbeiter, die aller Wahrscheinlichkeit nach zugegen waren, wenn in dem Probenraum Neonazi-Texte gegrölt wurden? Die hätten ihn auch nicht informiert, sagt Jakobs. Tatsächlich wurde der Leiter des Jugendclubs, als der Skandal dank der Enthüllung durch Antifas öffentlich geworden war, mit der Frage zitiert, wer denn »den *Proissenheads* eine Chance gegeben und sie selbst etwas sagen lassen« habe?[13] Aus Jakobs' heutiger Sicht wurden damals drei Fehler gemacht: Es wurden keine klaren Grenzen gesetzt, man habe die Fähigkeit organisierter Rechter, Sozialarbeiter als nützliche Idioten zu instrumentalisieren, nicht gesehen, und es habe auch keine Kriterien für Erfolg oder Misserfolg dieser Arbeit gegeben.

Dabei stellt sich noch eine andere Frage: Wo sollten eigentlich die anderen hin, in einer Zeit, in der die Anhänger rechter Jugendgruppen Mainstream und die anderen die Ausgegrenzten waren? Denn natürlich war nicht das gesamte Land Brandenburg mit seinen zweieinhalb Millionen Einwohnern ein monokultureller Hort. Dafür sprechen außer Jone Munjunga, der längst wieder in Eberswalde lebt und sich im Kulturverein »Palanca« engagiert, noch viele andere. Einer von ihnen ist Ibraimo Alberto, der 1981 aus dem Bürgerkrieg Mosambiks – in dem damals die herrschende Partei FRELIMO massiv von der DDR unterstützt wurde – nach Ostberlin kam. Nach einigen Jahren in einem Fleischkombinat verschlug ihn der Sport an die Oder: Der Chemie PCK Schwedt, einer der besten Boxvereine der DDR, nahm das Nachwuchstalent auf. In Schwedt boxte er sich bis in die 1. Bundesliga hoch und wurde immer bekannter. Sein Ruf als Boxer, erzählt er, habe ihm nach dem Mauerfall »eine gewisse Ruhe« verschafft. »Viele haben sich schlicht nicht getraut, mich anzugreifen«, erzählt er, »andere haben sich aber auch hingestellt und gesagt: Der gehört zu uns.« Er nutzte die Chance, sich für jene zu engagieren, die sich, wie einst er selbst, nach Deutschland gerettet hatten, vor allem für die Flüchtlinge aus Bosnien. Später wurde Ibraimo Alberto ehrenamtlicher – Geld dafür hatte die Kommune keins – Ausländerbeauftragter. Nicht immer fühlte er sich sicher, auch nicht akzeptiert – nicht zuletzt wuchsen über die Jahre immer mehr Jugendliche nach, die von seinen treffsicheren Fäusten gar nichts wussten. Dessen ungeachtet blieb er: »Vielleicht bin ich stur, vielleicht wollte ich einfach nicht aufgeben«, resümiert er heute, »aber ich dachte: Ich lasse mich nicht vertreiben. Und tatsächlich hatte ich manchmal den Eindruck: Es wird besser.« Bis, das gehört auch zu seiner Geschichte, sein Sohn bei einem Fußballspiel als »Hurennegersohn« beschimpft wurde. Ibraimo Alberto verlor die Nerven – und ging auf den Angreifer los. »An dem Tag hatten mich die Rechtsradikalen an dem Punkt, dass ich angriff«,[14] heißt es in seinem autobiografischen Buch. Das war 2011, Ibraimo Alberto gab auf. Heute lebt er in Karlsruhe.

Gegenwehr regte sich auch in der deutschen Mehrheitsgesellschaft. Von Kirchenvertretern über linke Politiker bis zu Sozialarbeitern organisierten Menschen – ohne Handynetz – ab den frühen 1990er-Jahren Telefonketten und notfalls auch Schutz aus Berlin. Auch Jugendliche engagierten sich in ihren Schulen und Kommunen, wurden allerdings nicht selten massiv behindert. Teils wurden sie verprügelt und trauten sich nicht, Anzeige zu erstatten (oder fanden gar nichts Besonderes daran), teils legten ihnen Kommunalpolitiker Hindernisse in den Weg. »Subkulturelle Ansätze durchzusetzen war wahnsinnig schwer«, erklärt Susanne Lang, »immer wieder hieß es: Nein, Links gegen Rechts, das wollen wir auch nicht.«

Unter dem Namen Aktion Noteingang zogen ab 1997 Jugendliche von Angermünde bis Strausberg mit Fragebögen und Aufklebern zu Verwaltungsmitarbeitern und Geschäftsleuten. Wer bereit war, sich auf die Seite der demokratischen Gegenöffentlichkeit zu stellen, sollte das mit einem Noteingang-Sticker und folgendem Text sichtbar machen: »Wir bieten Schutz und Information bei rassistischen und faschistischen Übergriffen!« Die Resonanz war, bestenfalls, gemischt: »An manchen Orten lief es ganz gut, an anderen ganz schlecht«, sagt Susanne Lang. »Es kam vor, dass wir wie Nestbeschmutzer behandelt wurden, nach dem Motto: ›Schön, dass ihr kommt. Aber macht doch unsere Jugendlichen nicht so schlecht. So schlimm ist es doch gar nicht.‹« In Bernau, wo die Aktion entstand, lehnte der Bürgermeister persönlich sie ab: Die Hervorhebung der Hilfe für Opfer rechter Gewalt, so zitierte ihn die »Berliner Zeitung«, solle nicht dazu führen, dass »Leute, die den Aufkleber nicht anbringen, als ausländerfeindlich stigmatisiert werden«.[15]

Dabei hat es an der »Hervorhebung« von Opfern rechter Gewalt doch deutlich gemangelt. Seit 2015 ist dank einer Untersuchung des Potsdamer Moses Mendelssohn Zentrums im Auftrag der Landesregierung auch offiziell, dass die Zahl der Todesopfer rechter Gewalt doppelt so hoch ist wie die bisherige amtliche Statistik. Nicht neun, sondern mindestens 18 Menschen kamen seit 1990 in Brandenburg bei rechtsextremen Übergriffen ums Leben. Zu denen, die erst seither als Opfer politisch motivierter Gewalt gewertet werden, gehört das erste Opfer nach der Vereinigung: Andrzej Fratczak, der am 7. Oktober 1990 in Lübbenau erstochen wurde, nachdem zuvor mehrere Jugendliche auf ihm herumgetrampelt waren. Dass der Messerstich niemandem zugeordnet werden konnte, ist das eine; das andere ist, dass der Angriff nicht als rechtsextrem gewertet wurde, obwohl einer der Täter ein Adolf-Hitler-Shirt trug und gleich zwei von ihnen auch an einem Übergriff auf ein Flüchtlingswohnheim beteiligt waren.[16]

Die Zahl der Toten ist nur die Spitze eines Eisbergs. Die Verletzten, Versehrten und Traumatisierten hat nie jemand gezählt. Zu den wenigen, deren Schicksal bekannt wurde, gehört der britische Bauarbeiter Noël Martin; er verlor im Juni 1996 in Mahlow, von Neonazis gejagt, die Kontrolle über sein Fahrzeug und ist seither querschnittsgelähmt. Dazu zählt auch Orazio Giamblanco, der als dolmetschender Bauarbeiter aus Bielefeld angereist war, im selben Jahr in Trebbin durch einen Schlag mit einer Baseballkeule in den Rollstuhl kam und an den in einer bemerkenswerten Langzeitbegleitung jedes Jahr der »Tagesspiegel«-Journalist Frank Jansen erinnert. »Die, von denen man gehört hat, sind die allerwenigsten«, erklärt Judith Porath von der Opferperspektive e. V. Der in Potsdam ansässige Verein richtet seit 1998 den Fokus auf die Betroffenen. In der Öffentlichkeit, aber auch, indem sie die Menschen bei ihren Wegen zu Polizei, Justiz und Verwaltung begleitet. »Das Wichtigste«, resümiert Porath, »war über Jahre, denen, die von Gewalt betroffen sind, Glaubwürdigkeit zu verschaffen. Sie hatten nicht nur keine Stimme – was sie erzählten, wurde schlicht angezweifelt.« Zumindest das habe sich gebessert, sagt Judith Porath, die sich selbst noch an Neonazis an ihrer Schule im Oranienburg der 1980er-Jahre erinnern kann.

Denn auch in der DDR gab es Neonazis.[17] Und schon damals waren die im Land kaum existenten »Ausländer« wesentliche Zielscheiben rechter Gewalt – ein beredter Beleg dafür, dass die Anzahl der Einwanderer und rassistische Einstellungen in keinerlei kausalem Verhältnis stehen. In dem Buch

»Die Szene von innen«, einem der wenigen nicht auf Stasi-Dokumenten beruhenden Zeugnissen, gab ein Jugendlicher schon im September 1989 Folgendes zu Protokoll: Das Wichtigste seien »die Kanaken, dass wir die erstmal rauskriegen«, und die »Botschaft, dass das jetzt überhandnimmt mit die«. Dafür würde der Ostberliner ganz offenbar auch in den Stasi-Knast wandern: Alle könnten sie schließlich »nicht einbuchten«.[18] Von denen, die verhaftet wurden, kamen nicht wenige durch eine Amnestie im Dezember 1989 wieder frei: »Die amnestiert wurden, gerierten sich fortan als Helden und Anführer«, erzählt Susanne Lang, »sie waren oft die allerersten, die den Kampf um ›ihr‹ Deutschland aufnahmen.« Zu diesem »Kampf« gehörte es auch, »national befreite Zonen« zu schaffen, in Brandenburg und anderswo: Orte, wo sich bestimmte Gruppen, zu bestimmten Tageszeiten oder immer, nicht mehr bewegen sollten. »Freiräume schaffen, in denen wir faktisch die Macht ausüben, in denen wir sanktionsfähig sind« – so lautete das Ziel, dass der *NPD*-nahe *Nationaldemokratische Hochschulbund* bereits 1991 in dem Papier »Schafft befreite Zonen!« festhielt. Mittel zu diesem Zweck seien, »Abweichler und Feinde« zu bestrafen und »Kampfgefährtinnen und -gefährten« zu unterstützen«.[19]

Doch natürlich war der Auftrieb der Rechtsextremen auch eine Folge der Wende. In atemberaubendem Tempo gelang es den Neonazis, Jugendliche einzugemeinden. Der Kriminologe Bernd Wagner schätzte das »rechtsextremistisch orientierte Gewaltpotential« im Frühjahr 1991 auf 10.000 bis 15.000 Personen; das waren mehr als in allen alten Ländern zusammen.[20] Der Leipziger Kriminalsoziologe Wolfgang Brück hielt rund 50.000 Jugendliche für anfällig für »emotionalen Rechtsextremismus«.[21] Und der Potsdamer Jugendforscher Dietmar Sturzbecher fand 1993 bei einer Befragung unter Brandenburger Jugendlichen bei 44 Prozent »ausländerfeindliche« und bei 27 Prozent »rechtsextreme Einstellungen«.[22]

Das Bündel von Ursachen enthält ganz Verschiedenes, aber das Fehlen von Arbeit und (verwertbarer) Ausbildung war darin weit weniger bestimmend als häufig angenommen. Schwerer mag der Irrtum gewogen haben, zu glauben, die mit dem Einigungsvertrag übernommene Demokratie habe aus sich selbst heraus ausreichend Überzeugungskraft. Tatsächlich wurde der Zusammenbruch der DDR von vielen, deren Leben nicht aus dem Kampf um Bürgerrechte bestanden hatte, als Bruch in der individuellen Biografie erlebt, bis hin zum persönlichen Scheitern. Die Umbrüche erschütterten, wenn auch in unterschiedlichem Ausmaß, jede Familie. »Wir fielen in tiefes kaltes Wasser und konnten erst einmal nicht schwimmen«, so formuliert es Marieta Böttger. Das muss einen nicht zum Rechtsextremen machen, es macht aber auch nicht empathischer gegenüber anderen Menschen.

Hinzu kam, dass auf dem gesamten Gebiet der ehemaligen DDR ein »leerer Raum weggebrochener Sozialisationsinstanzen«[23] entstanden war. Mit Eltern, die häufig einen Beruf hatten, der nichts mehr wert war und in dem sie immer das Falsche getan hatten; mit Lehrern, die ein Menschenbild vermittelt hatten, für das sie verachtet wurden, und die kaum gleich ein neues übernehmen konnten und wollten; mit Sozialarbeitern, die es in der DDR nicht gegeben hatte: »Unbedarft, unvorbereitet, hilflos« – so nennt Böttger die Menschen, die dazu abgestellt wurden, Jugendliche auf einen demokratischen Weg zu bringen. In dieser Melange aus Unzulänglichkeiten, verbunden mit dem Wunsch, nach Unrecht und Umbruch nicht Deutsche zweiter Klasse zu sein, entwickelte sich bei vielen ein »Wir wollen auch wer sein«-Gefühl, an das Rechtsextreme leicht andocken konnten. Und deutschnationale Versatzstücke in den Köpfen, an die sie in Zeiten eines kompletten Multiorganversagens anknüpfen konnten, gab es in der DDR reichlich. All das fand in einem Klima statt, in dem Sympathisanten rassistischer Denkmuster überall präsent waren – ob ganz offen oder heimlich.

Wie weit die Unterstützung nicht nur rassistischer Muster, sondern auch ebensolcher Taten ging, wurde besonders deutlich in der 270-Seelen-Gemeinde Dolgenbrodt, südlich von Berlin. Dort bezahlten im Herbst 1992 Bürger rechte Jugendliche dafür, dass sie ein bezugsfertiges Flüchtlingsheim abbrannten. Hier wie anderswo lag es auch der Politik fern, sich deutlich auf die Seite der Bedrohten und damit der Menschenrechte zu schlagen. In Dolgenbrodt, wo der Verdacht, dass hinter dem Brand eine Gruppe von Auftraggebern steckt, bereits im darauffolgenden Sommer erstmals auftauchte[24] und später auch bewiesen wurde, sprach der Bürgermeister noch vier Jahre später unbeirrt von »vier Einzeltätern«.[25]

Anderswo verhinderten die politisch Verantwortlichen den Zuzug von Geflüchteten oder Zuwanderern. In dem 400-Einwohner-Dorf Gollwitz, das heute zu Brandenburg an der Havel gehört, stimmte im Jahr 1997 der siebenköpfige Gemeinderat gegen den Zuzug von 50 jüdischen Zuwanderern aus der Sowjetunion.[26] Landesvater Manfred Stolpe (SPD) wollte nach dem dortigen Gemeinderatsbeschluss seine »Hand ins Feuer« dafür legen, dass »die Gollwitzer nicht antisemitisch« seien.[27] Dass er den Rechtsextremismus »lange unterschätzt« habe, gestand Stolpe öffentlich im Jahr 2000 ein.[28] Und so war es von politischer Seite in Brandenburg lange nur die

Ausländerbeauftragte Almuth Berger, die deutliche Worte gegen Rechtsextreme, Antisemitismus und Rassismus fand.[29] Berger gehörte auch zu den wenigen, die ansprachen, was der Journalist Burkhard Schröder einmal mit den Worten beschrieben hat: »Irgendjemand wird den lieben Kleinen schon gesagt haben, dass sie Juden hassen sollen.«[30] Rechtsextreme Wertorientierungen, erklärte sie dem Kabinett im Jahr 1997, fänden sich »in allen sozialen Strukturen«.[31]

Befördert wurden die Rechtsextremen von einer beispiellosen – und maßgeblich aus der alten Bundesrepublik gesteuerten – politischen Debatte: jener um die Änderung des Asylrechts, die man schon damals auch als Umlenkungsmanöver verstehen musste. Die Vereinigung war – ob absehbar oder nicht – schwierig und schmerzhaft. Um den in Gefahr geratenen nationalen Konsens wieder herzustellen, mussten nun Flüchtlinge herhalten, die zu Hunderttausenden dem Bürgerkrieg in Bosnien-Herzegowina zu entkommen suchten. Anders lässt sich kaum interpretieren, dass der baden-württembergische Ministerpräsident Lothar Späth (CDU), einer der mächtigsten Landesfürsten der Republik, im März 1990 im Bundesrat zu Protokoll gab, es müsse »eine Reihenfolge« geben dürfen: »zuerst Hilfe für Deutsche, zu Hause in der Bundesrepublik, dann Hilfe in der DDR, danach eine Lösung für Deutschstämmige, und zwar diejenigen, die [...] wirklich deutschstämmig sind – und schließlich kommen diejenigen, die politisches Asyl beantragen«.[32] Der Berliner CDU-Fraktionschef Klaus Landowsky polemisierte, Flüchtlinge zögen »messerstechend durch die Straßen« und lägen »nur, weil sie das Wort Asyl rufen, dem deutschen Steuerzahler auf der Tasche«.[33] Doch auch Münchens SPD-Bürgermeister Georg Kronawitter – dessen Nachfolger 2015 Babynahrung zum Hauptbahnhof brachte, als die Züge mit syrischen Flüchtlingen einfuhren – lamentierte in einem »Spiegel«-Interview über die »horrenden Kosten« für Flüchtlinge: Die Bürger könnten nicht verstehen, »mit welcher Großzügigkeit wir uns missbrauchen lassen«.[34] Wenige Monate darauf brannte in Rostock-Lichtenhagen unter dem johlenden Zuspruch von Anwohnern ein Wohnheim vietnamesischer Vertragsarbeiter. Der Berliner Rechtsextremismus-Experte und Politikwissenschaftler Hajo Funke sprach kurz darauf von einem Pogrom. Das sei etwas, das »mit behördlicher Duldung oder sogar Unterstützung« stattfinde.[35]

In so einer Situation an die Menschen heranzukommen, an ihre Vernunft und ihren Verstand, ist auch für Experten Sisyphusarbeit, wie beispielsweise für das Mobile Beratungsteam Brandenburg, das sich seit 1992 in Almuth Bergers Auftrag mühte, tja, wie soll man das sagen – für Demokratie zu sorgen? Eine Zeitlang jagte das Team jedes Mal los, wenn es irgendwo brannte; später fokussierte es sich auf die Arbeit in einigen Gemeinden. Die Gespräche, die dort geführt wurden, vermitteln einen anschaulichen Eindruck davon, wie schwer es ist, sich an ehrliche Ursachenforschung zu machen: eine 8.000-Seelen-Gemeinde im Südwesten Berlins, 1997. Der Bürgermeister hat um Hilfe gebeten – die Rechten machen sich breit, an Tankstellen und Bushaltestellen, der erste Military-Laden eröffnet – und hat vom Schuldirektor bis zum Ausländerbeauftragten alle, die etwas zu sagen haben, zum Gespräch eingeladen. Die versuchen sich in einer Zustandsbeschreibung: Bis zur 7. Klasse seien die Schüler ganz normal, sagt eine Lehrerin, dann plötzlich rechts. Der Schuldirektor widerspricht: Nein, auf seinem Gymnasium nicht. Das habe ja auch alles etwas mit Arbeitslosigkeit zu tun, sagt der Bürgermeister. Der Ausländerbeauftragte fragt: Hat es vielleicht auch etwas mit uns zu tun? Keine Antwort. Bis Ray Kokoschko vom MBT erklärt: »Jugendliche wachsen nicht auf Bäumen. Sie wachsen in diesem Ort auf, durchlaufen Elternhäuser und Schulen.«[36] Bernd Wagner, damals ebenfalls beim MBT, ergänzt, gegenwärtig wüchsen »Generationen heran, die Rechtsextremismus als Lebensgefühl quasi mit der Muttermilch aufsagen. Sie finden es völlig normal, rassistisch zu denken.«[37]

Nur ganz allmählich verbesserte sich die Lage; zunächst vor allem weil Polizei und Justiz stärker durchgriffen. Ab 1998 schaffte es eine Polizei-Sondereinheit namens MEGA gelegentlich, zur rechten Zeit am rechten Ort zu sein; es wurde schneller und konsequenter verurteilt. Den Antifas den Rücken stärkte ausgerechnet der Brandenburger Generalstaatsanwalt Erardo Rautenberg, als er eine »breite Einheitsfront vom stramm Konservativen bis zum autonomen Spektrum« gegen Rechts forderte.[38] Bündnisse wurden geschmiedet und Netzwerke geknüpft, nicht zuletzt das von der Landesregierung ausgegebene Handlungskonzept »Tolerantes Brandenburg« entwickelt. Die Zivilgesellschaft, die so lange selbst, wo es sie gab, keine Unterstützung oder zumindest keine Mittel hatte, um mobilisieren zu können, geriet, wenn auch in quälender Langsamkeit, schließlich doch noch in den Fokus politischen Handelns. »Wegschauen ist nicht mehr erlaubt«,[39] erklärte Bundeskanzler Gerhard Schröder im Jahr 2000, vielleicht nicht ganz zufällig nach einem Anschlag auf eine Synagoge im wohlhabenderen Düsseldorf. Im Rahmen des »Aufstands der Anständigen« erhielten endlich auch diejenigen Mittel, die für einen demokratischen Rechtsstaat eintraten. Die Rechtsextremen erschütterte all das nicht – auch das gehört zu einer ehrlichen Bilanz –, aber die Lufthoheit über Dörfern und Städten, die wurde ihnen genommen.

DAVID BEGRICH

HOYERSWERDA UND LICHTENHAGEN: URSZENEN RASSISTISCHER GEWALT IN OSTDEUTSCHLAND

Wer verstehen will, in welchem Umfeld Rassismus und Rechtsextremismus zu Beginn der 1990er-Jahre in den neuen Bundesländern gediehen, muss sich der Ereignisse im September 1991 in der sächsischen Stadt Hoyerswerda erinnern. Wie in einem Brennglas bündeln sich hier jene Motive, die das Jahrzehnt rechter Gewalt, die 1990er-Jahre in Ostdeutschland, prägten.

Der 17. September 1991 war ein Dienstag. Am Vormittag griffen rechte Jugendliche auf dem Marktplatz in Hoyerswerda vietnamesische Händler an. Diese flohen voller Angst in eine Unterkunft für Vertragsarbeiter. Wenig später sammelten sich mehrere Dutzend junge Rechte vor dem Haus in der Albert-Schweitzer-Straße, riefen rassistische Parolen und warfen mit Steinen und Flaschen auf das Haus. Anwohner applaudierten. In den folgenden Tagen und Nächten brach sich die rassistische Gewalt in Hoyerswerda ungehemmt Bahn. Die Polizei sah mehr oder weniger tatenlos zu, wie rechte Jugendliche eines der ersten Pogrome nach der Wiedervereinigung inszenierten, das auf ein breites Medienecho traf. Wenige Tage später kapitulierten die Behörden. Unter Polizeischutz fuhren am 20. September Ikarus-Busse aus den Beständen des VEB Kraftverkehr Hoyerswerda vor. Bereitschaftspolizisten bildeten einen Kordon, der die verängstigten Vietnamesen vor dem wütenden Mob abschirmen sollte. Beschimpft und bespuckt wurden die Migranten durch die schmale Gasse zu den Bussen geleitet, die wenig später unter dem Beifall von Umstehenden die Stadt verließen. In der Tagesschau kamen am selben Abend jene zu Wort, die der rassistischen Gewalt Beifall geklatscht hatten. »Reden können sie alle«, sagte ein Junge in der Sendung, »aber wenn sie mit Gewalt auftreten, geht es ganz schnell«.[1]

Ähnliche Szenen sollten sich ein Jahr später, im August 1992, in Rostock-Lichtenhagen wiederholen. Hoyerswerda und Lichtenhagen sind gewissermaßen die Urszenen der langen Welle rassistischer Gewalt in Ostdeutschland.

»Siegesfeier« der *Deutschen Alternative* am 12. Oktober 1991 in Hoyerswerda

DAS ENDE DER DDR: ABGESCHOTTETE GESELLSCHAFT UNTER DRUCK

Was auf den ersten Blick wie eine plötzliche, nicht zu erwartende Eruption rassistischer Gewalt aussah, erwies sich bei näherer Betrachtung als eine Kontinuität, die bis in die späten 1980er-Jahre in der DDR zurückreichte. In den Jahren 1987 bis 1989 war die DDR-Gesellschaft in eine umfassende Krise geraten. Die Zustimmung der Generation der unter 30-Jährigen zur Praxis der »entwickelten sozialistischen Gesellschaft« erodierte damals dramatisch. Diese Generation sah in der DDR keine Perspektive der persönlichen Lebensentfaltung. Die Zahl der Ausreiseanträge nahm zu. Die marode Wirtschaft konnte die durch die allabendliche Republikflucht via Westfernsehen steigenden Konsumansprüche der Bevölkerung nicht befriedigen. Die Abwesenheit eines Mindestmaßes politischer Pluralität in der DDR verhinderte eine offene Diskussion über die Ursachen dieser Krise. Exemplarisch zeigt sich dies in der Praxis des dogmatisch verengten und kulturell erstarrten Antifaschismus, dessen Rigidität der gesamten politischen Kultur des Landes den Atem nahm. Ihre Sprache und ihre Rituale waren sinnentleert, ohne Kontroversen und redundant. Zeitungen und Zeitschriften waren

Bleiwüsten der Ideologie. Die Stimme der Kritik sah sich auf die Literatur und das Theater verwiesen, wo gesellschaftliche Konflikte angedeutet, aber nicht ausgetragen werden konnten. Die hehren antifaschistischen Ideale, welche die DDR als zentrale Legitimation dem Westen gegenüberstellte, hatten in der jüngeren Generation massiv an Glaubwürdigkeit verloren.

Ab Beginn der 1980er-Jahre waren im Zuge der Ausdifferenzierung jugendkultureller Milieus Strömungen entstanden, die sich in scharfer Abgrenzung von der politischen Kultur im Land zu neonazistischen und rassistischen Einstellungen bekannten. Aus Fußballfans, Anhängern des Heavy Metal und andere Subkulturen bildete sich eine kleine, aber offen auftretende neonazistische Szene, die sich durch Randale im Umfeld von Fußballspielen und durch Gewalttaten gegenüber Menschen, die sie als »undeutsch« qualifizierten, hervortat. Gegen Ende der DDR gab es in den Bezirksstädten Potsdam, Leipzig oder Magdeburg Gruppen, die sich als »Faschos« oder »Nazi-Skins« verstanden. Medien und Politik schwiegen sich über das Thema aus, bis dies nach einem Überfall rechter Skinheads auf ein Konzert in der Ostberliner Zionskirche 1987 nicht mehr möglich war.

Staatliche Stellen waren sich über die Brisanz der Entwicklung durchaus im Klaren. Polizei und Staatssicherheit registrierten penibel den Zulauf für das neonazistische Milieu. Eine Studie des Kriminologischen Instituts der Berliner Humboldt-Universität, die sämtliche Strafverfahren gegen rechte Straftäter auswertete, kam 1989 zu einem alarmierenden Befund. Rechte Täter wiesen demnach eine formal hohe Konformität mit den Anpassungserwartungen des DDR-Alltags auf, sie waren Mitglieder der staatlichen Jugendorganisation Freie Deutsche Jugend (FDJ), arbeiteten fleißig und verhielten sich politisch opportun.[2] Doch statt eine ehrliche Debatte über Neonazismus und seine Wurzeln in der autoritären DDR zuzulassen, traten Staat und Medien mit der Behauptung, Neonazis in der DDR seien auf den negativen Einfluss des Westens zurückzuführen, ein letztes Mal die Flucht vor der Realität an. Im Schatten des nun folgenden Umbruchs in den Jahren 1989/90 sollte diese Realität umso deutlicher zu Tage treten.

WENDE, AUFBRUCH, INTERREGNUM

Der im Oktober 1989 einsetzende Umbruch hatte in den ersten Wochen nur indirekte Auswirkungen auf die Entwicklung des Rechtsextremismus im Land. Im Zuge der allmählichen Öffnung der Medien für kontroverse

Themen begann eine Debatte über die Ursachen von Neonazismus und Rassismus in der DDR. Die auf dem Rückzug befindliche Sozialistische Einheitspartei Deutschlands (SED) und ihre Vorfeldorganisationen instrumentalisierten das Thema als letzte rhetorische Bastion ihrer schwindenden Legitimation. Als Unbekannte im Januar 1990 das sowjetische Ehrenmal in Berlin-Treptow mit Hakenkreuzen beschmierten, rief die SED, ganz im alten Duktus, zu »Einheitsfrontaktionen gegen die Faschisten« auf. Insgesamt blieb das Thema Rechtsextremismus angesichts der Dynamik des gesellschaftlichen Umbruchs aber marginal. Es beschäftigte nur eine überschaubare Gruppe professioneller Beobachter, wenige Intellektuelle sowie engagierte Zirkel der Opposition.

Dabei hatte sich inzwischen mit der Grenzöffnung die Situation vollkommen geändert. Neue rechte Akteure betraten die Szenerie. Wenige Wochen nach der Öffnung der Mauer flutete die Partei *Die Republikaner* die Montagsdemonstrationen in Leipzig mit Propagandamaterial. Die einsetzende Wiedervereinigungseuphorie nahm rabiate nationalistische Züge an, die sich zunehmend gegenüber Ausländern und allen entlud, die sich diesem Taumel zu entziehen suchten. Bereits in der Woche nach der Maueröffnung war aus dem Ruf »Wir sind das Volk« jener nach »Deutschland einig Vaterland« geworden. Der Niedergang der DDR war in der Ohnmacht der bisherigen politischen Elite mit Händen zu greifen.

Durch eine von der Übergangsregierung unter Hans Modrow im Dezember 1989 erlassene Amnestie kamen auch zahlreiche Neonazis auf freien Fuß, die zuvor unter dem Rubrum »Rowdytum« wegen rechter Straf- und Gewalttaten verurteilt worden waren. Zudem knüpften Neonazis, die in der DDR in den 1980er-Jahren inhaftiert waren und von der Bundesrepublik als »politische Häftlinge« freigekauft worden waren, nun wieder Kontakte in die alte Heimat. Zu ihnen zählte etwa der Cottbuser Frank Hübner, der wenig später zum regionalen Neonazi-Führer der *Deutschen Alternative (DA)* aufstieg. Bereits ab Mitte der 1980er-Jahre waren rechte Skinheads via Westpaket von Kameraden mit Szenematerial versorgt worden. Diese materielle Unterstützung hatte bereits damals den bis heute wirkmächtigen Mythos befördert, Neonazis in der DDR seien ein westliches Importgut.

Dass die Volkskammer im Februar 1990 die Partei *Die Republikaner* nicht zu den ersten freien Wahlen am 18. März zuließ, war neben einem Ausdruck eines fragwürdigen Demokratieverständnisses auch ein Dokument der Hilflosigkeit. Niemand vermochte in der zerfallenden DDR der Verbreitung rechter Propaganda Einhalt zu gebieten. Der Sicherheitsapparat hatte

Hooligans am 20. April 1990, dem Geburtstag Adolf Hitlers, auf dem Berliner Alexanderplatz

in den Augen der Bevölkerung jede Legitimität verloren. In den Monaten nach der Maueröffnung verfiel er in eine regelrechte Agonie. Der Wegfall des Vorranges der Ideologie hatte eine weitreichende Handlungsunsicherheit gegenüber neonazistischen Gruppen zur Folge. Nichts illustriert diese Hilflosigkeit stärker als ein in dem Dokumentarfilm »Wahrheit macht frei« enthaltener Dialog: Auf dem Bahnhof von Dresden rufen, angeführt von Michael Kühnen, Hunderte »Sieg Heil!«. Von dem Filmemacher gefragt, wie es denn sein könne, dass Neonazis einfach so demonstrieren dürften, antwortet der verantwortliche Polizeiführer: »Im Moment wäre der Unterschied zu klären, wo sind Neonazis?« Nach dem Hinweis auf die zum Hitlergruß erhobenen Arme zuckt der Hauptkommissar die Schultern: »Ich hab noch nichts festgestellt.«[3] Der 20. April 1990, der Geburtstag Adolf Hitlers, geriet für Neonazis zum wahren Triumphzug: Am Ostberliner Alexanderplatz formierten sie sich zu einem stilisierten Hakenkreuz, in anderen DDR-Städten machten sie Jagd auf Ausländer und politisch Andersdenkende. Und die überforderte Volkspolizei ließ die Neonazis gewähren.

Besonders betroffen waren die wenigen in der DDR lebenden Ausländer, zumeist sogenannte Vertragsarbeiter. Die befristet angeworbenen Arbeitskräfte aus sozialistischen Staaten wie Vietnam, Kuba und Mosambik hatten einen unsicheren gesellschaftlichen Status. Zwar erhielten sie eine Ausbildung, wurden aber sozial isoliert. Kontakte zur Mehrheitsgesellschaft waren unerwünscht. Frauen, die während ihres Aufenthaltes schwanger wurden, mussten das Land verlassen. Der Argwohn der DDR-Mehrheitsgesellschaft gegenüber den Vertragsarbeitern speiste sich aus dem Vorurteil, diese seien durch ihren Konsum mitverantwortlich für die schlechte Versorgungslage und kauften den Deutschen begehrte Waren weg. Infolge der am 1. Juli 1990 in Kraft getretenen Währungsunion, die für zahlreiche DDR-Betriebe und ihre Belegschaften das Ende bedeuten sollte, wurden viele Vertragsarbeiter von dem einen auf den anderen Tag entlassen. So auch die angolanischen Arbeiter im Schlacht- und Verarbeitungskombinat in Eberswalde, dem damals größten Fleischbetrieb Europas. In der Nacht zum 25. November 1990, wenige Wochen nach der Feier zur Wiedervereinigung Deutschlands, machten Neonazis und Heavy-Metal-Fans in Eberswalde Jagd auf Ausländer. In Anwesenheit von Polizisten, die nicht einschritten, wurden mehrere Vertragsarbeiter zusammengeschlagen. Der 28-jährige Amadeu Antonio wurde tödlich verletzt. Der Angolaner war mit einer Deutschen verheiratet, ihr gemeinsamer Sohn wurde an dem Tag geboren, an dem die Leiche seines Vaters nach Angola überführt wurde. In jeder Hinsicht hatte eine neue Zeit begonnen.

ESKALATION DER GEWALT – DIE FRÜHEN 1990ER-JAHRE

Die Übernahme des Rechtssystems der Bundesrepublik auf dem Gebiet der sich bildenden neuen Bundesländer war nicht gleichbedeutend mit dessen Durchsetzung im Alltag. Vielmehr entstand mit der umfassenden Abwicklung staatlicher und soziokultureller Strukturen der DDR und deren Neuaufbau nach westdeutschem Vorbild in mehrfacher Hinsicht ein gesellschaftliches Vakuum, in dem der alte Staat nicht mehr bestand, der neue Staat jedoch noch nicht etabliert war. Für die Arbeitsfähigkeit von Staatsanwaltschaften und Gerichten hieß dies, dass sie zugunsten des Strukturaufbaus die Verfolgung von Straftaten vernachlässigten. Ähnliches traf auf die neu zu bildenden Länderpolizeien zu. Die Unsicherheit in der Frage der Voraussetzungen für die Übernahme von Polizisten in ein bundesdeutsches Beamtenverhältnis, die Neustrukturierung von internen Hierarchien, die Ansehenskrise der Polizei in der Bevölkerung und die schlechte technische Ausstattung ließen die Polizisten bis in die Mitte der 1990er-Jahre hinein

Zurückhaltung gegenüber Neonazis üben.[4] Zahlreich sind die damaligen Berichte, wonach die im Falle von Angriffen durch Neonazis herbeigerufene Polizei nicht kam, zu spät kam oder schlicht nichts unternahm, um Gewalttaten zu unterbinden. Diese über Jahre andauernde Abwesenheit behördlicher Sanktionen gegenüber Neonazis förderte das Selbstbewusstsein der Szene. Hemmungslose Gewaltexzesse gegenüber Migranten, linken und alternativen Jugendlichen, Obdachlosen und Homosexuellen bis hin zu Morden waren die Konsequenz.

Die bald in Ostdeutschland dominierende rechte Skinhead-Jugendkultur bot mit ihrem protoproletarischen Habitus und ihrer Überbetonung von Männlichkeit einen Ausgleich für die nach der Wende einsetzende Erfahrung der gesellschaftlichen Entwertung körperlicher Arbeit. Fußend auf Elementen einer autoritären DDR-Sozialisation, gewannen nationalistische und rassistische Einstellungen für Jugendliche an Plausibilität und motivierten sie, sich rechten Cliquen und politischen Gruppen anzuschließen. Diese Konstellationen bildeten den Keim und die Basis neonazistischer Organisierung in diesen Jahren.

Dass die Plattenbauten in Potsdam-Schlaatz, Magdeburg-Olvenstedt und Jena-Lobeda damals zum Ausgangspunkt rechter Gewalttaten wurden, hatte seinen Grund darin, dass Ende der 1980er-Jahre eine Mehrheit junger Familien in den Groß- und Mittelstädten in diesen Stadtteilen lebte. Angesichts der maroden Bausubstanz der verfallenden Innenstädte boten die Neubaugebiete mit Fernwärme und besserer Versorgung mit Konsumgütern einen vergleichsweise hohen Lebenskomfort. In »der Platte« zu leben galt mithin nicht als sozialer Malus. Zu Beginn der 1990er-Jahre jedoch setzte die soziale Entmischung der Neubaugebiete ein. Wer es sich leisten konnte, zog weg. Zurück blieben jene, die binnen weniger Monate vom angesehenen Facharbeiter zum Bezieher von Arbeitslosengeld abgestiegen waren und deren Lebenssinn mit dem Verlust der Arbeit erodierte. Die Neubaugebiete verloren an Einwohnern, und sie erlebten durch die Schließung von Jugendclubs, Bibliotheken und Polikliniken einen massiven Verlust an sozialer und kultureller Infrastruktur. Die Erfahrungen sozialen Abstiegs entwerteten die Berufsbiografien ganzer Milieus, und diese Entwertung prägte die Generation jener, die in den frühen 1990er-Jahren Jugendliche oder junge Erwachsene waren.

Im Zuge des jugoslawischen Bürgerkriegs kamen zu Beginn der 1990er-Jahre über 400.000 Flüchtlinge jährlich nach Deutschland. Der Zuzug von Asylbewerbern und Flüchtlingen wurde das dominierende und zugleich erfolgreichste Mobilisierungsthema der extremen Rechten. In den neuen Bundesländern mit einem damaligen Migrantenanteil von unter einem Prozent fiel dies auf besonders fruchtbaren Boden. Die Tatsache, dass die Mehrzahl der rassistischen Gewalttaten dieser Zeit in Ostdeutschland verübt wurde, obwohl es dort kaum Migranten gab, scheint nur auf den ersten Blick paradox. Erfahrungen gelingenden Zusammenlebens mit Migranten gab es nicht. Weiterhin dominierten in der DDR geprägte Vorstellungen von Homogenität in Kultur und Alltag die Mentalität. Wer »anders« aussah oder sich »anders« verhielt, erregte Argwohn und stieß auf Ablehnung. Dies schuf ein Umfeld, in dem Angriffe auf Migranten auf eine Mischung aus latenter Zustimmung und Ignoranz stießen. Die tagelangen pogromartigen Angriffe auf Flüchtlinge 1991 in Hoyerswerda und 1992 in Rostock-Lichtenhagen stellten die Höhepunkte einer langen Welle rassistischer Gewalt dar, die seitdem zwar abgeebbt ist, jedoch nie wirklich zum Stillstand kam. In beiden Fällen hatten Neonazis und ihnen gewogene Bürger mit Gewalt der jeweiligen Kommunal- und Landespolitik vorübergehend ihren Willen aufgezwungen: Die Flüchtlinge mussten die Orte verlassen. Die Bundespolitik wiederum nahm die rassistischen Krawalltage von Hoyerswerda und Rostock als Begründung für die weitgehende Einschränkung des Asylrechts in Dienst. Die Auswirkungen des Zurückweichens des Staates vor rassistischer Gewalt waren enorm. Bis in die Mitte der 1990er-Jahre hinein versuchten Neonazis in zahlreichen anderen Orten, mit dem Druck der Straße Politik zu machen. Die Erfahrung, mit Gewalt rassistische Interessen und Einstellungen durchsetzen zu können, prägte eine ganze Generation von Jugendlichen und jungen Erwachsenen in Ostdeutschland.

DIMENSIONEN RECHTER HEGEMONIE AB MITTE DER 1990ER-JAHRE

Mit der Änderung des Asylrechts im Jahr 1993 verlor die extreme Rechte ihr zentrales Mobilisierungsthema und somit an gesellschaftlicher Reichweite. Die Zahl der Anschläge auf Migranten und politische Gegner ging zurück, um sich hernach auf hohem Niveau zu stabilisieren. In der politischen Debatte wurde der damalige Rückgang der Gewalttaten als Erfolg der Politik der Verbote und der Eindämmung rassistischer Gewalt gewertet. Dies traf nur sehr begrenzt zu. In einigen Regionen der neuen Länder etablierte sich zur Mitte des Jahrzehnts eine sehr weitgehende Dominanz rechter Alltagskultur, die weit über die Sphäre der Jugendkultur hinausging und Andersdenkende in die Defensive zwang und marginalisierte. Die Abwanderung kreativer, gut ausgebildeter junger Menschen aus ländlich und kleinstädtisch geprägten Regionen verstärkte den Effekt der Verdrängung nicht rechtsaffiner Milieus. Mancherorts fielen die Zahlen rechter Gewalttaten, weil den dortigen neonazistischen Gruppen schlicht die Gegner ausgegangen waren. Unter dem Stichwort »national befreite Zone« diskutierte die Fachwelt zu Beginn der 2000er-Jahre die Frage, ob das Erstarken einer rechten Alltagskultur das Resultat einer gezielten Strategie der Neonazi-Szene sei oder ob die Herausbildung von »No-go-areas« für Migranten und all jene, die in das Feindbild rechter Ideologie passen, nun nur sichtbar werde. Auch wenn es zu keinem Zeitpunkt zur Etablierung einer »national befreiten Zone« nach dem Vorbild des gleichnamigen Konzepts kam, in welcher Neonazis alle Bereich der Gesellschaft unter ihre Kontrolle gebracht hätten, so lassen sich doch bis heute Regionen benennen, in denen Neonazis das soziale und kulturelle Klima einer Region, eines Stadtteils oder Dorfes bestimmen. Die Fokussierung der öffentlichen Wahrnehmung von Neonazismus auf die Ausübung von Gewalt verstellt den Blick auf Mechanismen sozialen und psychologischen Drucks, dessen Wirksamkeit für die Atmosphäre in einem Ort entscheidend sein kann. Das Vordringen neonazistischer Ideologie und ihrer Protagonisten in die Bereiche der Alltagskultur – also im Sport, in der Feuerwehr, in Garten- und Nachbarschaftsvereinen – befördert eine Änderung des sozialen Klimas zuungunsten des demokratischen Rechts des Einzelnen und von Gruppen.

GESELLSCHAFT, POLITIK, ÖFFENTLICHKEIT

In der Rückschau erscheinen die Reaktionen der ostdeutschen Gesellschaft auf das Erstarken des Rechtsextremismus ab Beginn der 1990er-Jahre fahrig und wenig souverän. Um zu verstehen, weshalb dies so war, möge man sich vor Augen führen, dass Rassismus und Neonazismus angesichts der Tragweite der gesellschaftlichen Umbrüche und Verwerfungen nach der Wiedervereinigung für Politik und Gesellschaft allenfalls Randthemen waren. Die politische Debatte wurde von dem Strukturwandel der ostdeutschen Wirtschaft und der steigenden Zahl der Arbeitslosen in Ostdeutschland bestimmt. Zwar waren Ereignisse wie der Anschlag auf die jüdische Baracke in der KZ-Gedenkstätte Sachsenhausen 1992 oder die Überfälle von Neonazis auf westdeutsche Schulklassenfahrten in Mecklenburg-Vorpommern Anlässe für Empörung und kurzfristige hitzige Debatten. Doch die hinter einer einzelnen rechten Gewalttat stehenden Dimensionen neonazistischen Auftretens fanden zumeist keine öffentliche Aufmerksamkeit. Ein Grund dafür war, dass von den Einschüchterungen und Gewalttaten in aller Regel Menschen betroffen waren (und sind), die aufgrund ihres sozialen oder kulturellen Status keine öffentliche Anerkennung erhielten. Die systematischen Angriffe auf linke und alternative Jugendliche erschienen in der Öffentlichkeit als unpolitische Auseinandersetzungen zwischen rivalisierenden Jugendgruppen. Und Migranten vermochten sich ohnehin nur schwer Gehör zu verschaffen. Für die Wahrnehmung der von Neonazis ausgehenden Bedrohung war ebenso von Bedeutung, dass, wer der augenscheinlichen Feindbildrasterung der rechten Szene entging, kaum Gefahr lief, Opfer eines Angriffes zu werden. So konnten Menschen weißer Hautfarbe, mittleren Alters und unauffälligen Aussehens sehr wohl den Eindruck gewinnen, dass Neonazis nur eine abstrakte Gefahr darstellten. Alternativen Jugendlichen wurde auch von wohlmeinenden Lehrern, Eltern oder Polizisten beschieden, ihr für ihre jugendkulturelle Orientierung typisches Outfit zugunsten neutraler Kleidung abzulegen, um nicht »zu provozieren«. Wie die Aufforderung an Frauen, keine kurzen Röcke zu tragen oder nicht nach Einbruch der Dunkelheit in einen Park zu gehen, um potenziellen Vergewaltigern keinen Anlass zu bieten, wirkte diese Argumentation als Umkehr von Ursache und Wirkung. So war die Omnipräsenz der für neonazistische Skinheads so typischen Bomberjacke auf den Schulhöfen in den 1990er-Jahren auch Ausdruck von Formen äußerlicher Anpassung an den rechten Zeitgeist.

Über Jahre hinweg scheuten Vertreter aus Kommunal- und Landespolitik davor zurück, die Ausmaße rechter Gewalt und Alltagskultur offen beim Namen zu nennen. Im Gegenteil. Quer zu den Parteigrenzen verlief die Phalanx jener, die schwere Gewalttaten entpolitisierten, das Dominanzstreben von Neonazis bestritten oder die Meinung vertraten, das Problem werde aufgebauscht. Die Motive für diese Argumentationen waren mehrschichtig. Vielerorts fürchteten Politiker, das Bekanntwerden rechter Vorfälle in ihrer Region könne deren Ruf schaden, die so dringend benötigten Investoren abschrecken oder Verunsicherung in einer Bevölkerung stiften, deren Unsicherheitsgefühl und Kriminalitätsangst in den 1990er-Jahren auch deshalb stieg, weil in der DDR-Öffentlichkeit über Kriminalität nur sehr zurückhaltend berichtet worden war.

Jene, die meinten, Neonazismus und Rassismus gehörten in den Bereich der Kriminologie und seien alleinige Angelegenheit der Polizei, des Verfassungsschutzes oder allenfalls noch der Jugendämter, bewegten sich mit dieser Auffassung ganz in der Tradition der politischen Kultur der DDR, in der gesellschaftliche Probleme von den, wie es damals hieß, »zuständigen Organen« gelöst werden sollten. So entstand der Eindruck, das Engagement von Bürgern und antifaschistischen Gruppen gegen Neonazis werde seitens der Politik als unqualifizierte Einmischung Dritter in hoheitliche Angelegenheiten des Staates oder ein den Ablauf hergebrachter Regularien der Behörden störendes Element betrachtet. Dies hatte den Effekt, dass sich unter Umständen die öffentliche Meinung gegen jene wandte, die beharrlich auf die Bedrohung durch Neonazis hinwiesen, die Öffentlichkeit suchten und um Unterstützung für ihr Engagement warben. Statt der Aktivitäten der Neonazis standen jene am Pranger, die diese thematisierten. Sie wurden als Störenfriede und Nestbeschmutzer angesehen, die den Ruf der Kommune schädigten. Dieses Klima offener neonazistischer Anfeindungen einerseits und der Herabsetzung politischen Engagements gegen Neonazis andererseits bewog manchen, ländlich und kleinstädtisch geprägte Regionen in Richtung Berlin oder Leipzig zu verlassen.

Ähnlich wie die Politik agierten die Medien. Falsche Rücksichtnahme auf die skizzierten Belange der Politik oder ein Mangel an eigener Recherche führten zu einem zeitweisen medialen Gleichklang mit der Sichtweise der Sicherheitsbehörden. Doch die gestanzten Sätze der Polizeiberichte zu neonazistischen Gewalttaten warfen jeweils nur ein Schlaglicht auf die vielgestaltigen neonazistischen Aktivitäten und ließen rechte Konzerte und Demonstrationen nur als eine Abfolge von Einzelereignissen ohne inneren Zusammenhang erscheinen. Ideologische Kontexte und organisatorische Netzwerke blieben unberücksichtigt. Der Kreis jener Journalisten, die ereignisunabhängig und kontinuierlich am Thema arbeiteten, war und ist klein. Doch ihrem Engagement und der Arbeit von Antifa-Gruppen verdankte die Öffentlichkeit damals einen Großteil des zugänglichen Wissens über Neonazis.

KONJUNKTUREN DER AUFMERKSAMKEIT

Die öffentliche Aufmerksamkeit für Neonazismus und Rassismus schwankte seit den frühen 1990er-Jahren zwischen Verharmlosung und Alarmismus. Während aus Anlass der periodisch wiederkehrenden Debatten etwa um ein Verbot der rechtsextremen *NPD* der falsche Eindruck entstehen konnte, die Partei stehe vor einem gesellschaftlichen Durchmarsch, wurden Fakten wie die in den 1990er-Jahren rasant steigende Zahl neonazistischer Bands und ihrer Konzerte nur einer Fachöffentlichkeit bekannt. Zudem gibt es ein augenscheinliches Gefälle öffentlicher Wahrnehmung zwischen Ost und West, städtischen Metropolen und ländlichen Regionen. Dieselben Ereignisse, die in der Provinz kein Echo erfahren, erzielen in einem großstädtischen Umfeld eine große gesellschaftliche Resonanz. Die Welle rassistischer Straftaten in den neuen Bundesländern schuf eine Deutungsfolie, die bis heute Vorfälle in Bundesländern wie Sachsen, Sachsen-Anhalt oder Thüringen medial stärker berücksichtigt als vergleichbare Vorgänge in Hessen oder Niedersachsen. Auch die Zahlen belegen nach wie vor, dass die Mehrheit der rassistisch motivierten Gewalttaten in Ostdeutschland begangen wird.

Langjährige Beobachter der neonazistischen und rassistischen Szene wissen, dass diese Aufmerksamkeit festen Konjunkturregeln folgt. Sie ist gebunden an spektakuläre Ereignisse, wie schwere Gewalttaten, erweist sich als inhaltlich redundant und verläuft ohne echte Lerneffekte für nachfolgende Debatten. Mit Recht werden schwere neonazistische Gewalttaten mit moralischer Empörung quittiert, doch bleibt dahinter die Analyse von Ursachen und Kontexten zurück. Der hohe Aktualitätsdruck in den Medien lässt eine analytische Betrachtung von Ereignissen vielfach nicht zu.

GENERATION WENDE – GENERATION HOYERSWERDA?

Die Eskalation rassistischer Gewalt in Ostdeutschland liegt 20 Jahre zurück. Die damaligen Gewaltakteure und ihre Sympathisanten sind ihrer Schlägerkluft entwachsen, um die 40, verheiratet und berufstätig. Rechte oder rassistische Gewalttaten sind von Angehörigen dieser Generation in der Regel nicht mehr zu erwarten. Es ist eine Frage der Perspektive: Natürlich wurden aus der Mehrzahl jener, die damals gegen Migranten vorgingen, nicht Aktivisten rechter Gruppen. Noch weniger waren es, die, wie die Mitglieder des *Nationalsozialistischen Untergrunds (NSU)* tatsächlich zur Anwendung terroristischer Gewalt übergingen. Doch die biografische Erfahrung, rassistischen Einstellungen in der Gesellschaft nicht nur Gehör verschaffen, sondern sie auch durchsetzen zu können, wirkt weiter. Die wissenschaftlichen Untersuchungen der letzten Jahre zeigen eine messbare hohe Zustimmungsbereitschaft dieser Generation zu rassistischen und autoritären Einstellungen zu Fragen des Menschenbildes und der Verfasstheit der Gesellschaft. Dies findet seine Fortsetzung in der biografischen Prägung von Kindern und Jugendlichen. Wenn im Kindergartenbeirat Stimmen laut werden, die die Teilnahme an einem multikulturellen Kinderfest ablehnen, oder Lehrer von Elternabenden berichten, bei denen ein »deutscher Geschichtsunterricht« gefordert wird, so ist dies ein Indiz dafür, dass die »Generation Hoyerswerda« ihre Orientierung an Ideologien der Ungleichwertigkeit an ihre Kinder weitergibt.

Der 22. August 2015 war ein Samstag. Ab den späten Nachmittagsstunden sammelten sich in der sächsischen Stadt Heidenau vor einem als Notunterkunft für Asylbewerber hergerichteten ehemaligen Baumarkt rechte Jugendliche, organisierte Neonazis und Bürger. Rassistische Parolen wurden skandiert. Nach Einbruch der Dunkelheit versuchten neonazistische Hooligans, die Unterkunft zu stürmen. Die mit zu wenigen Einsatzkräften anwesende Polizei war völlig überfordert und zog sich vor der Gewalt der Hooligans zurück. In den darauffolgenden Wochen häuften sich ähnliche Meldungen aus anderen ostdeutschen Kleinstädten. Die Parallelen zur oben skizzierten Entwicklung in den 1990er-Jahren scheinen auf den ersten Blick evident zu sein. Wiederholt sich die Geschichte? Ja und nein.

Ja, denn das Jahr 2015 war geprägt von einem Ausmaß an rassistischer Mobilisierung wie seit dem Beginn der 1990er-Jahre nicht mehr. Die Zahl der rassistischen Demonstrationen und Angriffe war schon vor Jahresende 2015 auf ein Niveau angestiegen, das weit über dem langjährigen Mittelwert lag. Nein, denn die gesellschaftliche Debatte, welche die Geschehnisse des Jahres 2015 reflektiert, war eine andere. Neben einer rapiden Zunahme der Ablehnung von Flüchtlingen und Asylbewerbern war – anders als in den 1990er-Jahren – eine Gegenbewegung zu verzeichnen, deren Agenda darin bestand, das Zusammenleben mit Flüchtlingen offensiv zu gestalten statt gesellschaftlicher Abwehr Raum zu geben.

In Freital, Heidenau und Chemnitz-Einsiedel setzen die Kinder der »Generation Hoyerswerda« auf ihre Weise in Szene, was ihnen als Erzählung über den Verlauf der 1990er-Jahre präsent ist: den Versuch, Staat und Gesellschaft die eigene rassistische Sichtweise auf Flüchtlinge als Handlungsmaxime aufzuzwingen, wenn nötig mit Gewalt.

GIDEON BOTSCH

VOR HOYERSWERDA

ZUR FORMIERUNG DES NEONAZISMUS IN BRANDENBURG

Deutschland, Sommer 2015: Tagelange Proteste von aufgebrachten Anwohnerinnen und Anwohnern, rechtsaffinen Fußball-Hooligans und organisierten Rechtsextremen vor provisorischen Asylbewerberunterkünften, Ausschreitungen im sächsischen Heidenau – schließlich ein Brandanschlag auf eine Sporthalle im brandenburgischen Nauen, in der vorübergehend Flüchtlinge untergebracht werden sollten. Beobachterinnen und Beobachter, die sich noch an die frühen 1990er-Jahre erinnern, sehen diese Szenen mit Schrecken. Viele befürchten, dass sich an denselben Orten wiederholen könnte, was vor 25 Jahren geschah.

Die Bilder der rechtsextremen Mobilisierungswelle der frühen 1990er-Jahre, die sich nachhaltig im kollektiven Gedächtnis festgesetzt haben, stammen von den Übergriffen auf Asylbewerberunterkünfte. Als erstes rassistisches Großereignis werden häufig die mehrtägigen Ausschreitungen in der Lausitzer Mittelstadt Hoyerswerda genannt, die am 17. September 1991 begannen. Es ist bekannt, dass es schon zuvor Übergriffe gegeben hatte, doch gilt Hoyerswerda wegen der langen Dauer und wegen des relativen Erfolgs der ausländerfeindlichen Aktionen – die Flüchtlinge wurden aus der Stadt herausgebracht, der Mob hatte sich durchgesetzt – als Ereignis von besonderer Qualität. Dieser Erfolg, so meinen manche Beobachterinnen und Beobachter, habe damals jene Jugendlichen mit Affinitäten zu rechtsextremem Gedankengut in ihrer Gesinnung und in der Überzeugung bestärkt, Staat und Gesellschaft mit Gewalt ihren Willen aufzwingen zu können. Für diese rechtsextreme »Generation Hoyerswerda« – zu der auch das *NSU*-Trio Uwe Böhnhardt, Uwe Mundlos, Beate Zschäpe, ihr Umfeld und ihre Unterstützer zu rechnen sind – sei das Pogrom ein »Erweckungserlebnis«[1] gewesen. David Begrich nennt es eine »bittere Wahrheit«, dass die »Fundamente für den heutigen Rassismus und Rechtsextremismus« in Ostdeutschland »von der ›Generation Hoyerswerda‹ gelegt wurden. Wer vor mehr als zwanzig Jahren vor den Asylbewerberheimen randalierte und Migranten angriff, teilt die kollektive biographische Erfahrung, seinen rassistischen Auffassun-

Niedergebranntes Flüchtlingsheim in Schwarze Pumpe am 25. August 1991

gen mittels Gewalt nicht nur Gehör verschafft, sondern vielerorts auch zum Durchbruch verholfen zu haben«.[2]

Vor Hoyerswerda kommt man auf dem Weg von Cottbus nach Süden an dem Ort Schwarze Pumpe vorbei. In der DDR gehörten beide zum Bezirk Cottbus; im Kreis Hoyerswerda stimmte die Mehrheit bei einem Volksentscheid 1990 für eine Zugehörigkeit zu Sachsen, während Schwarze Pumpe im Kreis Spremberg fortan zum neuen Bundesland Brandenburg gehörte. Hier vertrieben schon am 24. August 1991 zwei Dutzend vermummte und bewaffnete Neonazis gewaltsam eine Gruppe rumänischer Asylbewerber und brannten deren Unterkunftsbaracke vollständig nieder.[3] Nicht nur geografisch liegt Schwarze Pumpe »vor Hoyerswerda«, der brandenburgische Ort war auch vor der Nachbarstadt durch rassistische Gewalttäter »ausländerfrei« gemacht worden.

Überhaupt entstanden viele der Eindrücke und Bilder von rechtsextremen Mobilisierungen und neonazistischer Gewalt, die aus den frühen 1990er-Jahren im Gedächtnis haften blieben, im Land Brandenburg. Neben Berlin waren bereits in der DDR die Bezirke Potsdam und Frankfurt (Oder), die später den größeren Teil des Bundeslandes ausmachten, Hochburgen der DDR-»Skin«- und »Fascho«-Szenen gewesen. Der folgende Beitrag skizziert die Entstehung und Entwicklung der rechtsextremen und neonazistischen Bewegung im heutigen Land Brandenburg im Kontext der späten DDR, der Wende, des Beitritts zum Bundesgebiet und schließlich ihr späteres Einmünden in einen gesamtdeutschen Rechtsextremismus.

»NAZIS IM OSTEN« – RECHTSEXTREMISMUS IM DEUTUNGSSTREIT

Fragt man nach dem Prozess der Herausbildung einer rechtsextremen Szene in Ostdeutschland, so werden in der Regel kontroverse Antworten gegeben. Wer die These von der »Generation Hoyerswerda« vertritt, legt damit nahe, dass der Rechtsextremismus sich hier im Wesentlichen nach dem Beitritt der früheren DDR-Länder zum Bundesgebiet formiert habe, betont mithin die gesamtdeutsche Dimension des Phänomens. Andere verweisen auf die Bedeutung des »Wende-Jahres«, des Zeitraums von November 1989 bis Oktober 1990, während Dritte im ostdeutschen Rechtsextremismus vor allem eine Erbschaft der DDR sehen. Derartige polarisierte Stellungnahmen zur Frage der Herkunft und besonderen Ausprägung des Rechtsextremismus in Brandenburg und seinen Nachbarländern helfen indes kaum weiter. Demgegenüber wird hier ein Interpretationsrahmen vorgeschlagen, der alle drei Erklärungsangebote zu integrieren vermag.[4]

Die organisierte extreme Rechte als politischer Akteur formiert sich in der Bundesrepublik als radikalnationalistische, systemilloyale fundamentaloppositionelle Bewegung in Parteien, Vereinen, über Medien und andere formelle und informelle Netzwerke und versteht sich selbst als »Nationale Bewegung«, »Nationales Lager« oder »Nationaler Widerstand«. Als Eigenbegriff zur Kennzeichnung ihres Selbstverständnisses verwendet sie am weitaus häufigsten den Terminus »Nationale Opposition«.[5] Eine so verstandene »Nationale Opposition« gab es in der DDR nicht. Als ab der zweiten Hälfte der 1970er-Jahre das politisch-kulturelle Gefüge der DDR an Bindekraft verlor, wurden indes die Grundlagen für die Entstehung einer eigenständigen Jugendsubkultur mit Affinität zu rechtsextremen Positionen gelegt. Ab den beginnenden 1980er-Jahren etablierte sich diese Szene als Skinhead-Milieu, wobei ihr auch ein Teil des Fußballfan- und Hooligan-Milieus zuzuordnen ist. Innerhalb dieses zunächst unpolitischen Milieus entstanden etwa ab 1985/86 originär rechtsextreme Personenverbindungen, die seine spätere Politisierung und den Wandel zur »Nationalen Opposition« vorbereiteten. Als Wendepunkt gilt der Überfall auf ein oppositionelles Rockkonzert in der Ostberliner Zionskirche im Oktober 1987, der den Skins schlagartig hohe öffentliche Aufmerksamkeit sowohl in der DDR als auch in der Bundesrepublik bescherte. Nach der nun einsetzenden Repression verzichteten viele Szenegänger zunächst auf ihr typisches Outfit, doch die Radikalisierung und Politisierung eines harten Kerns wurde nicht etwa gestoppt, sondern im Gegenteil befördert.

Die nun erhöhte Aufmerksamkeit führte dazu, dass für die letzten Jahre der DDR relativ gutes Datenmaterial überliefert ist. Am 1. Oktober 1988 zählte die Stasi mindestens 1.067 Skinheads, bei regional recht unterschiedlicher Verteilung. Fast die Hälfte konzentrierte sich in Berlin. An zweiter Stelle kam der Bezirk Potsdam mit 120 namentlich erfassten Personen. Direkt nach dem Bezirk Leipzig (heute Sachsen) kam bereits der Bezirk Frankfurt (Oder) mit 82 erfassten Personen; im Bezirk Cottbus kamen etwa 50 hinzu.[6] Man kann mithin davon ausgehen, dass gut ein Viertel der rechtsextremen Personen in der DDR auf dem Territorium des heutigen Bundeslandes Brandenburg wohnten. Setzt man diese Zahlen in Beziehung zu pessimistischeren Berechnungen – beispielsweise durch das Leipziger Zentralinstitut für Jugendforschung (ca. 3.000 Sympathisanten des Skinhead-Lagers in der DDR)[7] oder zu der retrospektiven Schätzung durch den Kriminalisten Bernd Wagner (ca. 5.000 militante Rechtsextremisten in der DDR)[8] –, so kann man von mindestens 500 bis 1.000 Angehörigen dieser Szene im heutigen Brandenburg ausgehen. Eine Spezialdatei der Kriminalpolizei, die ab der zweiten Jahreshälfte 1988 Personen mit rechtsradikaler Einstellung erfasste, kann keine Auskunft über die Zahlenverhältnisse innerhalb der DDR geben, da sie Erkenntnisse von Polizeibehörden dokumentiert, die in Berlin und den unmittelbar benachbarten Bezirken Potsdam und Frankfurt (Oder) aufmerksamer ermittelte als im Rest des Landes. In dieser Dokumentation nimmt der Bezirk Potsdam den Spitzenplatz ein (322 Personen, knapp vor Berlin), und der Bezirk Frankfurt (Oder) kommt mit fast 60 Personen an fünfter Stelle; im Bezirk Cottbus wurden insgesamt (also unter Einschluss der heute sächsischen Gebiete) nur 23 Personen erfasst.[9]

Die Skinheads in der DDR waren ein heterogenes, durch Männlichkeitsrituale und Gewaltaffinität gekennzeichnetes und durch bestimmte »Styles« und Jugendcodes abgegrenztes Milieu. Musikerzeugnisse – auch rechtsextremer Gruppen – gelangten aus dem Westen in die DDR, doch eigenständige Bands wurden selten und spät gegründet. In den Bezirken und Kreisen, die später das Land Brandenburg bildeten, sind gar keine Skinhead-Bands bekannt geworden.[10] Infrastruktur – Veranstaltungsorte, Ladengeschäfte, Versanddienste, Labels, Fanzines usw. – existierten nicht. Trotz einer allgemeinen Wahrnehmung als »rechts« oder »faschistisch« verfügte das Skinhead-Milieu als solches keineswegs über eine politische Agenda.

BEGINN DER POLITISIERUNG IN DER DDR

Ab Mitte der 1980er-Jahre bildeten sich einige Personenzusammenhänge heraus, die politischen Fragen einen höheren Stellenwert beimaßen. Von nun ab lassen sich vermehrt Cliquen- und Gruppennamen feststellen, die auf den Nationalsozialismus oder seine völkischen Vorläufer Bezug nahmen. So wird das bedeutende rechtsextreme Lager im Kreis Oranienburg mit Bezeichnungen wie *Sturmfeld Oranienburg* oder *Gesamtsturm Oranienburg* in Verbindung gebracht, die an die Gliederung verschiedener nationalsozialistischer Massenorganisationen in »Stürme« anknüpfen. Etwa 100 Personen aus dieser Szene trafen sich am 1. November 1987 in der Gaststätte Weimann in Velten, wo sie feierten, »Sieg Heil!« riefen und nationalsozialistische Lieder sangen. Der Wirt wurde geschlagen und im Keller eingesperrt, anrückende Beamte der Volkspolizei wurden angegriffen. Nicht einmal ein Warnschuss half: Ein Beamter wurde entwaffnet, ein Polizeiauto demoliert. Die FDJ-Zeitung »Junge Welt« berichtete über den anschließenden Prozess vor dem Kreisgericht Oranienburg Folgendes: »Monatelang war [...] eine Horde krimineller Rowdys prügelnd, stehlend, saufend durch den Kreis Oranienburg gezogen. [...] Als Gruppe stark, im einzelnen unauffällige Jungs, die Skins wurden, weil es angeblich modern war: Im Westfernsehen sah man es«.[11]

Einen weiteren Schwerpunkt im heutigen Land Brandenburg bildete frühzeitig die Szene im Bezirk Cottbus, die mithin auch in Teile des heutigen Sachsen ausstrahlte, wie beispielsweise Hoyerswerda. Laut Bernd Wagner gab es bereits 1986 allein im Bezirk Cottbus mindestens vier polizeilich bekannte rechtsextreme Gruppierungen.[12] Wirkungsgeschichtlich von besonderer Bedeutung ist der Kreis um die Brüder Hübner, die in der Bezirkshauptstadt aktiv waren. Frank Hübner wurde nach illegaler Kontaktaufnahme zu ultrakonservativen Kreisen in der Bundesrepublik inhaftiert, sein Bruder hatte Mitte der 1980er-Jahre versucht, eine Wehrsportgruppe aufzubauen. Beide wurden von der Bundesrepublik freigekauft, nahmen dort Kontakt zu neo-nationalsozialistischen Kreisen auf und spielten nach ihrer Rückkehr in die DDR bzw. in die neuen Länder eine Rolle beim Aufbau rechtsextremer Strukturen.[13] In der Bezirkshauptstadt Potsdam ist für das Jahr 1987 eine offen neonazistisch auftretende Gruppierung belegt.[14] Doch aus einer bei Bernd Wagner dokumentierten Liste von 16 im Jahr 1989 kriminalpolizeilich bekannten rechtsextremen Gruppen in der DDR – davon allein sieben in Berlin – findet sich aus Brandenburg nur die *Wehrsportgruppe Gartz.*[15] Die Gemeinde Gartz an der Oder, in der Uckermark gelegen, gehörte zum Bezirk Frankfurt (Oder). Die örtliche Skinhead-Szene war offenbar eine bekannte Größe und mit Gesinnungsgenossen in Eberswalde vernetzt. Im südöstlichen Berliner Umland, namentlich in Königs Wusterhausen, bestanden ebenfalls stabilere rechtsextrem orientierte Personenzusammenhänge. Rechtsextrem politisierte Gruppierungen aus Berlin hielten teilweise ihrerseits Kontakte ins Umland, wurden dort aktiv oder rekrutierten Personen, die aus dem späteren Land Brandenburg stammten. Die bekannteste dieser Gruppierungen ist die 1986 begründete *Lichtenberger Front,* die sich seit 1988 in Erinnerung an die Machtergreifung 1933 *Bewegung 30. Januar* nannte. Die möglicherweise älteste rechtsextreme Gruppe gründete sich 1982 ebenfalls in Berlin. Sie orientierte sich zunächst stärker am Rocker- als am Skinhead-Milieu und nannte sich *Vandalen – Ariogermanische Kampfgemeinschaft.* Die *Vandalen* bestehen bis heute und weisen vielfältige Verbindungslinien sowohl in den Bereich der Rechtsrock-Szene als auch in den militant-terroristischen Rand des Neonazi-Spektrums auf. Zu den Aktivitäten rechtsextrem orientierter Gruppen aus Berlin und anderen Groß- und Mittelstädten im Land Brandenburg (wie in anderen Urlaubsregionen, vor allem an der Ostsee) zählten auch »Sommerlager« an Badeseen, bei denen es wiederholt zu nazistischen Ritualen und auch zu Übergriffen kam. Auf einem Zeltplatz bei Rangsdorf sei 1988 »›Jagd auf Polen‹ gemacht, ›Polenschweine‹ gegrölt und unter ›oi, oi, oi Sieg Heil‹-Geschrei« seien »Zelte zerstört« worden.[16]

Einflussnahmen aus dem Westen waren – anders als die »Junge Welt« es in der Berichterstattung über den Oranienburger Prozess andeutete – für die Entwicklung einer rechts orientierten Skinhead-Szene in der DDR nicht ursächlich. Dennoch hat es deutsch-deutsche Kontakte gegeben, die sich auch auf das Land Brandenburg erstreckten. Besondere Bedeutung kam dabei für den Brandenburger Raum der *Nationalistischen Front (NF)* zu, die sich 1985 aus verschiedenen neonazistischen Aktionsgruppen gebildet hatte.[17] Die rechtsextremen Szenen in Frankfurt (Oder), Oranienburg, Velten und Umgebung, in Eberswalde und Schwedt bzw. Gartz sowie in

Königs Wusterhausen sollen bereits vor der »Wende« Kontakt zur *NF* gehabt haben. Im April 1989 – wohl im Umfeld des 100. Geburtstags von Adolf Hitler – war ein größeres Treffen zwischen etwa 40 ost- und westdeutschen Skinheads an der Autobahnraststätte Michendorf, also an der Transitstrecke zwischen West-Berlin und dem Bundesgebiet, geplant, das allerdings ausfallen musste, nachdem klar wurde, dass auch das MfS informiert war. Auch andere westdeutsche Neonazi-Gruppierungen suchten Kontakte zu Gesinnungsgenossen in der DDR, allerdings hatten sie im späteren Land Brandenburg offenbar weniger Erfolge. Hartnäckig hält sich allerdings bis heute das Gerücht, dass Neonazis um den West-Berliner Aktivisten Arnulf Priem und seine Gruppe *Wotans Volk* regelmäßig an den Schauplätzen der Kesselschlachten des Zweiten Weltkriegs, in der Region Teupitz-Halbe, nach Munitionsresten, Uniformen und NS-Devotionalien suchten und diese teils auf Berliner Flohmärkten verkauften; ob und inwieweit sie Kontakt zu ostdeutschen Gesinnungsgenossen mit ähnlichen Hobbys hatten, ist ungeklärt. Demgegenüber scheinen die größeren rechtsextremen Parteien *NPD*, *Die Republikaner (REP)* und die *Deutsche Volksunion (DVU)* keine stabilen Beziehungen in die DDR unterhalten zu haben.

Die Reaktion der DDR-Behörden vermittelt den Eindruck, als seien diese relativ hilflos gewesen. In der Wahrnehmung des Problems sind deutliche Defizite zu erkennen, die nur teilweise ideologischer Natur waren. Eine klare Gegenstrategie lässt sich zwar nicht ausmachen, doch wiederholte sich ein typisches Reaktionsschema, das eine Mischung aus drei Elementen aufweist: Entpolitisierung, Repression und Integration durch zielgruppenorientierte Sport- und Freizeitangebote. Dagegen spielte für einen Teil der DDR-Opposition die Auseinandersetzung mit den »Faschos« – wie sie bald genannt wurden – eine eminent wichtige Rolle. Für viele junge Menschen taten sich Widersprüche im System gerade anhand der beharrlichen Weigerung der staatlichen und politischen Instanzen auf, die Existenz rechtsextremer Tendenzen überhaupt einzugestehen. Die Diskrepanz zwischen dem offiziellen Antifaschismus als zentralem Element der DDR-Staatsdoktrin und der Realität, in der Stasi-Offiziere rechtsextreme Übergriffe auf Oppositionelle stillschweigend geduldet haben sollen,[18] führte zur Herausbildung eines oppositionellen Antifaschismus, der sich häufig unter dem Dach von Kirchengemeinden, alternativen Projekten und im Punk-Milieu formierte. Ein Zentrum des oppositionellen Antifaschismus war neben Berlin die Bezirkshauptstadt Potsdam. Hier fand am 29. Juli 1989 in den Räumen der Erlöserkirche sogar ein »Antifa-Tag« statt. Die

Forschung hat diesen oppositionellen Antifaschismus bis heute weithin ausgeblendet und konzentriert sich auf die Darstellung eines »missbrauchten« Antifaschismus.[19]

»WENDE IN DER WENDE« – RECHTSEXTREMISMUS UND NATIONALISTISCHE MOBILISIERUNG

Mit der Öffnung der deutsch-deutschen Grenze am 9. November 1989 verschob sich die Dynamik der Ereignisse in der DDR erheblich. Hatten bis dahin Forderungen nach Einhaltung der Menschenrechte, Gewährung staatsbürgerlicher Grundrechte – vor allem Reise-, Meinungs-, Versammlungs- und Koalitionsfreiheit – und Beseitigung der Diktatur der SED innerhalb der Grenzen der DDR den politischen Prozess bestimmt, so traten diese Forderungen nunmehr in den Schatten einer Dynamik, die auf eine Wiedervereinigung gerichtet war. Damit verbunden war eine »Wende in der Wende« (Sigrid Meuschel),[20] die noch im November 1989 einsetzte. Die Grundlagen für eine radikalnationalistische Mobilisierung im Schatten des Bürgerprotests sind zweifellos in der DDR selbst gelegt worden. Dennoch trafen sie nach Öffnung der Mauer auf eine neue Angebots- und Gelegenheitsstruktur: »Nationale« und »patriotische« Argumentationen westdeutscher Parteien wurden auf eigene Weise rezipiert, und vor allem drängten ab November massiv radikalnationalistische und ultrakonservative Parteien und Organisationen mit Propagandamaterial auf den unerschlossenen ostdeutschen Meinungsmarkt. Ein Neonazi-Aktivist der ersten Stunde schildert die Ereignisse um die Jahreswende 1989/90 rückblickend so: »Nach dem Fall der Mauer ging alles plötzlich recht schnell. Durch die jahrelange Inhaftierung einzelner Leute und deren überraschende Freilassung konnte gewissermaßen über Nacht eine gewaltbereite rechte Szene in Ostdeutschland entstehen, die in der Lage war, völlig ungewohnte Freiräume zu nutzen.«[21] Gegen Jahresende kamen im Zuge einer Teilamnestie DDR-weit etwa 100 Personen aus Strafhaft frei, die zum Kern des Neonazi-Milieus gehörten. Die folgenden Wochen waren geprägt durch gewalttätige Übergriffe – häufig im Anschluss an Fußballspiele –, die das gesamte Spektrum rechtsextremer Feindobjekte betrafen, sich aber besonders gegen Personengruppen, Wohn- und Kulturprojekte richteten, die als links oder linksalternativ wahrgenommen wurden.

Dass trotzdem bis ins Frühjahr 1990 hinein noch nicht von einer »Nationalen Opposition« in der DDR gesprochen werden kann, hängt in erster Linie damit zusammen, dass sich das subkulturelle Milieu noch nicht zur politischen Bewegung formiert hatte. Zu eigenständigen Mobilisierungen waren die Neonazis in der DDR noch nicht in der Lage. Ihre Aktionen hingen, sobald sie über den engen Rahmen kleiner Zellen und Freundeskreise hinausgingen, von äußeren Mobilisierungsanlässen ab: Demonstrationen gegen die DDR und für die Wiedervereinigung sowie Fußballspiele. Weder existierten zu diesem Zeitpunkt eigenständige Vereinsstrukturen noch unabhängige Medien der Kommunikation. All diese Elemente wurden noch weitgehend vom Westen aus substituiert und bereitgestellt. Der nur zögerliche Fortschritt beim organisatorischen Aufbau lässt sich in allen Bereichen und Spektren des rechtsextremen Lagers nachweisen.

Von kaum zu überschätzender Bedeutung für diesen Zustand ist die Tatsache, dass erste Parteigründungsversuche nur sehr schleppend vorankamen und durch das Parteiengesetz der DDR vom 21. Februar 1990 blockiert wurden. Dieses verbot die Gründung und Tätigkeit von Parteien, »die faschistische, militaristische, antihumanistische Ziele verfolgen sowie Glaubens-, Rassen- und Völkerhaß bekunden oder verbreiten, die Personen und Gruppen aufgrund ihrer Nationalität, ihrer politischen Zugehörigkeit, ihres Geschlechts, ihrer sexuellen Orientierung oder ihrer körperlichen bzw. geistigen Behinderungen diskriminieren oder ihre Ziele mit Gewalt oder durch Androhung von Gewalt zu verwirklichen suchen«. Dies galt insbesondere für *Die Republikaner,* die zunächst die dynamischste Kraft innerhalb des rechtsextremen Lagers waren und ab Januar 1990 lokale Gliederungen in der DDR ins Leben riefen. Der Zulauf vor allem jugendlicher Interessenten soll sehr hoch gewesen sein, doch ein von der Volkskammer ausgesprochenes Betätigungsverbot, gelegentliche Beschlagnahme von Propagandamaterial und die wiederholte Abweisung des charismatischen Parteiführers Franz Schönhuber an der deutsch-deutschen Grenze störten den Parteiaufbau. Die höchste Hürde bestand in der Zulassung zu den Volkskammerwahlen am 18. März 1990, die der Schönhuber-Partei wie nahezu allen anderen rechtsextremen Parteien versagt wurde. Ebenfalls im Januar 1990 formierte sich die *Mitteldeutschen Nationaldemokraten*. Diesem ostdeutschen Ableger der *NPD* gelang es ebenfalls nicht, zu den Volkskammerwahlen zugelassen zu werden oder in nennenswertem Maße den Aufbau eines Parteiapparats vorzubereiten.

Unter anderen Voraussetzungen agierte das neonationalsozialistische Spektrum, das sich in der Bundesrepublik während der 1980er-Jahre in drei

Richtungen aufgespalten hatte: Die *Nationalistische Front*, die *Freiheitliche Deutsche Arbeiterpartei (FAP)* und die verschiedenen Organisationen aus dem Netzwerk des vermutlich bekanntesten Neonazi-Aktivisten jener Zeit, Michael Kühnen. Während die *NF* für die Entwicklung des Neonazismus in Brandenburg von großer Bedeutung war, aber erst Ende des Jahres 1990 mit dem Aufbau ihres Kaderstammes begann, spielte die *FAP* hier – anders als beispielsweise in Sachsen, Thüringen und Sachsen-Anhalt – nur eine untergeordnete Rolle. Am besten dokumentiert ist das Vorgehen der Kühnen-Bewegung. Den inneren Kern dieses Flügels der Neonazi-Szene bildete die *Gesinnungsgemeinschaft der Neuen Front (GdNF)*, die weithin der seit den 1970er-Jahren aktiven, illegalen *NSDAP* bzw. *NSDAP/AO* (für Auslands- oder Aufbau-Organisation) entsprach. In ihrem Vorfeld bestanden verschiedene Organisationen, darunter die im Mai 1989 in Bremen gegründete, als Kleinstpartei auftretende *Deutsche Alternative (DA)*. Kühnen selbst hatte den Schwerpunkt seiner Tätigkeit 1988 nach Langen südlich von Frankfurt am Main verlegt, wo das Hessische Wohnheim für Aus- und Übersiedler lag und es zahlreiche DDR-Flüchtlinge gab. Zu Recht versprach er sich von dieser Klientel neuen Zulauf und war auf diesem Weg Ende der 1980er-Jahre über neonazistische Tendenzen in der DDR relativ gut informiert.

Schon Ende Dezember 1989 hatten sich, mehr oder weniger spontan, erste Ortsverbände der *DA* in der DDR gebildet. Bei einem Koordinierungstreffen der *GdNF* Mitte Januar 1990 waren auch Aktivisten aus der DDR anwesend. Bei dieser Sitzung wurde der im internen Informationsblatt »Die Neue Front« abgedruckte »Arbeitsplan Ost« festgelegt. Demzufolge sollte die *DA* zur ersten gesamtdeutschen Neonazi-Partei werden. Um eine Nichtzulassung zu unterlaufen, wurde nicht einfach ein Ableger in der DDR installiert, sondern eine formal unabhängige Organisation namens *DA*-Mitteldeutschland ins Leben gerufen. Die Gründung erfolgte noch vor der Volkskammerwahl in Dresden, während sich die Cottbuser Kühnen-Anhänger nach dem »Arbeitsplan Ost« bereithalten sollten, im Fall der erwarteten – und schließlich auch erfolgten – Nichtzulassung unter unverfänglichem Namen eine Ersatzorganisation zu bilden. In der Zwischenzeit formierte sich Ende Januar, Anfang Februar 1990 die vormalige *Lichtenberger Front/Bewegung 30. Januar* zur Partei *Nationale Alternative (NA)*. Dies geschah unter unmittelbarer Anleitung von Aktivisten der *GdNF* aus dem Bundesgebiet, dem Westteil Berlins und aus Österreich, die sich häufig in der *NA*-Zentrale, einem Hausprojekt in der Weitlingstraße in Berlin-Lichtenberg, aufhielten. Als erste rechtsextreme Partei gelang ihr die Eintragung in das Parteienregister der DDR. Die *NA* fungierte nun als *DA*-Ersatzorganisation, eine weitere Gründung in Cottbus war nicht mehr nötig. Bereits in den ersten beiden Monaten des Jahres 1990 hatte das Neonazi-Lager ein Fundament gelegt, auf das es in den folgenden Monaten aufbauen konnte.

DAS RECHTSEXTREME SPEKTRUM UND DER VEREINIGUNGSNATIONALISMUS

Als Markstein, der die eigentliche politische »Wende« in der DDR abschließt und den Einigungsprozess einleitet, gilt die Volkskammerwahl vom 18. März 1990. Dass rechtsextreme Parteien hier noch nicht antreten durften, hat ihrer weiteren Entwicklung mittelfristig erheblich geschadet. Allerdings ist anzunehmen, dass sie nicht wesentlich von nationalistischen Stimmungen hätten profitieren können, da der erfolgversprechendste Weg für eine rasche Vereinigung allgemein in der Wahl der CDU und ihrer Bündnispartner in der Allianz für Deutschland gesehen wurde. Bevorzugte Partei für rechtsextrem orientierte Wähler dürfte – einer Empfehlung des *REP*-Landesverbands Brandenburg entsprechend – die Deutsche Soziale Union (DSU) gewesen sein. Die Volkskammerwahl wurde als ein Plebiszit wahrgenommen, in dem die Bevölkerung der DDR den Mehrheitswillen für eine schnelle Vereinigung zum Ausdruck brachte; eine Wahlentscheidung, in der sich keineswegs eine langfristige soziale, politische und kulturelle Bindung an das bürgerlich-konservative Milieu der Union artikulierte. Die rechtsextremen Parteien *NPD*, *REP* und *DVU* durften insofern hoffen, in einer nächsten, gesamtdeutschen Wahl einen Teil der nationalen Stimmung in nationalistische Stimmen verwandeln zu können; zumal durch den Einigungsvertrag vom August 1990 die meisten Beschränkungen für die rechtsextremen Parteien wegfielen.

Die *Deutsche Volksunion* war in den entscheidenden Monaten zwar mit Propaganda- und Werbematerial massiv vertreten, organisatorisch aber noch nicht einmal im Aufbau begriffen. Erst im März 1991 bildete die *DVU* in Brandenburg einen ersten Landesverband. Ihren Anhängern hatte sie 1990 empfohlen, die *NPD* zu wählen. Doch diese erhielt bei den Landtagswahlen in den fünf neuen Ländern am 14. Oktober 1990 nur minimale Zustimmung, in Brandenburg stimmten lediglich 0,13 Prozent der Wählerinnen und Wähler für die *NPD*. Bei den Bundestagswahlen vom 2. Dezember 1990 gewann sie in Brandenburg in absoluten Wählerzahlen fast das Doppelte hinzu, erhielt aber nur einen Anteil von 0,2 Prozent der abgegebenen Stimmen.

Mehr Hoffnung auf Erfolg konnten sich *Die Republikaner* machen, die nach der ausgiebigen Berichterstattung der Aktuellen Kamera und anderer DDR-Medien über ihren Einzug ins West-Berliner Abgeordnetenhaus im Januar 1989 über einige Popularität in der DDR verfügten. Infolge des großen Zuspruchs auf den Leipziger Montagsdemonstrationen, vieler Nachfragen in den westdeutschen Parteibüros und zahlreicher Beitrittsgesuche gingen Parteifunktionäre davon aus, dass ein Großteil der Wähler der DSU eigentlich die Wahl der Schönhuber-Partei beabsichtigt habe. Aber auch die von Führungs- und Flügelkämpfen geschüttelten *Republikaner*[22] konnten den Rausch des Vereinigungsnationalismus nicht für sich nutzen. Bei den Landtagswahlen kamen sie in Brandenburg auf 1,15 Prozent der Stimmen. Einen Monat später erzielten sie bei den Bundestagswahlen in Brandenburg immerhin einen Wahlanteil von 1,7 Prozent.[23]

Bis zum Ende der 1990er-Jahre blieb rechtsextremes Wahlverhalten ein Spezifikum der alten Bundesländer, erst mit dem überraschenden Wahlerfolg der DVU in Sachsen-Anhalt 1998 und dem Einzug in den brandenburgischen Landtag im folgenden Jahr gelang es rechten Parteien, in den neuen Ländern in nennenswertem Umfang Wählerstimmen zu gewinnen. Neben dem DDR-Parteiengesetz und der politischen Konjunktur, die viele mit dem Ziel einer schnellen Vereinigung CDU wählen ließen, stand den Rechtsparteien auch ihr Bemühen um einen bürgerlichen Auftritt im Weg. Die rechtsextremen Wahl- und Mitgliederparteien standen vor dem Dilemma, in der DDR auf Interessenten zu treffen, die über wenig Organisationserfahrung verfügten und darüber hinaus ihre Sympathien für die jeweilige Partei mit öffentlichen Bekenntnissen zu Nationalsozialismus und Gewalt verbanden.

Die neonationalsozialistischen Organisationen *NF*, *GdNF* und *FAP* waren dagegen nur aus taktischen Gründen als Wählergemeinschaften oder Wahllisten organisiert. Sie hatten keine Hemmungen vor dem öffentlichen Bekenntnis zum Nationalsozialismus und befürworteten, ja beförderten gewalttätige Aktionen und Übergriffe. Weit besser als den eigentlichen Wahlparteien gelang ihnen der Umgang mit der bewegungsförmigen Szene in der DDR. Die Besonderheiten, die die »Nationale Opposition« in Ostdeutschland während der gesamten 1990er-Jahre prägen und gegenüber der »Nationalen Opposition« in den alten Bundesländern abheben sollten, haben ihren Ursprung in dieser Frühphase der Politisierung und Radikalisierung: die massive und massenhafte Gewaltanwendung durch ihre Anhänger, ihr bewegungsförmiger Charakter, die relativ fluiden Organisationen und Netzwerke und die geringere Bedeutung von Parteien.

Ab dem Frühjahr 1990 gelangen den Neonazis Mobilisierungserfolge von ungeahntem Ausmaß. Gegenüber der Gewalt, die sie um die Jahreswende 1989/90 entfaltet hatten, war eine deutliche Steigerung zu verzeichnen. Nicht mehr nur gelegentlich, sondern fast systematisch wurden linke Treffpunkte, Jugendclubs, Diskotheken, Wohn- und Kulturprojekte terrorisiert, verwüstet, die Gäste oder Bewohner brutal misshandelt; wurden Ausländer und Dunkelhäutige zusammengeschlagen und drangsaliert; wurden jüdische Friedhöfe, sowjetische Ehrenmale, Mahn- und Gedenkstätten geschändet und zertrümmert; wurden auf öffentlichem Straßenland, in Fußballstadien und andernorts nationalsozialistische Slogans gebrüllt, Parolen geschmiert und Kehrreime gesungen. In Brandenburg ereigneten sich Übergriffe wie die folgenden:[24] Am 20. Oktober 1990 überfielen 20 Skins in Cottbus mit Gaspistolen eine Tanzbar, zwei ausländische Besucher mussten daraufhin mit Schussverletzungen ärztlich behandelt werden. Polnische Medien berichteten Anfang November von Übergriffen gegen polnische Bürger in Jänschwalde und Guben. Im selben Monat drangen in Senftenberg vermummte Skins in die Wohnung eines politischen Gegners ein und zertrümmerten die Einrichtung. Am 2. Dezember überfielen 40 Rechtsextremisten den Jugendclub in Basdorf, sechs Verletzte wurden danach ins Krankenhaus eingeliefert. Bereits am 24. Dezember 1990 – über ein halbes Jahr vor den Krawallen in Hoyerswerda – räumte die Polizei in Eberswalde das Ausländerwohnheim in der Leninstraße, vor dem sich 70 Skins versammelt hatten, aus Angst vor Übergriffen.

Auch die beiden ersten tödlichen Angriffe auf Ausländer im vereinten Deutschland ereigneten sich im neu gebildeten Bundesland Brandenburg. Wenige Tage nach dem Beitritt, am 7. Oktober 1990, wurde in einer Disko in Lübbenau ein polnischer Arbeiter erstochen. Zuvor war es zum Streit mit polizeibekannten neonazistischen Gewalttätern gekommen; einer der mutmaßlichen Täter trug ein Hitler und den Zweiten Weltkrieg verherrlichendes T-Shirt.[25] Am 24. November jagte dann eine 40 bis 50 Personen zählende Gruppe von Nazi-Skins – einige davon auch Anhänger der rechtsextremen Kaderorganisationen *Nationalistische Front* und *Wiking Jugend* – Ausländer durch Eberswalde, wobei der angolanische Vertragsarbeiter Amadeu Antonio zu Tode geprügelt wurde. Nur zwei Wochen nach der Tat verhinderte die Polizei in Eberswalde die Gründung eines *Deutsch-Nationalen-Völkischen*

Bundes; an der Gründungsveranstaltung am 8. Dezember 1990 wollten über 70 Personen teilnehmen.

Westdeutsche Aktivisten des Neonazi-Spektrums bereisten bereits seit etwa April 1990 die DDR und versuchten, Gesinnungsgenossen zu rekrutieren. Anfang Juli 1990 trat Michael Kühnen beim 2. Parteitag der *Deutschen Alternative* in Cottbus vor 150 Gesinnungsgenossen auf und wurde kurzzeitig verhaftet. In Cottbus hatte die *DA*, neben Dresden, ihren größten Zulauf. Insgesamt sollen von ihren damals 350 Mitgliedern allein 200 aus Brandenburg stammen. Hier und in Sachsen organisierten die Kühnen-Anhänger in den folgenden Wochen einige medienwirksame Aktionen. Dazu zählt auch ein Totengedenken in Erinnerung an im sowjetischen Speziallager Sachsenhausen verstorbene Nationalsozialisten, das am 15. Juli an einer selbst gebauten Gedenkstätte abgehalten wurde. Gespenstische Szenen ereigneten sich während des Volkstrauertags in Halbe. Etwa 450 Bewunderer des Naziregimes marschierten am Waldfriedhof auf, der größten Kriegsgräberstätte in Deutschland, und legten Kränze nieder. Dabei stellten Kühnens Leute nur eine Gruppe neben geschlossen und diszipliniert antretenden Marschgruppen der *Wiking Jugend* und der *NF*, Abordnungen der *FAP* und der *Vandalen* sowie NS-Anhängern aller Altersgruppen aus allen Regionen Deutschlands. Im September beschloss die *DA* in Lübben auf einem Brandenburger »Gautreffen« mit 130 Teilnehmern, verstärkt gegen die Oder-Neiße-Grenze vorzugehen, wie dies etwa die Jugendorganisation der *NPD* bereits seit einem Monat tat. Für den 1. Dezember hatten Neonazis eine Protestkundgebung gegen die Oder-Neiße-Grenze in Guben vorbereitet, die von der Stadtverwaltung untersagt wurde. Über 200 Teilnehmer reisten dennoch an, die Polizei nahm fast 70 überwiegend bewaffnete Personen vorläufig fest. Auf einer Ersatzkundgebung in Cottbus sprach Michael Kühnen. Stärkere öffentliche Aufmerksamkeit erhielten derartige Aktionen aber erst mit der Öffnung der deutsch-polnischen Grenze in Frankfurt (Oder) für den Reiseverkehr am 8. April 1991: Bilder von stundenlangen Krawallen und Angriffen gegen polnische Reisende, Busse und LKW gingen um die Welt.

Im Neonazi-Milieu herrschte um die Wende zum Jahr 1991 Hochstimmung. Mit einer Mischung aus Gewalt, Provokation und Propaganda hatte man andere Jugendkulturen, überhaupt andere Kulturen an den Rand drängen können. Die Angehörigen des kleinen, sich intellektuell gebenden *Nationaldemokratischen Hochschulbunds* formulierten ein Konzept »befreiter Zonen«.[26] Die Feindgruppen blieben zwar prinzipiell die gleichen, aber zunehmend verschob sich der Fokus der Gewalttaten und Aktionen. Der

Neonazi-Aktion vor der KZ-Gedenkstätte Sachsenhausen am 15. Juli 1990

Kriminalbeamte Bernd Wagner erinnert sich: »Im Jahre 1991 veränderte sich opferbezogen die Straftatenstruktur: ›Hauptfeinde‹ der Szene wurden die Ausländer einschließlich sowjetischer Staatsangehöriger. ›Linke‹ waren offensichtlich nicht mehr so wichtig.«[27] Nachdem bereits seit einem halben Jahr neben Ausländerwohnheimen verstärkt Flüchtlingsunterkünfte und Asylbewerberheime zu Angriffszielen geworden waren, begann im September 1991 in Hoyerswerda jene Welle rassistischer Pogrome und Ausschreitungen, die von Aktivisten der »Nationalen Opposition« vorangetrieben, aber von einem breiteren Mob getragen wurden.

FAZIT UND AUSBLICK

Aus der heterogenen, jugendlich geprägten, diffus »rechts« und »pro-nationalsozialistisch« orientierten Jugendsubkultur der Skinheads, Hooligans und Faschos in der DDR entwickelte sich im Lauf des Jahres 1990 eine politisch formierte, bewegungsförmige »Nationale Opposition«, die nicht mehr gegen die DDR kämpfte, sondern gegen den neuen, demokratischen Verfassungsstaat Bundesrepublik Deutschland, die verhasste »BRD«. Ohne

Anleitung durch die westdeutschen Gesinnungsgenossen wäre dies nicht möglich gewesen. Die extreme Rechte in der DDR gliederte sich in die gesamtdeutsche, bis dahin nur in der Bundesrepublik formierte »Nationale Opposition« ein. Sie wies noch ein ganzes Jahrzehnt lang Spezifika auf: eine größere Anhängerschaft, höhere Mobilisierungsgrade, größere Brutalität, weniger formalisierte Führungsstrukturen, eine unterentwickelte Bewegungselite, kaum parteipolitischen Rückhalt.

In Brandenburg waren die tragenden Akteure der rechtsextremen Bewegung zunächst die extrem militanten Gruppierungen *Nationalistische Front* und *Deutsche Alternative*. Als Staat und Gesellschaft begannen, der Neonazi-Gewalt entgegenzutreten, wurden diese beiden Vereine Ende 1992 verboten. Mit der Verbotswelle, die noch bis 1995 anhielt, veränderten sich die Bedingungen für die extreme Rechte in Brandenburg erneut. Im weiteren Verlauf der 1990er-Jahre wuchsen der ostdeutsche und der westdeutsche Teil des Lagers rasch und relativ störungsfrei zusammen. Personen und Infrastruktur wechselten über die frühere innerdeutsche Grenze hinweg, in beide Richtungen. Etwa ab 1992/93 ebbte die rechtsextreme Mobilisierungswelle ab. Eine alarmierte demokratische Öffentlichkeit in Verbindung mit einer Reihe von Organisationsverboten und anderen repressiven Maßnahmen engten den Spielraum der »Nationalen Opposition« in Brandenburg erheblich ein; zugleich stabilisierten sich nach und nach auch die gesellschaftlichen Verhältnisse. Dennoch hatte sich etwa zehn Jahre nach der Vereinigung der Schwerpunkt der rechtsextremen Bewegung in die neuen Bundesländer verlagert. Dies geschah parallel zu gesellschaftlichen und politischen Veränderungen, in deren Zuge sich das geeinte Deutschland zur »Berliner Republik« wandelte.[28] In dieser Zeit, gegen Ende der 1990er-Jahre, kam es in Brandenburg zu einer neuen Mobilisierungswelle, die nun auch von Wahlerfolgen begleitet war. Nachdem die *DVU* bereits 1998 in den Landtag von Sachsen-Anhalt gewählt wurde, gelang ihr im folgenden Jahr auch der Einzug in den brandenburgischen Landtag, ein Erfolg, den sie 2004 wiederholen konnte. In Brandenburg, wie in anderen Teilen der Bundesrepublik, existiert bis heute ein ausdifferenziertes rechtsextremes soziales Milieu als Teil einer gesamtdeutschen »Nationalen Opposition«.

Stellt man die Frage nach Ursprüngen, Formierung und Verfestigung dieser »Nationalen Opposition« im Sinne einer historisch-genetischen, prozessorientierten Untersuchung, so ergibt sich ein differenziertes Bild, das geeignet ist, die drei eingangs genannten Positionen zu integrieren. Es lassen sich demzufolge fünf Phasen in der Entwicklung der »Nationalen

Opposition« in Ostdeutschland erkennen, die im Sinne einer Aufschichtung zu verstehen sind:

1. Die Wurzeln der »Nationalen Opposition« in Ostdeutschland lagen eindeutig in der DDR, in welcher sich Tendenzen in diese Richtung verdichteten und vor allem im Skinhead-Milieu präsent waren.

2. In der Wendezeit 1989/90 fand eine Politisierung dieses Milieus statt und erste Ansätze zur politischen Organisation bildeten sich heraus.

3. Im Einigungsprozess erfolgte die Formierung des Lagers zur »Nationalen Opposition«.

4. Im vereinten Deutschland gliederte sich die ostdeutsche »Szene« in die gesamtdeutsche »Nationale Opposition« ein.

5. In der Berliner Republik kam es zu einem Transfer wesentlicher Elemente der rechtsextremen Infrastruktur nach Ostdeutschland (einschließlich Berlin) und von Aktions- und Handlungsweisen von Ost nach West.

Ein ähnlicher Verlauf lässt sich in gewisser Hinsicht auch beim *Nationalsozialistischen Untergrund (NSU)* erkennen. Unabhängig von der Frage, wie viele Personen von dessen Verbrechen wussten oder sie unterstützten, baute diese in Ostdeutschland gewachsene und beheimatete Gruppierung doch auf ihren vielfältigen Kontakten in beiden Teilen des vereinten Deutschland auf. Seit seinem Untertauchen verlegte das Trio Böhnhardt–Mundlos–Zschäpe den Aktionsraum für seine rassistischen Terroraktionen fast vollständig in die alten Bundesländer, während Hochburgen der neonazistischen Subkultur in den neuen Ländern offenbar eher als Schutz- und Rückzugsräume dienten. Entsprechend beschränkte sich das Trio hier in der Regel auf Banküberfälle zur eigenen Versorgung. Nach ihrem Abtauchen war das Land Brandenburg offenbar weniger relevant für die drei als andere ostdeutsche Bundesländer. Ob und inwieweit indes brandenburgische Netzwerke der »Nationalen Opposition« in der Radikalisierungsphase während der 1990er-Jahre für das nähere oder weitere Umfeld des *NSU* eine Rolle gespielt haben, ist bis heute eine offene Frage.

ULLI JENTSCH

IM »RASSENKRIEG«

VON DER NATIONALSOZIALISTISCHEN BEWEGUNG ZUM NS-UNTERGRUND

Seit der Selbstenttarnung des *Nationalsozialistischen Untergrunds (NSU)* Ende 2011 muss die Geschichte der Neonazi-Szene und des von ihr betriebenen Terrors mit anderen Augen gesehen werden. Der Blick zurück erfolgt aus schmerzhaften Gründen. Denn aus der Furcht und den Ahnungen der in den 2000er-Jahren von einer beispiellosen Mordserie betroffenen Familien ist die Gewissheit geworden, dass ihre Angehörigen und Freunde Opfer von Neonazis geworden sind. Und dass sie selbst jahrelang von einseitig und rassistisch ermittelnden Behörden als Verdächtige überwacht und bespitzelt worden sind.

Wer heute den Blick zurück auf die 1990er-Jahre richtet, muss bedenken, dass in diesen Jahren auch die politischen Biografien von Beate Zschäpe, Uwe Böhnhardt und Uwe Mundlos begannen. Dass sie in den Jahren kurz nach der Entstehung der neuen, größeren Bundesrepublik das aktiv erlebten und gestalteten, was sie zu dem werden ließ, was sie waren: eine verschworene Truppe von bewaffneten, mörderischen Rassistinnen und Rassisten. In dem Bemühen, die Entstehung und das gesamte Netzwerk des *NSU* aufzudecken, hat eine erneute Spurensuche zu den Wurzeln des Rechtsterrorismus in Deutschland begonnen. Was hat Teile der neonationalsozialistischen Bewegung inspiriert, in den Untergrund zu gehen? Nicht nur die Fäden der persönlichen und der politischen Biografien des späteren *NSU* lassen sich zurückverfolgen bis in die frühen Jahre des wiedervereinigten Deutschlands. Sie teilen mit vielen ihrer späteren Weggefährtinnen und Weggefährten aus Ost und West die Erfahrungen einer ganzen Generation von Neonazis, die zum Teil noch heute aktiv sind.

Die frühen 1990er-Jahre waren die Zeit der »Generation Hoyerswerda«, aus der sich bis zum Ende des Jahrzehnts eine »Generation Terror« entwickeln sollte. Die erste Welle der rassistischen Gewalt seit 1990 lässt sich datieren »zwischen dem ersten Pogrom im wiedervereinigten Deutschland im August 1991 in Hoyerswerda (Sachsen), dem Pogrom im August 1992 in Rostock-Lichtenhagen und der De-facto-Abschaffung von Artikel 16 des Grundgesetzes im Mai 1993«.[1] Die schiere Menge rassistischer Gewalt konnte durch die Presse zum Teil nur noch summarisch aufgelistet werden. Ein Wochenende im September 1992 fasste die »taz« unter der Überschrift »Die Schwerpunkte der Randale lagen in Brandenburg« wie folgt zusammen: »Etwa 150 Jugendliche belagerten Samstag- und Sonntagnacht die Zentrale Anlaufstelle für AsylbewerberInnen (ZAST) in Eisenhüttenstadt, warfen unter Beifall der Umstehenden Steine und Brandsätze. Eine durch den Bundesgrenzschutz verstärkte Polizei hatte die ZAST, in der derzeit 2.000 Menschen wohnen, abgesperrt. Sie konnte eine Stürmung des Gebäudes verhindern und nahm 24 Jugendliche fest. Weitere Anschläge in Brandenburg richteten sich gegen ein Asylbewerberheim in Lübbenau bei Cottbus, wo 100, teils vermummte Rechte randalierten und gegen Unterkünfte in Kremmen, Wittenberge, Lychen, Gandow-Lenzen und Prenzlau. Auch vor der Cottbuser Flüchtlingsunterkunft, die letzte Woche mehrfach angegriffen worden war, nahm die Polizei vier Jugendliche wegen Verstoßes gegen das Waffengesetz fest. [...] Ebenso konnte ein starkes Polizeiaufgebot in Bernau bei Berlin einen Angriff von etwa 80 Jugendlichen auf das Flüchtlingsheim verhindern.«[2]

Ein »Angriff von etwa 80 Jugendlichen« auf ein Flüchtlingsheim war nur noch eine Randnotiz von einem Satz. So ging es weiter, Woche für Woche. Bereits während des Pogroms in Rostock im Vormonat hatte ein dort beteiligter Nazi-Aktivist der Presse in den Block diktiert: »Aktionen überall dort, wo durch soziale Not und durch Asylanten sich die Bevölkerung in einer hochexplosiven Stimmung befindet«; als nächste Ziele gab er Eisenhüttenstadt, Magdeburg-Olvenstedt, Halle-Neustadt und Joachimsthal am Werbellinsee an.[3] Die tagelangen Angriffe auf die ZAST in Eisenhüttenstadt, über die sich in der Stadt selbst bis heute ausgeschwiegen wird, brachten die ostbrandenburgische Kleinstadt in die internationale Presse. Angesichts der damals vor Ort agierenden Mischung von Leuten wird verständlich, warum heute viele bei den Krawallen vor Flüchtlingsunterkünften in Heidenau und Freital an die Ereignisse der 1990er-Jahre denken müssen: »Achtjährige Kinder hätten in Begleitung ihrer Eltern nachts um eins bei den gewalttätigen Ausschreitungen gegen die ZAST in Eisenhüttenstadt ›mitgemischt‹. Das stellte ein sichtbar fassungsloser FDP-Abgeordneter [...] am Mittwoch fest. Sonntag früh, 1.30 Uhr, rund hundert Randalierer werfen Brandflaschen, liefern sich – von Anwohnern moralisch unterstützt – eine stundenlange Schlacht mit Polizei und Bundesgrenzschutz. [...] Die Gewalttäter haben sich mit Tüchern vermummt.«[4]

Eisenhüttenstadt, 6. September 1992: Angriff auf die Zentrale Aufnahmestelle für Asylbewerber

In dem Mob von »Anwohnern« agierten die gewalttätigen Kerne der neonazistischen Szene wie selbstverständlich als »Deutschlands rechte Polizei« (so der schon 1989 von der Band *Störkraft* erhobene Anspruch). Sie inszenierten den nachbarschaftlichen Rassismus indes nicht, sondern heizten ihn an, gaben ihm Ausdruck und Ziel. Während der täglichen, vor allem am Wochenende eskalierenden Angriffe auf Flüchtlinge, damals auch »ausländerfeindlicher Terror« genannt, wurde die Macht der Straße gegen den zurückweichenden Staat für die rechten Angreifer erlebbar.[5] Organisierte Kader der dominierenden Nazigruppen jener Zeit waren fast immer dabei: die *Deutsche Alternative (DA)*, die *Nationalistische Front (NF)* und ihre Nachfolgestrukturen wie das *Förderwerk Mitteldeutsche Jugend (FMJ)*.[6]

Zur selben Zeit – parallel und vielfach miteinander verknüpft – war Brandenburg ein Eldorado für die Rechtsrock-Szene. Wie in dem Artikel »White Power Skinheads« in diesem Band beschrieben, haben die Konzerte jener Jahre »maßgeblich dazu beigetragen, eine ganze Generation von Rechten zu radikalisieren und zu organisieren«. Diejenigen, die diese Events organisierten, waren die Talente der Bewegung: strategische Macher,[7] gut vernetzt sowohl lokal als auch ins Ausland. Sie wurden die Importeure einer neuen, moderneren neonazistischen Ideologie, die mit den internationalen

Netzwerken nach Deutschland kam und die politischen Terrorismus legitimierte: die Idee eines militanten, im Ernstfall bewaffneten »Rassenkrieges« gegen ein vermeintlich »jüdisch beherrschtes System«. »Für die Reinheit unserer Rasse sind wir bereit / zu den Waffen zu greifen / es kommt unsere Zeit«, so textete die Band *Kraftschlag* 1992. Diese Textstelle ist paradigmatisch für die Zeit der frühen 1990er-Jahre, als sich die Distanz zwischen Skinhead-Szene und organisiertem Neonazismus verringerte: »In keiner anderen Phase in der Geschichte des RechtsRock wurden derart viele Texte mit offenen Mordaufrufen und übelster Hetze geschrieben wie in der Zeit zwischen 1989 und 1993.«[8]

Dabei waren die Konzerte nicht allein Orte geselliger Zusammenkunft oder Momente der Selbstvergewisserung. Aus vielen Aussagen von ausgestiegenen Nazis ist bekannt, dass es vor allem Treffpunkte für die Szene-Größen waren: Hier besprach man bei einem Bier die nächsten Projekte, klärte Differenzen und verteilte die Arbeit, gegebenenfalls auch Geld und Ware, selbst Waffen. Und das Ganze auch noch sicher vor Überwachung. Wer sollte bei dem Krawall schon mitkriegen, was nebenan besprochen wurde? Auch in dieser Hinsicht haben die Behörden die strukturelle Bedeutung einer Organisierung im subkulturellen Kontext jahrelang – wenn nicht bis heute – unterschätzt.

DIE IDEOLOGIE DES »RASSENKRIEGS«

Die in den USA entwickelte Idee eines bereits existierenden »Rassenkriegs« (»racewar«) basiert auf der Vorstellung, in einem besetzten Land zu leben, und zwar – in antisemitischer Tradition der Nationalsozialisten – besetzt durch eine »zionistische Elite«. Dementsprechend sei die Regierung keine Volksvertretung, sondern ein Gebilde, das die Neonazis ZOG nennen: »zionist occupied government«, die zionistisch besetzte Regierung.[9] Diese wolle, so die neonazistischen Verschwörungsideologien weiter, mithilfe eines geheimen Plans und unterstützt durch die von ihnen kontrollierten Medien und das internationale Finanzkapital das »Volk« – wahlweise das weiße, amerikanische, deutsche – in seiner biologischen Substanz zerstören. Kurz: Die Regierenden seien »Volksverräter«, die bereits einen unerklärten Vernichtungskrieg führen würden. Aus diesem ideologischen Gebräu leiten die »Rassenkrieger« ihre politische Legitimation ab. Da bereits ein existenzieller Krieg herrsche, seien diejenigen, die sich bewaffnen und

Gewalt gegen das »herrschende System« anwenden, keine Aggressoren oder politische Hasardeure, sondern Widerständler. »Our enemies have declared war on us [...] and now we have publicly declared war on them«, heißt es in einer britischen Kampfschrift aus der Mitte der 1990er-Jahre.[10] Mehr noch: Da der »Widerstand« in einem besetzten Land stattfinde, hinter den Linien des Feindes, seien den »Kombattanten« alle nur erdenklichen Mittel erlaubt. So hat sich die neonazistische Rechte eine krude Begründung zurechtgelegt, die ihr terroristisches Tun nicht nur moralisch legitimiert und als notwendig deklariert, sondern mit der sie auch das Pathos des Widerstands beerben wollen. In Bezug auf die Rekrutierung eine äußerst brisante Mischung.

Die internationalen Kontakte der Brandenburger Naziszene waren die Einfallstore der Ideologie des »Rassenkriegs«. Es waren die englischsprachigen Bands, ihre Texte und ihre Mitglieder, die bereits 1991 und 1992 in Brandenburg diese Auffassung propagierten. Wie stark die ideologischen Schriften in der Naziszene wahrgenommen und diskutiert worden sind, ist nicht einfach nachzuzeichnen. Sie kursierten hier und dort, wurden bei Razzien beschlagnahmt; vor allem in den Fanzines jener Zeit[11] bezogen sich Autorinnen und Autoren immer wieder auf einige wenige deutsche und englischsprachige Texte, die regelrechte Kampfschriften sind, Handlungsanweisungen für den entschlossenen Soldaten oder »field manuals«, wie auch ein später Text des militant neonazistischen Netzwerks *Blood & Honour* hieß.[12]

Zentral für die Verbreitung von militanten Positionen war in Brandenburg und darüber hinaus das Fanzine »United Skins« aus Königs Wusterhausen. Sein Macher hieß Carsten Szczepanski und war von mindestens 1994[13] bis zu seiner Enttarnung 2000 unter dem Decknamen »Piatto« als V-Person tätig. In den Ausgaben des Magazins fanden sich nicht nur allgemeine Aufrufe zur politischen Gewalt. Carsten Szczepanski hatte sich bereits 1991 nachweisbar dem »racewar« verschrieben und einen Ableger des *Ku-Klux-Klans (KKK)* in Brandenburg und Berlin gegründet. Gemeinsam mit Dennis Mahon, einem US-amerikanischen *KKK*-Aktivisten, inszenierte er im September 1991 eine »Feuerkreuz-Aktion«. Mahon plädierte schon seit Ende der 1980er-Jahre innerhalb des *Ku-Klux-Klans* wieder stärker für eine gewalttätige Strategie. Das Vorbild der radikalen *KKK*-Fraktion[14] war die neonazistische Terrorgruppe *The Order,* die 1984/85 nach mehreren Mordanschlägen, Banküberfällen und Schusswechseln mit der Polizei vom FBI zerschlagen wurde.[15]

Dennis Mahon wurde für Carsten Szczepanski das, was im US-amerikanischen Diskurs des »homegrown terrorism« ein »enabler«[16] genannt wird: Er war der Wegbereiter für den jungen Westberliner und dessen Türöffner in den gewalttätigen Aktivismus. Mahon musste nicht selbst Hand anlegen; es reichte, den bereits überzeugten Nazi-Skinhead mit Hinweisen wie Bombenbauanleitungen zu versehen und ihm eine Rolle in dem internationalen Netzwerk zu geben. Der zukünftige V-Mann nahm die Angebote dankend an, erstellte ein eigenes Fanzine des *KKK* und pflegte Kontakte zu anderen *Klan*-Sympathisanten.[17] Und bereits Ende 1991 hantierte er offenbar mit Sprengstoff herum und tauchte deshalb in Königs Wusterhausen unter.

In den Jahren bis 1998 entwickelte sich Szczepanski unter der Hand des Verfassungsschutzes zu einem zentralen Organisator im militanten Netzwerk Brandenburgs, ähnlich wie sein früher Mentor Mahon aus den USA. Nun war Szczepanski derjenige, der nicht selbst loszog, aber bekannt dafür war, gewalttätige, auch bewaffnete Aktionen nach Kräften zu fördern. So wurde der V-Mann »Piatto« zum »enabler« terroristischer Akte. Alle durch ihn bekannt gewordenen Aktivitäten – die Suche des *NSU*-Unterstützers Jan Werner nach Waffen für das *NSU*-Trio, die geplanten Anschläge der *National-Revolutionären Zellen* – tragen deutliche Züge von Sting-Operationen, mit denen Lockspitzel kriminelle Handlungen absichtlich provozieren.[18] Wir wissen wenig über die konkreten Methoden der Steuerung von V-Leuten wie »Piatto«. Es ist aber in anderen Fällen belegt, dass solche strategischen Pläne wie die Übernahme von Funktionen in der *NPD* oder eben auch die Provokation von gewalttätigen Aktionen nicht ohne Absprache und Genehmigung der V-Mann-Führer stattfanden. Das gezielte Heranführen an für die Dienste relevante Strukturen ist auch aus dem Fall »Piatto« bekannt, was seine Aktivitäten in der *NPD* Berlin-Brandenburg angeht. Es drängt sich daher die Frage auf, ob es diese Steuerung auch bei den Anschlagsplänen in seinem Umfeld gegeben hat.

Auch wenn die Aktivitäten von Carsten Szczepanski die bekanntesten sind, ragt seine Karriere doch nur aus einem ausgedehnten Netzwerk militanter »Rassenkrieger« hervor. Neben dem eigenen Umfeld von *United Skins* waren dies ab Mitte der 1990er-Jahre weitere Kameradschaften, die als Reaktion auf die staatlichen Verbote der *Freiheitlichen Deutschen Arbeiterpartei (FAP)*, der *Deutschen Alternative* und der *Nationalistischen Front* auch in Brandenburg flächendeckend entstanden. Als selbst erklärte Elite formierten sich ab 1994 in Brandenburg gleich zwei Sektionen von *Blood & Honour*, eine Sektion Brandenburg um die Band *Proissenheads* und Uwe Menzel aus

Potsdam, dessen Aktivitäten als inzwischen jahrzehntelanger Scharfmacher auch in diesem Buch beschrieben werden, sowie eine Sektion Südbrandenburg um die Band *Senfheads* aus Senftenberg. Die Vorzeigeband von *B&H* war in den späten 1990er-Jahren die Berlin-Brandenburger Band *Landser,* die vor allem über ihr Mitglied Christian Wenndorf bestens in der Brandenburger Szene vernetzt war.[19]

Auffällig ist, wie intensiv die Freundschaften und politischen Aktivitäten nach Westsachsen gepflegt wurden. Es ist durchaus angebracht, von einer »Achse Potsdam–Chemnitz« zu sprechen, die aber weiter ins Erzgebirge zu anderen engen Vertrauten des *NSU* reichte und auch von den *United Skins* aus Königs Wusterhausen geteilt wurde. Eine weitere Verbindung gab es via Mecklenburg-Vorpommern nach Dänemark und Schweden: eine Versorgungslinie für den illegalen Handel mit neonazistischer Propaganda. Über Skandinavien wurde bereits ab 1994 ein Großteil der Tonträger und Schriften importiert, die in Deutschland nicht legal zu erwerben waren. Dort saß Marcel Schilf, ein inzwischen (2001) verstorbener Brandenburger Neonazi mit dänischem Pass, der mit seinem Label NS 88 die Szene in ganz Deutschland belieferte. Hinzu kamen weitere Verbindungen ins Ausland: Delegationen von *Combat 18* (Großbritannien) oder von *Storm* (Schweden) besuchten Brandenburg und fielen zum Teil durch strafbare Handlungen auf.

DIE »RASSENKRIEGER« IN BERLIN UND BRANDENBURG

Die Idee des »Rassenkrieges« dominierte die Gedankenwelt der jungen, radikalisierten Generation. Unter dem Eindruck der Verbote der frühen 1990er-Jahre und der verstärkten Repression gegen Teile der Neonazi-Bewegung formierte sich die Szene neu und radikalisierte sich: Sie bildete neonazistische Kameradschaften und Netzwerke, die sie für weniger angreifbar durch den Staat hielt. In diesen wurden Diskussionen über bewaffnete Aktionen weitergeführt, und aus diesen Kreisen rekrutierten sich auch die Personen, die bereit waren, zu den Waffen zu greifen und mit Gewalt gegen politische Gegnerinnen und Gegner vorzugehen.

Am 19. Februar 1997 betrat der Berliner Neonazi Kay Diesner bewaffnet mit einer Pumpgun die Geschäftsstelle der PDS in Berlin-Hellersdorf. Dort schoss er auf einen Buchhändler und verletzte diesen schwer. Auf der Flucht geriet Diesner in eine Polizeikontrolle und lieferte sich ein Feuergefecht, in dessen Verlauf er einen Polizisten tötete und einen weiteren schwer verletzte. Nach seiner Festnahme erklärte Diesner, er habe sich als Mitglied des *Weißen Arischen Widerstandes (WAW)* »gegenüber dem Staat in einer Notwehrsituation«[20] befunden. In dem Fanzine »United Skins« wurde Diesner daraufhin solidarisch als »Kriegsgefangener des Systems« bezeichnet.[21] In derselben Ausgabe erschien der Text eines Gesinnungsgenossen, der sich als »gewaltloser politischer Gefangener« bezeichnete, Marcus Bischoff. Beide, Diesner und Bischoff, waren Anfang des Jahrzehnts Weggefährten in ebenjenem *WAW* gewesen, als dessen führender Kopf Bischoff galt. Unter dem Titel »Vorbereitung zur Notwehr ist kein Terrorismus!« schrieb Bischoff eine seitenlange Rechtfertigung für die Anwendung von Gewalt. Beim »Zusammenbruch des westlich-kapitalistischen Systems«, so Bischoff, werde es zwangsläufig nicht gewaltfrei zugehen können: »Es werden Leute nötig sein, die als Fachkräfte den Widerstand organisieren können.« Die Ausrüstung mit Waffen nannte er verniedlichend »materielle Vorsorge«, um die sich die »idealistischen Kämpfer für die Freiheit und die biologische Existenz der weißen Menschen und Völker« angesichts »härterer Kampfbedingungen« zu kümmern hätten. Wie sollte dies vor dem Hintergrund der Tat Diesners, die Bischoff – ohne sie zu nennen – ganz offensichtlich verteidigte, von den jungen, »wehrhaften Kameraden« verstanden werden?

Brandenburger Neonazis adaptierten so Strukturen, die ähnlich ausgerichtet waren, wie sich Louis Beam und Robert Miles, US-amerikanische Vordenker des »leaderless resistance«, des führerlosen, dezentralen Widerstandes, dies bereits in den 1980er-Jahren vorgestellt hatten: unabhängige, regional organisierte Zellen, die in einem Netz (»web«) über Einzelpersonen miteinander verbunden waren.[22] Der US-amerikanische Nazi Tom Metzger schrieb: »Leaderless Resistance ist eine originelle Bezeichnung für eigenverantwortliche Fanatiker, die das rassische und persönliche Überleben sichern wollen und sich darauf vorbereiten, dies auch mit allen verfügbaren Mitteln durchzusetzen [...]. Hochentwickelte Organisationen sind zum gegenwärtigen Zeitpunkt eine Verschwendung von Zeit und Geld.«[23]

Und hier wie dort waren solche Überlegungen direkt mit den Zielen der neonazistischen Bewegung verbunden. Und diese lauteten: Angriff auf die politischen Gegnerinnen und Gegner, das System und diejenigen, die es repräsentieren. Ab 1999 bildeten sich mehrere Gruppen, die dies in die Tat umsetzten: zum einen die *National-Revolutionären Zellen (NRZ)*, eine militante Kleingruppe, die ab 2000 in und um Königs Wusterhausen Anschläge ausführte, zum anderen die *Nationale Bewegung*, deren Aktionen bislang nicht aufgeklärt werden konnten.[24]

NIE AUFGEKLÄRT: BRANDENBURGER »FEIERABENDTERRORISMUS«

Das Beispiel *NSU* darf nicht den Blick auf jenes Modell verstellen, das bereits 1998, als das Trio in den Untergrund ging, viel weiter verbreitet war: das der autonom agierenden Zelle, deren Mitglieder legal lebten und klandestin Anschläge organisierten. Das jahrelange Leben im Untergrund, wie es der *NSU* praktizierte, blieb eine Ausnahme im Nazi-Terrorismus. Ende 1998 warnte der damals scheidende Chef des Brandenburger Verfassungsschutzes, Hans-Jürgen Förster, davor, beim rechten Terror »auf das Modell der linksterroristischen Roten Armee Fraktion zu starren« und sah eher die Gefahr, dass sich »eine Art Feierabendterrorismus im rechten Bereich entwickelt«. Diese eher beiläufige Einschätzung in einem Zeitungsinterview kam der tatsächlichen Situation immerhin näher als viele Äußerungen aus den Behörden in jener Zeit. Aber auch Förster unterschätzte die Entschlossenheit der neonazistischen Bewegung, als er konstatierte, dass es »gegenwärtig keinen Untergrund [gebe], in den die Rechten gehen könnten«.[25] Diese in den Behörden damals vorherrschende Meinung, es gebe nichts, was der Verfassungsschutz nicht sehe, ist mit schuld an dem *NSU*-Desaster.

Die Geschichte des neonazistischen Terrors in den 1990er-Jahren ist in weiten Teilen die der Selbstermächtigung einer Szene, die ihre eigenen Traktate zum »bewaffneten Widerstand« immer ernst genommen hat. Straßenterror und Terrorismus wurden als aufeinanderfolgende Schritte ein und derselben Bewegung verstanden und genauso propagiert. Wo die neonationalsozialistische Bewegung das Gefühl bekam, der Staat und die demokratische Gesellschaft nehme ihr die Luft zum Atmen, bereiteten sich einige darauf vor, gewaltsam zuzuschlagen.

Die »materielle Vorsorge« für den »Rassenkrieg« fand unter der intensiven Beobachtung und mit Wissen des Brandenburger Landesamtes für Verfassungsschutz statt. So hielt etwa der vom Brandenburger Verfassungsschutz betreute Carsten Szczepanski das eigene Umfeld laut der Aussage eines ehemaligen »Kameraden« zur Verwendung von Waffengewalt an. Es scheint derzeit, als wollten die betreffenden Stellen aber vor allem um einen eigenen Beitrag zur Aufarbeitung des *NSU* herumkommen; das gilt auch in Bezug auf die heimischen Terrorgruppen, ob groß oder klein. So nährte jüngst die Weigerung des Potsdamer Innenministeriums im *NSU*-Prozess in München, Akten über den V-Mann »Piatto« dem Gericht zur Verfügung zu stellen,[26] den Verdacht, dass der brandenburgische Verfassungsschutz die

Öffentlichkeit täuschen wolle.[27] Dies ist ein erneuter Schlag ins Gesicht für die Opfer des Neonazi-Terrors.

Gleichzeitig sieht sich die bundesdeutsche Gesellschaft einer der größten rassistischen Gewaltwellen seit der Wiedervereinigung gegenüber: seit Jahresbeginn 2015 täglich mehr als vier bis fünf rassistische Gewalttaten, bis Anfang Dezember mehr als 300 Angriffe und Dutzende Brandanschläge gegen geplante und bewohnte Flüchtlingsunterkünfte. Die Rolle der organisierten Neonazi-Szene ist ganz ähnlich der Anfang der 1990er-Jahre: Sie greifen in den lokalen Protest ein, verschärfen ihn, leiten an und drängen zu Gewalt und Terror. Und diejenigen, die die Anschläge verüben, kommen meistens straflos davon, nur in vier Fällen wurden bisher Urteile gesprochen, acht weitere stehen zur Anklage.[28] »Die Kultur der Straflosigkeit der 1990er-Jahre für die TäterInnen und den applaudierenden Mob von Hoyerswerda, Rostock-Lichtenhagen, Eisenhüttenstadt oder Magdeburg ist eine der zentralen Ursachen für das Selbstbewusstsein, mit dem die ›Generation Terror‹ der 1990er-Jahre Netzwerke wie den ›Nationalsozialistischen Untergrund‹ aufbaute und rechtsextreme Parallelwelten vor Ort verankern konnte. In der Sächsischen Schweiz, in Heidenau, Freital oder Meißen zeigt sich, was passiert, wenn diese Parallelwelten über ein Vierteljahrhundert unangetastet bleiben.«[29]

Wir können aus der Rückschau auf den *NSU* nachvollziehen, aus welchem Milieu er erwuchs, welche politischen und sozialen Bedingungen seine Entstehung begünstigte. Während die Aufarbeitung der Wechselwirkung von rassistischem Mob, *NSU* und Geheimdiensten gerade noch läuft, sieht es derzeit so aus, als müssten wir dieses Wissen bereits jetzt lernen anzuwenden, um eine neue »Generation Terror« zu verhindern.

MILITANTE NETZWERKE

GIDEON BOTSCH

»NATIONALISMUS – EINE IDEE SUCHT HANDELNDE«

DIE *NATIONALISTISCHE FRONT* ALS KADERSCHULE FÜR NEONAZIS

Am 22. März 2012, so wird »Der Spiegel« später berichten, fuhr eine Funkstreife der brandenburgischen Polizei in die Frühstückspension »Weißes Haus« in Herzberg, Landkreis Ostprignitz-Ruppin, ganz im Norden des Bundeslandes. Jan G., ein Mann um die Vierzig, hatte die Beamten gerufen. Der Berliner war in dem kleinen Hotel mit einem alten Bekannten verabredet, Jörg Lange, der hier untergekommen war und einen Büroraum nutzte. Doch als Lange nicht öffnete, verschaffte sich Jan G. Zugang zu seinem Zimmer und fand einen Toten vor. Herzinfarkt, das kann bei einem Mann Mitte Vierzig vorkommen. Ungewöhnlich war anderes: Bei Lange fand die Polizei Waffen, Munition und rechtsextremes Propagandamaterial. Parallelen zum *Nationalsozialistischen Untergrund (NSU)*, von dessen Existenz die Öffentlichkeit kaum ein halbes Jahr zuvor durch den Tod von Uwe Böhnhardt und Uwe Mundlos erfahren hatte, schienen sich aufzudrängen, zumal nachdem weitere Details bekannt wurden. Jörg Lange und Jan G. entstammten der militanten Neonazi-Szene; G. wurde von der Berliner Polizei als »Straftäter rechts« geführt und Lange hatte sogar Mitte der 1990er-Jahre »als Freiwilliger im Jugoslawien-Krieg auf kroatischer Seite gekämpft«.[1] Auch stellte sich heraus, dass das Hotel »Weißes Haus« als Schulungszentrum ausgebaut werden sollte. Die neue Pächterin hatte die Immobilie offenbar vor allem für die Nutzung durch ihren Lebensgefährten angemietet. Und dieser Lebensgefährte war kein Unbekannter.

Meinolf Schönborn war von 1986 bis zu ihrem Verbot 1992 Vorsitzender der *Nationalistischen Front (NF)* und hatte deren Aktivitäten noch bis 1994 fortzuführen versucht.[2] Die *NF* war um 1989/91 nicht nur die erfolgreichste Neonazi-Organisation – sie war vermutlich auch die »folgenreichste«. Es gelang ihr, ein bundesweites organisatorisches Netz aufzubauen, in das sie auch neugewonnene Anhänger aus den ostdeutschen Bundesländern zu integrieren vermochte. Namentlich in Brandenburg sind Entstehung und Entwicklung einer militanten und gewalttätigen Neonazi-Bewegung ohne einen Blick auf die *NF* nicht zu verstehen.[3] Die Nachwirkungen der verbotenen Gruppierung machten sich über lange Jahre und bis in die Gegenwart hinein bemerkbar – und sie führen bis ins Umfeld des *NSU*.

»... DER ORGANISIERTE WILLE« – ENTSTEHUNG UND ENTWICKLUNG DER *NF*

Meinolf Schönborn, geboren 1955, war in den 1970er-Jahren zur *NPD* gekommen. In der Parteijugendorganisation *Junge Nationaldemokraten (JN)* übernahm er verschiedene Funktionen, so als Landesvorsitzender in Nordrhein-Westfalen. Die *JN* hatten sich in den 1970er-Jahren zum dynamischsten Teil der *NPD* entwickelt. Sie stellten ein wichtiges Bindeglied zwischen der Partei und dem militanten und aktivistischen Rechtsextremismus dar. Ideologisch orientierten sich die *JN* in dieser Zeit an »nationalrevolutionären« Positionen. Dies schlug sich in ihren »Thesenpapieren« nieder, die – beginnend mit den »Thesen zum Nationalismus« – ab 1976 erarbeitet wurden. Um 1980 gaben die *JN* eine Broschüre mit allen vier Thesenpapieren heraus. Am Schluss stand ein Aufruf zur Mitarbeit, der mit der Parole »Nationalismus – eine Idee sucht Handelnde« überschrieben war.[4]

Etwa im selben Zeitraum initiierten die *JN* Schüler- und Jugendzeitungen kurzer und mittlerer Reichweite, die in Stil und Aufmachung mit den traditionellen Erzeugnissen rechtsextremer Organisationen brachen. Ein inhaltlich-ideologisches Charakteristikum dieser »neuen Jugendpresse« sahen Peter Dudek und Hans-Gerd Jaschke »im Aufgreifen tagespolitischer und unmittelbar praktischer Fragen des jugendlichen Alltags, in der perspektivischen Öffnung gegenüber Fragen des antikapitalistischen(-amerikanischen) und antikommunistischen(-sowjetischen) dritten Weges, die in der Öko-Bewegung politische Form annimmt und ein gemeinsamer strategischer Drehpunkt«[5] der genannten Jugendzeitschriften sei. »Neuartige Appellstrukturen« zeigten sich demzufolge »in der Verwendung werberhetorischer und satirischer Gestaltungsmittel [...], in der Paraphrasierung von Formen demokratischer Schülerzeitungen [...], in der Einbeziehung von auf jugendliche Adressaten gerichteten massenkulturellen Ansprechformen (Comics, Sprüche, Witze, Zeichnungen)«.[6] Die von Schönborn für den nordrhein-westfälischen Landesverband der *JN* herausgegebene Schülerzeitung »Klartext« fiel darüber hinaus durch ihr ungewöhnliches Großformat und die damals noch teure und seltene Mehrfarbigkeit der Umschlagblätter auf.

Doch im Rahmen einer politischen Neuausrichtung distanzierte sich die *NPD* ungefähr ab 1982/83 vom militanten Rechtsextremismus und legte dabei auch ihre Jugendorganisation an die Leine. Da Schönborn diesen Weg nicht mitgehen wollte, musste er die Zeitung »Klartext« 1984 von der *NPD* trennen. Er stützte sich nun auf seinen bereits 1982 gegründeten Verein *Förderkreis Junges Deutschland* und baute den »Klartext« zum Postversanddienst und Kleinstverlag aus. Der Klartext-Verlag produzierte eine mehrseitige Werbeschrift, die mit der von den *Jungen Nationaldemokraten* übernommenen Parole »Nationalismus – eine Idee sucht Handelnde!« überschrieben war. Als Eckpunkte eines neuen organisatorischen Ansatzes wurden »Mitgliedschaft«, »Finanzen (Beitragswesen)«, »Schulung«, »Einsatz« und »Aktionen« benannt.[7] Dieser Ansatz war im ausführlichen »Klartext-Organisationsmodell« nachzulesen, das eine mehrstufige, wesentlich von Basisgruppen getragene, aber hierarchisch gegliederte »Verteilorgansitation« skizzierte; der Flugzettel, mit dem dieses für 4,– DM erhältliche Produkt beworben wurde, bediente sich erneut der Parole »Nationalismus – eine Idee sucht Handelnde!«.[8]

Handlungswillige ließen sich durchaus finden, denn nicht nur Schönborn und seine Freunde vom militant-neonazistischen Flügel der *JN* hatten in dieser Zeit ihre politische Heimat verloren. Viele rechtsextreme, insbesondere am historischen Nationalsozialismus orientierte Gruppierungen und Netzwerke durchliefen eine kritische Phase.[9] Das *Deutsche Kulturwerk Europäischen Geistes (DKEG)*, in dem frühere Anhänger des NS-Regimes sich gesammelt hatten, um namentlich die Übermittlung nationalsozialistischen Gedankenguts an die jüngere Generation zu gewährleisten, erwies sich als heillos überaltert. Politische Differenzen führten zur Abspaltung einer *Deutschen Kulturgemeinschaft (DKG)*. Auch die traditionellen nationalen Jugendverbände, *Wiking Jugend (WJ)* und *Bund Heimattreuer Jugend (BHJ)*, hatten sich mehr und mehr voneinander entfremdet. Letzterer distanzierte sich sogar vom Nationalsozialismus und musste im Konflikt um die politische Ausrichtung wiederholt organisatorische Abspaltungen und herbe Mitgliederverluste hinnehmen. Die Sonderentwicklung der *WJ* und der Ausfall des *BHJ* stellten für den militanten Neonazismus ein funktionales Problem dar, insofern sie eine starke Beschränkung der kontinuierlichen weltanschaulichen Schulung und der vormilitärischen praktischen Ausbildungselemente mit sich brachten, die bislang in den Jugendverbänden gepflegt worden waren. Zugleich verloren die ganz auf paramilitärische Trainings ausgerichteten Wehrsportgruppen durch das Verbot der *Wehrsportgruppe Hoff-*

mann 1980 ebenfalls ihren stabilisierenden Kern. Verboten oder polizeilich zerschlagen worden waren zudem die bedeutendsten neonazistischen Aktionsgruppen, die seit dem Ende der 1970er- und zu Beginn der 1980er-Jahre eine Welle des Terrors ausgelöst hatten. Hierzu zählte auch die *Junge Front (JF)*, die 1980 in eine Reihe von Gewalttaten und zwei Schießereien mit mehreren Toten und Verletzten verwickelt und als Jugendorganisation der *Volkssozialistischen Bewegung Deutschlands/Partei der Arbeit (VSBD/PdA)* in deren Verbot einbezogen war. Versprengte *JF*-Aktivisten in Bremen, Kassel und München hatten sich zunächst in einer *Nationalen Front/Bund Sozialrevolutionärer Nationalisten (NF/BSN)* zusammengefunden, die als unmittelbare organisatorische Vorläuferin der *NF* gilt.[10]

Diese verschiedenen Bestrebungen heimatlos gewordener militanter Neonazis zur Schaffung einer neuen Organisation mündeten schließlich in die Nationalistische Front ein.[11] Die westfälischen Netzwerke um Schönborn und den »Klartext« spielten frühzeitig eine herausgehobene Rolle. So fand die Gründung als bundesweite Organisation am 16. November 1985 nicht zufällig in Steinhagen bei Bielefeld statt. 1987 wurde die *NF* ins Parteienregister der Bundesrepublik Deutschland eingetragen, trat jedoch nur vereinzelt zu Wahlen an. Schon 1986 löste Schönborn den ersten Bundesvorsitzenden, Bernhard Pauli, ab. Unter Schönborns Führung begann der Aufstieg der *NF* zur schlagkräftigsten und bestorganisierten Neonazi-Gruppe in der alten Bundesrepublik.

Bereits vor der offiziellen Gründung erfuhr die *NF* erste mediale Aufmerksamkeit. Als der Journalist Gerhard Kromschröder 1985 im »Stern« eine Bildreportage über neonazistische Einflüsse in gewaltbereiten Fussball-Fanszenen veröffentlichte, verwies er unter anderem auf die *NF* und zitierte ausführlich aus dem »Klartext«-Konzeptpapier »Nationalismus – eine Idee sucht Handelnde«.[12] Insgesamt wurde die *NF* aber stets viel weniger öffentlich wahrgenommen als die konkurrierenden Neonazi-Organisationen. Namentlich die überregionalen Medien fanden kein Interesse an äußerlich blass wirkenden Personen wie Schönborn, sondern konzentrierten sich auf illustre Gestalten, wie den medienaffinen Provokateur Michael Kühnen, den als Fussball-Rowdy »SS-Siggi« bekannt gewordenen *FAP*-Aktivisten Siegfried Borchardt oder den skurrilen langhaarigen »Rechtsrocker« Arnulf Winfried Priem. Und das war durchaus im Sinne der *NF*, deren Hauptanliegen im Aufbau eines geschlossenen und handlungsfähigen »Kaders« lag. Die *NF* fasste ihr strategisches Konzept in einem Werbeblatt aus den 1980ern so zusammen:

»Wenn man Erfolg haben will, muß man schulen, Kader ausbilden, Strukturen aufbauen, Zentren schaffen – muß man einen Staat im Staate bilden. Genau das tut die NATIONALISTISCHE FRONT seit Jahren mit Erfolg! [...] Unsere Kaderorganisation hat bisher folgendes aus eigener Kraft geschaffen:

- ein bundesweites Organisationsnetz,
- eine politisch und weltanschaulich radikale, kompromißlose, einheitliche Ausrichtung,
- eigene Schulungsheime,
- eigene Presse,
- eigene Druckerei ... uvm.«[13]

Dabei wurde die Differenz zu früheren und bestehenden nationalistischen Gruppierungen der extremen Rechten hervorgehoben. Ein Rundschreiben vom Sommer 1989 forderte von allen »nationalistischen Aktivisten [...]: Endlich langfristige Konzepte zu verwirklichen, *wie wir sie von der NF ausgearbeitet haben.*

- Statt aussichtslose Wahlkämpfe führen – *Aufbau von einer wirksamen Infrastrucktur!*
- Statt Mitglieder und Aktivisten verheizen – *ausbilden, schulen und straff organisieren!*
- Statt unrealistische Ziele (5 % Hürde) setzen – *realistische kurz, mittel und langfristige Ziele!*
- Statt einseitiges Streben nach Prozenten bei Wahlen – *Auf und Ausbau einer aktionsfähigen Bewegung!*
- Statt Infostände und Kundgebungen mit einer lächerlich geringen Zahl von Kameradinnen und Kameraden durchzuführen – *intensive Interessentenbetreuung und Mitgliederwerbung!*
- Statt auf ›Selbstverwaltung‹ beschränkte Kreisverbände – *straff organisierte Kader!*
- Statt auf Masse und Anzahl zu setzen und zu hoffen – *auf die Qualität und Disziplin der Mitglieder achten!*
- Statt eine Funktionärsriege durch Intrigen am Leben zu erhalten *Auslese der Führungsleute durch Leistungen!*«[14]

Dieser Anspruch der *NF*, »langfristig angelegte Konzepte und Strategien« zu verwirklichen,[15] kam in ihrem Leitsatz »Nur der organisierte Wille bedeutet Macht« zum Ausdruck. Dieser war fester Bestandteil einer vorgesetzten Kopfzeile, die sich auf zahlreichen Flugzetteln und weiteren Propagandamaterialien der *NF* findet – nicht zuletzt auch als Überschrift der um 1990 erschienenen Neufassung des *NF*-Grundsatzprogramms von 1986.[16] Ihrem Selbstverständnis als Kaderorganisation entsprechend,[17] verlangte die *NF* bewusst hohe Beitragszahlungen. Die Führung der Partei lag bei der »Organisationsleitung«. Gegliedert war sie in die regionalen »Bereiche« Nord – mit Berlin (West) – und Süd, darunter waren »Ortsgruppen« und »Stützpunkte« vorgesehen. Die Kader auf lokaler Ebene sollten ein stabiles Umfeld aufbauen und ständig an die Partei binden. Aktivisten bis 16 Jahre erfasste die *NF* im *Jungsturm Deutschland*. Für Sympathisanten, die sich der *NF* nicht mit voller Hingabe widmen konnten oder wollten, gab es den *Förderkreis Junges Deutschland*.

Das Werbeblatt erwähnte Schulungsheime (im Plural); das war etwas übertrieben, sprach aber ein Arbeitsgebiet an, dessen Bedeutung Schönborn früh erkannt hatte: Die Neonazi-Szene benötigte eigenständige Immobilien als Zentren, Anlaufpunkte und organisatorische Kerne. Eine solche räumliche Komponente war nicht gänzlich neu im deutschen Nachkriegsrechtsextremismus, doch war auch in dieser Hinsicht das Vorgehen der *NF* wegweisend. Das erste *NF*-Zentrum in der Bielefelder Bleichstraße war ein geradezu berüchtigter Knotenpunkt neonazistischer Aktivitäten. Unter dem beharrlichen Protest der örtlichen Bürgerschaft[18] und überregionaler Gegenmobilisierungen verlor es indes erheblich an Funktionalität für die *NF*. Wiederholte Gewalttaten, die mit dem Geschehen im Haus in Verbindung gebracht wurden, wirkten nicht werbend für die Organisation und behinderten ihre stille Aufbauarbeit. Neben zivilgesellschaftlichen Protesten setzten auch polizeiliche Maßnahmen, staatsanwaltschaftlich angeordnete Haussuchungen und behördliche Auflagen die *NF* in ihrem Zentrum unter Druck. Das galt auch für eine neue, größere und besser geeignete Liegenschaft in Detmold-Pivitsheide, in die das *NF*-Zentrum im April 1989 verlegt wurde.

Auf die Betreuung der Interessenten wurde großer Wert gelegt. Für die Aktivisten waren regelmäßige und inhaltlich aufeinander aufbauende Schulungen vorgesehen. Zunehmend erschloss sich die *NF* dafür langjährige nationalsozialistische oder neonationalsozialistische Aktivisten, die zum Teil aus den Kreisen der *DKG*, des in der europäischen »Neuen Rechten« gut vernetzten *Thule-Seminars* oder der völkisch-neopaganen *Artgemeinschaft* kamen. Die *NF* konnte sich nun mit der Förderung durch anerkannte Persönlichkeiten und erfolgreiche Netzwerker der »nationalen Opposition«, wie Sepp Bieber, Pierre Krebs, Jürgen Rieger, Edda Schmidt oder Herbert

Schweiger schmücken. Einige der weltanschaulichen Schulungen bewegten sich im Vergleich zu anderen zeitgenössischen Neonazi-Organisationen auf hohem Niveau. Sie wurden durch verpflichtende Ausbildungszeltlager und weitere wehrsportförmige oder wehrsportähnliche Trainings ergänzt.

Getragen von ihren organisatorischen Erfolgen, gewann die *NF* zunehmend an Anerkennung im rechtsextremen und neonazistischen Milieu. Dies zeigte sich etwa daran, dass im September 1989 erstmals Personen aus der »Organisationsleitung« (OL), also aus dem Führungskreis der Partei, an der Gästewoche in Pichl teilnehmen durften, die der österreichische Ableger des *Deutschen Kulturwerks Europäischen Geistes (DKEG)* jährlich durchführte.[19] Dabei handelte es sich um Reihen von Vorträgen vor einem inneren Kreis nationalsozialistisch orientierter Personen; auf der Liste der Referenten findet sich »eine Auswahl der bekanntesten Namen des österreichischen und deutschen Rechtsextremismus und Neonazismus«.[20] Bereits im Vorjahr war eine Delegation zur Sommersonnwende 1988 nach Frankreich gefahren und hatte an einer Feierlichkeit früherer Angehöriger der Waffen-SS teilgenommen. Dort wurde eine symbolische Schwertübergabe an die junge Generation zelebriert, für die die *NF* stellvertretend erschienen war.[21] Schönborns zunehmende Orientierung an der SS barg allerdings ein gewisses Konfliktpotenzial. Dies lag nicht nur daran, dass die *NF* von vornherein versucht hatte, sich von »NS-Chaoten« bzw. »NS-Spinnern« fernzuhalten. Darüber hinaus war der »sozialrevolutionäre« Traditionsstrang, der einen »Bruch mit dem Hitlerismus«[22] einforderte, in der *NF* immer noch präsent.

Zu den oben beschriebenen versprengten Neonazi-Zirkeln, aus denen die *NF* sich ursprünglich zusammensetzte, trat noch ein weiteres Element hinzu. In der frühen *NF* machten sich Einflüsse der britischen *National Front* bemerkbar, wie sich beispielsweise an dem aus England übernommenen Symbol, einem gleichschenkligen Keltenkreuz, erkennen lässt. Die britische *NF* hatte besondere Erfolge bei der Mobilisierung innerhalb von Jugendsubkulturen, die extrem gewaltaffin waren und deren Angehörige vorwiegend aus der männlichen Arbeiterschicht stammten. Auch der Klartext-Versand entwickelte ein spezielles Angebot für Fußballfans und Skinheads. Anders als andere rechtsextreme Gruppen bemühte sich die *NF*, aus diesem Spektrum einzelne Personen für die aktive Arbeit zu gewinnen.

Der bekannteste Repräsentant dieses subkulturell orientierten Flügels war Andreas Pohl aus dem Westteil Berlins, der bereits an der Gründung der *NF* beteiligt war und seit 1987 als stellvertretender Vorsitzender und

Organisationsleiter fungierte. Nach eigenen Angaben war Pohl, Jahrgang 1960, seit seinem 17. Lebensjahr politisch aktiv, seit 1979 »in der ›rechten‹ Szene«, und zwar zunächst als »autonomer Aktivist in der Skin-Szene, dann im Umfeld der *ANS [Aktionsfront Nationaler Sozialisten]* bzw. *JN*«.[23] Als Schlagzeuger der Band *Kraft durch Froide,* die als eine der ersten deutschsprachigen Skinhead- und Oi!-Bands mehr oder weniger klar rechtsextrem verortetet werden konnte,[24] verfügte Pohl über ein hohes Maß an »street credibility«. Unter seiner Anleitung begann die Berliner Gruppe der *NF,* sich zu einer der aktivsten regionalen Gliederungen zu entwickeln. Nach Einschätzung des Berliner Innensenats verfügte sie im Frühjahr 1989, ein halbes Jahr vor dem Mauerfall, »über ein ständiges Potential von ca. 15 Mitgliedern in Berlin«, sei aber »bisher nicht bestrebt« gewesen, »neue Mitglieder um jeden Preis zu gewinnen, sondern versteht sich als Kaderorganisation, die sich weitgehend abschottet und hohe Anforderungen an den Einsatzwillen ihrer Mitglieder stellt«.[25] Für den späteren Aufbau von *NF*-Strukturen in Ostdeutschland, namentlich in Brandenburg, waren Pohls Aktivitäten von kaum zu überschätzender Bedeutung.

»DURCHBRUCH INNERHALB DES NATIONALEN LAGERS« – DIE *NF* IN BRANDENBURG

Andreas Pohl, die Berliner *NF* und ihr teils aus der Hooligan- und Skinhead-Subkultur stammendes Umfeld hatten bereits Mitte der 1980er-Jahre stabile Kontakte in den Ostteil der Stadt und die angrenzenden DDR-Bezirke Potsdam und Frankfurt (Oder) aufgebaut. So war unter der Rubrik »Nachrichten aus der Szene« und der Überschrift »Berlin« im »Klartext« zu lesen: »Schon seit Jahren besteht zwischen SKINS und Fußballfans von Hertha BSC und Union Ost Berlin ein festes Bündnis der Freundschaft, das sich leider, bedingt durch die Mordmauer, nur in Besuchen unsererseits ausdrückt. Da ein Kamerad nun nach Frankfurt/Oder gezogen ist, war es wiedereinmal an der Zeit, einen kleinen Ausflug zu unternehmen. In Frankfurt/Oder angekommen, gab es erst einmal einen Begrüßungstrunk und anschließend eine Besichtigung der uns aufgezwungenen Grenze [...] Noch in jüngster Zeit gab es Übergriffe gegen die deutsche Bevölkerung durch die polnischen Klassen›brüder‹. Frauen wurden übelst belästigt, Passanten von betrunkenen ›Polacken‹ zusammengeschlagen, Geschäfte geplündert. Schritt die Volkspolizei mal ein, dann nur gegen deutsche Bürger, denen das Treiben zu bunt wurde und die sich wehrten!!! Den ›Pollacken‹ geschah nichts, denn sie waren ja die ›Befreier‹. [...] Der Keim des Hasses ist gesät!!! Tief beeindruckt durch diese Berichte, schworen wir uns einmütig, niemals diesen entwürdigenden und demütigenden Zustand zu akzeptieren und unser ganzes Streben einem befreiten und vereinten Deutschland zu widmen!!!«[26] Kontakte bestanden noch vor dem November 1989 auch in den Kreis Oranienburg, wo sich eine besonders große und rege Szene von rechten Skins und »Faschos« herausgebildet hatte,[27] und vermutlich auch in andere Regionen auf dem späteren Territorium des Landes Brandenburg.

Die nationalistische Welle, die ab dem 9. November 1989 in der DDR und teils auch in der Bundesrepublik einsetzte, wurde selbstverständlich auch von der *NF* begrüßt, doch mahnte sie bereits im Dezember 1989: »Die deutschlandpolitische Entwicklung ist günstig, zu günstig für unsere Sache, denn wir laufen Gefahr, von ihr überrollt zu werden, ohne selber organisatorisch und personell in der Lage zu sein, sie erfolgversprechend in unserer Richtung zu beeinflußen oder gar zu lenken. Es wird also gerade jetzt die Notwendigkeit deutlich, konsequent einen eigenen, schlagkräftigen Apparat aufzubauen und sich nicht in euphorischen Hammer- und Säbel-Aktionen zu verzetteln«.[28] In der Auflösungsphase der DDR und im Einigungsprozess konnte auch die *NF* Material in der DDR absetzen.[29] Konkrete Erfolge beim Aufbau der eigenen Organisation lassen sich allerdings für diese Zeit nur schwer nachvollziehen. Die Kundendatei des Klartext-Versandes, die bis 1992 auf einen Gesamtbestand von fast 10.000 Datensätzen mit mehr als 8.000 Interessentinnen und Interessenten angewachsen war, wies eine größere Gruppe von Personen mit einem gesonderten Status (12) auf. Einer plausiblen Interpretation zufolge umfasste diese Statusgruppe »[a]lle ostdeutschen Interessenten, die beim Klartext-Versand bestellten, [...] sozusagen als noch zu formende Masse«.[30] Sie zählte über 1.400 Einträge, deren älteste sich auf den 10. November 1989 datieren lassen. Allerdings sind derartige Postkontakte in die DDR vergleichsweise selten festzustellen, erst ab Oktober 1990 wuchs die Statusgruppe 12 an, und mehrheitlich traten die Interessenten aus Ostdeutschland wohl erst 1991 in Kontakt zur *NF*.

Der Beitritt der fünf neuen Länder und des Ostteils Berlin zum Geltungsbereich des Grundgesetzes für die Bundesrepublik Deutschland am 3. Oktober 1990 wurde von der *NF* dezidiert abgelehnt. Dies geht unter anderem aus einem Rundbrief Schönborns hervor, der verkündete: »... soll das die ›Einheit‹ sein? Es gibt keine Einheit ohne Ostdeutschland! Es gibt keine Einheit ohne österreich [sic!]! Es kann keine Einheit ohne Wahrheit und Gerechtigkeit geben! [...] Unser Deutschland müssen wir erkämpfen!«[31] Die Organisationsleitung behauptete zwar im »Aufbruch«, dem internen Mitteilungsblatt der *NF*: »Wir trauern dem alten Regime keine Träne nach, das ist klar«, sah aber dennoch keinen »Grund zum Feiern«.[32] In einem auf der folgenden Seite abgedruckten Text wurden die gesellschaftlichen Verhältnisse in der DDR verherrlicht und von den vermeintlichen Zuständen im Westen abgesetzt. Die Menschen in der DDR seien »einer Erziehung unterworfen« gewesen, die »positive Werte vermittelt« habe. Pornoläden, »Ausländer-Gettos und Asylantenheime« habe es ebenso wenig gegeben wie Drogen und »Mafiaringe«, die »aufgestylten Modeläden«, »entartete ›Kunst und Kultur‹«, kurz: den »grenzenlose Egoismus« der westlichen Gesellschaften. Vielmehr habe es »die ›heile Welt‹ [...] drüben in vielen Bereichen tatsächlich noch« gegeben. Die Existenz der DDR brachte, so der – wie die Formulierung »drüben« nahelegt – wohl aus dem Westen stammende Autor, für »völkische Substanz, Kultur und Sitte unseres Volkes [...] eine Atempause«. Seien »im SED-Regime nur das System an sich und die Bonzen falsch« gewesen, so werde »nun der ganze Alltag der Menschen künstlich und falsch, bis sie schließlich selber im Materialismus versinken werden. Die BRD hat von Anfang an auch Geist, Seele und Kultur unseres Volkes zerstört. Die Mauer war letztendlich [...] tatsächlich ein Bollwerk gegen die zersetzenden Einflüsse des Westens [...] Die sogenannte ›Wiedervereinigung‹ ist der Sieg der geistigen und kulturellen Entartung über einen weiteren Teil unseres Volkes. Der Kampf geht weiter!«[33]

In der Zwischenzeit hatte auch die *NF* mit dem Auf- und Ausbau ihrer Organisation im Osten Berlins und im neu gegründeten Land Brandenburg begonnen. Im Novemberheft 1990 des »Aufbruch« behauptete die Ortsgruppe Berlin, im Gegensatz zu anderen Parteien und Gruppierungen sei sie nicht bei Interessenten »Klinkenputzen« gegangen, sondern habe abgewartet, »bis sich die erste Euphorie über die vermeindliche [sic!] Freiheit gelegt« habe. Dies sei »genau richtig« gewesen, da »viele der anfänglichen Interessenten abgesprungen« seien und nun ausprobierten, »was ihnen momentan Spaß macht«. Dagegen meldeten sich jetzt Gruppen, die »schon etwas gefestigt sind« und wirkliches Interesse an politischer Arbeit hätten. Deren Organisierung bilde derzeit die Hauptaufgabe der Ortsgruppe, die mehrere Veranstaltungen mit bis zu 30 Interessenten durchgeführt habe.[34]

Einen ersten Erfolg konnte die Berliner *NF* im Zusammenspiel mit der Aufbaugruppe Königs Wusterhausen im November 1990 im Rahmen eines Aufmarschs zum »Heldengedenken« verbuchen. Ausrichter der Veranstaltung war ein nationalsozialistischer Traditionsverein, die *Berliner Kulturgemeinschaft Preußen (BKP)*, die erstmals den Waldfriedhof im brandenburgischen Halbe, einen der größten Soldatenfriedhöfe in Deutschland, für diese Zeremonie auswählte. Als Leiter der *NF*-Ortsgruppe Berlin lud Andreas Pohl »Kameraden und Freunde« zur Teilnahme am »Heldengedenken« ein.[35] Tatsächlich konnten knapp 100 ihrer Anhänger in den kleinen Ort südöstlich von Berlin mobilisiert werden. Auf die sehr auf das äußere Auftreten bedachten Veranstalter machte die *NF*-Abordnung offenbar einen guten Eindruck: »Diszipliniert und geschlossen auftretend zeugten die Kameraden davon, daß nur organisierter Wille Macht bedeutet«.[36] Es ist unbekannt, wie eng die *BKP*, die Dependance der *DKG* im Westteil Berlins, mit Pohls eher brachial wirkender Skinhead-Truppe bis zu diesem Zeitpunkt bereits kooperiert hatte, doch spätestens mit dem Auftreten in Halbe genoss die *NF* auch in Berlin die Unterstützung dieses Netzwerkes aus der »Erlebnisgeneration« früherer aktiver Nationalsozialisten.

Ab 1991 agierte die *NF* in Brandenburg dann immer erfolgreicher. Die Berliner Ortsgruppe agitierte unter gewalttätigen und gewaltaffinen, dem Skinhead-Milieu verbundenen Jugendlichen, die sich als Umfeld aufbauen ließen, und bildete zunehmend organisatorische Kerne, etwa in Velten, Oranienburg, Nauen, Strausberg und Königs Wusterhausen.[37] Bereits im April 1991 konnte die Bereichsleitung Mitte berichten, dass sich nach »anfänglichen Startproblemen« inzwischen in Brandenburg »innerlich geeinte Aufbaugruppen und Stützpunkte« gebildet hätten. Ein »Zeltlager zum Kennenlernen der einzelnen Gruppen untereinander«[38] wurde angekündigt. Neben den verbindlichen Schulungen wurden einzelne, ausgewählte Aktivisten im *NF*-Zentrum Detmold-Pivitsheide einer länger dauernden, intensiven Schulung unterzogen. Doch auch kulturelle Unterschiede zwischen Ost und West machten sich bemerkbar. Nicht alle in Ostdeutschland angeworbenen Nachwuchskräfte konnten offenbar mit den zentralen Themen und der sozialen Praxis des nationalen Lagers in der Bundesrepublik, etwa »Holocaust-Leugnung«, etwas anfangen. Die Ostdeutschen waren keineswegs nur »formbare Masse«. Mit ihrem Eigensinn konnte der bodenständige Fußball-Hooligan Andreas Pohl offenbar gut umgehen, für Schönborn galt das nicht im gleichen Maße.

Aufgrund des Massenandrangs ab 1990/91 gewann die *NF* an Mitgliedern und an Ausstrahlungskraft und für Schönborn als Betreiber des Klartext-Versandes scheint sich die Arbeit auch finanziell gelohnt zu haben. Die Organisationsleitung meinte im Dezemberheft des »Aufbruch«, sie blicke auf »wohl das erfolgreichste Jahr« seit Bestehen der *NF* zurück.[39] Gleichzeitig musste die Parteileitung aber Kontrollverluste hinnehmen, Kompetenzen nach unten delegieren und lieb gewonnene Projekte, wie das an Aktivisten des eigenen Lagers gerichtete Zirkular »Nachrichten aus der Szene«, aufgeben. In diesem Zusammenhang war sogar von »Totsiegen« die Rede.[40] Die bislang auf ihre Zentrale in Westfalen ausgerichtete Organisation sah sich gezwungen, zunehmend Arbeit auf die regionalen Bereichsebenen zu verteilen. Für die ehemals deutschen bzw. deutsch besiedelten Gebiete im westlichen Polen wurde ein neuer »Bereich Ost« eingerichtet, der nur auf dem Papier bestand (obgleich die *NF* auch Bemühungen unternahm, beispielsweise in Schlesien aktiv zu werden).[41] Für die neuen Länder und Berlin wurde Ende 1990 der »Bereich Mitte« mit eigener Bereichsleitung gebildet.[42] Ein Jahr später wurde auf einem bundesweiten Wahlparteitag der *NF* am 9. November 1991 Enno Gehrmann als Bereichsleiter benannt.[43]

Im September 1991 erschien im »Aufbruch« ein programmatischer Text, in dem die *NF* unter anderem versuchte, Zielgruppen für die Kaderbildung und Mitgliederwerbung konkreter zu benennen. Es sei nämlich »völlig sinnlos, stets das Volk insgesamt ansprechen zu wollen«. Als eine der wichtigsten Zielgruppen wurde zuerst die »Schülerschaft, insbesondere die der Oberschulen und ihrer Oberklassen« genannt, sodann die Lehrlinge und Jungarbeiter, schließlich die »Landjugend«, die sich »weitgehend von der verbreiteten politischen Verirrung der städtischen Jugend« unterscheide, da sie »den natürlichen Interessen des Volkes durch ihren Lebenslauf erheblich mehr verbunden ist. Sie ist zudem […] weitaus beständiger und konsequenter als der Durchschnitt der Jugend. Sie kann der Repression des Staates gegen die nationalistische Bewegung flexibler ausweichen und stellt insgesamt eine stabile Stütze der Bewegung dar.«[44] Wenngleich im Artikel nicht auf die subkulturellen Milieus der Skinheads und Fußballfans eingegangen wurde, die zum Resonanzkörper für die *NF*-Agitation wurden, sind die Zielgruppen, in denen die *NF* erfolgreich warb, insbesondere für Brandenburg recht gut getroffen. Die Agitation konzentrierte sich mithin auf die Klein- und Mittelstädte, teils auch auf den ländlichen Raum, wo die Organisation besonders in den berlinnahen oder mit dem Zug oder über die Autobahn erreichbaren Regionen rasch wuchs. Bekannt war etwa ihr Einfluss in Königs Wusterhausen, in der Region um Eberswalde und Schwedt sowie in und um Oranienburg.

Die von der Bundespartei 1991 initiierte Großkampagne »Schluß mit dem Holocaust – oder Deutscher willst Du ewig zahlen?«[45] ließ sich in der

Region Oberhavel in Angriffe auf die Mahn- und Gedenkstätten Sachsenhausen und Ravensbrück übersetzen und hat, wie entsprechende Vermerke in der Klartext-Kundendatei nahelegen, zum Mitgliederzuwachs beigetragen. Parallel zur Verbreitung von Flugblättern, Plakaten und Klebezetteln wurden auch illegale Aktionen durchgeführt. Der »Aufbruch« berichtete beispielsweise im September 1991: »Unbekannte suchten Anfang August mehrere ›Mahn- und Gedenktafeln‹ im Kreis Oranienburg auf, und übersprühten die Aufschriften mit schwarzer Farbe. In einer Kommandoaktion wurde das ehemalige KL Sachsenhausen angegriffen.«[46] Zwar stellte der »Aufbruch« den Bericht unter die Überschrift »Autonome Aktion«. Allem Anschein nach war es aber die Führungsebene der berlin-brandenburgischen *NF* selbst, die solche Aktionen durchführte: Als im Zuge der Kampagne im August 1991 *NF*-Anhänger durch Fürstenberg/Havel zogen, in die KZ-Gedenkstätte Ravensbrück eindrangen und dort Besucher bedrohten und tätlich angriffen, waren führende *NF*-Mitglieder dabei, wie auf Fotos zu sehen ist.[47]

Im November 1991 nahm die *NF* erneut am »Heldengedenken« der *BKP* in Halbe teil. Im Vergleich zum Vorjahr wird dabei nicht nur das quantitative Wachstum deutlich, sondern auch die Geschlossenheit und das Auftreten des *NF*-Blocks machten Eindruck. Bilder des Berliner Fotojournalisten Christian Ditsch zeigen einen Marschblock mit Fahnen, Marschtrommeln und Fanfaren. Die Anregung zur Bildung eines eigenen Fanfarenzuges war im Frühjahr 1991 von der Ortsgruppe Berlin und dem Stützpunkt Lüdenscheid ausgegangen, Interessenten sollten sich laut »Aufbruch« an das Berliner Postfach der *NF* wenden. Dass der Fanfarenzug, wie geplant, »bis Ende des Jahres«[48] 1991 aufgestellt werden konnte, zeigt, dass die *NF* sich tatsächlich meist realistische Arbeitsziele steckte. Mit etwa 250 Teilnehmern, die zum überwiegenden Teil aus der Region Berlin-Brandenburg stammten, stellte die *NF* das größte Kontingent: Bei einer Gesamtteilnehmerzahl von – nach eigenen Angaben – 700 bis 1.000 Personen mobilisierte sie mindestens ein Viertel, wenn nicht ein Drittel der Anwesenden.[49] Die Bereichsleitung Mitte hielt diesen Aufmarsch für ein »ganz herausragendes Ereignis, das sicher zum politischen Durchbruch innerhalb des nationalen Lagers beitragen wird. Natürlich wird die Partei auch bundesweit von diesem Erfolg profitieren, der sich ja auch schon längst rumgesprochen hat.« Die *NF* sei nun »nicht mehr eine unter vielen nationalen Grüppchen, sondern drauf und dran, die richtungsweisende und damit bestimmende Kraft des nationalistischen Lagers zu werden. Sowohl zahlenmäßig, als auch – und darauf

Neonazistisches »Heldengedenken« am Waldfriedhof Halbe am 17. November 1991

kommt es in erster Linie an – in Bezug auf die Qualität ihrer Mitglieder und Aussagen.«[50]

Einen besonderen organisatorischen Kern, mit einem »festen Kader von mehreren Aktivisten« und großem Umfeld,[51] bildete der Ende 1991 formierte Stützpunkt Kremmen. Ab Dezember 1991 finden sich im internen Mitteilungsblatt »Aufbruch« wiederholt Berichte über die regen Aktivitäten des Stützpunkts in der 7.000-Einwohner-Stadt im östlichen Havelland. Zum Auftakt organisierte der Stützpunkt noch Ende November eine erste »Ausländer-raus«-Aktion, bei der das rassistische *NF*-Flugblatt »Sie kommen«[52] in die Briefkästen aller Haushalte in Kremmen sowie im Umland gesteckt worden sei.[53] Auch die Goethe-Oberschule und eine Schule in Hennigsdorf wurden in die Aktion einbezogen. In Letzterer habe anschließend »Umerziehungsunterricht« durch eine Reporterin der Lokalzeitung »Oranienburger Generalanzeiger« stattgefunden. Der »Aufbruch« bemerkte hierzu: »Als Folge meldeten sich bei uns 5 Schülerinnen und Schüler, die gerne mitarbeiten möchten«.[54] Einige Monate später wurde bekannt gemacht, dass die Kremmener und Hennigsdorfer *NF*-Gruppen sich in zwei Kameradschaften geteilt hatten, die gemeinsam den Stützpunkt Osthavelland bildeten.[55] Im Februar 1992 störten die *NF*-Aktivisten in Kremmen Dreharbeiten für einen Spielfilm und verteilten antisemitische Flugblätter. Es folgte die Verbreitung eines einfach aufgemachten, aber bewusst die lokalen Probleme adressierenden Blättchens mit dem Titel »Kremmener Beobachter«.[56] Ein Schwerpunktthema bildete schon damals die Agitation gegen den lokalpolitischen Umgang mit Flüchtlingen und die geplante Einrichtung eines Asylbewerberheims.

Die Kremmener Lokalpolitik verkannte völlig den hohen Schulungsgrad und die Entschlossenheit der *NF*-Gruppe. Offenbar in der Hoffnung, die jungen Leute positiv beeinflussen zu können, schlug sie ein Gespräch vor. Strotzend vor Selbstbewusstsein, machten die Neonazis deutlich, dass sie ein solches Gespräch nur zu ihren Bedingungen führen würden. Mit offiziellem Briefkopf der *NF* antwortete die *Kameradschaft Kremmen* der Stadtverordnetenversammlung im April 1992 auf das Gesprächsangebot schroff:

»Wir teilen Ihnen dazu mit, daß wir grundsätzlich zu solchen ›Gesprächen‹ bereit sind. Wir lehnen jedoch Gespräche die unter Ausschluß der Öffentlichkeit stattfinden ebenso grundsätzlich ab.
Wir haben nichts zu bereden mit den Vertretern:
- der Partei des Monopolkapitals
- mit denen der sozialdemokratischen Versagerpartei
- mit grün angemalten Bolschewiken
- und/oder mit Liberalisten und sonstigen Volksverrätern aller Schattierungen.

Wir reden mit der Bevölkerung!
Auch entscheiden nicht Sie welche unserer Kameraden so ein ›Gespräch‹ aufsuchen, sondern wir.«[57]

Die verunsicherte Lokalpolitik ließ sich auf das Treffen ein, das allerdings nicht vor der Öffentlichkeit stattfand. Eine Gruppe von *NF*-Aktivisten erschien am 23. April 1992 im Rathaus. Eine junge Aktivistin filmte mit einer Videokamera die anwesenden Lokalpolitiker demonstrativ und unverkennbar in der Absicht, sie einzuschüchtern. Das Gespräch dauerte offenbar nur kurz und blieb ohne weitere Folgen.

Schon für den 1. Mai 1992 hatte der Stützpunkt die nächste Aktion vorbereitet. In einem Aufruf an die Bevölkerung gegen Umweltzerstörung und Umweltverschmutzung wurde zu einer »Säuberungsaktion« im Kremmener Luch eingeladen, angeblich in Absprache mit einer örtlichen Naturschutzgruppe.[58] Es gelang der *NF* offenbar, einen Abdruck im »Oranienburger Generalanzeiger« durchzusetzen. Im »Aufbruch« hieß es dazu: »Unser doch etwas ernstes Gespräch, welches wir mit der Lokalredakteurin führten, zeigte also Wirkung«[59]. Allerdings beteiligte sich die Bevölkerung entgegen den Erwartungen nicht an der Aktion; die 30 von der *NF* mobilisierten Anhänger blieben unter sich, und auch die Naturschutzgruppe Kremmener Luch beteiligte sich nicht. Die weitere Agitation der *Kameradschaft Kremmen* richtete sich nun gegen ein geplantes Asylbewerberheim in Sommerswalde. Wie der »Aufbruch« berichtete, sei das Heim »wenige Tage vor dem Einzug der Asylanten von autonomen Nationalisten niedergebrannt« worden.[60]

»DER KAMPF WIRD HÄRTER« – DAS *NEK* UND DIE SPALTUNG DER *NF*

Die Wortwahl »autonome Aktionen« oder »autonomen Nationalisten« im »Aufbruch« verwies stets darauf, dass hier illegale Handlungen von *NF*-Kadern oder aus ihrem Umfeld heraus begangen wurden, die als nachahmenswert galten, mit denen sich die *NF* aber aus juristischen Gründen nicht offiziell identifizieren wollte. Daher hielt der »Aufbruch« auch nach der Aktion in Sachsenhausen 1991 fest: »Wir möchten an dieser Stelle nochmals darauf hinweisen, daß die Partei derartige illegale Aktionen, auch wenn die Motive vielleicht verständlich sind, strikt ablehnt und das auch immer wieder betont hat.«[61]

Tatsächlich war die *NF* frühzeitig massiv in organisierte und mörderische Gewalt verstrickt. Schon 1988 verübte ein *NF*-Mitglied im bayerischen Schwandorf einen Brandanschlag auf ein Haus, bei dem drei türkische Bewohner umkamen sowie ein deutscher Mann, der Mitglied der Deutschen Kommunistischen Partei gewesen sein soll.[62] Weitere schwere Gewaltstraftaten, mehrfach auch versuchte oder vollendete Tötungsdelikte, erfolgten ebenfalls aus dem unmittelbaren Umfeld der *NF*. Dies gilt auch für das Land Brandenburg. Mehrere Tatbeteiligte am Mord an Amadeu Antonio in Eberswalde im November 1990 gehörten der *NF* an oder wurden ihrem Umfeld zugerechnet. Einer der an der Ermordung Amadeu Antonios Beteiligten, der Bruder des Haupttäters, war ein Jahr später in Hohenselchow erneut an einer Menschenjagd beteiligt, in deren Verlauf er den 39-jährigen Gerd Himmstädt zu Tode trat.[63] Ein weiteres Jahr später, im November 1992, waren es wieder Personen aus dem Umfeld der *NF*, die den Obdachlosen

Rolf Schulze auf äußerst brutale Weise ermordeten. Mitglieder und Sympathisanten der *NF*, unter ihnen Carsten Szczepanski, gehörten am 8. Mai 1992 zu einer Gruppe, die versuchte, einen nigerianischen Asylbewerber, den sie zusammengeschlagen hatten, im Scharmützelsee zu ertränken. Nur durch Zufall überlebte das Opfer. Dass die Propaganda der *NF* gegen Asylbewerber und Flüchtlinge in mehreren Fällen unmittelbar mit entsprechenden Angriffen in Verbindung stand, zeigt das Beispiel Sommerswalde. Die August-Ausgabe 1992 des »Aufbruch« machte mit einem Bild von Randalierern vor Wasserwerfern und der Parole »›Come together‹ in Rostock« auf.[64]

Mit ersten Einträgen vom November 1991 wurde in der Klartext-Kundendatei eine neue Statusgruppe eröffnet, die mit der Kennung 88 versehen ist – ein Code, der im Neonazi-Spektrum für »Heil Hitler« steht – und 101 Datensätze umfasst.[65] Diese neu angelegten Datensätze bezogen sich zum Teil auf bereits erfasste Personen. Knapp ein Viertel der Datensätze dieser »Liste 88« führen Adressen in Brandenburg, hinzu kommen je vier Adressen aus dem Ost- beziehungsweise Westteil Berlins, darunter die des Bereichsleiters Mitte, Enno Gehrmann. Viele der in der »Liste 88« erfassten Personen gehörten zum inneren Kern des *NF*-Kaders, waren durch Kampf- und Wehrsport-Aktivitäten aufgefallen, manche in Gewalttaten verstrickt. Offensichtlich steht die Liste im Zusammenhang mit einer neuen organisatorischen Formation, die Schönborn parallel zu installieren versuchte: den *Nationalen Einsatzkommandos (NEK)*.

Während seiner Teilnahme an der *DKEG*-Tagungswoche in Pichl im Oktober 1991 entzog sich Schönborn, der ins Visier der österreichischen Polizei geraten war, einer Festnahme. In seinem Zimmer fanden die Beamten ein mehrseitiges Papier mit der Überschrift »Kamerad – der Kampf wird härter. Stellen wir uns darauf ein: Sei bereit zu kämpfen …«[66] Das Papier war von Schönborn gezeichnet und nannte als Kontaktadresse ein Postfach in Gütersloh, dem Sitz des Klartext-Verlags. Ein Bezug zur *NF* wurde nirgends hergestellt. Vielmehr richtete sich der Aufruf an »alle Aktivisten für die deutsche Sache«, an »alle gesunden und sportlichen Kameraden ab 16 Jahre«. Geplant war die Aufstellung eines »Nationalen Einsatzkommandos« aus »kadermäßig gegliederten hochmobilen Verbänden« mit dem Ziel eines Einsatzes als Ordnertruppe und zur Sicherung von Großveranstaltungen, aber auch zur »Planung und Koordination von überraschend durchgeführten zentralen Aktionen«. Begründet wurde die Notwendigkeit derartiger Einheiten mit angeblich zunehmenden »Gegenreaktionen von Ausländerverbrecherbanden und von kriminellen ›Linken‹« gegen die nationalistische

Bewegung und mit der »Staatsgewalt«, die »mit und im Interesse unserer Feinde« arbeite.

Möglicherweise reagierte Schönborn mit dem *NEK*-Plan auf Erfahrungen, wie sie die *NF* im Juni 1991 im bayerischen Roding gemacht hatte, wo die Behörden das Verbot einer »Großveranstaltung« der *NF* zur Holocaust-Leugnung durchgesetzt hatten. Zwar sprach der »Aufbruch« von einem Erfolg, tatsächlich handelte es sich aber um einen Rückschlag, zumal die Aktion phasenweise der Kontrolle durch die *NF* entglitten, sodass es zu nicht vorgesehenen Rangeleien mit der Polizei gekommen war.[67] Einige Zeit später musste die *NF* gewaltsame Angriffe auf Teilnehmer des »Heldengedenkens« in Halbe 1991 vermerken, die sich in Königs Wusterhausen und Frankfurt (Oder) ereignet haben sollen. Der »Aufbruch« verkündete: »Aber das Pack von der Gegenseite kann ganz sicher sein: Wir vergessen nichts!«[68] Die späterhin verbreitete Vermutung, dass das *Nationale Einsatzkommando* selbst als prototerroristisches Kadernetz zur Vorbereitung eines Kampfes im Untergrund, als Teil eines »Werwolf«-Netzes zu verstehen ist, lassen sich aus den vorliegenden Unterlagen nicht erhärten. Immerhin begannen Ermittlungen gegen Schönborn und die *NF* wegen des NEK, von denen auch Brandenburger »Kameraden« betroffen waren.

In dieser Situation brachen die Friktionen zwischen dem personell starken, aktionsorientierten und sehr aktiven Bereich Mitte einerseits und Schönborn und seinem Gefolge andererseits offen auf, die schließlich zur Spaltung der *NF* führten. Dabei mögen Überlegungen eine Rolle gespielt haben, den funktionsfähigen Kader der Partei aus den bevorstehenden polizeilichen Ermittlungs- und Repressionsmaßnahmen herauszuhalten. Die »These von der bewußten Spaltung im gegenseitigen Einvernehmen«,[69] also eine rein taktisch-funktionale Aufteilung der Organisation, ist indes kaum plausibel. Die Hintergründe sind – wie häufig in solchen Fällen – nicht ganz durchsichtig.[70] Fraglos ging es bei den Streitigkeiten auch um persönliche Animositäten, gegenseitige Vorwürfe der Veruntreuung und Anmaßung von Funktionen, Gefährdung der organisatorischen Strukturen und vieles mehr. Es hat aber insgesamt eher den Anschein, als habe sich Schönborn seiner eigenen Organisation zunehmend entfremdet. Die Mehrheit der *NF* – nicht bloß aus den Reihen des Bereichs Mitte – schloss sich Andreas Pohl an, darunter auch bislang eher Schönborn nahestehende *NF*-Aktivisten, wie der Bereichsleiter Nord und Schriftleiter des »Aufbruch«, Steffen Hupka. Ob das NEK tatsächlich, wie später von seinen innerparteilichen Kontrahenten behauptet, ein reiner Alleingang Schönborns war, ist zweifelhaft, denn den

Status 88 hatte er in der Klartext-Versanddatei auch Personen zugewiesen, die eindeutig Pohl zugerechnet werden konnten. Dessen Anhänger distanzierten sich erst vom *NEK*, als es angesichts polizeilicher Ermittlungen bereits zum Fiasko geworden war.

Auf einer Sitzung der Organisationsleitung, die in Abwesenheit Schönborns in Detmold stattfand, wurde der Parteivorsitzende für abgesetzt erklärt. Die Pohl-Fraktion lud zu einem Parteitag ins brandenburgische Kremmen ein. Pohl erläuterte den anwesenden Delegierten die Situation in der Partei. Offenbar waren die Fronten aber so klar und die Stimmung so eindeutig gegen Schönborn gerichtet, dass eine Aussprache nicht nötig war. Bei allen folgenden Anträgen und Personalien wurde mit großer Stimmenmehrheit, oft ohne Gegenstimmen, entschieden. Andreas Pohl wurde zum Vorsitzenden, Enno Gehrmann zu einem seiner Stellvertreter gewählt. Angenommen wurde auch der Beschluss zur Verlegung des Parteisitzes nach Berlin und zur Vorbereitung einer neuen Satzung.[71]

Schönborn seinerseits hatte am 8. Mai 1992 Pohl seiner Ämter enthoben und ein Parteiordnungsverfahren eingeleitet. Für den 27. Juni lud er zu einer außerordentlichen Mitgliederversammlung ein, auf der ein Sonderparteitag zu beschließen sei. Beraten von Günther Herzogenrath-Amelung, einem angesehenen Rechtsanwalt des »nationalen Lagers«, hatte Schönborn im parteiinternen Streit vermutlich juristisch die besseren Aussichten. Obgleich faktisch der gesamte Parteivorstand und das Gros der regionalen Gliederungen ihm den Rücken kehrten, scheint an einer weiteren Auseinandersetzung kein Interesse bestanden zu haben. Wie genau sich die weitere Spaltung vollzog, lässt sich schwer rekonstruieren. Schönborn machte mit einem kleineren Kreis jüngerer Nachwuchskader, die er offenbar eng an sich gebunden hatte, weiter. Zu ihnen zählte auch Jan G., der genau 20 Jahre später in Schönborns neuem Projekt, dem »Weißen Haus« in Herzberg, die Leiche von Jörg Lange fand. Der Flügel um Pohl und Hupka deeskalierte. So riet die Organisationsleitung von einer Teilnahme an der Sonnwendfeier der *Artgemeinschaft* in Hetendorf ab, um einem »öffentlichen Streit mit Schönborn aus dem Wege zu gehen«.[72] Als Ersatzveranstaltung richtete die Potsdamer *NF*-Gruppe eine Feier mit Fackelmarsch, Sonnwendfeuer, anschließendem Umtrunk und Zeltlager aus, an der nach eigenen Angaben 90 Personen teilnahmen.[73]

Im Oktober 1992 wurde, kurz nach dem Staatsbesuch des israelischen Ministerpräsidenten Jitzchak Rabin, ein verheerender Brandanschlag auf die sogenannten Jüdischen Baracken der KZ-Gedenkstätte Sachsenhausen verübt. Dass die Täter aus dem Umfeld der *NF* stammten, lag nahe und erwies sich im weiteren Verlauf der Ermittlungen als zutreffend.[74] Als erste Neonazi-Organisation im vereinigten Deutschland wurde die *NF* durch Verfügung des Bundesministeriums des Innern gemäß §3 des Vereinsgesetzes mit Datum vom 29. November 1992 als verfassungsfeindliche Organisation verboten. Die Spaltung hatte dazu beigetragen, ein mögliches Verfahrenshemmnis, das in der Eintragung der *NF* ins Parteienregister bestand, zu beseitigen. Denn laut Verbotsbegründung konnte die *NF* nicht mehr als Partei im Sinne des Artikel 21 Grundgesetz betrachtet werden: »Sie hat sich zwar an den Bürgerschaftswahlen in Bremen am 29. September 1991 beteiligt [...] Die Teilnahme [...] erfolgte jedoch unter Bedingungen, die jetzt nicht mehr vorliegen. Durch die Streitigkeiten in der NF und den Austritt der überwiegenden Zahl der Mitglieder ist die Aufteilung der Organisationsbereiche weitgehend hinfällig geworden. Den Sicherheitsbehörden sind insgesamt noch 3 bestehende Ortsgruppen bekannt. Führende Funktionäre haben die NF verlassen [...] Die NF verfügt daher über keine hinreichend umfangreiche und feste Organisation, um ernsthaft und dauerhaft nach parlamentarischer Vertretung des Volkes zu streben.«[75] Als das Verbot rechtskräftig wurde, hörte die bis dahin erfolgreichste und vermutlich auch gefährlichste Kraft im neonazistischen Lager zu existieren auf. Ihre Nachwirkungen indes waren immens – namentlich im Land Brandenburg.

»... AUF EIGENEN FÜSSEN« – NACHFOLGEAKTIVITÄTEN

Etwa im Spätsommer oder Herbst 1992 hatte der Pohl-Flügel den Namen *Nationalistische Front* endgültig Schönborn überlassen. Die Arbeit wurde nun unter der Bezeichnung *Sozialrevolutionäre Arbeiterfront (SrA)* fortgesetzt.[76] Die Annahme, die *SrA* sei quasi bruchlos an die Stelle der *NF* getreten, gehört ins Reich der Legenden. Tatsächlich bedeutete die organisatorische Spaltung und das bald darauf erfolgte Verbot durchaus eine erhebliche Schwächung. Aus einer schlagkräftigen und gut organisierten bundesweiten Kampfgruppe war unter Verlust von Mitgliedern, Infrastruktur und kommunikativen Netzwerken eine überwiegend regional verankerte, weitgehend auf das Land Brandenburg und einige Stützpunkte in den anderen neuen Bundesländern beschränkte Organisation geworden.

Diese entfaltete allerdings einige Aktivitäten in ihren angestammten Hochburgen im nordwestlichen und südöstlichen Berliner Umland sowie entlang der Oder zwischen Cottbus und Schwedt. Als Vorfeldorganisation diente das *Förderwerk Mitteldeutsche Jugend (FMJ)*. Kaderstamm, organisatorische Gliederung und strategisches und taktisches Vorgehen waren der *NF* so ähnlich, dass *SrA* und *FMJ* durchaus als Nachfolgeorganisation gelten konnten. Auch ein eigenständiges Verbot lag nahe. Doch durch öffentlich bekannt gemachte Erklärungen über ihre Selbstauflösung und wiederholte Umbenennungen versuchten die *NF*-Nachfolgeorganisationen, einem Verbot zuvorzukommen. Die letzte bedeutende Ersatz- und Vorfeldorganisation der *NF* in Brandenburg bezeichnete sich als *Direkte Aktion Mitteldeutschland* und war angeblich bereits am 9. November 1989 (!) in Brandenburg an der Havel gegründet worden. Ihrem Namen fügte sie die überraschende und unbegründete Abkürzung *JF* hinzu und wählte diese Buchstaben auch als Symbol. Darin sahen Beobachter eine Anknüpfung an die verbotene *Junge Front*, aus der die *NF* in den 1980ern hervorgegangen war.

Zu den Aktivitäten, mit denen die brandenburgischen Nachfolgeorganisationen an die Arbeit der *NF* anknüpften, gehörte die Produktion und Verbreitung verschiedener Publikationen. »Der Angriff« trat funktional an die Stelle des »Aufbruch«,[77] wobei das Titellogo der gleichnamigen, mit dem Gauleiter Joseph Goebbels verbundenen Berliner Propagandazeitung aus der »Kampfzeit« der *NSDAP* übernommen wurde. Anknüpfend an den »Kremmener Beobachter« des dortigen *NF*-Stützpunkts erschien auch ein »Hennigsdorfer Beobachter«, ferner zwei regionale Schülerzeitungen, die »Schüler Revolte. Nationalistische Schülerzeitung für das Gymnasium Oranienburg« und mit wechselndem Untertitel die »Fräch« in Schwedt an der Oder. Die *NF*-Nachfolgeorganisationen in Berlin-Brandenburg kooperierten weiter mit der *Berliner Kulturgemeinschaft Preußen* und anderen Netzwerkern der rechtsextremen Szene in Berlin, wie dem Verein *Die Nationalen* um den späteren Thüringischen *NPD*-Vorsitzenden Frank Schwerdt. So übernahm zeitweilig eine *NF*-Nachfolgegruppe, die sich »Kommando F« nannte, die Herausgabe der »Berlin-Brandenburger Zeitung«, die Mitte der 1990er-Jahre für die rechtsextreme und neonazistische Szene in der Region von einiger Bedeutung war.[78]

Ein weiteres Organ aus diesem Umfeld trug den Titel »In Aktion. Mitteldeutsche Jugendbewegung«. Dort erschien 1994 ein Artikel, der die Strategie der Selbstauflösung von Organisationen und der Überführung in »autonome« Strukturen begründete und beschrieb: »Wir betrachten die Arbeit der Vorfeldorganisationen für abgeschlossen und halten die Kampfform der unzähligen Kameradschaften, Zellen und Strukturen (in Eigenregie!) vor

Ort, in seiner Gesamtheit als für das System unangreifbar und für die Erringung des politischen Erfolges für absolut«.[79] Man glaubte, sich das nun leisten zu können, denn: »Wir haben [...] eine wirkliche Jugendbewegung erschaffen [...], die durch Euch entstand und die durch Euch stark gemacht wird! Diese Jugendbewegung hat sich in über 70 Stützpunkte und Kameradschaften gegliedert und ist jetzt stark genug, um auf eigenen Füßen zu stehen.«[80] Zu diesem Zeitpunkt rechnete man schon mit Repression. 1995 wurde die *Direkte Aktion Mitteldeutschland/JF* dann durch das brandenburgische Innenministerium verboten.

Wirkungsgeschichtlich blieb die Aufbauarbeit der *NF* gleichwohl von Bedeutung. Das Bundesamt für Verfassungsschutz kam 2001 zu der Einschätzung, dass rund 80 Prozent der früheren *NF*-Funktionäre und 49 Prozent ihrer früheren Mitglieder immer noch oder wieder in rechtsextremistischen Zusammenhängen aktiv seien. Das waren im Vergleich zu zwei anderen in den 1990er-Jahren verbotenen Neonazi-Parteien, der *Deutschen Alternative (DA)* und der *Freiheitlichen Deutschen Arbeiterpartei (FAP)*, die höchsten Werte und jeweils zehn Prozent mehr als der Durchschnitt.[81] Mehrere Angehörige der *NF* versuchten, mit eigenen Mailorderdiensten an das Erfolgsmodell des »Klartext« anzuknüpfen. Mit Postfachadresse in Potsdam wurden beispielsweise frühere *NF*-Aufkleber in identischer Aufmachung, aber mit einer neuen Adresse versandt; diese lautete »P.O.H.L.«[82] Einige Jahre später schlossen sich Steffen Hupka und weitere frühere *NF*-Aktivisten der *NPD* an, brachten ihre organisatorische Erfahrung in die Partei ein und wirkten an ihrer Nazifizierung mit. Als der seinerzeitige *NPD*-Vorsitzende Udo Voigt 1998 in Passau die Angehörigen verbotener Neonazi-Organisationen zur Mitarbeit einlud, stand der Parteitag unter dem *NF*-Motto »Nur der organisierte Wille bedeutet Macht«.

In Brandenburg scheint die Hinwendung zur *NPD* aber weniger bedeutend gewesen zu sein. Hier diffundierte ein Teil des *NF*-Kaderstamms vermutlich in rechtsextreme und rechts-affine Milieus: einige – darunter nicht zuletzt Andreas Pohl selbst – sollen in die Subkultur der Rocker- und Motorrad-Clubs übergegangen sein, die sich ihrerseits tendenziell dem rechtsextremen Lager annäherte. Aber auch an der Professionalisierung, Radikalisierung und Hinwendung zu organisierter Gewalt, die das neonazistische Skinhead-Milieu im Lauf der 1990er-Jahre durchlief, wirkten frühere *NF*-Kader und -Anhänger mit. An herausragender Stelle ist Carsten Szczepanski zu nennen, der als V-Mann des brandenburgischen Verfassungsschutzes tätig war.[83]

Eine Öffnung in diese Richtung beförderte indes auch ein zweites Projekt in Brandenburg, das Nationale Pressearchiv (N.P.A.) um Danny S. in Frankfurt (Oder), der dem Umfeld der *NF* zugerechnet werden kann. In der ersten Ausgabe der vom N.P.A. als »Rundbrief« deklarierten Zeitschrift »Nationaler Beobachter« erklärte Danny S., dass er auch über die Skinszene berichten wolle, in der es »sehr viele gute politische Skins« gebe, die »hervorragende Arbeit leisten, wie zum Bsp. die [...] weltweit organisierten ›HAMMERSKIN‹- und ›BLOOD&HONOUR‹-Gruppen«.[84] Die Themen, mit denen sich der »Nationale Beobachter« befasste, und die mutmaßlichen Netzwerke im Neonazi-Milieu, auf die er zurückgreifen konnte, weisen eine verblüffende Nähe zum *NSU* und seinem Umfeld auf. Auch waren das N.P.A. und der »Nationale Beobachter« mit der Zeitschrift »Der Weisse Wolf. Rundbrief inhaftierter Kameraden der ›Justizvollzugsanstalt‹ Brandenburg« offenbar enger verbunden als bislang bekannt. Im Verlauf des Münchner *NSU*-Prozesses deutete sich an, dass von dem Kreis um den »Weissen Wolf« und von anderen inhaftierten Neonazis und ihren Unterstützerinnen und Unterstützern Mitte der 1990er-Jahre Aufrufe zur Bildung einer neuen Sammlungsorganisation ausgegangen sind, die den Namen *National Politisches Forum* tragen sollte.[85] Unmittelbar beteiligt war Uwe Mundlos, aber auch mehrere Personen, die Anfang der 1990er-Jahre in direktem Kontakt zur *NF* gestanden hatten – allerdings zumeist nicht aus Brandenburg. Eingebunden waren auch Frank Schwerdt und die »Berlin-Brandenburger Zeitung«, die mit den *NF*-Nachfolgeorganisationen kooperiert hatte, sowie mindestens ein Aktivist aus dem Kreis um das N.P.A. und den »Nationalen Beobachter«.

Und schließlich hatte sich auch Schönborn selbst mit dem Verbot der *NF* keineswegs abgefunden. Die Aktivitäten seines Kreises – der zeitweise als »Gemeinschaft« bezeichnet wurde und hoch ideologisierte nationalsozialistische Schriften unter dem Titel »Lebensborn« verbreitete[86] – erstreckten sich auch auf das Territorium des Bundeslands Brandenburg. 1995 wurde Schönborn wegen Fortführung einer verbotenen Vereinigung zu einer Haftstrafe verurteilt. Während es gewiss ist, dass er nach Verbüßung seiner Haftstrafe seine einschlägigen Aktivitäten wieder aufnahm, liegen die genauen Zusammenhänge noch im Dunkeln. Hierzu gehört auch Schönborns Rolle in der *Bewegung Neue Ordnung (BNO)*, der auch der 2012 verstorbene Jörg Lange zuzurechnen ist. In Brandenburg wurde die *BNO* in Form des 2006 verbotenen *Schutzbundes Deutschland* aktiv, zu dem auch Maik Eminger zählte, der Zwillingsbruder des *NSU*-Kontaktmannes André

24. Januar 1998 in Dresden – am Transparent (v. r.) Uwe Mundlos, Uwe Böhnhardt, Beate Zschäpe

Eminger. Jan G. und Maik Eminger nahmen beide in den 2000ern an Treffen der *Artgemeinschaft* teil.

»Nationalismus – eine Idee sucht Handelnde«, so lautete die Aufschrift auf dem Transparent, mit welchem die Angehörigen des *NSU*-Trios im Jahr ihres Untertauchens auf einem rechtsextremen Aufmarsch fotografiert wurden. Es ist nicht geklärt, woher sie diese Parole bezogen haben, die nach gegenwärtigem Kenntnisstand nur von *Jungen Nationaldemokraten* und *Nationalistischer Front* benutzt wurde. Mit Blick auf die Wirkungsgeschichte bleibt auf die Strahlweite des *NF*-Propagandamaterials aus den frühen 1990er-Jahren hinzuweisen. Angesichts des verblüffend großen Verteilerkreises, insbesondere in den neuen Ländern, müssen wir davon ausgehen, dass die *NF* an der Verfestigung rechtsextremer Weltbilder in der »Generation Hoyerswerda«, an ihrer Radikalisierung zu neonazistischen, völkisch-rassistischen Weltanschauungen und am Aufruf zum gewaltförmigen Handeln entschieden mitgewirkt hat. Stichproben lassen erkennen, dass die Statusgruppe 12 (ostdeutsche Adressaten) in der Klartext-Kundendatei auch Personen erfasste, die im weiteren Verlauf der 1990er-Jahre in rechtsextremen und neonazistischen Netzwerken aktiv wurden oder blieben. Im Einzelfall reichen sie ins weitere Umfeld des *NSU* hinein.

HEIKE KLEFFNER

»AUF VOLLSTÄNDIGE AUFKLÄRUNG WARTEN WIR IMMER NOCH«

EINE SPURENSUCHE: CARSTEN SZCZEPANSKI UND DIE *UNITED SKINS*

»Brennt die scheiße schon vorher ab denn habt ih ruhe …« postete ein User der Facebook-Seite von »Nein zum Heim in Pätz« wenige Wochen vor dem Einzug von knapp 150 Flüchtlingen in der kleinen Ortschaft bei Königs Wusterhausen. Das war im Oktober 2013.[1] Seitdem gab es ein halbes Dutzend Kundgebungen, Aufmärsche und Flugblattaktionen von Neonazis der sogenannten Freien Kräfte, von *NPD*-Aktiven sowie von Anwohnerinnen und Anwohnern vor dem umzäunten ehemaligen NVA-Gelände, auf dem sich das Flüchtlingsheim befindet.

In Königs Wusterhausen, südöstlich von Berlin gelegen und mit knapp 34.000 Einwohnerinnen und Einwohnern die größte Stadt im Landkreis Dahme-Spreewald, erhielt Bürgermeister Lutz Franke (SPD) innerhalb weniger Monate mehr als 30 Hetzbriefe mit Drohungen wie »Bürgermeister, wir wissen, wo du wohnst«[2] – Anfang 2015 war bekannt geworden, dass im Ortsteil Niederlehme 400 Geflüchtete auf einem ehemaligen Kasernengelände einziehen sollten.[3] Mitglieder der Initiative »Integration richtig & fair«, die vor einem Supermarkt in Niederlehme Unterschriften für eine Petition zugunsten einer menschenwürdige Unterbringung der Geflüchteten sammelten, wurden im Frühjahr 2015 von einer Gruppe Rechter angegriffen und vertrieben.[4]

Als dann am 10. August 2015 in Uckley, einem anderen Ortsteil von Königs Wusterhausen, die Gaststätte des ehemaligen BFC-Dynamo-Sportzentrums durch Brandstiftung bis auf die Grundmauern niederbrannte, werteten das Anwohner in dem Weiler, in dem lediglich 24 Personen wohnen, als »klaren Schuss vor den Bug«.[5] Denn im Haupthaus des leer stehenden Sportzentrums sollten ab September 85 Flüchtlinge einziehen. Während die zuständige Staatsanwaltschaft Cottbus und Polizeisprecher einen Zusammenhang zwischen dem Brand und dem geplanten Flüchtlingsheim strikt verneinten,[6] berichtete die Lokalreporterin der »Märkischen Allgemeinen Zeitung« am Tag nach dem Brand über die Stimmung vor Ort: »Überrascht ist von dem Brand in Uckley aber offenbar niemand.« Ein ortsansässiger

Kleinunternehmer ließ sich mit dem Satz zitieren: »Es war doch zu erwarten, dass hier mitten im Wald so etwas passiert.« Ein anderer Anwohner betonte: »Die Sicherheitsbedenken der Bürger wurden komplett vom Tisch gewischt. Stattdessen stellt man sie gleich in die rechte Ecke.«[7]

Drei Wochen später verursachten unbekannte Brandstifter im havelländischen Nauen in einer Turnhalle, die ebenfalls zur Flüchtlingsunterkunft ausgebaut werden sollte, einen Sachschaden von mehreren Hunderttausend Euro. Daraufhin gab Carsten Saß (CDU), der Sozialdezernent des Landkreises Dahme-Spreewald, öffentlich zu Protokoll: »Dass Deutsche ihre eigene Infrastruktur lieber vernichten als dort Leute unterzubringen, die Schutz suchen, macht mich wütend. Das ist ekelhaft.«[8]

ERINNERUNGEN AN DIE DUNKLEN JAHRE

Bürgerversammlungen, bei denen Neonazis lautstark pöbeln, Drohungen gegen Menschen, die Flüchtlingen helfen, und Hetze auf Facebook: Viele in der Region erinnern sich angesichts der aktuellen Diskussionen und Vorfälle an die Ereignisse vom November 1992 in Dolgenbrodt bei Königs Wusterhausen. Mit einem Brandanschlag auf das ehemalige Kinderferienheim der Berliner Vergaser- und Filterwerke war vor mehr als zwei Jahrzehnten zum ersten Mal in der Geschichte des gerade wiedervereinigten Deutschlands der Einzug von 80 Flüchtlingen in ein Dorf verhindert worden. Nicht nur das juristische Nachspiel, das mehr als fünf Jahre lang die Gerichte in Potsdam und Frankfurt (Oder) und den Bundesgerichtshof beschäftigte, hat dafür gesorgt, dass dieses Feuer unter den Hunderten Brandanschlägen der frühen 1990er-Jahre nicht in Vergessenheit geraten ist. In Erinnerung geblieben ist vor allem, dass mehrere Dorfbewohner und Gewerbetreibende die zwei jungen Naziskins, die das Feuer legten, anwarben und bezahlten. Nach dem Brand erklärte die damalige Bürgermeisterin öffentlich: »Niemand war traurig über diese Lösung.«[9] Das »ganze Dorf habe auf den Brandanschlag gewartet«, stellte im Mai 1995 der Vorsitzende Richter am Landgericht Potsdam, Klaus Przybylla, in der Urteilsverkündung gegen einen der beiden Haupttäter fest, einen zur Tatzeit 18-jährigen *NF*-Aktivisten.[10] Denn sobald die Pläne zur Unterbringung der Flüchtlinge bekannt geworden waren, hatte eine Bürgerinitiative unter Verweis auf das tagelange Pogrom in Rostock-Lichtenhagen im August 1992 gedroht: »…muss es denn erst ein zweites Rostock« geben?«[11] Der wegen Brandstiftung zu einer zweijährigen Jugendstrafe auf Bewährung verurteilte Haupttäter gründete 1995 gemeinsam mit einem weiteren Aktivisten der Neonazi-Gruppe *United Skins* eine Bau- und Gebäudewartungsfirma in Königs Wusterhausen. Deren Geschäfte wurden auch nicht durch eine Schadensersatzklage aufgrund des Brandes in Dolgenbrodt in Mitleidenschaft gezogen.[12] Alle Versuche, die fälligen rund 100.000 Euro einzutreiben, verliefen erfolglos, sagt Rechtsanwalt Muschner, der das Verfahren für den Gebäudeversicherer führte. »Statt Zahlungen erhielt ich schadenfrohe E-Mails, in denen mir ein ›herzlicher Empfang‹ bei einem persönlichen Besuch in Dolgenbrodt angedroht wurde«, empört sich der Anwalt noch heute.

Zwar gibt es, anders als in den 1990er-Jahren, in Königs Wusterhausen und Umgebung heute Initiativen, die sich trotz Bedrohungen und lautstarker Präsenz von Neonazis bei Bürgerversammlungen für Geflüchtete einsetzen. Darauf verweisen auch die politisch Verantwortlichen des Landkreises Dahme-Spreewald immer wieder, der mit dem Motto »Einzigartige Natur. Starke Wirtschaft« wirbt. Doch das Täter-Narrativ der frühen 1990er-Jahre ist in dieser Region überall noch präsent. – sei es in der aktuellen Berichterstattung über rassistischen Mobilisierungen oder nach Brandanschlägen auf geplante Unterkünfte für Flüchtlinge.[13]

Hinzu kommt, dass in den Dörfern rings um Königs Wusterhausen mehrere Aktivisten der militanten Neonazi-Partei *Der III. Weg* leben, deren Online-Leitfaden »Wie verhindere ich ein Asylantenheim« bundesweit als Blaupause für einschlägige Initiativen dient.[14] Und ein Jugendsozialarbeiter berichtet bei einer Fachtagung über seine Arbeit in der Region ganz offen: »Wenn man in Königs Wusterhausen den Jugendlichen sagen würde, wir reden nicht mit euch oder ihr dürft an den Projekten nicht teilnehmen, wenn ihr Thor Steinar tragt, dann haben wir frei, dann können wir aufhören zu arbeiten.« Denn es gebe dort »ganz viele rechtsaffine Jugendliche«, und rechtsextreme Äußerungen fänden sich schon »in den jüngeren Altersstufen, bei den Sechs-, Sieben-, Elf- oder Zwölfjährigen«, wenn diese beispielsweise anfingen, »Hakenkreuze an die Bushaltestellen zu schmieren«.[15]

Die einschlägigen Kleidungsstücke und Accessoires kann man in der Einkaufsmeile der Kleinstadt unmittelbar in Bahnhofsnähe in einem Geschäft kaufen, das sich vollständig auf Thor-Steinar- und Yakuza-Markenkleidung[16] spezialisiert hat.

Ruine des geplanten Flüchtlingswohnheimes in Dolgenbrodt am 1. November 1992

EINE SPURENSUCHE

Wer die Hintergründe für die Angst vor einem »neuen Dolgenbrodt« in der Region verstehen will, muss sich mit den Anfängen der *Nationalen Alternative (NA)* und der *Nationalistischen Front (NF)*, zwei der militantesten Neonazi-Organisationen der frühen 1990er-Jahre, auseinandersetzen.[17]

Schon in den letzten Jahren der DDR galten die Wälder rings um Königs Wusterhausen und Halbe, wo im April 1945 das letzte Aufgebot der Wehrmacht vor Berlin von der Roten Armee in einer großen Kesselschlacht vernichtend geschlagen wurde, als Geheimtipp, um sich mit Original-Wehrmachtsdolchen, -helmen, -uniformteilen, aber auch mit Waffen und Sprengstoff zu versorgen. Insbesondere die Gruppe von Ost-Berliner Neonazis, die im November 1989 ein Haus in der Weitlingstraße in Berlin-Lichtenberg besetzten und es zu einem Zentrum der *NA* ausbauten, machte regelmäßige Ausflüge in die Region. »Als wir das erste Mal in die Wälder bei Halbe kamen«, erinnert sich der Aussteiger Ingo Hasselbach, Mitbegründer der *Nationalen Alternative*, »hatten wir das Gefühl, uns auf historischen Boden zu bewegen, ein Gefühl von ›Deutschtum‹, einem anderen, einem besseren Deutschland.«[18] Die Gruppe sei mit einem Metalldetektor durch die Wälder gelaufen, der »wie verrückt ausgeschlagen« habe. »Wir fanden noch geladene Waffen mit vollen Magazinen. Wir fanden russische AK-47, die so gut erhalten waren, dass sie funktionierten, sobald man sie ausgegraben hatte. Es war unglaublich, eine Waffe zu finden, die ein halbes Jahrhundert alt war, und dann damit einen Baum in Stücke zu schießen«, schwärmte Ingo Hasselbach noch Jahre später.[19] Die Maschinenpistolen seien gesäubert, in Wachstücher eingeschlagen und in Erddepots vergraben worden, damit sie bei Razzien in der Weitlingstraße nicht gefunden werden konnten. Daneben fanden die Neonazis auch Panzergranaten und Tellerminen, aus denen sie den Sprengstoff entnahmen, und zusätzlich kauften sie von den abziehenden Soldaten der Roten Armee auf dem Schwarzmarkt säckeweise Handgranaten und Panzerfäuste.[20] In Wehrsportlagern, die auf ehemaligen Übungsplätzen der Gesellschaft für Sport und Technik (GST)[21] bei Königs Wusterhausen und auf Rügen stattfanden, trainierte die Gruppe um Ingo Hasselbach gemeinsam mit Neonazis aus den alten Bundesländern und Österreich die Handhabung der Panzerfäuste und das zielgenaue Werfen von Handgranaten.[22]

Strategisch und praktisch geschult wurde die *Nationale Alternative* um Ingo Hasselbach von erfahrenen »Kämpfern der Bewegung«: unter anderem von den verurteilten Rechtsterroristen Ekkehard Weil und Peter Naumann.[23] Neben den Bombenbauern der militanten bundesdeutschen Neonazi-Szene der 1970er- und 1980er-Jahre, die in der Weitlingstraße auf Nachwuchssuche gingen, gaben sich auch der damals 25-jährige Bendix W. als »Wehrsportbeauftragter« der *NA* und sein österreichischer Besucher, der Neonazi Peter Binder, kaum Mühe, ihren Hang zu Waffen und Sprengstoff zu verbergen.[24]

Im August 1991 habe man dann auch »Kriegsspiele« mit Mitgliedern des *Ku-Klux-Klans (KKK)* organisiert, erinnert sich Hasselbach. Der US-amerikanische *Klan*-Anführer Dennis Mahon kam auf Einladung des aufstrebenden Neonazi-Aktivisten Carsten Szczepanski[25] zu einer »Kreuzverbrennung« in die Wälder bei Königs Wusterhausen. Und obwohl er selbst wenig »von den albernen Kreuzverbrennungen und der Klan-Kostümierung« gehalten habe, so Hasselbach, sei es dennoch zu einem Treffen und dann zu gemeinsamen »Operationen« gekommen. Der erste Höhepunkt dieser Zusammenarbeit zwischen der *Nationalen Alternative* und dem *Ku-Klux-Klan* habe sich gegen die damals von Antifas, Autonomen und Kunstschaffenden aus Kreuzberg besetzte ehemalige Villa von Gustav Gründgens in Zeesen bei Königs Wusterhausen gerichtet. »Unser Angriff war eine Zusammenarbeit von *KKK*-Mitgliedern und Neonazis«, erinnert sich Hasselbach. »Wir haben

Ingo Hasselbach in einem Bunker bei Groß-Köris im November 1992

mehrfach angegriffen und das Ganze als eine Art ausgedehnte Kriegsspiel-Übung angesehen.« Es sei schon seltsam gewesen, »neben diesen Leuten in den weißen Roben mit Maschinenpistolen durch die Felder zu laufen«, so Hasselbach weiter und fügte hinzu, er wisse auch nicht mehr, »warum nicht noch mehr Menschen dabei schwer verletzt oder getötet wurden«.[26] Tatsächlich war es nur glücklichen Umständen zu verdanken, dass niemand starb: Am 25. August 1991 wurde ein Besucher der Villa in Zeesen von 4mm-Gewehrkugeln getroffen.

Zwei Jahre lange wurde daraufhin ohne erkennbares Interesse ermittelt, im Mai 1992 wollte die Staatsanwaltschaft Potsdam das Verfahren einstellen. Der Anwalt des Opfers erinnert sich, dass die Namen der mutmaßlich Tatbeteiligten 1993 vom Bundesamt für Verfassungsschutz in einem »dienstlichen Hinweis« an die Staatsanwaltschaft übermittelt wurden, mit dabei: Eric O., der zeitweilige Mitbewohner von Carsten Szczepanski.[27] Erst vier Jahre später, 1997, wurden Eric O. und Maik P. wegen der Schüsse und eines rassistischen Angriffs in Wolzig zu jeweils zwei Jahren Haft auf Bewährung verurteilt. Am 1. September 1992 stellte der Generalbundesanwalt ein Ermittlungsverfahren gegen Szczepanski und weitere 33 Neonazis wegen der Bildung einer terroristischen Vereinigung ein – obwohl bei Szczepanski und

Erik O. im Frühjahr 1992 einschlägige Strategiepapiere gefunden worden waren,[28] und trotz der laufende Ermittlungen gegen Szczepanski wegen Beihilfe zu einem versuchten Mord an einem Asylbewerber im Mai 1992.[29]

Rückblickend ist das Entscheidende an diesem gemeinsamen Angriff der *KKK*-Gruppe um Carsten Szczepanski und Eric O. und den Neonazi-Kadern aus der Weitlingstraße, dass in diesen Sommermonaten 1991 die Beziehungen und Freundschaften zwischen zwei militanten Strukturen entstanden, die die Grundlage für Szczepanskis weit verzweigtes Kontaktnetz bildeten, das er im kommenden Jahrzehnt zu einem »Who's who« der militanten Neonazi-Strukturen ausbaute. Dabei zeichnete sich früh ab, dass die Protagonisten militanter Neonazi-Strategien organisatorisch sehr flexibel waren – und bis heute sind: Mussten Partei-, Kameradschafts- oder Vereinsstrukturen aufgelöst werden – sei es aufgrund von staatlichen Verboten wie im Fall der *Nationalistischen Fron*t, sei es aufgrund von szeneinternen Streitigkeiten wie im Fall der *Nationalen Alternative* –, fand sich schnell ein neues Label oder eine neue organisatorische Struktur, mit der die politischen und strategischen Ziele weiterverfolgt wurden und werden. Entscheidender als die Zughörigkeit zu bestimmten Organisationen oder Strukturen waren und sind persönliche Verbindungen, die entlang einer gemeinsamen Praxis entstanden sind.

»EINE HOCHBURG«: KÖNIGS WUSTERHAUSEN

Die Schwarz-Weiß-Fotos von dem bis dato größten Neonazi-Aufmarsch im wiedervereinigten Deutschland haben auch ein Vierteljahrhundert nach ihrer Entstehung nichts von ihrer Eindrücklichkeit eingebüßt. Am Volkstrauertag im November 1991 marschierten auf dem Waldfriedhof in Halbe zum »Heldengedenken« bei Fackelschein und Trommelwirbel in scheinbar endlosen Vierer-Reihen knapp 1.000 junge und alte Neonazis aus ganz Europa auf. Das Selbstbewusstsein, das sich aus dem Glauben speiste, die Elite einer unaufhaltbar wachsenden Bewegung zu sein, leuchtet aus jedem der Gesichter. Die Uniformen der Marschierenden lassen sich kaum von den historischen Vorbildern der Hitler-Jugend, der Waffen-SS und der Wehrmacht unterscheiden. Nur die Kutten der Ost-Berliner Neonazigruppe *Vandalen – Ariogermanische Kampfgemeinschaft* und der Gruppe *Wotans Volk* um den Westberliner Arnulf Priem sowie die damals typischen Skinhead-Glatzen der *Nationalen Alternative* fallen etwas aus dem Rahmen. Vorne weg unter den Fahnen-, Kranz- und Fackelträgern der *Nationalistischen Front*[30] laufen junge Aktivisten der *NF*-Ortsgruppe sowie des *KKK* aus Königs Wusterhausen und Umgebung.[31]

Als »eine der Nazi-Hochburgen« bezeichneten die wenigen jungen Linken, die in den frühen 1990er-Jahren in Königs Wusterhausen aufwuchsen, die Stadt mit den zahlreichen Plattenbauten im ersten Jahrzehnt nach dem Fall der Mauer. Ihre Namen und Adressen wurden regelmäßig von der dortigen *NF*-Ortsgruppe mit einschlägigen Handlungsaufforderungen in sogenannten Anti-Antifa-Listen in der überregionalen *NF*-Zeitschrift »Aufbruch« veröffentlicht. Ihre Bewegungsfreiheit wurde erheblich eingeschränkt durch die Angst vor Überfällen auf die wenigen nicht-rechten Treffpunkte, wie etwa am 7. September 1991 auf die Diskothek Grüner Baum in Wolzig. Rund 20 Neonazis aus Königs Wusterhausen und Umgebung hatten sich zu dem Überfall verabredet, »um einem Neger auf die Fresse zu hauen«, wie eine Zeugin später zu Protokoll gab. Die Angreifer, unter ihnen Eric O. und Maik P., verletzten mehrere Gäste mit Baseballschlägern schwer und blieben in den folgenden drei Jahren völlig unbehelligt. Dann wurden sie im Dezember 1994 vom Landgericht Potsdam mit milden Bewährungsstrafen – wegen »Ermittlungsfehlern« und »langer Verfahrensdauer« – wieder nach Hause geschickt. Die Drohung »Wir kriegen dich« gegen Zeuginnen und Zeugen von Neonazi-Gewalttaten wie in Wolzig und gegen nicht rechte Jugendliche waren in den 1990er-Jahren in den Schulen und Jugendklubs in der Region an der Tagesordnung.[32] Die mangelnde Strafverfolgung auch bei schweren Gewalttaten und das daraus resultierende Selbstbewusstsein der Täterinnen und Täter, ihrer Freundeskreise und Gruppen wirkten ebenso entmutigend auf die Betroffenen weiterer Angriffe wie ermutigend auf diejenigen, die sie begangen hatten, und ihre potenziellen Nachahmerinnen und Nachahmer. Zumal alle in der Gegend wussten, dass die Eltern führender Neonazi-Aktivisten als Kommunalpolitikerinnen und -politiker in Königs Wusterhausen und Zeesen den Aktivitäten ihrer Kinder wenig entgegen zu setzen hatten.[33]

WOLFSZEIT

In den Berlin-Brandenburger Neonazi-Kreisen kursierte schon ab 1991 das Strategiepapier »Eine Bewegung in Waffen«. Seine Autoren aus der Hamburger Neonazi-Szene riefen darin unter dem Pseudonym »Hans Westmar«

zum Aufbau »bewaffneter Zellen« auf, die nach dem Vorbild des historischen Werwolf-Konzepts aus der Endphase des NS-Regimes sich »aller zur Vernichtung des Regimes geeigneten Mittel bedienen dürften«.[34] Ein »möglichst engmaschiges Netz aus Aktionsgruppen« sollte über »Vertrauensmänner« miteinander verbunden sein, die auch Erdbunker für Waffen verwalten sollten.

Nach den Verboten der *Nationalistischen Front (NF)* und der *Deutschen Alternative (DA)* gegen Ende des Jahres 1992 und den damit einhergehenden staatlichen Maßnahmen wie Durchsuchungs- und Beschlagnahmeaktionen, Ermittlungsverfahren und einer engmaschigeren Überwachung hielten einige aus der ehemaligen Gruppe von Ingo Hasselbach die Zeit offenbar für gekommen, um das Werwolf-Konzept in die Praxis umzusetzen. Im Berliner Raum formierte sich 1992 die Struktur des *Weißen Arischen Widerstands (WAW)*, deren Publikation »NS-Denkzettel« Auszüge aus dem NS-Handbuch »Werwolf-Winke für Jagdeinheiten« nachdruckte; ihre Aktivistinnen und Aktivisten rekrutierten sich im Wesentlichen aus der Weitlingstraßen-Gruppe sowie aus Kadern der *NF*. In Österreich verschickten Neonazis Ende 1993 eine erste Serie von zehn Briefbomben an vermeintliche »Volksverräter«: Ein Flüchtlingspfarrer in der Steiermark, die Moderatorin einer sogenannten Minderheiten-Fernsehsendung, der damalige Wiener Oberbürgermeister und eine Sekretärin erlitten schwere Verletzungen an Gesicht und Händen durch die Sprengsätze, die explodierten, als die Betroffenen die an sie adressierten Briefe öffneten.[35] Auf der Suche nach mutmaßlichen Tatbeteiligten stießen die österreichischen Behörden schnell auf zwei Neonazis mit engsten Verbindungen nach Berlin: auf den Österreicher Peter Binder, der Neonazis aus dem Umfeld der *Nationalen Alternative* im Umgang mit Waffen geschult hatte, sowie den ehemaligen »Wehrsport-Beauftragten« der *Nationalen Alternative*, Bendix W. Dieser wurde im Zusammenhang mit den österreichischen Briefbomben wegen Verstoßes gegen das Kriegswaffenkontrollgesetz im Oktober 1995 zu einer zweieinhalbjährigen Haftstrafe verurteilt, die er in der JVA Spremberg verbüßte.[36] Sein österreichischer Freund Peter Binder war im Dezember 1993 an der österreichisch-tschechischen Grenze festgenommen worden; Polizeibeamte fanden bei ihm 13 Gewehre und fünf Pistolen, im Haus seiner Schwiegereltern wurden zudem noch zehn Kilogramm TNT beschlagnahmt. Peter Binder wurde im September 1995 am Landesgericht Wien wegen zehnfachen Mordversuchs im Zusammenhang mit der Briefbombenserie angeklagt,[37] nach einem von Ermittlungsfehlern der Polizei geprägten Prozess wurde er im Dezember 1995 »aus Mangel an Beweisen« von diesem Vorwurf freigesprochen und lediglich wegen »NS-Wiederbetätigung« zu fünf Jahren Haft verurteilt.

Auch in Königs Wusterhausen reagierten die Neonazis auf die Parteien- und Organisationsverbote. Die *NF*-Aktivistinnen und -Aktivisten aus Königs Wusterhausen und Umgebung kamen gemeinsam mit der *KKK*-Gruppe überwiegend bei den von Carsten Szczepanski und einem weiteren Neonazi angeführten *United Skins* unter, die zu der Gruppe aus der ehemaligen *Nationalen Alternative* weiter Kontakt hielten – viele von ihnen hatten bei der *Ariogermanischen Kampfgemeinschaft* der *Vandalen* ein neues politisches Zuhause gefunden[38] – und außerdem in die boomende Szene des Rechtsrocks und des internationalen *Blood&Honour*-Netzwerks eingestiegen waren. Carsten Szczepanskis Debüt als Organisator im gerade im Entstehen begriffenen *Blood&Honour*-Netzwerk in Deutschland war ein Konzert mit rund 750 Teilnehmenden aus ganz Deutschland im August 1993 in dem kleinen Dorf Prieros bei Königs Wusterhausen. Das Konzert festigte den Mythos der Unangreifbarkeit des Organisators Szczepanski.[39]

DAS HEFT »UNITED SKINS« – DIE »100 % UNABHÄNGIGE STIMME DER RECHTEN«

1992 erschien die erste Ausgabe des maßgeblich von Carsten Szczepanski produzierten Neonazi-Hefts »United Skins« mit der Parole »Whites Only – No Niggers and Jews Allowed« und einem Naziskinhead, der eine *KKK*-Axt schwingt, auf dem Umschlag. Beim Lesen des kopierten Schwarz-Weiß-Hefts, das sich mit einer Auflage von 500 Stück und den *United Skins K.W.* im Impressum brüstete, wird schnell klar, dass die Gruppe ungewöhnlich gut vernetzt war: Nachrichten von den Terrorgruppen *White Aryan Resistance (WAR)* und *The Order* aus den USA, von militanten Neonazi-Gruppen aus Österreich und der britischen *National Front* wechseln sich mit Konzertberichten, Aufforderungen, den »politischen Gegner« anzugreifen, und Versandlisten für Neonazi-Musik ab. Dreizehn Ausgaben des »United Skins« erschienen in den Jahren bis 1999. Aus den eher dilettantisch wirkenden ersten Ausgaben mit von Hand gemalten Comics, aufgeklebten Zeitungsausschnitten und Schreibmaschinentexten entwickelte sich im Laufe der Zeit ein mit Computern erstelltes, mehr als 40 Seiten umfassendes Heft. Schwerpunkte waren Berichte über die internationale Neonazi-Musikszene, Neuigkeiten aus dem Netzwerk von *Blood & Honour (B&H)* und Werbung für dessen militanten Arm, *Combat 18*.

Ab Mai 1994, nach den ersten vier Ausgaben, befand sich Carsten Szczepanski zwar in Untersuchungshaft, verwies aber darauf, dass er die Publikation unter anderem mit Unterstützung seiner damaligen Lebensgefährtin weiterhin herausgebe. Leserbriefe wie der nachfolgende machen deutlich, dass Szczepanski während seines Gefängnisaufenthaltes seine Position als Taktgeber der militanten Strukturen durch das Heft »United Skins« weiter festigen konnte: »Tach Carsten, danke für das U.S. Nr. 9. Also, ich muss schon sagen, diesmal hast du dich wirklich selbst übertroffen. [...] für jemanden, der hinter schwedischen Gardinen sitzt, einfach ne tolle Leistung.« »Vor allem finde ich es wirklich erwähnenswert, wie viele Leute dich unterstützen. Für sie ist Freundschaft wirklich mehr als ein Wort«, schrieb in der im Februar 1997 erschienenen Ausgabe Nr. 10 ein Rainer aus Süd-Tirol.[40] Weitere Leserbriefe in derselben Ausgabe kamen von Neonazis aus Rostock, Halle/Saale, Naumburg, Mannheim – und von Torsten S. aus der JVA Waldheim. Der Neonazi aus Chemnitz, der zu dieser Zeit regelmäßig von Uwe Mundlos, Beate Zschäpe und Uwe Böhnhardt in der Haft besucht wurde, beendete seinen Brief mit den Worten »... lass dich von diesen Systemlügen nicht unterkriegen, auch unser Tag wird kommen – mit unserem Gruß«.[41]

Nachdem Carsten Szczepanski im Sommer 1995 seine Strafhaft von acht Jahren wegen des versuchten Mordes an Steve Erenhi in der JVA Brandenburg angetreten hatte, stieg die Bedeutung von »United Skins« als Plattform militanter neonazistischer Debatten und Vernetzung. Der Kreis derjenigen, die im Heft Konzert- und Haftberichte sowie kurze Briefe veröffentlichen, umfasste sowohl *B&H*-Aktivistinnen und -Aktivisten aus Zwickau, Chemnitz und Mecklenburg-Vorpommern als auch Neonazi-Kader wie Christian Worch und Arnulf Priem. Und da sich die Neonazi-Gruppen zunehmend als Opfer staatlicher Repression sahen, verbreitete »United Skins« die Durchhalteparolen für die Szene. In der Ausgabe Nr. 8 hieß die Parole »No Surrender – Niemals Aufgeben« und zeigte das Bild eines Neonazis, der von einem Polizeibeamten abgeführt wird. Ein Jahr später erschien Heft Nr. 10 mit der Überschrift »Wir geben niemals auf«; die Ausgabe enthielt eine ausführliche Beschreibung der britischen Terrorgruppen *Combat 18* und *National Socialist Alliance,* mitsamt ihren Kommandoaktionen, internen Machtkämpfen und Überfällen sowie ihrem jeweiligen Führungsanspruch als militanteste internationale NS-Gruppe. Entsprechend wurden in den sogenannten Grußlisten am Heftende etwa Charlie Sargent, ein Führungskader von *Combat 18*, ebenso regelmäßig mit namentlichen Grüßen bedacht wie die Chemnitzer Neonazi-Gruppe um das Heft »Foier Frei«, an dem auch Antje und Michael Probst mitwirkten (in dem von Michael Probst in Limbach-Oberfrohna betriebenen »Sonnentanz«-Neonazi-Laden absolvierte Carsten Szczepanski als offizielle Resozialisierungsmaßnahme am Ende seiner verkürzten achtjährigen Haftstrafe ab Frühjahr 1998 ein Praktikum[42]). Ebenfalls auf der Grußliste: der Chemnitzer *Blood&Honour*-Aktivist Thomas Starke, der während seiner Strafhaft in der JVA Chemnitz als langjähriger guter Freund von Uwe Mundlos, Uwe Böhnhardt und Beate Zschäpe regelmäßig von dem Jenaer Neonazi-Trio besucht wurde. Auch Szczepanski stand mit Thomas Starke durch regelmäßige Begegnungen bei Neonazi-Konzerten, bei *Blood&Honour*-Treffen und beim Vertrieb von indizierten CDs der Neonazi-Band *Landser* in engem persönlichen Kontakt.[43]

Die Bedeutung des Hefts »United Skins« als Plattform der militanten Neonazi-Gruppen – und alten Bekannten von Carsten Szczepanski – aus Sachsen, Berlin und Brandenburg spiegelt sich auch in der Ausgabe Nr. 11 aus dem Jahr 1999 wider. Die darin abgedruckte Erklärung des »Freundeskreises von Kay Diesner« verteidigte den ehemaligen *NA*-Aktivisten und Kämpfer des *Weißen Arischen Widerstandes,* dessen Mord an dem Polizisten Stefan Grage und die Schüsse auf den PDS-Buchhändler Klaus Baltruschat im Februar 1997 gegen szeneinterne Kritik. Der Text liest sich wie eine Kriegserklärung an den demokratischen Rechtsstaat: »Er [Diesner] schnappte sich seine Selbstladeschrotflinte (was man heutzutage hinsichtlich der schwerstbewaffneten Ausländer schon alleine aus Eigenschutz leider braucht in Berlin) und marschierte einige Tage später in ein benachbartes Kommunistengebäude, in dem der Jude Gysi ein Büro hat. Leider traf er nur einen alten kommunistischen Buchhändler und erleichterte ihn mit seiner Flinte um die linke Hand und einen Finger der anderen. [...] Als eine Polizeistreife ihn routinemäßig kontrollierte, wollte er natürlich nicht wegen des erleichterten Kommunisten für Jahre in den Knast gesteckt werden und holte deshalb seine Flinte heraus. Ein Systemscherge aber wollte Rambo spielen und schoß auf ihn. Da verpaßte er ihm ein Flintenlaufgeschoß, was dieser nicht überlebte [...] Wir sind Revolutionäre. Und das System führt Krieg gegen uns, um unsere gewaltlose politische Agitation zu behindern. Als Kamerad Diesner dem Systemschergen gegenüberstand, befand er sich einwandfrei in einer Notwehrsituation. [...] Diesner befand sich in diesem Augenblick im Krieg – da gelten andere Regeln.« Die Erklärung endete mit dem Satz »Kamerad Diesner hatte die Kriegserklärung unserer Feinde an- und den Kampf aufgenommen.«[44]

Auch in den letzten beiden Ausgaben (Nr. 12 und Nr. 13) von »United Skins« nimmt die Diskussion um Kay Diesner als Symbolfigur der bewaffneten Neonazi-Strukturen breiten Raum ein. Diesner selbst erklärt im Heft Nr. 12 – in dem die Parole »Remember: Victory is ours – whatever it takes« neben der Silhouette eines bewaffneten Kämpfers abgedruckt ist –: »Jeder, der mich als Verbrecher beschimpft, ist entweder ein ›BRD-Bürger‹ oder ein Zionist!«[45] Auch in der letzten Ausgabe von »United Skins« (Nr. 13) geht es noch einmal um die Mythospflege des *Weissen Arischen Widerstands*: Ein großes Foto eines Transparents »Sprengt die Ketten: Freiheit für Kay Diesner« macht die Botschaft des Heftes deutlich. In der Rubrik Buchbesprechungen wurde passend dazu das romanhafte Ideal des internationalen Rechtsterrorismus vorgestellt: »The Turner Diaries« und »The Hunter«, beide verfasst von dem US-amerikanischen Neonazi William L. Pierce.[46] Die Rezensionen enden mit der Empfehlung: »Kauft euch dieses spannende Buch und lest ein Werk, welches euch mitreißen wird.«[47] Auf der vorletzten Seite wird wieder einmal der Chemnitzer Crew um »Foier Frei« »für technische Unterstützung und Unterhaltung« gedankt.

Angesichts der Tatsache, dass spätestens seit dem Abschlussbericht des *NSU*-Untersuchungsausschusses des Deutschen Bundestages bekannt ist, dass »United Skins« mit Wissen des brandenburgischen Verfassungsschutzes über sechs Jahre hinweg dem harten Kern der militanten deutschen und internationalen Neonazi-Szene eine öffentliche Plattform verschafft hat,[48] mutet der Slogan auf dem Cover der letzten bekannten »United Skins«-Ausgabe mehr als makaber an: »100 % unabhängig – The voice of the right«.[49]

DIE »KNAST- UND KERKERKAMERADSCHAFTEN« UND DIE »EINHEIT DER BEWEGUNG«

Ebenso wie Carsten Szczepanski waren ab 1995 die wegen schwerer Gewaltdelikte zu langjährigen Freiheitsstrafen verurteilten Neonazis Maik F. und Jens K. in der JVA Brandenburg inhaftiert. Ihre gemeinsamen Anliegen waren die Gründung und Vernetzung von sogenannten Knastkameradschaften der »nationalen Gefangenen« vor allem in den sächsischen, thüringischen und brandenburgischen (Jugend-)Haftanstalten sowie der Aufbau einer »nationalen Bewegung« ohne Spaltungen und interne Streitereien.[50] »Nutzt jede Gelegenheit zur Kontaktaufnahme bzw. Kameradschaftstreffen

(Umschluß, Freistunde usw.). Verbringt diese Treffen nicht nur mit Kaffeetrinken, sondern führt politische Gespräche, tauscht Erfahrungen und betreibt politische und rechtliche Schulungen [...] Materielle Unterstützung muß von Draußen erfolgen, moralische Solidarität kann auch von den Kameraden Drinnen geleistet werden«, hieß es in einem 1995 im szeneinternen Schulungsblatt »Umbruch« veröffentlichten Aufruf, den unter anderem *NF*-Mitglied Maik F. aus Mittenwalde unterschrieben hatte.[51] Dem vorausgegangen waren sogenannte »nationale Gefängnisrevolten« im Dezember 1992 in der JVA Zeithain in Sachsen, im Dezember 1993 in der JVA Luckau und in der JVA Königs Wusterhausen, wo die beteiligten Neonazis auch Geiseln nahmen, sowie ein spektakulärer Ausbruch von neun inhaftierten Neonazis aus der JVA Schwarze Pumpe im Dezember 1993, über die jeweils in Neonazi-Zeitschriften ausführlich berichtet wurde.[52]

Neben dem Heft »United Skins« entwickelte sich auch das von Maik F. und anderen ab 1996 herausgegebene Magazin »Der Weisse Wolf« in einer Zeit, als noch kaum jemand in der Haft Zugang zu Mobiltelefonen und Computern hatte, zu einem wichtigen Forum der Strategiedebatten und des Austausches unter neonazistischen Gefangenen. Der jeweilige Autorenstamm – darunter auch Thomas Starke aus Chemnitz – schrieb für beide Hefte, die explizit füreinander warben.[53] Schließlich bot der Aufenthalt in der JVA Brandenburg allen Beteiligten auch genügend Freiräume für ihre politischen Aktivitäten: Man traf sich im Sport- und Fitnessraum; Maik F. kandidierte für die Gefangenenvertretung in der JVA; einige Neonazis aus dem Team des »Weissen Wolfs« arbeiteten auch in der Redaktion der JVA-eigenen Gefangenenzeitung mit; und Carsten Szczepanski sorgte als Freigänger für eine ungestörte Kommunikation mit der Außenwelt. In einem zweiseitigen Interview mit dem »lieben M.« vom »Weissen Wolf« in der Ausgabe Nr. 10 von »United Skins« wird die politische Programmatik beider Projekte und die intensive Verbundenheit mit dem Elite- und Militanzanspruch von *Combat 18* deutlich. Auf eine Frage nach seiner politischen Verortung antwortet der »liebe M.«: »Zu Combat 18 kann ich nur sagen ›Super‹. Der Ausspruch ›Wer nicht für uns ist, ist gegen uns‹ hat mir sehr gut gefallen und ist seit dem auch mein Leitspruch. Combat 18 ist meiner Meinung daß was in Deutschland fehlt, ich denke dann würde sich der ganze Müll aus der nationalen Szene endlich zurückziehen und wir könnten uns endlich einigen.« Das Interview endet mit dem Satz: »Ich wünsche daß sich endlich alle Nationalisten einigen. Und ich hoffe das KW wieder das wird was es mal war. [...] Der Weisse Wolf -88«.[54]

In der Ausgabe Nr. 2 des »Weissen Wolfs« hatte der ebenfalls in der JVA Brandenburg einsitzende Anführer der *1. Werwolf-Jagdeinheit Senftenberg,* Jens K.,[55] ebenfalls eindringlich an die »Kameradinnen und Kameraden« appelliert, den »Schulterschluß aller nationalen Kräfte als oberste Notwendigkeit anzuerkennen«. Am Ende des ausführlichen Vorworts wurde K. noch deutlicher: »Ihr, die doch ab und an den WEISSEN WOLF lest, denkt daran, auch Wölfe können nur im Rudel bestehen. Vor einer Woche bekam ich Post von einem inhaftierten Kameraden aus der Ostmark. Hans Jörg beendete seinen Brief mit dem folgenden Satz: ›Wolfszeit wird es wieder werden in nicht allzu fernen Tagen.‹«[56]

Die »Junge Welt« wies unter der Überschrift »Nazi-Druckerei im Knast« im Dezember 1996 erstmals öffentlich darauf hin, dass sowohl der »Weisse Wolf« als auch »United Skins« sowie das Neonazi-Heft »Wehrpass« von in der JVA Brandenburg inhaftierten Neonazis erstellt, vertrieben und möglicherweise auch in der anstaltseigenen Druckerei hergestellt würden. Daraufhin folgten umgehend die Dementis der Anstaltsleitung und des Justizministeriums.[57] Es gebe »keine Anhaltspunkte dafür, dass es eine organisierte rechtsextremistische Szene in den Justizvollzugsanstalten des Landes gibt«, hieß es in der damaligen Pressemitteilung des Justizministeriums. Und: »Mit größter, allerdings nicht vollständiger Sicherheit kann ausgeschlossen werden, dass Der Weiße Wolf in der Druckerei der JVA oder in der Redaktion der Gefangenenzeitung hergestellt worden ist.«[58] In den darauffolgenden Ausgaben klagten die Macher von »United Skins« und »Weissen Wolf« zwar über verschärfte Postzensur und Zellenrazzien, gleichzeitig versicherten sie, dass sie sich weder »den Systemmedien noch den Schergen des Systems« beugen würden und das Erscheinen der Hefte keinesfalls gefährdet sei.

Neben dem »Weissen Wolf« und dem »United Skins« sorgten auch die Nachrichten der 2013 vom Bundesinnenministerium verbotenen *Hilfsgemeinschaft für nationale Gefangene und deren Angehörige e. V. (HNG)* für den Informationsfluss in- und außerhalb der Haftanstalten. Zeitweise betreute die *HNG* in der JVA Brandenburg und der JVA Schwarze Pumpe einige Dutzend Inhaftierte. Regelmäßig erschienen in den »HNG-Nachrichten« lange Listen von inhaftierten Neonazis aus brandenburgischen, sächsischen und thüringischen Haftanstalten, die sich »Briefkontakte« mit »Kameradinnen und Kameraden von draußen« wünschten.

Zu denjenigen, die die Appelle der *HNG*-Vorsitzenden direkt umsetzten, die inhaftierten »nationalen Gefangenen« durch Briefe, Päckchen und Besuche aufzumuntern und bei der Stange zu halten, gehörten neben

Sylvia E., der späteren Ehefrau des »Weissen Wolf«-Machers Maik F., auch das Trio Uwe Mundlos, Uwe Böhnhardt und Beate Zschäpe, die zu diesem Zeitpunkt mit der *Kameradschaft Jena* quer durch die Republik reisten und dabei auch ihre Kontakte nach Chemnitz festigten. Mehrere Ordner umfassen die Briefe an den Thüringer Neonazi Torsten S. und den mit diesem in der JVA Waldheim einsitzenden *Blood & Honour*-Aktivisten Thomas Starke[59] aus Chemnitz, mit dem die Jenaer Neonazis seit Anfang der 1990er-Jahre eng befreundet waren und der nach seiner Haftentlassung den TNT-Sprengstoff für die im Januar 1998 in einer Garage des Trios gefundenen Rohrbomben besorgte. Teile dieser Korrespondenz, die Uwe Mundlos akribisch archivierte, fand das LKA Thüringen am 26. Januar 1998 in einer von Beate Zschäpe angemieteten Garage in Jena, zusammen mit zahlreichen Neonazi-Propagandaheften sowie 1,2 Kilogramm TNT, Rohrbombenrohlingen und einer Adressliste von drei Dutzend befreundeten Neonazis.[60] Auch Sylvia E., die nach der Haftentlassung von Maik F. ins brandenburgische Mittenwalde umzog, war eine Briefpartnerin von Mundlos.[61] Ihr gemeinsames Projekt: als Alternative zu den zerstrittenen Neonazi-Parteien ein *National Politisches Forum* zur »autoritären Umgestaltung des antideutschen Staates« zu gründen und einen »Entscheidungskampf um Sein oder Nichtsein der deutschen Nation« vorzubereiten. Die Satzung und Struktur des *National Politischen Forums* hatte der in der JVA Frankfurt (Oder) inhaftierte Neonazi Norbert P. ausgearbeitet, der über regelmäßige Zuschriften an den »Weissen Wolf« und »United Skins« schon eng mit F. und Szczepanski verbunden war und nun versuchte, eine bundesweite Struktur aufzubauen. Uwe Mundlos und Sylvia E. erhielten die Entwürfe für das *National Politische Forum* per Post aus dem Gefängnis, dann tippte Mundlos die handschriftlichen Notizen ab und verschickte sie erneut. Währenddessen sollte sich Sylvia E. um die anwaltliche Beratung kümmern, damit aus dem »Forum« ein eingetragener Verein werden konnte.[62] Die langjährige *HNG*-Aktivistin besuchte in der JVA Brandenburg neben ihrem späteren Ehemann Maik F., mit dem sie auch für eine Ausgabe des »Weissen Wolfs« verantwortlich zeichnete, auch Carsten Szczepanski.[63]

Maik F. und seine Ehefrau Sylvia zogen sich spätestens zur Jahrtausendwende aus der Erstellung des »Weissen Wolfs« zurück. Das Heft wurde dann vom späteren mecklenburg-vorpommerschen *NPD*-Landtagsabgeordneten David Petereit verantwortet. In den Fokus öffentlicher Aufmerksamkeit geriet der »Weisse Wolf«, als das Antifaschistische Pressearchiv und Bildungszentrum e. V. (apabiz) im März 2012 darauf hinwies, dass auf der Umschlaginnenseite der Ausgabe Nr. 18 aus dem Jahr 2002 der Satz »Vielen Dank an den NSU, es hat Früchte getragen ;-) Der Kampf geht weiter …« zu lesen ist. Damit lag erstmals ein Beleg dafür vor, dass schon fast zehn Jahre vor der Selbstenttarnung des *Nationalsozialistischen Untergrunds* der Begriff *NSU* in Projekten der Neonazi-Szene kommuniziert wurde.[64] Wenig später ermittelte das BKA, dass der »Weisse Wolf« ebenso wie die *HNG* zu den Empfängern der sogenannten Spendenbriefe gehörte, die der *NSU* aus der Illegalität versandte. Zusammen mit einem politischen Kommuniqué hatte der *NSU* Anfang der 2000er-Jahre Geldsummen von mehreren Hundert bis zu vermutlich mehreren Tausend Euro an zentrale Projekte der neonazistischen Infrastruktur geschickt, zu denen das mutmaßliche *NSU*-Kerntrio persönliche Bezüge hatte.[65] Wie so viele andere (ehemalige) Aktivistinnen und Aktivisten wollte sich Sylvia E. in ihrer Vernehmung beim BKA nach dem 4. November 2011 an keine Details ihrer Kontakte zu dem späteren *NSU*-Trio erinnern. Erneut in die Schlagzeilen geriet der »Weisse Wolf«, als sich während Sitzungen des Bundestagsuntersuchungsausschusses im Herbst 2012 herausstellte, dass der langjährige Neonazi-Kader Thomas Richter, der den Internetauftritt und das Forum des »Weissen Wolfs« im fraglichen Zeitraum gehostet hatte, unter dem Decknamen »Corelli« über knapp zwei Jahrzehnte vom Bundesamt für Verfassungsschutz als V-Mann geführt wurde.[66]

AUS DER *BLOOD&HONOUR*-ERLEBNISWELT IN DEN UNTERGRUND

Der vom brandenburgischen Verfassungsschutz und dessen V-Mann-Führern umfassend betreute Freigänger Carsten Szczepanski konnte aus der Strafhaft in der JVA Brandenburg heraus nicht nur seine alten Kontakte zu den verbliebenen United Skins-Aktivistinnen und -Aktivisten in Königs Wusterhausen weiter pflegen und gemeinsam mit ihnen »nationale Fußballturniere«, Konzerte oder Aktionen organisieren. Auch in die Produktions- und Versandstrukturen der *B&H*-Vorzeigeband *Landser,* deren Sänger Michael Regener alias Lunikoff bei den Berliner Neonazi-Rockern *Vandalen* organisiert war, stieg er im Auftrag des Brandenburger Landesamtes für Verfassungsschutz mit ein.[67] Denn seine Chemnitzer Freunde und Kontaktpersonen, insbesondere Jan Werner und Thomas Starke, gehörten zum engen Umfeld der »Terroristen mit E-Gitarre«[68] – so nannte sich die Band selbst –, während sie gleichzeitig die aus Jena nach Chemnitz geflohenen Mundlos, Zschäpe und Böhnhardt versorgten, indem sie unter anderem Unterkünfte besorgten oder bei der Suche nach Waffen halfen. Aus dem Sommer 1998, als der Freigänger Carsten Szczepanski den größten Teil seiner Zeit als reisender Neonazi-Kader zwischen Königs Wusterhausen, Berlin, Potsdam und Chemnitz verbrachte, stammen auch die Meldungen an seine V-Mann-Führer zum Aufenthalt des untergetauchten Neonazi-Trios in der Chemnitzer Neonazi-Szene.[69]

Eine der wenigen Personen aus Szczepanskis Umfeld, die sich in den 2000er-Jahren von der organisierten Neonazi-Szene abwendete, erinnert sich heute an die Jahre 1998 und 1999 als eine Zeit »voller Aktionismus und Aufbruchsstimmung«. Das Netzwerk der *United Skins* in Königs Wusterhausen habe sich immer mehr erweitert: Man sei mit Neonazis aus Potsdam unterwegs gewesen, insbesondere mit Uwe Menzel und dessen *Proissenheads*-Gruppe, die ebenfalls zum *B&H*-Netzwerk gehörte,[70] sowie mit Neonazis aus Chemnitz, vor allem mit Thomas Starke, Jan Werner und dem Ehepaar Probst. Man sei nach Berlin zu Rudolf Hess-Gedenktagen ins Klubhaus der *Vandalen* gefahren, habe *B&H*-Konzerte in Mecklenburg-Vorpommern und Sachsen sowie *Hammerskin*-Konzerte in der Schweiz besucht. Es habe internationalen Besuch von *Combat 18*-Kadern aus Großbritannien und Schweden gegeben und einige aus dem engeren Kreis der *United Skins* seien auch bei den überregionalen *B&H*-Treffen dabei gewesen. Diese Mischung aus politischem Aktivismus und Konzerten habe eine große Eigendynamik entfaltet.[71] In der mit *Blood & Honour* und den *Hammerskins* verbundenen Szene zwischen Potsdam, Berlin und Chemnitz hätten sich fast alle untereinander gekannt, da man sich ständig auf Konzerten, bei Aktionen und Aufmärschen getroffen habe. Des Öfteren habe es zwar aus Konkurrenz und Eitelkeit bedingte handfeste Streitereien untereinander gegeben, aber eines sei immer klar gewesen: Bei staatlicher Repression und bei Aktionen gegen politische Feinde habe man immer zusammengehalten: etwa wenn es in Potsdam darum ging, Aktive der »Kampagne gegen Wehrpflicht, Zwangsdienste und Militär« einzuschüchtern und anzugreifen, oder wenn in Königs Wusterhausen Antifas und PDS-Mitglieder ins Visier genommen wurden.[72] Zudem seien der Ton und die Pläne in dem Maße radikaler geworden, je häufiger die Polizei oder Ordnungsämter mit Verboten gegen Veranstaltungen und Konzerte vorgingen. Gerade in Königs Wusterhausen seien die *United Skins* zweigleisig gefahren: Man habe einen Ortsverband der *NPD* gegründet, um dadurch legale Veranstaltungsmöglichkeiten zu haben. Und gleichzeitig seien aus den zahlreichen Aufrufen und Strategiepapieren, die im *Blood & Honour*-Magazin, im »United Skins« oder im »Hamburger Sturm« veröffentlicht wurden und in denen Konzepte von militanten Kleingruppen und »führerlosem Widerstand« propagiert wurden, zunehmend handfeste Pläne geworden.

Carsten Szczepanski selbst sagte als Zeuge vor dem Oberlandesgericht München dazu: »Das Thema Besorgen von Waffen war in der Szene ja tagesaktuell. Waffen wurden damals verherrlicht, jeder wollte sie haben, jeder hat darüber gesprochen, gehörten quasi zum guten Ton in der Szene. Also ein Statussymbol«.[73]

EINE »ATTRAKTIVE MISCHUNG AUS MUSIK, FUSSBALL, RANDALE UND POLITIK«

Immer vorneweg und mittendrin – sei es bei den *B&H*-Treffen, bei Aufmärschen der Freien Kameradschaften, bei *NPD*-Veranstaltungen oder Konzerten –: Thomas Starke, Jan Werner und Carsten Szczepanski, der bei einer gemeinsamen Aktion mit Potsdamer Neonazis im Juni 1998 stolz im T-Shirt mit der Aufschrift »Headhunter – Kopfgeldjäger« posierte. Als Szczepanski nach seiner endgültigen Haftentlassung 1999 in Königs Wusterhausen ein Ladengeschäft für alle Accessoires des rechten Lifestyles eröffnete, stiegen rechte Bedrohungen und Gewalt dort sprunghaft wieder an.

»Als harter Kern der militanten Naziszene vor Ort kristallisierte sich United Skins KW heraus. Diese Kameradschaft besteht aus ca. dreißig 18- bis 28-jährigen Naziskins, verfügt über beste Kontakte ins In- und Ausland«, hieß es in einem Bericht des Antifaschistischen AutorInnenkollektivs über die Situation in Königs Wusterhausen im Jahr 1999. Darin sind sehr präzise die Aktivitäten der ungewöhnlich gut vernetzten Kameradschaft aufgelistet: »So wurden konspirative Konzerte u. a. mit der schwedischen Naziband Storm organisiert. Kneipen im KWer-Umland dienen hierbei als Auftrittsorte. Auch Fußballturniere, bei denen bis zu elf Kameradschaften aus ganz Deutschland teilnahmen, fanden von United Skins organisiert statt. [...] Ansonsten können es sich die Rechten aus KW ›leisten‹ sich vor allem überregional zu ›engagieren‹. Aufmärsche, Konzerte und Fußballspiele werden regelmäßig besucht. [...]. Als erfahrene BFC-Hools mit langjährigen Kontakten zu militanten Nazis in Skandinavien und Großbritannien, bis hin zu

Kontaktnummern in den USA ist der harte Kern überall dabei, wo er Auseinandersetzungen vermutet [...] [Es gelingt] mit einer Mischung aus Musik, Fußball, Randale und Politik die United Skins auch für Jüngere attraktiv zu machen. [...] So geschehen am 21.11.1998, als 50 Nazis – in vorderster Front acht United Skins aus KW – eine linke Demo in Berlin angriffen [...]. In KW selbst sind die bei United Skins Organisierten vor allem in Sachen Anti-Antifa aktiv. Kaum ein Älterer oder mit entsprechenden Kontakten ausgestatteter Nachwuchsschläger wird zurechtgewiesen, wenn Feiern in Schulen und Jugendclubs gestört werden. Zu groß ist die Angst vor der Mobilisierung weiterer Kameraden.«[74]

Ein Jahr später beschrieb die »taz«-Reporterin Heike Haarhof das Klima der Angst in der Kleinstadt wie folgt: »Da werden Stadtverordnete von der *NPD* angepöbelt. Da kursiert ein ›offener Brief‹, in dem Ausländerhass propagiert wird. Da schlägt Mitte Juli ein Maskierter, ›ein Neofaschist‹, präzisieren PDS und Antifa, die PDS-Gebietsvorständlerin Heike B. vor ihrer Wohnung krankenhausreif. Da lebt der Redaktionsleiter der Lokalzeitung ›bewusst nicht in Königs Wusterhausen‹ und fährt nicht mehr mit der S-Bahn zur Arbeit, ›weil der Bahnhof besonders gefährlich ist‹. Da sieht sich der brandenburgische Innenminister Jörg Schönbohm (CDU) genötigt, die örtliche Polizei seit Ostern durch eine Sondereinheit gegen Randalierer und Gewalttäter zu unterstützen.«[75]

Das Selbstbewusstsein Carsten Szczepanskis kannte keine Grenzen. Gemeinsam mit alten Freunden der *United Skins* reiste er zur Jahreswende 1999/2000 nach Schweden, um Mitglieder der schwedischen Terrorgruppe *Nationalsocialistisk Front (NSF)* in Örebro zu besuchen.[76] Von dort aus schickten die *United Skins* eine mit einem *NSF*-Aufkleber verzierte Postkarte an den damaligen stellvertretenden Vorsitzenden der brandenburgischen PDS, den in Königs Wusterhausen lebenden Stefan Ludwig, und kündigten ein »neues Kampfjahr« an.[77] Kurz darauf wurde Szczepanski Vorsitzender des *NPD*-Ortsverbandes Königs Wusterhausen und stieg in die Organisationsleitung des berlin-brandenburgischen Landesverbandes der Partei auf. Neben all seinen anderen Aktivitäten startete Carsten Szczepanski mit langjährigen *Vandalen*-Aktivisten auch einen erneuten Versuch, bewaffnete, rechtsterroristische Strukturen aufzubauen. Bei den *Vandalen* hatten die alten Bekannten aus Weitlingstraßen-Zeiten – wie Bendix W. und Marcus Bischoff – längst eine neue Heimat gefunden; gleichzeitig gingen in deren Lichtenberger Clubhaus *B&H*-Kader aus dem gesamten Bundesgebiet ein und aus.

»WIR SIND IM KRIEG MIT DIESEM SYSTEM« – DIE *NATIONAL-REVOLUTIONÄREN ZELLEN*

Im Frühjahr 1999 veröffentlichte die Neonazi-Zeitschrift »Hamburger Sturm« ein aufsehenerregendes Interview mit den bis dahin zumindest öffentlich unbekannten *National-Revolutionären Zellen (NRZ)*[78] – auch wenn es in dem Jahr keineswegs die einzige Aufforderung zum bewaffneten Kampf in der Neonazi-Bewegung war:[79] »Wir sind im Krieg mit diesem System und da gehen nun mal Bullen oder sonstige Feinde drauf«, erklärten die *NRZ*. Sich selbst beschrieben sie als »eine Gruppe von mehreren Personen, die in der *NPD* tätig sind, aber mit dem *NPD*-Führungsstil unzufrieden geworden sind«. Deshalb habe man nach dem Vorbild von *Combat 18* »den neuen Weg als handelnde Aktivisten aus dem Untergrund eingeschlagen«. Kay Diesners Mord an einem 34-jährigen Polizeibeamten lobten die *NRZ*-Aktivisten als »ganz persönlichen Akt der Befreiung«. Mitmachen bei dem »Untergrundkampf für die Freiheit der Weißen Völker« sollten ausschließlich Männer, die Kampfsport betreiben, mit Waffen umgehen können und Computerkenntnisse haben. Wer den Umgang mit Waffen nicht bei der Bundeswehr gelernt habe, solle dies in Gotcha-Vereinen oder im Ausland nachholen. Explizit unerwünscht seien dagegen die »ganzen Fun-Glatzen und Schnulzen-Bands«.[80] Am Ende des Interviews gaben die vermummten und mit Waffen posierenden *NRZ*-Aktivisten im Sprachrohr »freier Nationalisten« nützliche Tipps für das Leben im Untergrund, etwa zur konspirativen Gesprächsführung und dazu, wie Wohnungen von allen Spuren illegaler Aktivitäten gesäubert werden können.

Über die Entstehungsgeschichte des Interviews ist wenig bekannt. Offen ist bis heute auch, wie groß der Kreis von Aktivisten und Gruppen in der Neonazi-Szene ist, die sich dem Konzept der *National-Revolutionären Zellen* verbunden fühlen und es in der Praxis umsetzten.

Dass Neonazis unter dem Label *National-Revolutionäre Zellen* auch in Berlin und Brandenburg aktiv waren, erfuhr die Öffentlichkeit erst, nachdem es dort im Mai und Juni 2000 eine Reihe von Razzien und Festnahmen gegeben hatte. »Rechte Szene – Mindestens drei Attentate geplant«, titelte der »Tagesspiegel« im Juni 2000. Der Artikel von Frank Jansen beschrieb die Pläne von *National-Revolutionären Zellen,* deren Kern im Berlin-Brandenburger Raum drei Neonazis aus Berlin und zwei Aktivisten aus Brandenburg bilden würden. Diese hätten zwei Anschläge auf Linke geplant gehabt, die durch Polizeieinsätze in letzter Minute verhindert worden seien, darunter auch ein Brandanschlag auf einen linken Treffpunkt im Berliner Stadtteil Prenzlauer Berg, mit dem die Neonazis ein »Fanal in der Reichshauptstadt« hätten setzen und den »bewaffneten Kampf« hätten eröffnen wollen.[81]

Schon im Mai 2000 war der damals 22-jährige Neonazi Nick Greger in Berlin festgenommen worden, nachdem Polizeibeamte im Keller seiner Wohnung eine fertige Rohrbombe sowie einen sogenannten Rohrbombenrohling gefunden hatten. Bei seinen Vernehmungen schilderte Greger, der sich in der Neonazi-Szene einen Ruf als Bombenbastler erworben hatte, wie er nach seinem Umzug von Sachsen nach Berlin am Rande einer *NPD*-Ordnerschulung bei Königs Wusterhausen von Carsten Szczepanski angesprochen worden und zu einem internen Treffen eingeladen worden sei. Bei dem Treffen seien dann Pläne gemacht worden, einen Rohrbomben-Anschlag auf das Auto eines bekannten Antifaschisten in Berlin-Treptow zu verüben. Greger zögerte allerdings die Übergabe der Rohrbombe an Szczepanski hinaus, obwohl der knapp zehn Jahre Ältere mehrfach darauf drängte. Am Ende scheiterte der Plan durch die Polizeirazzia.

Das Landgericht Berlin verurteilte den einschlägig vorbestraften Nick Greger daraufhin wegen Planung und Vorbereitung eines Sprengstoffanschlags sowie Propagandadelikten zu zwei Jahren Haft. Die Richter machten in dem Verfahren deutlich, dass sie Gregers Aussage, er sei von Carsten Szczepanski in eine Falle gelockt worden, in Teilen für glaubhaft hielten.[82] Ein weiterer Prozess in diesem Zusammenhang, bei dem drei *United Skins*-Aktivisten ebenfalls mit dem Vorwurf der geplanten Herbeiführung einer Sprengstoffexplosion angeklagt waren, endete im Dezember 2007 gar mit Freisprüchen. Das Gericht erklärte damals, dass es eine Verurteilung nicht allein auf Aussagen von Carsten Szczepanski stützen könne. Ein Ermittlungsverfahren gegen Szczepanski wegen des Rohrbombenanschlags wurde sang- und klanglos eingestellt.

Im Juli 2000 wurden dann auch in Potsdam und Königs Wusterhausen mehrere gute Bekannte von Carsten Szczepanski von der Polizei aufgesucht, darunter der Sänger der Band *Proissenheads*, Uwe Menzel. Bei einer Reihe von Razzien fanden Polizeibeamte unter anderem in Potsdam eine Pistole und eine ältere, nicht funktionsfähige portugiesische Maschinenpistole. Die Ermittlungen konzentrierten sich aber vor allem auf den Verkauf und die Aufbewahrung eines ebenfalls gefundenen halbautomatischen Gewehrs mitsamt Zielfernrohr, 300 Schuss Munition und Schalldämpfer.

Im darauffolgenden Prozess wegen unerlaubten Waffenbesitzes gegen Uwe Menzel, Szczepanski und einen 29-jährigen Neonazi am Amtsgericht

Potsdam, der zwei Jahre nach der Razzia im Jahr 2002 stattfand, wurde bei der Anklageverlesung deutlich, dass die Waffen innerhalb eines größeren Netzwerks von altbekannten, aber auch jüngeren Neonazis aus Berlin, Potsdam und Königs Wusterhausen – bestehend aus *Blood&Honour*-Strukturen, *Vandalen* und *United Skins* – beschafft, weitergereicht und aufbewahrt worden waren.[83] Eingesetzt werden sollten sie unter anderem gegen Linke in Potsdam. Im Dezember 2002 verurteilte das Amtsgericht Potsdam dann sowohl Uwe Menzel wegen illegalen Waffenbesitzes zu einer Geldstrafe als auch Carsten Szczepanski. Der V-Mann musste 1.800 Euro (120 Tagessätzen à 15 Euro) zahlen – ohne dass sich diese Strafe auf die noch laufende Bewährung des im Juli 2000 durch einen Bericht des »Spiegel« enttarnten V-Mannes »Piatto« negativ auswirkte.[84]

Diese gemischte Bilanz der strafrechtlichen Aufarbeitung eines neuen Versuchs, in Berlin-Brandenburg neonazistische Terrorstrukturen aufzubauen, ist auch darauf zurückzuführen, dass der zentrale Zeuge – Carsten Szczepanski – V-Mann des Landesamtes für Verfassungsschutz war, während er mit seinen neonazistischen Weggefährten schwere Straftaten plante, und dass seine Zeugenaussagen daher nur eingeschränkt gerichtlich verwertbar waren. Dieses Problem kannten brandenburgische Gerichte schon seit der langwierigen gerichtlichen Aufarbeitung des Brandanschlags auf das geplante Flüchtlingsheim in Dolgenbrodt 1992. Auch hier wollte die Staatsanwaltschaft Carsten Szczepanski als zentralen Zeugen im Verfahren gegen den Haupttäter präsentieren. Wie dieser »wie aus dem Nichts« aufgetauchte Kronzeuge auf ihn als berichterstattenden Richter in dem Verfahren am Landgericht Potsdam gewirkt hat, beschreibt der langjährige Bernauer Jugendrichter Andreas Müller eindringlich in seinem Buch »Schluss mit der Sozialromantik«. Er habe »schlaflose Nächte« verbracht, nachdem ihm klar geworden sei, dass der Kronzeuge ein V-Mann des Landesamtes für Verfassungsschutz war, und habe sich ausgemalt, wie er die Staatsanwältin frage, »mit welchem Recht« sie das Gericht »zum Narren halte«. Am Ende blieb Müller die Konfrontation mit der Staatsanwaltschaft erspart, weil sich doch noch handfeste Indizien fanden, um den Angeklagten zu verurteilen, ohne sich auf eine Aussage von Carsten Szczepanski stützen zu müssen. Er schäme sich heute dafür, »dass er das Thema nicht eher angesprochen habe«, schreibt Müller am Ende des Kapitels.[85]

Ungeklärt ist aber auch die Rolle von Szczepanski in den *National-Revolutionären Zellen Berlin-Brandenburg*. Offen ist vor allem, ob er als Ideengeber und klassischer Agent Provocateur die bewaffneten Aktionen vorschlug, um die daran Beteiligten dann an das LfV Brandenburg zu verraten und so seine Bedeutung als V-Mann – aber auch seine Entlohnung – zu erhöhen. Oder ob er zumindest einen Teil seiner militanten Aktivitäten und Pläne vor seinen V-Mann-Führern verbarg und »aus dem Ruder« zu laufen drohte. Da alle Beteiligten –der Brandenburger Verfassungsschutz und seine V-Mann-Führer, Carsten Szczepanski und seine alten »Kameraden« – ganz unterschiedliche Interessen verfolgen, bleibt das Gesamtbild lückenhaft. Hinzu kommt, dass es, trotz zahlreicher Waffen- und Sprengstofffunde im Zusammenhang mit Ermittlungen gegen an dem Netzwerk Beteiligte, offenbar kein sogenanntes Strukturermittlungsverfahren nach §§ 129 bzw. 129a StGB gegen die *National-Revolutionären Zellen Berlin-Brandenburg* gab, das Näheres zu Mitgliedern und Strukturen zutage gefördert hätte.

DAS PRINZIP »QUELLENSCHUTZ VOR STRAFVERFOLGUNG«

Die Enttarnung von Carsten Szczepanski als V-Mann »Piatto« im Juli 2000 durch den »Spiegel«, wenige Wochen nachdem der Neonazi-Kader noch einen Aufmarsch von rund 600 Neonazis mit Christian Worch an der Spitze in Königs Wusterhausen organisiert hatte, sorgte für erhebliche Unruhe in der Szene. Gleichzeitig wurde deutlich, dass es offenbar zwei rivalisierende Fraktionen innerhalb der Brandenburger Behörden gegeben haben musste, die mit der Causa »Piatto« vertraut waren: eine Fraktion, die um jeden Preis an dem V-Mann festhalten wollte, der über Jahre am Aufbau rechtsterroristischer Strukturen beteiligt war, und eine zweite Fraktion, die offenbar den Eindruck hatte, dass der V-Mann längst »aus dem Ruder« gelaufen war und nur eine Enttarnung Schlimmeres verhindern könnte.

Wenig später kam heraus, dass weitere V-Leute des Brandenburger Verfassungsschutzes tief in die Strukturen von *Blood & Honour* involviert waren: Im Sommer 2002 wurden Toni Stadler, der Produzent der Neonazi-CD »Noten des Hasses«, und sein Mitproduzent Mirko Hesse als V-Leute des LfV Brandenburg und des Bundesamtes für Verfassungsschutzes enttarnt. Dabei offenbarte sich, wie die Geheimdienste die polizeilichen Ermittlungen gegen die Produktion der »Begleitmusik zu Mord und Totschlag« nach dem Prinzip »Quellenschutz vor Strafverfolgung« sabotiert hatten. Im Prozess gegen Stadler ließ das Landgericht Berlin keinen Zweifel daran, dass der brandenburgische Verfassungsschutz den Vertrieb der »Noten des Hasses« hätte stoppen müssen, nachdem Stadler im Sommer 2000 als V-Mann angeworben worden war und alle Vertriebswege mitsamt Kontaktpersonen und Lieferadressen ausgeplaudert hatte. Doch anstatt die 3.000 CDs mit Liedern, die mit Refrains wie »Diese Kugel ist für dich« zum Mord an Juden, Schwarzen und Politikern aufrufen, aus dem Verkehr zu ziehen, habe der V-Mann-Führer seinen Schützling noch zum Schutz bei etwaigen Durchsuchungen mit einem behördeneigenen, »sauberen« Computer und einem neuen Handy ausgestattet. Auch bei den Plänen für eine zweite Auflage der »Noten des Hasses« hatte der brandenburgische Verfassungsschutz lediglich zugeschaut, wie das Produzenten-Trio – bestehend aus den V-Männern Stadler und Hesse sowie einem langjährigen Berliner Neonazi-Kader – vorging.[86] Doch die Forderung des Landgerichts Berlin nach einem parlamentarischen Untersuchungsausschuss zum Umgang des brandenburgischen Verfassungsschutzes mit seinen V-Leuten und V-Mann-Führern verhallte ungehört.[87]

Wie schnell die Neonazi-Szene ihre Verunsicherung angesichts der Enttarnung Szczepanskis als V-Mann des Landesamtes für Verfassungsschutzes überwand, zeigte sich schon im Jahr danach auch in Königs Wusterhausen: Aus der Nachwuchsgeneration der *United Skins* entwickelte sich bald eine neue militante Struktur, die keine Rücksicht auf Menschenleben nahm. Bei einem Anschlag am 14. Juli 2001 auf die Bühne eines antifaschistischen Musikfestivals in Königs Wusterhausen verfehlten vier Molotowcocktails nur knapp mehrere junge Antifas, die zum Schutz vor Angriffen auf der Bühne geschlafen hatten. Und bei einem Brandanschlag auf mehrere Wohnwagen einer Familie französischer Sinti und Roma am 30. Juli 2001 in Wildau verfehlten die Brandsätze die schlafenden Familien ebenfalls nur knapp.

Wie schon in den 1990er-Jahren dauerte die juristische Aufarbeitung auch in diesen Fällen ungewöhnlich lange – und wäre ohne engagierte Vertreterinnen und Vertreter der Nebenklage vermutlich überhaupt nicht erfolgreich zu Ende gebracht worden. Im Mai 2005 verurteilte das Landgericht Potsdam schließlich unter anderem einen ehemaligen *United Skins*-Aktivisten aus Königs Wusterhausen für beide Taten wegen versuchten Mordes zu einer fünfjährigen Haftstrafe.[88]

Auch die langjährigen Aktivisten aus dem Umfeld der *Vandalen* sorgten in den Jahren nach der Enttarnung von Carsten Szczepanski dafür, dass das Konzept der »einsamen Wölfe« im *Weißen Arischen Widerstand* nicht in Vergessenheit geriet. Schlagzeilen produzierte unter anderem der Angriff des unter Bewährung stehenden, zum Tatzeitpunkt 36-jährigen Bendix W. auf den Bundestagsabgeordneten Christian Ströbele (Bündnis 90/Die Grünen)

Königs Wusterhausen, 17. Juni 2000: Carsten Szczepanski (re.) führt eine Neonazi-Demonstration an.

zwei Tage vor der Bundestagswahl im September 2002.[89] Das Amtsgericht Berlin verurteilte W. schließlich zu einer weiteren 15-monatigen Haftstrafe auf Bewährung. Von der Öffentlichkeit kaum beachtet hingegen ist eine weitere Verurteilung des Mannes mit der auffällig bulligen Statur durch des Amtsgericht Bernau im Jahr 2009 – erneut zu einer Bewährungsstrafe, wegen einer günstigen Sozialprognose. Wieder ging es um Waffen: Im Frühsommer 2007 hatten Polizeibeamte W. in einem Reisebus auf der Autobahnstrecke München–Berlin kontrolliert und unter anderem einen Sprengzünder und ein Handbuch zum Bombenbau beschlagnahmt. Im Sommer 2014 berichteten Kollegen an seiner ehemaligen Arbeitsstelle, Bendix W. sei in »seine alte Profession« – dem Bergen von Munition – zurückgekehrt und sei zuletzt auf Rügen und bei Königs Wusterhausen im Einsatz gewesen.

»AUF VOLLSTÄNDIGE AUFKLÄRUNG WARTEN WIR IMMER NOCH«

Die tiefen Spuren, die der Vollzeit-Neonazi Carsten Szczepanskis in Brandenburg und im *NSU*-Komplex hinterlassen hat, sind immer noch mit vielen Fragen behaftet. Zu denjenigen, die Szczepanski nie vergessen werden, gehört Steve Erenhi. In Wendisch Rietz am Ufer des Scharmützelsees erinnert heute nichts mehr an das, was hier in der Nacht vom 8. auf den 9. Mai 1992 geschah und das Leben von Steve Erenhi für immer veränderte: als Carsten Szczepanski als »Führer der Meute« mit dafür sorgte, dass Erenhi unzählige Male geschlagen wurde und man versuchte, ihn anzuzünden und im See zu ertränken. »Durch den Angriff ist Steve Erenhis Leben für immer aus den Fugen geraten«, sagt sein langjähriger Rechtsanwalt Christoph Kliesing aus Berlin, und fügt sehr nachdrücklich an: »Auf die vollständige Aufklärung aller Aktivitäten von Carsten Szczepanski und seiner Behördenverbindungen warten wir immer noch.«

MARIE KWIATEK UND MICHAEL WEISS

WHITE POWER SKINHEADS

DAS NETZWERK VON *BLOOD & HONOUR BRANDENBURG*

Das Konzert am 30. Mai 1992 in der Nähe von Kirchmöser bei Brandenburg an der Havel stand unter dem Motto »Rock gegen Kommunismus«. Rund 1.400 Neonazis aus Deutschland, Italien, Schweden, England, Österreich und der Schweiz nahmen daran teil. Es spielten sechs Bands, darunter *No Remorse* aus England, *Dirlewanger* aus Schweden und *Radikahl* aus Nürnberg.[1] Der *Radikahl*-Song »Hakenkreuz« war einer der beliebtesten Live-Acts der damaligen Zeit: »Wehend auf alten deutschen Fahnen, so führt es mich auf rechte Bahnen. Für mich gilt auch noch heut: Rasse, Stolz und Hakenkreuz«. *Dirlewanger* stellte die Songs ihrer neuen Platte »White Power Rock'n'Roll« vor. *No Remorse* spielten ihre Lieder »Nigger Hunt« und »One Folk One Faith«. Darin heißt es: »Our day will come and everyone will hail our banner and praise the sun [...] One Folk, One Race, One Folk, One Faith [...] We'll seek the red und cut off his head.« *No Remorse*-Sänger Paul Burnley zeigte von der Freilichtbühne immer wieder den »Hitlergruß« und Hunderte im Publikum taten es ihm gleich. Zum Abschluss spielten Burnley und die schwedische Band *Dirlewanger* gemeinsam das Lied »Nigger Season«. Das Bekenntnis zur White-Power-Ideologie, das heißt zu den Allmachts- und Vernichtungsfantasien selbsternannter Vorkämpfer einer imaginierten »weißen Rasse«, war Standard in Texten nicht nur von *No Remorse* und *Dirlewanger*. Das Konzert fand ungestört von der Polizei statt.

Im selben Jahr gab Paul Burnley dem baden-württembergischen Neonazi-Heft »Schlachtruf« ein Interview. Offensichtlich noch unter dem Eindruck seines Auftrittes verkündete er, dass Konzerte in Deutschland etwas »Besonderes« seien. Vor allem in Brandenburg sei es »großartig, so viele gute Nationalisten zu treffen«.[2] Die Londoner Skinhead-Szene, so Burnley, sei »nicht sehr organisiert«, doch »vielleicht wird sich das im nächsten Jahr mit mehr Konzerten ändern«. Die Organisierung der Neonazi-Szene über Konzerte funktionierte in Deutschland zu dieser Zeit hingegen exzellent.

Der Rechtsrock boomte in Deutschland in den Nachwendejahren. Flächendeckend entstanden neonazistische Rockbands, Szene-Magazine, La-

Backcover der Live-CD »Brandenburg 1992« (NS Records)

bels und Versande. Allein im Land Brandenburg fand alle paar Wochen ein neonazistisches Konzert statt. Manchmal waren es 100 Personen, die aus der Region zusammenkamen, manchmal mehr als 1.000. Auch etliche der »Kult-Konzerte«, die heute für eine Zeit stehen, in der fast alles möglich schien, fanden in Brandenburg statt. Das blieb bis mindestens 1995 so, dann erst schränkten die Behörden durch Verbote und Auflagen das Konzertgeschehen sukzessive ein. Doch zu spät: Die Events in den »wilden Jahren« hatten maßgeblich dazu beigetragen, eine ganze Generation von Neonazis zu organisieren und zu radikalisieren.

ANFANG DER 1990ER-JAHRE: RADIKALISIERUNG ÜBER RECHTSROCK-ERLEBNISWELT

Für den 3. Oktober 1991 war in Cottbus eine neonazistische »Vereinigungsfeier« mit der englischen Band *Skrewdriver* und zwei deutschen Bands angekündigt. Schon Tage vor dem Konzert eskalierte die Gewalt.[3] Am 30. September zogen mit Baseballschlägern und Messern bewaffnete Neonazis durch die Cottbuser Innenstadt, überfielen Passantinnen und Passanten und einen Jugendclub. Ein langhaariger Jugendlicher, der als Linker angesehen wurde, wurde durch Messerstiche lebensgefährlich verletzt. Die Polizei nahm sechs englische Neonazis fest, aus deren Gruppe die Messerstiche ausgeführt worden sein sollen, darunter den *Skrewdriver*-Gitarristen Stephen »Stigger« Calladine und den *Skrewdriver*-Schlagzeuger John Burnley. John Burnley ist der ältere Bruder des *No Remorse*-Sängers Paul Burnley. Er hatte in Cottbus das umgesetzt, was sein Bruder in *No Remorse*-Liedern propagierte. Mitglieder der Cottbuser Neonazi-Band *Frontalkraft* beschrieben im Jahr 2004 diesen Abend voller Sarkasmus: »Die englischen Mannen fühlten sich wohl durch ein paar dunkelhäutige Bananenpflücker provoziert, die ganz eindeutig nicht in das Stadtbild passten. Man munkelt, dass dabei wohl scharf geschliffener englischer Stahl zum Einsatz kam, der nicht nur zur Frisurverbesserung dieser Gestalten gedient haben soll.«[4]

Trotzdem fand das Konzert wie vorgesehen am Abend des 3. Oktober 1991 im Spreewaldort Werben nahe Cottbus statt. Es kamen fast 1.000 Neonazis, die Polizei beschränkte sich darauf, an Straßensperren Autos der Anreisenden zu kontrollieren. Mit Aushilfsmusikern deutscher Bands ging der *Skrewdriver*-Auftritt über die Bühne. Während deren Frontmann Ian Stuart Donaldson nach dem Konzert eine Autogrammstunde in einem Cottbuser Jugendhaus gab, versuchten 300 Neonazis in die Cottbuser Polizeiwache einzudringen, um die sechs Verhafteten zu befreien. Die Polizei verbarrikadierte sich und schaffte es erst nach mehreren Stunden, den Mob aufzulösen. 50 weitere Neonazis wurden festgenommen.

Die verhafteten Engländer wurden als »Cottbus Six« zum Szene-Mythos. Eine 1992 herausgebrachte CD »Justice for the Cottbus Six« von Ian Stuart Donaldson wurde ein großer kommerzieller Erfolg. Dabei hatte der Beinahe-Mord von Cottbus keine juristischen Konsequenzen. Schon nach wenigen Wochen Untersuchungshaft waren die sechs Engländer freigelassen worden. Der Prozess gegen sie platzte, da die Angeklagten nicht erschienen. Stephen Calladine trat ab Ende der 1990er-Jahre wieder unbehelligt in Deutschland auf und fand dort auch seine neue Lebenspartnerin, die den *United Skins* aus Königs Wusterhausen angehörte und um das Jahr 2002 zu ihm nach England zog.

Die neonazistischen Konzerte im Land Brandenburg erfuhren nach dem Cottbus-Konzert, das bundesweit für Schlagzeilen sorgte, noch größeren Zulauf. Zum schon genannten Konzert »Rock gegen Kommunismus« bei Kirchmöser kamen ein halbes Jahr später 1.400 Personen und am 3. Oktober 1992 reisten über 1.500 Neonazis zu einem Konzert nach Finsterwalde, wo neben der Band *Noie Werte* (Stuttgart) auch Ian Stuart Donaldson auftrat. Er spielte *Skrewdriver*-Songs, doch es war nicht seine Band, die ihn begleitete. John Burnley und Stephen Calladine waren aus bekannten Gründen nicht mit angereist.

1992 war auch das Jahr, in dem der Potsdamer Uwe Menzel das erste Mal »staatsschutzrelevant« in Erscheinung trat. Menzel hatte sich nach eigenen Angaben »89/90 als kleiner WP-Skinhead«[5] – WP steht für White Power – der Szene angeschlossen und sollte in den folgenden Jahren eine der bekanntesten Figuren der Brandenburger Neonazi-Szene werden – als exponierter Rechtsrock-Musiker, Netzwerker und Propagandist für rechten Mord und Totschlag. Als die Polizei im Juli 2000 auf der Suche nach Schusswaffen sein Zimmer durchsuchte und fündig wurde, hing an seiner Wand ein Poster von Paul Burnley vom *No Remorse*-Auftritt am 30. Mai 1992 bei Kirchmöser.

BLOOD & HONOUR BRANDENBURG FORMIERT SICH

Die englischen Bands *Skrewdriver* und *No Remorse* zählten zu den führenden *Blood & Honour*-Bands der frühen 1990er-Jahre. Sie alle kamen maßgeblich über Konzerte, die sie im Land Brandenburg spielten in die deutsche Szene und brachten das Label *Blood & Honour (B&H)* mit. Ian Stuart Donaldson von Skrewdriver hatte *Blood & Honour* 1987 in England gegründet. *B&H* vernetzte neonazistische Bands, Musiklabels und Konzertveranstaltende, die ihre Musik nun selbst produzieren und vermarkten konnten. Zugleich etablierte sich *Blood & Honour* als Markenzeichen eines harten Kerns der englischen Szene.

In Deutschland war der Rechtsrock Anfang der 1990er-Jahre ein riesiges Geschäft. Gleichzeitig suchte der harte Kern der neonazistischen Skinheads nach Distinktion. Die Szene war zu unübersichtlich geworden und *B&H* bot die Möglichkeit, sich von den Modeerscheinungen abzugrenzen und in einer elitären Gemeinschaft zu sammeln. Zwischen 1991 und 1993 waren es die Bands *Radikahl* und *Noie Werte,* Neonazis in Hamburg und die *United Skins* in Königs Wusterhausen, die als »Pioniere« des deutschen *B&H* auftraten. Bereits 1992 tauchte im Heft »United Skins« Symbolik von *B&H* sowie die Überschrift »Blut und Ehre Deutschland« auf. Als erstes *B&H*-Projekt in Deutschland kann das Label German British Friendship (GBF) der Stuttgarter Band *Noie Werte*[6] gesehen werden, dass ab 1992 deutsche

Neonazi-Bands und englische *B&H*-Bands in gemeinsamen Musikprojekten und auf Samplern zusammenführte. Zusammen mit GBF produzierte Carsten Szczepanski von den *United Skins* 1993 eine Solidaridaritätsplatte für die deutsche Neonazi-Musikszene, die zu dieser Zeit erste spürbare staatliche Repression erfuhr.

1994 gründete sich *Blood & Honour Deutschland* »offiziell« in Berlin, dort wurde auch die Führung der *Blood & Honour Division Deutschland* eingerichtet. In den nächsten beiden Jahren entstanden Sektionen (vergleichbar mit Landes- und Regionalverbänden) in ganz Deutschland. Im Land Brandenburg formierte sich *B&H* in der Sektion Südbrandenburg um die Senftenberger Band *Senfheads* und in der Sektion Brandenburg, deren Exponenten aus Fürstenwalde, dem Raum Potsdam und dem Raum Brandenburg an der Havel kamen. Die *United Skins* gingen nicht in *B&H* auf, verstanden sich jedoch sehr gut mit der *B&H*-Sektion Brandenburg sowie mit *B&H* im Chemnitzer Raum und waren darüber ins *B&H*-Netzwerk eingebunden.

DER »AUFSTIEG« DER *PROISSENHEADS*

In Potsdam fand sich 1993 eine neonazistische Musikband zusammen, die sich ab Januar 1995 *Proissenheads* nannte. Sie probte im Rahmen eines »Integrationsprojektes« der Sozialarbeit in einem städtischen Jugendclub. 1996 spielten die *Proissenheads* ihre ersten Konzerte außerhalb von Brandenburg, so am 5. April 1996 im sächsischen Zwickau vor 450 Personen. 1997 wurden sie als *Blood & Honour*-Band bundesweit bekannt. Im Frühjahr 1997 veröffentlichten sie auf dem Label Movement Records des sächsischen *B&H*-Chefs Jan Werner ihren ersten Tonträger und spielten auf *B&H*-Konzerten in mehreren Bundesländern, so zum Beispiel am 31. Mai 1997 in Anklam (Vorpommern), wo sie bereits als Headliner angekündigt waren. Am 17. Januar 1997 traten sie im sächsischen Mücka vor 1.400 Neonazis auf. Im Anschluss an ein *Proissenheads*-Konzert am 22. November 1997 im Leisnig (Sachsen) versuchten bewaffnete Konzertbesucher, in eine Unterkunft von Geflüchteten einzudringen.

Dennoch ersuchte der Potsdamer Staatsschutz noch Ende 1997 das Jugendamt, die Band weiter im Jugendclub proben zu lassen, um sie unter Aufsicht zu behalten. Erst öffentlicher Druck bewirkte, dass die *Proissenheads* im April 1998 ihren städtisch geförderten Proberaum verloren.[7]

Uwe Menzel war Sänger und Frontmann der *Proissenheads.* Wenngleich er in keiner »offiziellen« Funktion in *B&H* auftrat, so wurde er zum »Gesicht« des brandenburgischen *B&H.* Es ist nicht nur seine immense Körperfülle, die Menzel zu einer besonderen Erscheinung macht. Er personifizierte die *Proissenheads*, reiht bis heute ein neonazistisches Musikprojekt an das andere und machte sich unter dem Namen »Uwocaust« selbst zu einem Markenzeichen. Wechselnde Musiker begleiten ihn seit Mitte der 1990er-Jahre in seinen Projekten, von denen ab 1998 die Band *Aryan Brotherhood*[8] und in den 2000er-Jahren die Bands *Bloodshed, Burn Down* und *Uwocaust & alte Freunde* größere Bedeutung erlangten.

EIN NETZWERK VON FREUNDEN ZWISCHEN POTSDAM UND CHEMNITZ

Im April 1997 reiste eine elfköpfige Gruppe deutscher Neonazis in die USA, ihr gehörten an: Uwe Menzel, der Brandenburger *B&H*-Sektionschef Dirk H. aus Kloster Lehnin sowie die Chemnitzer *B&H*-Aktivisten Thomas Starke, Jan Werner, Andreas Graupner und Hendrik Lasch. Die Deutschen besuchten Mitglieder der Neonazi-Band *Blue Eyed Devils.* Fotos zeigen Uwe Menzel und mehrere Chemnitzer, wie sie mit einer Pumpgun posieren. Es sind symbolträchtige Bilder: Keine zehn Monate später, im Januar 1998, entzogen sich Beate Zschäpe, Uwe Mundlos und Uwe Böhnhardt ihrer Verhaftung und fanden Unterschlupf und Unterstützung beim Chemnitzer *B&H.* Thomas Starke und Jan Werner spielten in dem Unterstützungs-Netzwerk offenkundig tragende Rollen. Starke, der schon 1997 Sprengstoff für Uwe Mundlos besorgt hatte, verschaffte den dreien Wohnungen. Jan Werner fragte im Sommer 1998 bei Carsten Szczepanski an, ob dieser eine Schusswaffe für die drei besorgen könne.[9]

Die große Nähe von Neonazis des Brandenburger *B&H* zum Chemnitzer *B&H* in dieser Zeit lässt sich anhand vieler Beispiele verdeutlichen. Musik und Militanz bildeten dabei zwei Seiten einer Medaille. Die *Proissenheads* veröffentlichten ihre Tonträger auf dem *B&H*-Label Movement Records von Jan Werner. Ein in Kirchmöser wohnender Aktivist der *B&H*-Sektion Brandenburg, der als Mitarbeiter von Movement Records auftrat, wurde 1997 von der Polizei verdächtigt, eine Wehrsportgruppe gegründet und Übungen auf einem Militärgelände bei Rathenow geplant bzw. durchgeführt zu haben.

Es war mehr als Business, was zwischen *B&H* Brandenburg und *B&H* in Chemnitz enge Freundschaften entstehen ließ. Erwähnenswert ist ein Treffen der sächsischen *B&H*-Sektion am 3. Juli 1998 in einem Jugendclub in Riesa, über das ein anwesender Spitzel seine Behörde ausführlich unterrichtete. Er nannte Namen von 20 anwesenden sächsischen *B&H*-Mitgliedern, darunter die beinahe komplette Chemnitzer *B&H*-Führungsebene. Auch seien 15 Gäste aus dem Bundesland Brandenburg und aus Berlin dabei gewesen. Der Spitzel berichtete über die Rede eines Berliner Neonazis, der zum bewaffneten Kampf und zum »Rassenkrieg« aufgerufen habe. Und nach dem Treffen habe ein namentlich genannter Teilnehmer aus Brandenburg »geschäftliche Gespräche« mit einer Führungsperson von *B&H* Chemnitz geführt. Um was es bei diesen Gesprächen ging, ist nicht überliefert. Wohl handelte der Brandenburger zu dieser Zeit mit Rechtsrock-Tonträgern, doch er war auch Jäger und Sportschütze und konnte dadurch legal Schusswaffen beschaffen. Für 800 DM könne man, so hieß es in der Brandenburger *B&H*-Szene, eine Schusswaffe bei ihm erwerben.

SCHARFMACHER UWE MENZEL

Uwe Menzel machte sich in der Szene einen Namen durch seine verbale Radikalität, die immer wieder in Vernichtungsfantasien gipfelte. Er trat in der Regel mit seinem Namen und Gesicht auf und schuf sich ein Image, das er bis heute immer wieder aufs Neue bestätigt: unbeugsam, kompromisslos, fanatisch. »Der Uwe« galt und gilt als einer, der Klartext redet und sich etwas traut.

Zur ersten Ausgabe der Chemnitzer *B&H*-Zeitschrift »White Supremacy« im Jahr 1998 steuerten die *Proissenheads* ihre Bandgeschichte und *Aryan Brotherhood* ein Interview bei. Auf die Frage: »Was ist für dich die nützlichste Erfindung der Menschheit?«, antwortete Menzel im Namen von *Aryan Brotherhood* kurz und knapp: »Gaskammern!!!«[10] Im Jahr 2000 stellte das Magazin von *Blood & Honour Deutschland* die Frage: »Mit welchen Zielen/Vorsätzen gehen unsere Kameradinnen & Kameraden in das nächste Jahrtausend?« Die *Proissenheads* antworteten: »Wir hoffen, daß wir nicht wieder 1933 Jahre auf die Revolution warten müssen! Das Erwachen der weißen Völker steht auf unserer Wunschliste ganz oben!!! Begrüßenswert wäre es auch, wenn gewisse menschenähnliche Personen schnellstmöglich den ›Weg aller Wege‹ gehen würden und die lästigen, großausgehobenen Gruben füllen würden!! (Wir wären ihnen selbstverständlich behilflich.) Für die nähere Zukunft wünschen wir uns, daß sich mehr und mehr weiße Menschen dem vom herrschenden System angestrebten, multikulturellen Wahn abwenden und den Weg ebnen, für eine alte neue, große Sache! We are the Masterrace! Tod für Alle!!!«[11]

In der ersten Ausgabe der Zeitschrift »The Aryan Law & Order« im Jahr 2000 trat »Uwe von Proissenheads« zum fünfseitigen Interview an. Darin führte er aus: »Der Kampf um unsere Ra..e steht für mich an erster Stelle!!!! Der Genetischen Vernichtung der Weissen Menschen muß mit ›allen‹ Mitteln entgegen getreten werden. ›The Order‹ zeigt uns den Weg, wir müssen ihn nur gehen. Natürlich muß der Politisch-Nationale Kampf ebenfalls weiter geführt werden, da nur eine starke Nation unserem Volk die Existenz sichert! 14 Words«.[12]

Die US-amerikanische Terrorgruppe *The Order* ist ein Vorbild des militanten Kerns (nicht nur) der deutschen Neonazi-Szene. Die Gruppe orientierte sich an der Strategie des »leaderless resistance«, des führerlosen, im Sinne von dezentralen Widerstands. Bis zu ihrer Zerschlagung 1984/85 verübte *The Order* Überfälle auf Banken und Geldtransporter, Bombenanschläge auf eine Synagoge und ein Theater und ermordete am 18. April 1984 in Denver einen jüdischen Radiomoderator. Herausgegeben wurde die Zeitschrift »The Aryan Law & Order« von der *Weißen Bruderschaft Erzgebirge* aus dem sächsischen Johanngeorgenstadt, die von den Brüdern Maik und André Eminger angeführt wurde. Maik Eminger zog 2005 nach Grabow in Potsdam-Mittelmark und wurde zu einem Drahtzieher brandenburgischer Neonazi-Aktivitäten. André Eminger ist im Münchner *NSU*-Prozess angeklagt.[13]

ALLE MANN UNTER WAFFEN?

In der ersten Hälfte des Jahres 2000 erhielt die Polizei Hinweise darauf, dass sich Personen der Potsdamer *B&H*-Szene Schusswaffen beschafften und überwachte aus diesem Grund ihre Telefone. Am frühen Morgen des 5. Juli 2000 hörte sie ein Gespräch mit, in dem sich zwei Neonazis über eine linke Demonstration unterhielten, die für den 9. Juli 2000 in Potsdam angekündigt war. Ein Gesprächspartner ließ den anderen wissen, es stünden »alle Mann unter Waffen«, es sei eine Aktion gegen die »ganzen Zecken« geplant, und es fielen die Worte »schwere Sachen«, »ein Knaller«, »ein Horrorfestival«, »ein richtiges Gemetzel«. Die beiden verständigten sich darüber, wer an diesem Tag die Tagesschau aufnehmen sollte und verabschiedeten sich. Am Morgen des 9. Juli 2000 rückte die Polizei bei mehreren Neonazis an, die in Verdacht standen, eine schwere Gewalttat vorzubereiten. Durchsucht wurde an diesem Tag auch bei Uwe Menzel. Bei ihm fand die Polizei unter anderem Hakenkreuzarmbinden, Munition, eine Faustfeuerwaffe und ein Repetiergewehr, an dessen Oberseite ein Laser befestigt war. Uwe Menzel wohnte zu diesem Zeitpunkt noch bei seinen Eltern, die Waffen hatte er unter anderem im elterlichen Wohnzimmer versteckt.

Was die Polizei aufgrund vorausgegangener Hinweise zu finden hoffte, fand sie jedoch nicht: eine Maschinenpistole. Doch sie fand bei Menzel ein Foto, auf dem Potsdamer Neonazis mit einer Maschinenpistole posieren. Menzel gab an, dass mit dem Foto ein Tonträger illustriert werden sollte. Die LKA-Beamten eröffneten Menzel, dass es für ihn in Hinsicht auf das weitere Verfahren vorteilhaft wäre, wenn die Maschinenpistole möglichst bald von der Polizei gefunden würde. Menzel wurde aus dem Gewahrsam entlassen und übergab die gesuchte Waffe noch am selben Tag der Polizei. Er erzählte, diese in einem Walddepot gefunden zu haben, dass vor Jahren angelegt worden sei. Wer sie dort deponiert habe, wisse er aber nicht. Später wurde bekannt, dass Menzel das bei ihm gefundene Repetiergewehr über einen Mittelsmann von Carsten Szczepanski erhalten hatte. Über diesen Waffendeal flog Szczepanski als V-Mann des Brandenburger Verfassungsschutzes auf. Der Prozess wegen der gefundenen Waffen fand im Jahr 2002 statt. Die Angeklagten Uwe Menzel, Carsten Szczepanski und der Potsdamer Tino W. kamen mit Geldstrafen davon – Menzel musste 190 Tagessätze á 10 Euro bezahlen.

DAS MUSIKALISCHE MULTITALENT

1997 und 1998 erlebte *Blood & Honour* in Deutschland ihren Höhepunkt. Nahezu alle Neonazi-Bands in der Region um Potsdam und Brandenburg an der Havel vernetzten sich zu dieser Zeit unter dem Dach von *B&H*. Neben *Proissenheads* und *Aryan Brotherhood* auch *Elite 88* aus Belzig, *Thorshammer* aus Brandenburg an der Havel, *Independent* aus Nauen und *Unbending Bootboys* aus Potsdam. Die Musiker wechselten von einer Band zur anderen, spielten oft in mehreren Bands gleichzeitig.

Vorzeigeband des deutschen *B&H* war zu dieser Zeit *Landser*. Die Band präsentierte Neonazismus und menschenverachtenden Zynismus als Partymusik. Sie schuf sich den Mythos einer Untergrundband, die Zehntausende von illegalen Tonträgern in Umlauf brachte und für die Polizei nicht greifbar war. Das System *Landser* funktionierte bis zum Herbst 2001. Dann ging die Polizei nach langen Ermittlungen und Observationen gegen *Landser* vor. Die Band bestand, so stellte sich heraus, aus zwei Mitgliedern der Berliner Nazirockergruppe *Vandalen* und Christian Wenndorf, der mittlerweile in Potsdam wohnte. Ihren letzten Proberaum im Potsdamer Stadtteil Bornim hatten sich *Landser* mit den *Proissenheads* geteilt.

Wenndorf, geboren 1975, spielte zu dieser Zeit auch bei *Proissenheads* und *Aryan Brotherhood*. Er war das musikalische Multitalent der Berlin-Brandenburger Neonazi-Szene, konnte mehrere Instrumente spielen und war vor allem als Schlagzeuger gefragt. Es gab zu dieser Zeit kaum eine bekannte Neonazi-Band im Raum Potsdam/Berlin, in der er nicht irgendwann einmal gespielt hätte. Auch bei mancher ausländischen Band, die in Deutschland tourte, half er bei Konzerten am Schlagzeug aus. Dass Wenndorf auch bei *Landser* trommelte, war in der Szene offenbar kein großes Geheimnis. In der Anklageschrift gegen die Band *Landser* im Jahr 2002 heißt es: »Nur Christian Wenndorf hielt sich nicht konsequent an die vereinbarte Diskretion, prahlte insbesondere Mädchen gegenüber mit seiner Zugehörigkeit zu ›Landser‹ und ließ sich als deren Schlagzeuger in einer Chemnitzer Diskothek als ›Halbgott‹ feiern.«[14] In Vernehmungen und im Prozess gegen die Bandmitglieder von *Landser* sagte Wenndorf zum Nachteil von Mitbeschuldigten aus. Er galt zwar nicht als der große »Verräter«, aber dennoch als »Umfaller«. So endete mit dem *Landser*-Prozess im Dezember 2003 auch die »Karriere« von Christian Wenndorf.

NACH 2000: BLOOD & HONOUR BRANDENBURG MACHT WEITER

Querelen, Richtungsstreit und die Erwartung eines Verbotes bewirkten, dass *B&H Deutschland* ab 1998 nach und nach zerfiel. Die Sektion Brandenburg war eine der wenigen Gruppen, die bis ins Jahr 2000 personell stabil blieb und ihre Integrität behielt. Sie erlangte eine Schlüsselfunktion im (Rest-)Netzwerk von *B&H Deutschland*. Ein konspirativ vorbereitetes Konzert in Garitz bei Dessau am 4. September 1999 mit 2.000 Teilnehmenden, das als »größtes Konzert der Skinheadgeschichte«[15] gefeiert wurde, war maßgeblich von den Brandenburgern organisiert worden. Ein Postfach in Werder an der Havel diente als zentrale Anschrift von *B&H Deutschland* bis zu ihrem Verbot am 12. September 2000. Als die Polizei beim Vollzug des Verbotes Razzien durchführte, beschlagnahmte sie beim *B&H*-Funktionär Sven S. in Borkwalde bei Werder 73.000 Euro, die als die »Kriegskasse« von *B&H Deutschland* benannt wurden.

Doch die Geschichte von *B&H* in Deutschland war im September 2000 nicht zu Ende. Beinahe umgehend machten sich etliche (ehemalige) *B&H*-Aktivisten daran, Nachfolgestrukturen zu schaffen, bzw. dafür zu sorgen, dass das Geschäft mit Musikproduktionen und Konzerten auch ohne das Label *Blood & Honour* (für sie) weiter lief. Nur elf Tage nach dem Verbot, am 23. September 2000, fand bei Lüneburg das nächste größere Konzert statt, dass *B&H*-Strukturen organisiert hatten. Als Hauptact waren die *Proissenheads* angekündigt, es kamen 500 Neonazis. Die Polizei rückte mit einem Großaufgebot an und löste das Konzert kurz vor Ende auf. Mit Anschrift in Werder an der Havel entstand nur wenige Wochen nach dem *B&H*-Verbot der von Sven S. betriebene Versand Hate Sounds. Und am 22. Dezember 2000 wurden in einem Hamburger Gewerbegebiet vier Neonazis bei der Übergabe eines frisch gepressten Samplers von *Blood & Honour Brandenburg* festgenommen. Die CD enthielt Songs unter anderem von *Proissenheads* und *Landser*. Die Dreistigkeit und Selbstsicherheit, mit der die Brandenburger *B&H*-Leute einfach weitermachten, war bemerkenswert. Das Neonazi-Blatt *Der Weisse Wolf* verwies 2002 in einem Artikel darauf, dass aus » einem nun vorliegenden Aktenvermerk, welcher im Rahmen einer Abhörmaßnahme am 03.12.2001 erstellt wurde«, hervorging, dass S. als Informant für das LKA Brandenburg geführt werde.[16] Eine V-Mann-Tätigkeit von Sven S. für das Landeskriminalamt Brandenburg wird von den brandenburgischen Behörden bis heute allerdings nicht eingeräumt.

NEUE PROJEKTE, ALTE INHALTE

Auch Uwe Menzel machte munter weiter. Die *Proissenheads* legten von 2000 bis 2005 eine fünfjährige Konzertpause ein, Die Bands, in denen Menzel seit den 2000er-Jahren mitwirkte, heißen *Bloodshed, Burn Down, Kein Kampf ohne Leben, Morgenröte* und *Uwocaust* bzw. *Uwocaust & alte Freunde*. Obwohl sich Menzel stets als Anhänger der RAC-Musik zu erkennen gibt, erweist er sich in den neuen Projekten flexibel in Musik und Erscheinungsbild. Mit

Aryan Brotherhood, Proissenheads und *Uwocaust & alte Freunde* behält er den Stil der einfachen, Oi-lastigen Skinhead-Musik bei, die bis in die 1990er-Jahre von nahezu allen rechten Bands gespielt wurde, den sogenannten RAC (Rock against Communism). Die Band *Morgenröte* ist ein noch junges Bandprojekt, in dem Menzel neben einer Frau die zweite Stimme singt. Es bietet neonazistischen Pop-Rock mit weichgezeichneten, naturmystischen Bildern. Menzels Bands *Burn Down* und *Bloodshed* bedienen sich hingegen musikalisch und ästhetisch Elementen des Hardcore, textlich gibt man sich dort betont radikal: »Wir stehen gegen all die Lügen, wir stehen gegen das System, wir stehen für die neue Ordnung, das, was herrscht, wird untergehen. Ja es wird bald beginnen, seid sicher wir sind hier. Wir sind Neonazis, doch was verdammt nochmal seid ihr?«[17] Politisch unterstützt Menzel durch seine Konzerte unter anderem die neonazistische Partei *Die Rechte*. Auf deren »Sommerfest« am 29. Juni 2013 in Finowfurt bei Eberswalde trat *Burn Down* auf. Seine Fans schätzen an Uwe Menzel, so schreibt das neonazistische Internet-Magazin »Kriegsberichter« im Jahr 2009, seine »besondere Art, Humor und Hass in Texte zu verfassen«. In Szene-Interviews gibt Uwe Menzel in der Regel freundlich und umfänglich Auskunft, macht ein paar Scherze und eröffnet seine Ausführungen mit Satzanfängen wie »Zu meiner Zeit …«[18] Daran schließen sich häufig die »großen Erzählungen« vergangener Zeiten und Schlachten an, die seine Fans lesen wollen.

CHRONIST UND FÖRDERER DER SZENE

Trotz 20 Jahren besungener und gelebter Radikalität hat Uwe Menzel – soweit bekannt – niemals eine Gefängnisstrafe absitzen müssen. Gegenüber den Behörden erwies er sich in der Vergangenheit zwar aussagefreudig und kooperativ, ohne jedoch für seine Freunde zum »Verräter« oder »Umfaller« zu werden. Es lässt sich derzeit nur darüber spekulieren, ob Menzel in den 2000er-Jahren aktiv im militanten Untergrund wirkte oder ob er sich darauf beschränkte, diesem Untergrund seine Stimme zu geben – als Einpeitscher und als Chronist der Generation der 1990er-Jahre.

Uwe Menzel umgab sich nie mit der Aura des Unnahbaren und Arroganten, sondern blieb aufgeschlossen und zugänglich. Das macht ihn für seine Szene authentisch und ließ ihn zu einer »Institution« des Brandenburger Rechtsrock werden. Er bildet seit vielen Jahren das Scharnier zwischen Jung und Alt. Er fördert die neueren Bands der Region und integriert sie in seine gewachsenen Netzwerke. Auf dem Chemnitzer Label PC-Records, das Menzels alter Bekannter Hendrik Lasch im Jahr 2000 gegründet hat, erschienen zwischen 2006 und 2012 insgesamt vier Sampler mit dem Titel »Die Söhne Potsdams«.[19] Auf diesen befinden sich Songs von verschiedenen Bands, in denen Menzel mitwirkt, sowie von aufstrebenden Bands der Region. Zu ihnen zählen *Cynic* und *Preussenstolz*, die die bekannten Posen der *Proissenheads* – die Gruppenaufstellung mit Sturmhauben – bis in die Details kopieren.[20] *Preussenstolz* dankte im Booklet ihrer Demo-CD 2009 »Uwocaust« für »die viele Unterstützung«.[21] Die Band zählt heute zum Netzwerk der *Hammerskins* im Potsdamer Raum.

2015: NOCH IMMER »DER HARTE WEG«

Im Frühjahr 2015 veröffentlichten *Aryan Brotherhood* ihren mittlerweile fünften Tonträger mit dem Titel »Treue bis in den Tod«, produziert von PC-Records. Laut Booklet zeichnet Uwe Menzel für alle Liedtexte verantwortlich. In ihnen werden Kampf, Stärke, Zusammenhalt und Durchhaltewillen beschworen und der baldige Sieg versprochen. In »Nur der harte Weg« heißt es: »Denn nur der harte Weg führt uns zum Sieg. Uns kriegt niemand klein, der Sieg wird unser sein. Wir wollen uns befreien, der Sieg wird unser sein.« Und im Song »Wer wenn nicht wir«: »Willst du dich denn nicht wehren, endlich einmal aufbegehren? Du weißt, es kommt der Tag und nur gemeinsam sind wir stark. [...] Stehe endlich deinen Mann, denn nur auf dich, da kommt es an. Stehe endlich felsenfest gegen die ganze Pest. Du stehst doch nicht allein, gemeinsam wollen wir uns befreien.« Die CD enthält als Bonustrack das Lied »H.Rac'n Roll«.[22] Uwe Menzel endet darin mit den Worten: »Ja, wir sind der Untergrund, doch wir werden stärker. Denn was uns nicht tötet, macht uns nur noch härter. Hör den Soundtrack aller Weißen, die Kraft liegt im Detail. Musik, die noch für Werte steht, im System der Keil. Scheiß auf all den Mainstream, er ist plakativ und hohl. Wir rocken das System, Revolution! Hail, Hail, Hail, Hail, Hail Rac'n Roll.«

Viel hat sich verändert seit 1989, als sich der damals gerade 15-jährige Uwe Menzel als »kleiner WP-Skinhead« der Neonazi-Szene anschloss. Der Rechtsrock ist stilistisch facettenreicher geworden, das Erscheinungsbild der Neonazis bunter, der Skinhead mit Bomberjacke und weißen Schnürsenkel ist längst ein Auslaufmodell. Manches jedoch ist unveränderbar. Das Bekenntnis zum Nationalsozialismus und die White-Power-Ideologie standen im Mittelpunkt, als Paul Burnley am 30. Mai 1992 auf dem Konzert bei Kirchmöser in Brandenburg die Hand zum »Hitlergruß« erhob und Lieder wie »Nigger Hunt« und »One Folk, One Faith« ins tobende Publikum schmetterte. Lieder und Szenen wie diese begleiteten die sogenannte Generation Hoyerswerda und radikalisierten den zu dieser Zeit 18-jährigen Uwe Menzel. Nationalsozialistische Identität und White-Power-Ideologie stehen auch im Mittelpunkt des Liedes »H.Rac'n Roll« von *Aryan Brotherhood*. Der heute über 40-jährige Uwe Menzel ist selbst zur Szene-Autorität und zum Vorbild geworden. Er tingelt noch immer durch die Tonstudios und über die Konzertbühnen und schwört mit seinen Liedern ältere und junge Kameradinnen und Kameraden auf den Kampf ein. Sein »Soundtrack aller Weißen« bestätigt und radikalisiert diejenigen, die heute vor den Unterkünften Geflüchteter aufmarschieren und in der virtuellen Welt ihren rassistischen Vernichtungsfantasien freien Lauf lassen – und er ermutigt sie, den »harten Weg« und den Weg in den Untergrund zu gehen.

MAIK BAUMGÄRTNER

WEISSE BRUDERSCHAFT

DIE NETZWERKE DES NEONAZI-KADERS MAIK EMINGER

Landkreis Potsdam-Mittelmark, 24. November 2011, viertel vor sieben morgens. Mehr als ein Dutzend Mitarbeiter des Bundeskriminalamtes (BKA) betreten einen kleinen Vierseithof in der Ortschaft Grabow. Bereits kurz zuvor waren bewaffnete Spezialkräfte der Bundespolizei in das Gebäude eingedrungen, um die Innenräume für die anschließende Durchsuchung zu sichern. Sie fesselten die Zwillinge Maik und André Eminger und brachten eine Frau und sechs Kinder in das Kinderzimmer des Hauses. Später notierte ein Beamter, dass sich das Haus in einem »unordentlichen und ungepflegten« Zustand befunden habe. Die »rechtsgerichtete Gesinnung der erwachsenen Bewohner«, heißt es in dem Vermerk weiter, habe sich offenbart durch die »Gestaltung des Hauses mit Bildern und Gegenständen, die einen thematischen Bezug zum Dritten Reich und seinen Symbolen aufwiesen«.

An diesem Tag hatten die BKA-Beamten den Neonazi André Eminger im Visier. Auf dem Hof seines Bruders suchten sie nach Beweismitteln im Zusammenhang mit Ermittlungen zum *Nationalsozialistischen Untergrund (NSU)*. Zwanzig Tage waren deren mutmaßliche Mitglieder Uwe Böhnhardt und Uwe Mundlos zu diesem Zeitpunkt tot, ihre mutmaßliche Komplizin Beate Zschäpe saß seit 16 Tagen in Untersuchungshaft. Nun wurde André Eminger, der eigentlich im sächsischen Zwickau lebt, in der märkischen Provinz ebenfalls verhaftet.

In den folgenden Monaten saß er in Untersuchungshaft. Im Juni 2012 wurde er entlassen, da der »dringende Tatverdacht«, der eine Aufrechterhaltung des Haftbefehls formal rechtfertigt, nicht mehr vorlag. Trotzdem gilt der Zwickauer als einer der mutmaßlich wichtigsten Unterstützer der rechtsterroristischen Vereinigung. Denn über ein Jahrzehnt soll André Eminger in intensivem Kontakt zu den drei Abgetauchten gestanden haben. Der Neonazi mit der Tätowierung »Die Jew Die« (»Stirb, Jude, Stirb«), der einmal während seiner Bundeswehrzeit in einer Befragung durch den Militärischen Abschirmdienst (MAD) sagte, dass er von Juden »nicht allzu viel« halte, hatte offenbar eine besondere Bindung zu Böhnhardt und Mundlos.

Im April 2013 dokumentierte das Bundeskriminalamt auf Fotos eine Zeichnung mit den Köpfen der beiden Toten, dazu eine germanische Todesrune und der Schriftzug »Unvergessen«. Das Bild hing im Zwickauer Wohnzimmer der Familie von André Eminger, über dem Fernseher, zwischen den Fotos ihrer beiden Kinder.

»BRÜDER SCHWEIGEN«

Seit Mai 2013 sitzt André Eminger als Angeklagter vor dem Münchner Oberlandesgericht, das die Mord-, Bomben- und Überfallserie des *NSU* juristisch aufarbeiten soll. Die Vorwürfe gegen ihn wiegen schwer: Unterstützung einer terroristischen Vereinigung, Beihilfe zum versuchten Mord und zur gefährlichen Körperverletzung sowie zu zwei Raubüberfällen. In der Anklageschrift heißt es, dass er »das Bestehen dieser terroristischen Vereinigung über die Jahre hinweg durch verschiedene logistische Unterstützungshandlungen, unter anderem in Form der Beschaffung von Wohnraum und Fortbewegungsmöglichkeiten«, förderte, »um den Mitgliedern des ›NSU‹ den weiteren gesicherten Verbleib im Untergrund ohne die Gefahr der Entdeckung und Enttarnung zu ermöglichen«. Im eigens für den *NSU*-Prozess umgebauten Gerichtssaal 101 kann André Eminger auf die Unterstützung seines Bruders und anderer brauner Kameraden zählen. Bereits am ersten Prozesstag, am 6. Mai 2013, tauchte Maik Eminger in Begleitung von Karl-Heinz Statzberger am Gericht auf.

Statzberger ist kein Unbekannter. Der Münchner war Mitglied der rechtsterroristischen Vereinigung *Schutzgruppe (SG)* um den bundesweit bekannten Neonazi-Kader Martin Wiese. Die *SG* plante 2003 einen Sprengstoffanschlag auf die Grundsteinlegung des Jüdischen Gemeindezentrums in München. Wegen seiner Mitgliedschaft in der *Schutzgruppe* wurde Statzberger zu einer Haftstrafe verurteilt. Kiloweise beschlagnahmten die Ermittler damals Sprengstoff und sprengstoffähnliche Substanzen, die der gebürtig aus Mecklenburg-Vorpommern stammende Wiese in Brandenburg besorgt hatte.

Es war nicht die letzte Provokation vor dem Oberlandesgericht. Als Maik Eminger am 29. Juli 2014 selbst als Zeuge geladen war, trug er am Morgen ein T-Shirt mit dem Aufdruck »Brüder schweigen« – eine unmissverständliche Kampfansage an die Ankläger und eine Beleidigung für die Opfer des *NSU*. »Brüder schweigen« spielt nicht nur auf das Treuelied der Waffen-SS

André (li.) und Maik (2. v. li.) Eminger am 29. Juli 2014 vor dem Oberlandesgericht München

aus dem Nationalsozialismus an, es war auch der Name, unter dem die in der militanten Szene verehrte rechtsterroristische Gruppe *The Order* bekannt war. »Silent Brotherhood« wurde die US-amerikanische Organisation genannt, die erschreckende Parallelen zum *NSU* aufwies: Ihre Mitglieder überfielen in den 1980er-Jahren Banken, verübten Sprengstoffanschläge, legten Todeslisten an und ermordeten einen jüdischen Radiomoderator.[1]

Die Verbindungen der Brüder zu Münchner Neonazis sind eng. Zum Beginn des *NSU*-Prozesses übernachteten die Zwillinge in einer stadtbekannten Wohngemeinschaft. Die Bewohner der Immobilie, die als »Braunes Haus« bekannt ist, sind fester Bestandteil der bayerischen rechten militanten Szene. Im Juli 2013 soll André Eminger auf einem Sommerfest des »Braunen Hauses« gewesen sein, an dem auch mehrere wegen Mitgliedschaft und Unterstützung der *Schutzgruppe* verurteilte Neonazis teilnahmen.

Es war nicht das letzte Mal, dass er mit bayerischen Kameraden in Erscheinung trat: Im Januar 2015 beteiligte sich André Eminger an einer Demonstration von *Bagida*, dem bayerischen Ableger der islamfeindlichen sächsischen *Pegida*-Bewegung.

WEISSE BRUDERSCHAFT ERZGEBIRGE

Während André Eminger eher selten die politische Öffentlichkeit suchte, zählt sein Bruder, der seinen politischen und privaten Lebensmittelpunkt seit zehn Jahren in Brandenburg hat, zu den umtriebigsten deutschen Neonazis. Er agierte jahrelang im Verborgenen, bevor er die Öffentlichkeit mit Flugblättern oder auf Demonstrationen und Kundgebungen suchte – als Redner, Organisator, Teilnehmer. Seit über 15 Jahren mischt der 1979 im sächsischen Erlabrunn geborene Maik Eminger schon in der Szene mit. Die Namen der Organisationen, in denen er aktiv war, wechselten, seine Netzwerke aber blieben dieselben ebenso wie sein Betätigungsfeld: der »Kampf« um einen völkischen Nationalismus in Deutschland.

Schon in den Jahren bevor er seinen politischen Lebensmittelpunkt nach Brandenburg verlagerte, bewegte sich Maik Eminger in einem Milieu, das aus militanten Szeneaktivisten bestand: Mit seinem Bruder nahm er im Jahr 1999 an einer Demonstration der Organisation *Blood & Honour (B&H)* in Budapest teil. Die beiden reisten nicht allein. Zu der deutschen Delegation gehörten Neonazis, die heute als mutmaßliche Kontaktpersonen oder Unterstützer von Böhnhardt, Mundlos und Zschäpe gelten. Ein Großteil kam aus dem thüringischen und sächsischen *B&H*-Milieu, auf dessen Unterstützung das Trio zu dieser Zeit im Untergrund in Chemnitz bauen konnte. Die 1987 in Großbritannien gegründete Organisation *Blood & Honour* lieferte den ideologischen Unterbau und die Soundtracks einer ganzen Neonazi-Generation.[2] Der Name, »Blut und Ehre«, war einer der Leitsprüche der Hitlerjugend in der Zeit des Nationalsozialismus. Auch das 1999 durch die Führungsriege verabschiedete 25-Punkte-Programm nahm Anleihen beim Nationalsozialismus. So verstanden sich die *B&H*-Mitglieder als »politische Soldaten« einer »Kampfgemeinschaft«. Aus der Organisation ging die rechtsterroristische Gruppe *Combat 18* hervor, deren Anhänger weltweit für Mord und Terror verantwortlich gemacht werden.[3]

Im Jahr 2000, als *Blood & Honour* in Deutschland am 12. September verboten wurde und der *NSU* seinen ersten Mord beging – in Nürnberg wurde am 9. September der Blumenhändler Enver Şimşek erschossen –, gründeten die Eminger-Brüder mit anderen Neonazis die *Weiße Bruderschaft Erzgebirge (WBE)*. Eine Kameradschaft, die sich als »pro-weiße Organisation« verstand und keiner Parteilinie folgte. Mit »The Aryan Law & Order« verfügte sie über ein eigenes Magazin. Die *WBE* pflegte enge Kontakte zu verschiedenen Neonazi-Strukturen, insbesondere zu Führungspersonen von *Blood &*

Honour in Sachsen. In einem Interview mit einer rechtsextremen Szenezeitschrift propagierten *WBE*-Mitglieder eine »weiße Revolution«, die in ihren Augen »nicht vom Willen und Glauben irgendeiner Partei abhängig ist, sondern in der Hand des Volkes liegt und dessen Glauben«.[4] Das selbstformulierte Ziel der Kameradschaft war die Umsetzung der »14 Words«: »Wir müssen die Existenz unseres Volkes und die Zukunft für die weißen Kinder sichern.«[5] Der Satz stammt von David Lane, einem Mitglied von *The Order,* der für seine Taten zu insgesamt 190 Jahren Gefängnis verurteilt wurde. Mit dem Ende der *Weißen Bruderschaft Erzgebirge* im Jahr 2001, als deren Kopf Maik Eminger gemeinsam mit seinem Bruder galt, tauchte sein Name immer häufiger in Unterlagen des Staats- und Verfassungsschutzes auf. Die Behörden registrierten ihn auf Rechtsrock-Konzerten, Demonstrationen und auf anderen Szeneveranstaltungen – nicht nur in Sachsen.

VÖLKISCHER AKTIVIST

Rund 200 Personen notierte der Berliner Verfassungsschutz im September 2002 als Gäste einer besonderen »20-Jahres-Feier« in der Hauptstadt. Veranstalter war die militante Neonazi-Clique der *Vandalen*. Die 1982 in Ostberlin gegründete Vereinigung, die den Beinamen »Ariogermanische Kampfgemeinschaft« führt, war schon zu DDR-Zeiten ein Sammelbecken militanter Rechtsextremisten. Zu ihren bekanntesten Mitgliedern zählte der Polizistenmörder Kay Diesner, der 1997 während eines Schusswechsels einen Polizisten tötete und einen anderen schwer verletzte. Die *Vandalen* luden zur Party, und Maik Eminger und viele bundesweit bekannte Neonazis aus dem In- und Ausland folgten dem Ruf. Unter den Gästen war auch Antje P., eine Bekannte der Brüder Eminger. Die frühere sächsische *B&H*-Aktivistin soll nach Aussagen des brandenburgischen Neonazis und V-Manns Carsten Szczepanski dazu bereit gewesen sein, Beate Zschäpe ihren Ausweis für eine geplante Flucht ins Ausland zur Verfügung zu stellen.

Der Kontakt zu den alten Strukturen riss mit dem Wegzug Maik Emingers aus Sachsen nicht ab. Sein Kompass auf jeder politischen Station war die völkische Ideologie; den Austausch mit Gesinnungskameraden suchte er jahrelang auf Treffen der *Artgemeinschaft – Germanische Glaubens-Gemeinschaft*. Von 2003 bis 2005 nahm er an Veranstaltungen der *Artgemeinschaft* in Thüringen teil. Auch sein Bruder André und frühere *B&H*-Aktivisten gehörten damals zu den Gästen. In einer Selbstdarstellung der Vereinigung heißt es, dass es nicht darum gehe, »friedlich, fröhlich, fromm und betulich bei Kaffee und Kuchen ein wenig von der Vergangenheit« zu schwärmen. Die *Artgemeinschaft* sei »gezwungen worden, ein Kampfverband zu sein, der um die Möglichkeiten einer artgemäßen Lebensführung kämpfen muß«. Dabei war die 1951 von einem ehemaligen SS-Mitglied gegründete *Artgemeinschaft* immer ein Sammelbecken alter und neuer Nazis. Hinter der Fassade eines Brauchtumsvereins, der sich nur um Traditionspflege kümmert, steckt eine Vereinigung, in der es um Schulung, Austausch, Vernetzung von völkischen Traditionalisten und militanten Neonazis, die Stärkung radikal-völkischer Ideologie und das Wirken als Organisation nach innen geht. Maik Eminger suchte nicht nur dort Kontakte und baute seine Netzwerke aus, er hatte auch immer den Anschluss an Szene-Aktivisten, die den »Kampf auf der Straße« führen. Während er als Tätowierer seinen Lebensunterhalt in Niedersachsen verdiente, zog es ihn politisch nach Sachsen zurück. In Chemnitz, der Stadt, in der sich der *NSU* formierte, war er 2006 bei den *Nationalen Sozialisten Chemnitz (NSC)* aktiv, einer militanten Vereinigung, deren Mitglieder in der Vergangenheit zum Teil auch Kontakte zum mutmaßlichen *NSU*-Umfeld unterhielten. Die im März 2015 verbotene Gruppe sei eine »neonationalsozialistische Organisation«, die »die Zeit des Dritten Reiches unter Hitler« idealisiere, so heißt es in der Verbotsverfügung des sächsischen Innenministeriums. Im Rahmen des Verbotsverfahrens fanden Ermittler in der Wohnung eines *NSC*-Kaders die Kopie eines Datenträgers, der Sicherheitsbehörden, Nebenkläger im *NSU*-Prozess, Politiker und Journalisten zu diesem Zeitpunkt schon über ein Jahr beschäftigte. Es handelt sich um eine CD mit Fotos und Bildern, bei der es sich laut einem Begleittext um die »erste umfangreiche Bilddaten-CD des Nationalsozialistischen Untergrundes der NSDAP (NSU)« handele. Auf einer zugehörigen Coverdatei prangt der Schriftzug »NSU/NSDAP«. Seit Screenshots des Datenträgers im November 2013 erstmals in einem Internetforum auftauchten, kamen immer neue Details ans Licht. Ein V-Mann, dessen Kontaktdaten in einem Telefonbuch von Uwe Mundlos auftauchten, hatte diesen Datenträger bereits 2005 dem Bundesamt für Verfassungsschutz (BfV) übergeben – sechs Jahre, bevor die Existenz der Terrorgruppe überhaupt bekannt wurde. Im Frühjahr 2014 übergab ein anderer V-Mann eine »NSU/NSDAP«-CD dem Landesamt für Verfassungsschutz in Hamburg. Die Quelle des Hamburger Verfassungsschutzes hatte diese bereits 2006 von dem V-Mann erhalten, der diese ein Jahr zuvor dem BfV übergeben hatte. Eine weitere wurde bei einer Drogenrazzia in Mecklenburg-Vorpommern gefunden.

Ob die Inhalte der »NSU/NSDAP«-CD im Zusammenhang mit der rechtsterroristischen Vereinigung stehen, ist bis heute ungeklärt. Klar ist hingegen, dass mehrere Mitglieder der *NSC* zu verschiedenen Personen in Kontakt standen, die als mutmaßliche Unterstützer des *NSU* gelten oder deren direktem oder früherem Umfeld zuzurechnen sind. So war etwa das Auto von Maik Arnold, bei dem die CD beschlagnahmt wurde, im Jahr 2007 durch Sicherheitsbehörden bei einer internen Szeneveranstaltung in Brandenburg registriert worden, auf der Maik Eminger als Redner auftrat. Arnold zählte zur Leitungsebene der *NSC* und nahm eine wichtige Rolle innerhalb der Organisation ein. Ebenso registrierten Behörden vor Ort ein Fahrzeug, das auch von André Eminger immer wieder genutzt wurde.

Im Mai 2011 tauchte Maik Eminger erneut an der Seite seines Bruders auf. Die beiden hatten sich auf den Weg nach Mecklenburg-Vorpommern gemacht, zu einem Rechtsrock-Konzert bei Anklam. Die klandestine Veranstaltung war ein exklusives Treffen für die Kader der Szene aus ganz Deutschland: Alte Weggefährten der Brüder, Freunde und Bekannte aus Chemnitz und anderen Städten der Republik waren gekommen. Unter den Gästen: Uwe Menzel, der im *B&H*-Milieu gut vernetzte Bandleader der Potsdamer *Proissenheads*[6] und der *NPD*-Landtagabgeordnete in Mecklenburg-Vorpommern David Petereit. Er war der Herausgeber des Fanzines »Der Weisse Wolf«, als dieses im Jahr 2002 – in Fettdruck auf der Umschlaginnenseite – dem *NSU* für eine Spende dankte.[7] Der Sänger der Band *Gigi und die braunen Stadtmusikanten*, der schon 2002 auf der »20-Jahr-Feier« der *Vandalen* in Berlin mitgefeiert hatte, war auch wieder dabei. Seine Band wird von einem Label aus Chemnitz vertrieben und veröffentlichte ein Jahr vor dem Auffliegen des *NSU* das Lied »Döner-Killer«, in dem die Morde an neun Migranten gefeiert werden: »Neun Mal hat er es jetzt schon getan, die SoKo Bosporus, sie schlägt Alarm, die Ermittler stehen unter Strom. Eine blutige Spur und keiner stoppt das Phantom«. Diese Zeilen erwecken den Eindruck, dass der Autor über Täterwissen verfügte, was jedoch nicht belegt ist und durch ihn abgestritten wird.

SYSTEMGEGNER

Die Nähe zu den militanten Strukturen der Szene prägte das Leben Maik Emingers. Deutlich wird es durch sein Engagement in Brandenburg. Auf Flugblättern der *Bewegung Neues Deutschland* stand sein Name als Verantwortlicher. Die Organisation galt als Nachfolgestruktur des 2006 verbotenen *Schutzbundes Deutschland*. Die im Jahr 2004 in Brandenburg als *Bewegung Neue Ordnung* gegründete Vereinigung orientierte sich ideologisch an der *NSDAP* und vertrat radikal-völkische Positionen. Bundesweit in die Schlagzeilen geriet die Organisation wegen eines rassistischen Flugblatts zur WM 2006, mit der Aussage »Nein, Gerald – Du bist nicht Deutschland«, das sich gegen den schwarzen Fußballnationalspieler Gerald Asamoah richtete.

Jahrelang war Maik Eminger für die *NPD* und deren Jugendorganisation *Junge Nationaldemokraten (JN)* auf Demonstrationen unterwegs oder beteiligte sich an internen Treffen. Inzwischen hat er ein neues, radikaleres Betätigungsfeld gefunden: *Der III. Weg*. Hier ist er im »Stützpunkt Potsdam-Mittelmark« aktiv und für den Ausbau der Parteistrukturen verantwortlich. Die Ende 2013 von früheren *NPD*-Funktionären und Neonazis des im Jahr 2014 verbotenen *Freien Netzes Süd* gegründete Partei tritt in der Öffentlichkeit aggressiv gegen Flüchtlinge auf. Sie verbreitet eine völkische Ideologie, die an den Nationalsozialismus angelehnt ist. In ihrem »Zehn-Punkte-Programm« fordert die Partei »die Einführung der Todesstrafe für Kindermord und andere Kapitalverbrechen«, »die Erhaltung und Entwicklung der biologischen Substanz des Volkes und die Förderung der Gesundheit« sowie eine »friedliche Wiederherstellung Gesamtdeutschlands in seinen völkerrechtlichen Grenzen«. Für bundesweite Schlagzeilen sorgte die Partei mit einer Google-Maps-Karte. Unter dem Motto »Kein Asylantenheim in meiner Nachbarschaft« verbreitete die Partei die Online-Karte, auf der Flüchtlingsunterkünfte eingezeichnet waren. Auf ihrer Internetseite bat die Partei darum, »geplante oder schon erbaute Asylantenheime« zu melden, »im Format: Stadt, Straße, Personenanzahl, Sonstiges«. An einigen Orten, an denen die Partei Aktionen gegen Flüchtlingsunterkünfte durchführte, kam es in der Folgezeit zu Brandanschlägen.

Maik Eminger propagiert in Brandenburg den Kampf gegen den »Volkstod«, eine ideologische Apokalypse der extremen Rechten, die vom Verschwinden einer angenommenen weißen, homogenen deutschen Bevölkerung ausgeht und der man eine völkische Politik entgegenstellt. Als im Februar 2015 etwa 100 Neonazis unter dem Motto »Ausländer-Stopp – Für die Zukunft deutscher Familien« durch Eisenhüttenstadt zogen, war es Maik Eminger, der die Demonstration anmeldete und leitete. Zu Gast war sein alter Bekannter Karl-Heinz Statzberger aus München.

Seine Parolen und Reden brachten Eminger immer wieder vor Gericht. Im September 2015 wurde er in Brandenburg an der Havel wegen Volksverhetzung verurteilt und erhielt eine Bewährungsstrafe. Beeindruckt hat ihn dies nicht. Egal ob in Werder an der Havel, in Beeskow oder zum »Tag der deutschen Zukunft« in Neuruppin, Maik Eminger ist in dieser Zeit als Anmelder oder Redner fast überall dabei. Es scheint in Brandenburg wenige öffentliche rechtsextreme Zusammenkünfte zu geben, bei denen er nicht mitmischt. Als sich im Oktober 2014 eine »Gefangenenhilfe« vor der Justizvollzugsanstalt Brandenburg an der Havel zusammengefunden hatte, sprach auch dort Eminger: Jeder, der Widerstand leiste, müsse damit rechnen, im »Kerker des herrschenden Systems« zu landen. Der Ort der Kundgebung konnte kaum zufällig gewählt sein, damals saß dort der Holocaust-Leugner und Nazi-Anwalt Horst Mahler ein.

»POLITISCHER SOLDAT«

Maik Eminger war Mitglied der inzwischen verbotenen *Heimattreuen Deutschen Jugend,* Ordner auf dem »Trauermarsch« in Dresden, jahrelang eine der größten Neonazi-Demonstrationen überhaupt, und verantwortlich für Flugblätter mit Parolen wie: »Dieses System bringt uns den Volkstod«. Er war Stützpunktleiter der *Jungen Nationaldemokraten* in Potsdam. Sein Hof in Grabow, der gegen Blicke von außen abgeschirmt ist, dient nicht nur als Wohnraum für sich und seine Familie. Regelmäßig finden dort Veranstaltungen, Treffen von Neonazis, Feiern, Liederabende sowie Winter- und Sommersonnenwendfeiern statt. Hier kommen Neonazis aus Potsdam und ganz Deutschland zusammen.

In seiner politischen Biografie tauchen immer wieder Personen und Orte auf, die Teil der Ermittlungen zum *Nationalsozialistischen Untergrund* sind – nicht zuletzt sein Bruder André. Maik Eminger ist ein »politischer Soldat«, Teil einer »Kampfgemeinschaft«. Er verkörpert durch seine Lebensweise und seine politischen Aktivitäten das Idealbild eines völkischen Nationalisten. Der Prototyp eines »weißen« Menschen, wie ihn sich die mutmaßlichen Mörder, Bombenleger und Räuber Böhnhardt, Mundlos und Zschäpe wohl für ganz Deutschland wünschten.

SIMONE WENDLER

DIE *1. WERWOLF-JAGDEINHEIT SENFTENBERG* UND DER MORD AN TIMO K.

Im Wohnzimmer von Kathrin K. steht noch immer ein Foto ihres Mannes Timo. »So zu sterben, das hatte er nicht verdient«, sagt sie. Stark sei er gewesen, aber einer, der keiner Fliege etwas zuleide tun konnte. Seine Ermordung durch Anhänger einer rechtsextremen Clique ließ die damals 25-Jährige von einem Tag auf den anderen mit zwei kleinen Kindern allein zurück. Es dauerte Jahre, bis sie Schock und Schmerz so weit verarbeitet hatte, dass sie wieder Lebensfreude empfand. Aus der Wohnung, in der sie mit ihrem Mann Timo lebte, ist sie bis heute nicht ausgezogen.

Der 12. Dezember 1991 war ein Freitag. Timo K., ein 27-jähriger Signaltechniker bei der Bahn, wollte seine Frau nicht allein von Senftenberg in das nahe gelegene Hörlitz fahren lassen. Dort wurde die damalige Krippenerzieherin von ihren Kollegen zur Weihnachtsfeier erwartet. »Er war immer sehr besorgt um mich«, erinnert sich Kathrin K. Und es gab zu dieser Zeit schon Gerüchte, dass in den Wäldern rund um Senftenberg manchmal Schüsse zu hören seien. Außerdem war die Mutter von Timo K. an diesem Tag in Senftenberg zu Besuch. Der Familienvater brachte erst seine Frau zur Weihnachtsfeier. Dann fuhr er in die Wohnung der Familie am Rande von Senftenberg zurück.

Gegen 22 Uhr brach er mit seinem blauen Opel Kadett erneut auf, um zunächst seine Mutter zu ihrer Wohnung im nur wenige Kilometer entfernten Großräschen zu bringen und dann seine Frau in Hörlitz abzuholen. In der Senftenberger Wohnung blieben die beiden Kinder der Familie zurück: ein fünfjähriger Junge und das ein Jahr alte Mädchen. Die Kinder schliefen fest und Timo K. wollte in nicht einmal einer Stunde zurück sein. Er kam jedoch nie wieder. Auf der Straße zwischen Großräschen und Hörlitz fiel er Jens K.,[1] dem damals 25-jährigen Anführer der *1. Werwolf-Jagdeinheit Senftenberg* und drei Kumpanen in die Hände und wurde ermordet.

K. hatte die rechtsradikale Wehrsportgruppe einige Wochen zuvor gegründet und etwa ein Dutzend junge Männer um sich geschart, für die er »Soldbücher« ausstellte. Der Zweck war nach eigenen Angaben die »ge-

Mitglieder der *1. Werwolf-Jagdeinheit Senftenberg* bei einer Wehrsportübung

meinsame Pflege militärischer Tradition, vor allem der Wehrmacht und der Waffen-SS und die Beschäftigung mit NS-Gedankengut«.[2] Die Mitglieder der Gruppe kamen aus dem Raum Senftenberg. Im Bergbaugelände nahe der Stadt trafen sie sich in Tarnfleck, mit Wehrmachtstahlhelmen, Karabinern und Bajonetten, um Krieg zu spielen, selbstgebaute Sprengsätze zur Explosion zu bringen und sich, wie Jens K. später sagte, »in die Zeit von 1944/45 zurückzuversetzen«.[3]

Die Gruppe stellte sich in die Tradition der von Reichsführer SS Heinrich Himmler zum Ende des Zweiten Weltkrieges ins Leben gerufenen Organisation »Werwolf«. Angesichts der damals bevorstehenden militärischen Niederlage der Wehrmacht sollten Kleinstgruppen fanatischer Anhänger hinter den Linien der vorrückenden Alliierten Terror- und Sabotageakte verüben. Der Plan scheiterte, doch die Idee lebte in der Neonazi-Szene, mythenumwoben, jahrzehntelang in »Wehrsportgruppen« weiter.

Zu den bekanntesten gehörte die *Wehrsportgruppe Werwolf* um den Neonazi Michael Kühnen und die *Wehrsportgruppe Hoffmann*, die Anfang 1980 vom Bundesinnenminister verboten wurde. Eine im Januar 1945 herausgegebene Anleitung »Werwolf-Winke für Jagdeinheiten« mit Hinweisen für Schieß- und Sprengausbildung wurde 1985 noch einmal reproduziert.

In der Lausitz bestimmte Anfang der 1990er-Jahre die *Deutsche Alternative* wesentlich die rechtsextreme Szenerie. Unter Anleitung der westdeutschen Neonazis um Michael Kühnen 1989 in Bremen gegründet, hatte die Neonazi-Organisation bald ihren Schwerpunkt nach Osten verlagert. Dort brachte sie es auf rund 700 Mitglieder in Brandenburg und Ostsachsen, von denen nicht wenige an Angriffen auf Asylbewerberheime beteiligt waren. Im Dunstkreis der *Deutschen Alternative* entstanden in der Lausitz weitere lokale Gruppen wie die *Spremberger Kameradschaft* oder die *Gubener Heimatfront*. Die Verherrlichung von Wehrmacht und Waffen-SS spielte damals ebenso wie heute in der Szene eine große Rolle. Die *1. Werwolf-Jagdeinheit Senftenberg* scheint dabei eine eigenständige Gruppe gewesen zu sein, die jedoch sicher durch die damals relativ offene rechtsextreme Stimmung und Ausländerfeindlichkeit bei einem Teil der Bevölkerung in der Region in ihrer Gesinnung befördert worden sein dürfte.

Der brandenburgische Verfassungsschutz, damals noch im Aufbau befindlich, konnte Anfang der 1990er-Jahre keine »neonazistische Wehrsportgruppe« erkennen, sondern sprach von »Gruppen von Wilddieben, Waffennarren und Abenteurern«.[4] Der erste, 1993 vorgelegte brandenburgische Verfassungsschutzbericht vermittelt den Eindruck, dass die Kenntnis über rechtsextreme Gruppen und Kameradschaften, vor allem außerhalb von rechten Splitterparteien und anderen festen Organisationsformen, bei den Behörden wenig ausgeprägt war. Das war sicherlich auch schwierig, denn es gab damals in fast allen Städten rechtsextreme Cliquen, die nach Einschätzung des Verfassungsschutzes meist autark blieben und nicht sehr langlebig waren. Abgesehen von ihrer Bewaffnung scheint die *Werwolf-Jagdeinheit* in dieses Muster gepasst zu haben.

Werwolf-Führer Jens K. und vor allem der Älteste der Gruppe, Max D., damals Anfang 40, kauften illegal Waffen zur Ausrüstung der Werwolf-Gruppe und zum Horten in der eigenen Wohnung: Pistolen, ein Kleinkalibergewehr, eine Schrotflinte und über 250 Handgranaten mit Zündern. Nur ein kleinerer Teil der Handgranaten wurde offenbar auch zur Finanzierung der Kriegsspiele im Nazi-Look verkauft.

Jens K. hatte im Dezember 1991 durch Waffenkäufe rund 10.000 DM Schulden. Die Gläubiger drohten ihm. Deshalb beschloss er, zusammen mit einigen Kameraden durch Überfälle Geld zu beschaffen. Am 12. Dezember 1991 machten sich Jens K., Max D., der damals 18-jährige Peter B. und der 29-jährige Marco Z. auf den Weg, um einen Dorfladen in Lindchen zu überfallen. Während B. seinen Trabant auftankte, versuchten die anderen drei

Männer zunächst noch, durch den Verkauf von Waffen aus dem Besitz von Jens K. und Max D. an Geld zu kommen. Im Kofferraum des Autos von D., mit dem sie unterwegs waren, lagen zwei Kleinkalibergewehre, zwei Mauserpistolen und eine Maschinenpistole. Doch die Verkaufsverhandlungen scheiterten.

Danach trafen sich die drei wieder mit Peter B., um nun den Überfall in Lindchen durchzuführen. Mit den scharfen Waffen sollte die Herausgabe von Geld gefordert und notfalls auch in die Decke geschossen werden. Doch der Laden in Lindchen hatte bereits geschlossen, als die vier Männer dort auftauchten. Max D. trennte sich noch in Lindchen von der Gruppe. Die scharfen Waffen wurden vorher in den Kofferraum des Trabant umgeladen. Den steuerte B. zunächst nach Welzow. Dort stieß der 22-jährige Ralf P. dazu. Mit seiner Hilfe wurde nochmals versucht, eine der Waffen aus dem Kofferraum zu verkaufen. Doch auch dieser Versuch scheiterte. Deshalb schmiedete die Gruppe neue Überfallpläne.

Ziel war nun ein Spielcasino in Spremberg. Doch dafür schien der Gruppe der zweitürige Trabant, in dem sie unterwegs waren, ungeeignet. Weil keiner von ihnen ein Auto kurzschließen konnte, wollten sie sich mit einer vorgetäuschten Panne eines Fahrzeugs bemächtigen. Peter B., der eine der beiden Mauserpistolen durchgeladen bei sich trug, sollte dazu aussteigen und Hilfe anhalten.

Nachdem bei Freienhufen kein geeignetes Auto hielt, versuchten sie es mit eingeschalteter Warnblinkanlage auf der abzweigenden Straße nach Meuro. Timo K., auf dem Weg zur Weihnachtsfeier seiner Frau, hielt an, um zu helfen. Peter B., bewaffnet mit einer der beiden Mauserpistolen, trat an der Fahrerseite an die heruntergelassene Seitenscheibe und fragte zunächst nach dem Weg nach Welzow, um ein entgegenkommendes Auto passieren zu lassen. Dann verlangte er die Herausgabe des Autos. K. weigerte sich und B. wiederholte seine Forderung mit entsicherter Waffe. Als K. nicht ausstieg, sondern losfahren wollte, schoss ihm B. in die linke Schläfe. Dann ging er um das Fahrzeug herum, löste von der Beifahrerseite den Sicherheitsgurt und stellte den Motor ab. Als sich das Opfer dabei bewegte, schoss er ihm auch in die rechte Seite des Kopfes. Das Landgericht Cottbus bescheinigte Peter B. später bei seiner Verurteilung eine menschenverachtende Einstellung.

Zusammen mit Jens K. zog Peter B. das Opfer auf den Beifahrersitz. K. stieg hinten in den Wagen ein. Sie fuhren in ein Waldgebiet, der Trabant mit den beiden Mittätern hinterher. Als das Opfer sich scheinbar noch einmal regte, schoss K. mit der anderen Mauser-Pistole von hinten noch einmal auf Timo K.; ein tödlicher Schuss durch die Wirbelsäule, wie Gerichtsmediziner später feststellten. Weil der Familienvater da jedoch vermutlich bereits tot war oder im Sterben lag, wurde Jens K. später nur wegen versuchten Mordes und anderer Delikte zu 15 Jahren und nicht zu lebenslanger Haft verurteilt.[5] Peter B. lenkte den Opel Kadett dann an den Victoria-See bei Schipkau. Um die Spuren zu verwischen, übergossen die vier ihr Opfer und sein Auto mit Benzin aus einem Kanister im Kofferraum und setzten es in Brand. Zwei Tage später wurde das ausgebrannte Fahrzeug mit dem Toten auf dem Beifahrersitz gefunden.

Wer waren diese Männer, die so beiläufig und brutal töteten? Was die Beteiligten an dem mörderischen Überfall auf Timo K. und die anderen selbsternannten »Werwölfe« verband, waren vor allem Alkohol, die Begeisterung für Waffen, Wehrmacht und Waffen-SS, sowie, zum Teil, soziales Scheitern. Einige der »Werwölfe« waren schon vor der Wende im rechtsradikalen Milieu aktiv. Mehrere der an dem Mord an Timo K. Beteiligten kamen aus geschiedenen Ehen, hatten prügelnde Väter und Stiefväter erlebt und waren selbst alkoholabhängig.

Der Anführer der Gruppe war erst ein Jahr vor dem Mord nach einer stationären Entziehungskur »trocken« geworden. Schon zu DDR-Zeiten hatte sich Jens K. mit der NS-Zeit beschäftigt. Seine Waffenbegeisterung lebte er in der Gesellschaft für Sport und Technik (GST) aus, einer paramilitärischen Jugendorganisation der DDR zur Vorbereitung auf den Wehrdienst. Dort lernte er Sport- und Vorderladerschießen und auch den Umgang mit Schwarzpulver.

Marco Z., der Mitglied der *1. Werwolf-Jagdeinheit* werden wollte und am Überfall auf Timo K. beteiligt war, war ebenfalls kurze Zeit in der GST. Auch er trank, kam aus einer zerrütteten Familie und war schon zu DDR-Zeiten mehrfach vorbestraft. Wegen Diebstahl, Raub und Schlägereien hatte er Haftstrafen abgesessen. Er trug, damals unüblich, Tätowierungen auf Händen, Hals und sogar im Gesicht.

Die Mutter von Peter B., der Timo K. zwei Mal in den Kopf schoss, starb, als er 16 war. Der Stiefvater prügelte ihn. B. trank und schloss sich nach der Wende der rechten Szene an. Im Prozess am Landgericht Cottbus wurde außerdem bekannt, dass Peter B. seine rechte Gesinnung schon von seinem leiblichen Vater, ebenfalls ein Trinker, übernommen hatte. Zu welcher rechtsradikalen Gruppierung er Kontakt hatte, ist nicht bekannt. Den Werwolf-Anführer Jens K. hatte er bei einer Arbeitsbeschaffungsmaßnahme kennengelernt. B. wollte Mitglied der »Werwölfe« werden und bereitete sich schon auf ein Feldlager vor. Für die dazu nötige Ausrüstung hatte er bei Jens K. Schulden gemacht. Das war ein Grund, warum er sich an dem geplanten Überfall beteiligte, der mit dem Mord endete.

Der vierte Beteiligte, Ralf P., hatte zum Zeitpunkt der Tat schon eine Skinhead-Karriere hinter sich. Aus dieser Zeit stammte eine Verurteilung wegen Brandstiftung und Diebstahl.

Nach dem Mord dauerte es fast ein Jahr, bis die Polizei der konspirativ abgeschotteten *Werwolf-Jagdeinheit* auf die Spur kam. Hinweise von Anwohnern auf Schüsse und Sprengungen im Tagebaugebiet führten letztendlich zum Erfolg. Die Gruppe hatte während dieser Zeit ihre Aktivitäten fortgesetzt, allerdings ohne den Todesschützen Peter B., der sich Anfang 1992 zu seiner Schwester nach Bayern absetzte. Jens K. und Max D. kauften unmittelbar nach dem Mord an Timo K. 250 russische Handgranaten. Die wurden in Erddepots vergraben, ein Teil davon auf Bestellung wieder hervorgeholt. An wen sie verkauft wurden, ist nicht bekannt. Über 150 Granaten wurden später durch die Polizei sichergestellt.

Mitglieder der Gruppe lösten von März bis Ende Mai 1992 mindestens fünf Explosionen aus. Sie sprengten Sandsteinbrocken und verlassene Trafohäuschen im Tagebaugelände. Einer aus der Gruppe besaß bis zur Festnahme im Oktober 1992 eine gut erhaltene und nur unzureichend durch einen verschweißten Bolzen und einen Stift unbrauchbar gemachte Maschinenpistole. Im Sommer 1991 hatte er die Waffe in Einzelteilen von einem Händler in Dortmund gekauft. Er baute die Maschinenpistole, Baujahr 1942, zusammen und hängte sie sich zu Hause an die Wand.

Ohne den Mord an K. und die dadurch ausgelösten intensiven Ermittlungen hätte die Gruppe vermutlich noch länger im Untergrund agieren können. Eine Gruppe mit Mitgliedern, von denen zumindest einige ein rechtsextremes Weltbild hatten und die über eine ganze Reihe scharfer Waffen verfügten. Im Juni 1992 wurde zunächst Jens K., der Anführer der Gruppe, wegen illegalen Waffenbesitzes festgenommen, drei Wochen später aber wieder freigelassen.

Im Oktober 1992 hob dann ein Großaufgebot der Polizei die ganze Clique aus. Von acht beantragten Haftbefehlen wurde aber nur einer vollstreckt, der gegen Jens K. Bei der Razzia wurden Karabiner, Pistolen, eine Maschinenpistole und andere Waffen gefunden, dazu jede Menge Handgranaten und Nazi-Devotionalien. Fotos von einer Präsentation der Funde durch die Polizei zeigen ein umfangreiches Arsenal: Neben den Waffen liegen Gasmasken, Stahlhelme, zum Teil mit SS-Runen an der Seite, Hakenkreuz- und Reichskriegsflaggen. Bierkrüge mit Hakenkreuzbinde, ein gerahmtes Hitler-Bild, eine Ausgabe von »Mein Kampf«. Dazu damals aktuelle Neonazi-Propaganda und rechtsradikale Musik.

Dass die Senftenberger »Werwölfe« nicht nur in der NS-Vergangenheit schwelgten, belegt ein von der Polizei sichergestellter »Einsatzbefehl I/08-1992« von Jens K.: »Kameraden! Ab sofort ist dafür Sorge zu tragen, dass in Rostock und anderen Kanakensammelplätzen die nationalistische Grundidee unseres deutschen Volkes präsent ist.«[6] Im August 1992 hatte es in Rostock-Lichtenhagen vor der Zentralen Aufnahmestelle für Asylbewerber die bis dahin schwersten fremdenfeindlichen Übergriffe in der bundesdeutschen Geschichte gegeben. Hunderte Gewalttäter belagerten nächtelang ein Hochhaus, in dem vietnamesische Vertragsarbeiter und Flüchtlinge untergebracht waren. Sie zwangen die Polizei zeitweise zum Rückzug und wurden von Tausenden Schaulustigen angefeuert und beklatscht. Mit Brandsätzen legten sie schließlich Feuer in dem Gebäude. Nur glücklichen Umständen war es zu verdanken, dass dabei niemand zu Tode kam. Für Jens K. und seine »Werwölfe« war das Rostocker Pogrom offenbar eine nachahmenswerte Aktion.

Hans-Ulrich Polender, seinerzeit Oberstaatsanwalt in Cottbus, bezeichnete damals die *Werwolf-Jagdeinheit Senftenberg* als »die gefährlichste rechtsextremistische Gruppierung in Ostdeutschland«.[7] Sie habe sich als »Elitetruppe« verstanden, die bei politischen Umstürzen mitmischen wollte. Die Bundesanwaltschaft übernahm im Herbst 1992 die Ermittlungen gegen die Senftenberger »Werwölfe« wegen Bildung einer kriminellen Vereinigung nach §129 Absatz 1 Strafgesetzbuch. Doch der Ermittlungsrichter am Bundesgerichtshof (BGH) hob auf Antrag der Beschuldigten im November 1992 fünf Haftbefehle des Amtsgerichtes Senftenberg gegen Mitglieder der Gruppe wieder auf. Er äußerte Zweifel an einer ausreichenden Gruppenstruktur und einem ausreichenden Gruppenwillen der »Werwölfe«, um als kriminelle Vereinigung zu gelten.[8] Die dagegen eingereichte Beschwerde des Generalbundesanwaltes blieb ohne Erfolg.

In seinem Beschluss vom 17. Dezember 1992 bestätigte der 3. Strafsenat des Bundesgerichtshofes die Freilassung der Männer aus der Untersuchungshaft. Zwar habe es ein Zusammengehörigkeitsgefühl gegeben, doch keine bedingungslose Unterordnung unter den Willen des Anführers. Als dieser vorschlug, den am Raubmord an Timo K. beteiligten Marco Z. in die Gruppe aufzunehmen, habe diese das abgelehnt, fügt der BGH als Beleg

Beschlagnahmte Ausrüstung der *1. Werwolf-Jagdeinheit Senftenberg*, 1992

dafür an. Es habe der Gruppe auch an innerer Struktur gefehlt, um ohne ihren Anführer zu funktionieren. Als Jens K. im Sommer 1992 drei Wochen in Untersuchungshaft saß, habe es Auflösungserscheinungen gegeben. Entscheidend für die BGH-Richter war jedoch das aus ihrer Sicht fehlende, entscheidende Merkmal einer kriminellen Vereinigung: der gemeinsame Wille, Straftaten zu begehen. Mitglieder der Gruppe hätten beteuert, dass ihre militärsportliche Betätigung »zur Pflege militärischer und nationalsozialistischer Tradition«[9] Selbstzweck gewesen sei. Eine Ausbildung und Bewaffnung, um sich an politischen Auseinandersetzungen zu beteiligen, zum Beispiel an Ausschreitungen gegen Ausländer, sei nicht geplant gewesen. Das, so der BGH, könne nicht widerlegt werden.

Auch der Mord an Timo K. sei keine »von der Wehrsportgruppe als solcher geplante, durchgeführte oder auch nur in ihrem Interesse erfolgte Straftat«[10] gewesen. Von den an dem Raubmord Beteiligten sei nur Jens K. Mitglied der Gruppe gewesen, so der BGH. Zu einer ähnlichen Einschätzung kam später das Landgericht Cottbus in dem Prozess um den gewaltsamen Tod des Familienvaters. Die beiden Schüsse von Peter B. auf den Kopf von Timo K. seien eine »Einzelexzesstat« gewesen. Eine Absprache mit den anderen Beteiligten an dem Überfall, dass auf Menschen geschossen werden soll, sei nicht nachzuweisen gewesen. Zwar belegten Aussagen anderer, so der BGH in seiner Einschätzung weiter, dass Jens K. als Fernziel der Gruppe angegeben habe, mitzumischen »wenn es mal hart auf hart kommt, etwa bei einem politischen Umschwung«, doch das belege nicht, dass die Gruppe insgesamt ein solches Ziel verfolgt habe.[11] Die Überlegung, dass die Mischung aus zunehmender Militarisierung, elitärem nationalsozialistischem Herrenmenschengehabe und der Zugang zu Waffen auch im Umfeld der offiziellen Gruppenmitglieder den Mord an dem Familienvater begünstigt, wenn nicht überhaupt erst möglich gemacht haben könnte, spielte bei der juristischen Beurteilung keine Rolle.[12]

Die Entscheidung des BGH, in den Senftenberger »Werwölfen« keine kriminelle Vereinigung zu sehen, reihte sich ein in andere Entscheidungen über ähnliche Gruppen in der Bundesrepublik. Rund ein Dutzend solcher Neonazi-Gruppen waren damals aufgedeckt worden. Doch der Nachweis einer kriminellen Vereinigung scheiterte stets an den nach Ansicht der Richter zu schwachen Strukturen auch bei offensichtlich militanten Neonazis. Das gegen Linksterroristen wie die RAF wirksame politische Strafrecht der Bundesrepublik erwies sich als schwer anwendbar auf eine ganze Reihe von braunen Banden Anfang der 1990er-Jahre.[13]

Im Januar 1994 begann der Prozess am Landgericht Cottbus gegen Jens K., Peter B. und die beiden anderen Beteiligten an dem mörderischen Überfall auf Timo K. Der zur Tatzeit 18-jährige Peter B., dessen Kopfschuss den Familienvater tötete, erhielt neun Jahre Jugendhaft. Jens K., verheiratet und Vater von drei Kindern, wurde wegen versuchten Mordes und anderer Delikte zu 15 Jahren Gefängnis verurteilt. Die andern beiden Angeklagten bekamen Haftstrafen von drei und viereinhalb Jahren wegen schweren Raubes.

Kathrin K., die Witwe des Mordopfers, war nicht einen Tag im Gerichtssaal. Das hätte sie nicht ertragen, sagt sie. Jens K. kannte sie als Vater, der sein Kind aus dem Kindergarten abholte, in dem sie damals als Erzieherin arbeitete. Und: »Mit seiner Frau habe ich im Krankenhaus zusammen entbunden.«

Im Juni 1994 begann der zweite Prozess am Landgericht Cottbus. Nun wurde gegen vier »Werwölfe« wegen Verstoß gegen das Sprengstoffgesetz verhandelt. Alle waren geständig und versuchten, die Explosionen mit selbst hergestelltem Sprengstoff als harmlosen Spaß abzutun. Sie hätten niemals Menschen gefährden wollen, versicherten sie vor Gericht. Aus Unkrautvernichtungsmittel und Zucker hatten sie ein explosives Gemisch hergestellt und damit Feuerlöscher, Benzinkanister und Bierdosen in die Luft gejagt. Die Urteile nach zweiwöchiger Verhandlung fielen mild aus. Die Angeklagten kamen mit Bewährungsstrafen zwischen neun und 22 Monaten davon. Die Männer seien geständig, nicht vorbestraft und kämen aus geordneten sozialen Verhältnissen, hieß es in der Urteilsbegründung.

Nur oberflächlich wurde ein möglicher politischer Hintergrund der Taten gestreift. Das Gericht stellte zwar fest, dass die Angeklagten »mit unterschiedlicher Anbindung und Motivation« Mitglieder der Wehrsportgruppe waren und zu ihren gemeinsamen Interessen auch die »Beschäftigung mit nationalsozialistischem Gedankengut« zählte. Und dass die Gruppe ihnen in den Umbrüchen nach dem Ende der DDR Halt gegeben habe. Mehr nicht.

In einem abgetrennten Verfahren wurde Max D. zu vier Jahren und zehn Monaten Haft verurteilt. Er besaß kistenweise russische Handgranaten, Munition, mehrere Pistolen und Gewehre, alles illegal erworben. D. hatte den Anführer der »Werwölfe« Anfang 1991 auf einem Schützenvereinstreffen kennengelernt. Sein Kontakt zu der Gruppe war nach Überzeugung des Gerichtes nur von seiner Waffenbegeisterung getrieben. Ob die beiden auch rechtsextremes Gedankengut verband, blieb in dem Prozess offen. Drei weitere Komplizen verurteilte das Amtsgericht Senftenberg in einem gesonderten Verfahren ebenfalls zu Bewährungsstrafen.

Nach der Haft verlieren sich die Spuren der selbsternannten Senftenberger »Werwölfe«. Jens K. zumindest blieb während seiner Haft der rechtsradikalen Szene treu. 2006 stand er noch auf einer Liste von Gefangenen, die durch die *Hilfsorganisation für nationale politische Gefangene und deren Angehörige (HNG)* betreut wurde.[14] Die 2011 verbotene *HNG* war mit über 600 Mitgliedern die größte Neonazi-Organisation in Deutschland. Sie gab sich nach außen karitativ, gab jedoch rechtsextremen Straftätern vor allem das Gefühl, dass ihre Taten gerechtfertigt seien und versuchte, die Inhaftierten in ihrer Gesinnung zu bestärken. Dadurch sollten sie über die Haft hinaus an die neonazistische Szene gebunden werden.

Doch es gibt weitere Spuren, die zeigen, dass K. sich hinter Gittern in seiner Gesinnung verfestigte. Als »Werwölfchen« schrieb er in mehreren Ausgaben des Fanzines »Der weisse Wolf«. Der »Rundbrief für inhaftierte Kameraden« war 1996 in der JVA Brandenburg von inhaftierten Neonazis um Carsten Szczepanski, später V-Mann »Piatto« des brandenburgischen Verfassungsschutzes, gegründet worden.[15] Zur Herstellung nutzten die Extremisten die Redaktion der Gefängniszeitung und einen dort vorhandenen Kopierer. »Der weisse Wolf« spielte später bei den Untersuchungen zur Entstehung des *Nationalsozialistischen Untergrunds* eine Rolle. 2002 war dort im Zusammenhang mit einer Spende von 2.500 Euro zum ersten Mal das Kürzel *NSU* aufgetaucht.[16]

In einem der Fanzines äußerte sich Jens K. auch zu seiner Person und seiner Tat. Er schreibt, dass er zu Recht im Gefängnis sitze, weil er mit dafür verantwortlich sei, dass »ein unschuldiger deutscher Familienvater« sein Leben verlor. Die Tat sei nicht geplant gewesen. Er schäme sich dafür umso mehr, »dass ich als Deutscher einem Deutschen das Leben nahm«.[17]

Das Leben der Familie von Timo K. wurde jahrelang durch seine Ermordung überschattet. Der damals fünfjährige Sohn habe besonders darunter gelitten, sagt die Witwe Kathrin K. »Der hat sehr an seinem Vater gehangen und er hat meinen Zusammenbruch nach dem Tod von Timo miterlebt.« Inzwischen sind beide Kinder erwachsen, studieren oder stehen im Berufsleben. Sie haben ihren Weg ins Leben gefunden.

MAIK BAUMGÄRTNER

»SIEG ODER WALHALLA«

DIE UNAUFGEKLÄRTEN TATEN DER *NATIONALEN BEWEGUNG*

Verfassungsschützer, V-Leute und Neonazis. Nicht erst seit dem Auffliegen der rechtsterroristischen Vereinigung *Nationalsozialistischer Untergrund (NSU)* im November 2011 sorgt dieser Dreiklang für Schlagzeilen. Seit der Wiedervereinigung mordeten, zündelten und prügelten Neonazis – oft war der Verfassungsschutz mit seinen Zuträgern nah am Geschehen. Zu nah. Im Märkischen reihte sich um die Jahrtausendwende ein Geheimdienstskandal an den nächsten, und immer ging es um militante Kameraden, die als V-Leute für den Dienst arbeiteten und während oder vor ihrer Tätigkeit in Verbrechen verstrickt waren.[1]

Im Jahr 2000 sorgte eine Vereinigung mit dem Namen *Nationale Bewegung* durch Propagandaaktionen und Brandanschläge in Potsdam und Umgebung bundesweit für Aufsehen. Ein Drohbrief der konspirativ agierenden Organisation führte zu einem Polizeieinsatz mit Hunderten Beamten, um eine Lesung vor einem möglichen Anschlag zu schützen. Bis heute sind die Strukturen dieser rechtsterroristischen Gruppe nicht aufgeklärt. Kein Täter konnte gefasst werden. Viele Fragen sind offen, die drängendsten drehen sich um den Einsatz eines V-Mannes, der für den Verfassungsschutz tätig war und eine wichtige Polizeiaktion gegen die *Nationale Bewegung* zum Desaster werden ließ.

PROPAGANDA, BRÄNDE UND BEDROHUNGEN – CHRONIK DER *NATIONALEN BEWEGUNG*

Am 67. Jahrestag der Ernennung Adolf Hitlers zum Reichskanzler trat die *Nationale Bewegung* erstmals öffentlich in Erscheinung. In der Nacht zum 30. Januar 2000 brachten ihre Mitglieder an einer Brücke an der A 115 zwischen Potsdam und Berlin, in Höhe des heutigen Dreiecks Nuthetal, eine rund ein mal ein Meter große, mit einem Hakenkreuz bemalte Platte an. In Gedenken an Horst Wessel, einen Berliner SA-Sturmführer, der in der

Neonazi-Szene als »Märtyrer der Bewegung« verehrt wird. Ein Bekennerschreiben, wie es üblich für die Vereinigung werden sollte, konnte von den Ermittlern am Tatort nicht gefunden werden.

Knapp vier Wochen später tauchte der Name *Nationale Bewegung* erstmals öffentlich im Zusammenhang mit einer Straftat auf. Am 24. Februar meldete sich ein anonymer Anrufer beim Radiosender Radio 1 mit den Worten: »Ich gehöre zur Nationalen Bewegung und habe heute auf einem jüdischen Friedhof ein Zeichen gesetzt.« Auf dem jüdischen Friedhof in der Potsdamer Puschkinallee wurde wenig später ein rotes Holzkreuz, das zwischen zwei Grabsteinen hing, gefunden. Darauf war ein Hakenkreuz und die Aufschrift »Die Nationale Bewegung gedenkt dem durch jüdische Kommunisten ermordeten SA-Helden Horst Wessel zum 70. Todestag.« Sowohl Farbton und chemische Zusammensetzung der roten Farbe stimmten mit der Farbe von der Aktion an der Autobahn im Januar überein. Es sollte nicht das letzte Mal sein, dass die *Nationale Bewegung* auf dem Jüdischen Friedhof zuschlug.

Ende März hängte die *Nationale Bewegung* an einer Eisenbahnbrücke in Potsdam ein rotes, mit einem Hakenkreuz besprühtes Tuch auf, dazu sprühte sie das Datum »21.03.1933«. Am Transparent war ein Bekennerschreiben[2] befestigt, in dem die Gruppe anlässlich des Jahrestages des »Tages von Potsdam« Hitlers Ernennung zum Reichskanzler feierte. Symbolisch aufgeladene Propagandataten, die sich offen auf den Nationalsozialismus bezogen, sollten das Markenzeichen der *Nationalen Bewegung* werden. Aber mit ihrer vierten Aktion zeigte die Gruppe bereits ihre Gewaltbereitschaft: Die *Nationale Bewegung* schickte einen Drohbrief an die antimilitaristische Kampagne gegen Wehrpflicht, Zwangsdienste und Militär in Potsdam.

Am Morgen des 21. April hing an einem Gerüst am Lerchensteig in Potsdam-Nedlitz eine 4 mal 1,50 Meter große Hakenkreuzfahne. Vor Ort wurde ein Bekennerbrief sichergestellt, in dem die *Nationale Bewegung* Adolf Hitler zum Geburtstag gratulierte.[3] Keine zehn Autominuten entfernt, an der B 273, wurde eine weitere Fahne, mit dem Spruch »Sieg Heil mein Führer« entdeckt.[4] Zum Tag der Befreiung, am 8. Mai, beschädigte und schändete die Gruppe das sowjetische Ehrenmal in Stahnsdorf im Landkreis Potsdam-Mittelmark. Der Obelisk wurde mit einem hölzernen Hakenkreuz und einem Eisernen Kreuz versehen, auf dem Hakenkreuz befand sich die Aufschrift: »Wir gedenken den deutschen Soldaten, die im 2. Weltkrieg 1939–45 gefallen sind.« In einem Bekennerschreiben[5] erklärten die Neonazis, mit ihrer Tat »an die tapferen Soldaten des Reiches« erinnern zu wollen. Gegenüber der »Berliner Morgenpost« erklärte ein Polizeisprecher, dass es sich bei der *Nationalen Bewegung* nicht um eine konkrete Gruppe handele, sondern um wenige Täter, »die seit Beginn dieses Jahres in Potsdam und Umgebung ihr Unwesen treiben«.

Nachdem es mehr als drei Monate zu keinen bekanntgewordenen Anschlägen mehr gekommen war, meldete sich die *Nationale Bewegung* im Spätsommer zurück. In Glasow, einem Ortsteil von Mahlow, zwischen Potsdam und Königs Wusterhausen gelegen, sprühten die Neonazis auf ein sowjetisches Ehrenmal zwei Hakenkreuze und das Wort »Mörder«. Dreizehn Gräber wurden mit schwarzer Farbe besprüht, auf den Fußweg vor dem Ehrenmal wurden die Worte »Juden« und »Kommunisten« geschrieben. Die Schäden und Sprühereien wurden am 6. September 2000 entdeckt. Wieder hinterließ die Gruppe ein Bekennerschreiben.[6] Die Vereinigung setzte ihre antisemitischen Aktionen fort und attackierte in der Nacht zum 20. September 2000 die Begegnungsstätte Villa Grenzenlos. In dem Gebäude, das der Stadt Potsdam gehörte, hatte wenige Tage zuvor eine Jüdische Volkshochschule eröffnet, deren Programm sich an jüdische Einwanderer richtete. An dem Gebäude und auf dem Grundstück sprühten die Neonazis die Parole »Juden raus«, ein Hakenkreuz und SS-Runen. Außerdem brachten sie ein Transparent mit einem durchgestrichenem Davidstern und dem Spruch »Potsdam ohne – keine Juden« an. In einem Bekennerschreiben forderte die Vereinigung »keine Fördergelder für Juden«.[7] Der damalige Oberbürgermeister Matthias Platzeck erklärte in einer extra anberaumten Pressekonferenz, dass »solche Scheußlichkeiten« in Potsdam weder geduldet noch hingenommen würden. Doch bereits einen Tag später schlugen die Neonazis in Stahnsdorf erneut zu und führten ihren ersten belegbaren Brandanschlag aus. Dabei brannte am 21. September der Imbiss eines türkischen Gewerbetreibenden ab. Im Brandschutt lag eine Geldkassette mit einem Bekennerschreiben: »Kauft nicht bei Türken!!! Schluß mit der Schändung des deutschen Volkskörpers durch Ausländer und ihrer Multikulti-Küche. Die Nationale Bewegung.« Auch die brandenburgische Presse geriet in den Fokus der Organisation. Am 13. November 2000 ging ein Brief mit antisemitischem Inhalt bei der »Märkischen Allgemeinen Zeitung« in Potsdam ein. Adressat war die Chefredaktion der Zeitung, im Brief wurden Drohungen gegen die Jüdische Gemeinde ausgesprochen.

Kurz vor Silvester, am 28. Dezember 2000 brannten die Neonazis in Trebbin erneut den Imbisswagen eines türkischen Gewerbetreibenden nieder. In einer Geldkassette konnte ein verkohltes Schreiben gefunden werden: »(…) Kampf gegen unarische Überbevölkerung und Kanackenfraß (…) setzen Unschlüssigen, noch nicht zum öffentlichen Wiederstand Bereiten (…)n leuchtendes Zeichen! (…) im Türken !!! (…)e Bewegung.« Am 8. Januar 2001 kam es erneut zu einem Anschlag auf dem jüdischen Friedhof in Potsdam. Mit Brandbeschleunigern wurde eine Tür der denkmalgeschützten Trauerhalle in Brand gesetzt. Die Flammen zerstörten die Tür fast vollständig, durch Ruß wurden die Fassade und der Innenraum beschädigt. Da das Feuer von allein erlosch, entstanden keine weiteren Schäden. »Kampf dem Judentum«, proklamierte die *Nationale Bewegung* in einem Bekennerschreiben[8] und löste mit ihrem Anschlag deutschlandweit Entsetzen aus. »Die Gewalt nimmt ein Ausmaß an, das unerträglich ist«, sagte Paul Spiegel, zum Zeitpunkt des Brandanschlags Präsident des Zentralrats der Juden, gegenüber dpa. Sieben Tage später, am 15. Januar, schickte die Vereinigung ein Päckchen mit einer Scheibe verdorbenen Schweinefleisches an ein Wohnheim für jüdische Einwanderer. Die Neonazis drohten: »Der Friedhof war der Anfang, erkennt endlich die Zeichen der Zeit!«[9]

Zum Jahrestag ihrer ersten Aktion meldete sich die *Nationale Bewegung* erneut. Am 30. Januar 2001 erreichten Drohbriefe der Gruppierung die Ausländerbeauftragte des Landes, Almuth Berger, und die Heinrich-Böll-Stiftung, einen Tag später gingen identische Schreiben an das Hans-Otto-Theater und das Polizeipräsidium Potsdam. In den Schreiben kündigten die Neonazis an, es werde »im Theaterhaus Am Alten Markt das Blut derer fließen, welche meinen, sich mit der Teilnahme an der Veranstaltung gegen den größten deutschen Kanzler schmücken zu können«.[10] An diesem Abend sollte eine Lesung aus Adolf Hitlers »Mein Kampf« mit dem Kabarettisten Serdar Somuncu stattfinden. Trotz der Drohung fand die Veranstaltung ohne Störungen mit rund 700 Besuchern statt. Somuncu trug zu Beginn eine kugelsichere Weste, über 100 Polizeibeamte waren zum Schutz der Lesung im Einsatz – die Behörden nahmen die Drohung ernst. Der größte Polizeieinsatz, den die *Nationale Bewegung* durch ihre 15 belegten Aktionen auslöste, war zugleich der letzte. In Berliner und Brandenburger Medien wurden der Gruppe zum Teil weitere Taten zugerechnet, die jedoch in den offiziellen Chroniken der Behörden nicht registriert sind. Ohne eine öffentliche Verlautbarung verschwand die Gruppe von der Bildfläche. Ob möglicherweise weitere Taten auf das Konto der rechtsterroristischen Vereinigung gehen, ist unbekannt. Die Ermittler des Landeskriminalamts verfolgten in den folgenden Jahren etliche weitere Spuren, aber ohne Erfolg.

Potsdam, 8. Januar 2001:
Trauerhalle des jüdischen Friedhofs
nach dem Brandanschlag

KEIN BRAUNER TERRORISMUS

Wenige Monate vor der Drohung gegen das Theater, im Oktober 2000, sorgte ein Artikel[11] im Nachrichtenmagazin »Der Spiegel« für hektische Betriebsamkeit im Innenministerium in Potsdam. In dem Beitrag zitiert das Magazin einen Staatsschützer, der im Zusammenhang mit der *Nationalen Bewegung* von einer »neuen Qualität« sprach, da deren Taten »ein hohes Maß an intensiver Planung und zielgerichtetem Vorgehen« aufwiesen. Die in dem Artikel angedeuteten Parallelen zum organisierten, konspirativen und ideologischen Terrorismus der Roten Armee Fraktion wies die Innenbehörde entschieden zurück. »Wir haben keine Belege für einen organisierten terroristischen Untergrund«, sagte der damalige Ministeriumssprecher Heiko Homburg gegenüber der »Berliner Zeitung«.[12] Diese Haltung änderte sich im Land nicht. Die *Nationale Bewegung,* so mutmaßte man im Brandenburger Innenministerium auch noch im Jahr 2002, sei eine »Kleinstgruppe« gewesen. »Rechtsextremistischer« oder »brauner« Terrorismus gebe es in Brandenburg nicht.[13] Dabei wurden die Taten sehr wohl ernst genommen. Die Anschläge standen nahezu immer im Kontext zu historischen Ereignissen, waren antisemitisch, volksverhetzend und rassistisch.

Im Landeskriminalamt ermittelte eine 18-köpfige, eigens eingerichtete Ermittlungskommission NABE. Im Visier der Ermittler waren dabei auch bekannte Anti-Antifa-Aktivisten aus Potsdam. Zwischenzeitlich verdächtigten die Ermittler mehr als zehn Personen, der *Nationalen Bewegung* oder deren Umfeld anzugehören. Doch zu einer Verhaftung oder Verurteilung von Mitgliedern haben die Ermittlungen nie geführt.

Anfang Januar 2001 hatte Generalbundesanwalt Kay Nehm die Ermittlungen zum Brandanschlag auf den jüdischen Friedhof und damit gegen die *Nationale Bewegung* an sich gezogen. Die Behörde erklärte in einer Pressemitteilung,[14] dass die Täter hinter dem Anschlag entschlossen sein könnten, »künftig außer Propagandadelikten auch schwere Gewaltverbrechen zu begehen«. »Die strafbaren Aktionen der Nationalen Bewegung zeigten eine erhebliche Eskalation der Gewalt«, schrieb der zuständige Staatsanwalt. In nicht öffentlichen Aktenvermerken hieß es damals in Karlsruhe, dass keine »Umstände« ersichtlich seien, um von einem »Einzeltäter« auszugehen. Dafür spreche nicht nur die Verwendung des Fürwortes »Wir«, das »ein gemeinschaftliches Vorgehen bei der Tatausführung betont«. Auch die »Vorgehensweisen deuten auf ein Zusammenwirken mehrerer Personen hin«, da man »Spuren verschiedener Beteiligter festgestellt« habe und »die Bekennerschreiben mit unterschiedlichen Druckern hergestellt« wurden.

Die *Nationale Bewegung* ließ nichts mehr von sich hören. Als jedoch am 14. und 17. August 2001 vier Transparente mit der Aufschrift »Ewig treu wie Hess« von Unbekannten in Babelsberg und an der A 115 aufgehängt wurden, gab es plötzlich neue Spuren. An den Tatorten wurden zwar keine Bekennerschreiben gefunden, auch die *Nationale Bewegung* tauchte nicht namentlich auf. Doch mehrere Ermittlungsergebnisse ließen auf einen möglichen Zusammenhang mit den Aktionen der Vereinigung schließen. Zum einen der Tatort an der A 115, der nur wenige Kilometer von dem Punkt entfernt liegt, an dem die *Nationale Bewegung* am 30. Januar 2000 ihre erste Propagandaaktion durchgeführt hatte. Noch deutlicher waren die Erkenntnisse der kriminaltechnischen Untersuchungen. Drei der verwendeten Bettlaken stimmten in Farbe und Fadenaufbau mit dem Laken überein, das am 21. September 2000 an der Villa Grenzenlos entdeckt worden war. Zudem war die Sprühfarbe aller vier Laken in »Farbton« und »chemischer Zusammensetzung« identisch mit der verwendeten Farbe am 30. Januar 2000, am 23. Februar 2000 (Holzkreuz auf dem Friedhof) und bei den Sprühereien an der Villa Grenzenlos. Nach vier Jahren, im Oktober 2005, stellte der Generalbundesanwalt die Ermittlungen schließlich ein.

KEIN »V-MANN-SKANDAL«

Wenige Tage nach den Drohungen gegen die Veranstaltung im Hans-Otto-Theater hatten 200 Polizeibeamte am 7. Februar 2001 die Wohnungen von 19 Neonazis durchsucht, als »präventive Maßnahme«. Erst zwei Jahre später, die Taten der *Nationalen Bewegung* waren schon in Vergessenheit geraten, wurden die wahren Hintergründe der Durchsuchungsaktionen bekannt. Entgegen aller Bekundungen, dass es darum ginge, »den harten Kern der Rechtsextremen zu isolieren und die Mitläufer durch Verunsicherung aus der Szene zu lösen«, wie eine Sprecherin des Innenministeriums damals gegenüber der »taz« erklärte, war das eigentliche Ziel die *Nationale Bewegung.*[15]

Die rückwirkend bekanntgewordenen Details aus dem Jahr 2001 bilden eine Chronologie des Versagens der brandenburgischen Sicherheitsbehörden. Sie zeigen einmal mehr die Risiken und Konsequenzen der Zusammenarbeit mit Spitzeln und Zuträgern aus der Neonazi-Szene. Am 6. Februar 2001 telefonierte Christian K., der als V-Mann für den Landesverfassungsschutz arbeitete, mit Sven S., einem wichtigen Akteur der im Jahr 2000 verbotenen Neonazi-Organisation *Blood & Honour.* Was er nicht wusste: Das Landeskriminalamt schnitt das Telefonat mit. In dem Gespräch teilte K. mit, dass er von einer Razzia erfahren habe, die für den 17. Februar geplant sei. Laut einem Bericht des »Spiegel«[16] soll Sven S. wenig überrascht gewesen sein und seinem Gesprächspartner signalisiert haben, bereits über die geplanten Durchsuchungen Bescheid zu wissen. In einem Vermerk des Landeskriminalamts Sachsen-Anhalt hieß es, dass sich S. »aus der Konzert-Organisation und sonstigen strafrechtlich relevanten Aktivitäten zurückgezogen hat, seit er als Informant für das LKA Brandenburg geführt wird«. Das märkische LKA dementierte diese Zusammenarbeit jedoch. Das abgehörte Telefonat löste hektische Reaktionen aus. Die Razzia wurde vorgezogen und bereits am folgenden Abend durchgeführt. Hinweise auf die Taten oder Mitglieder der *Nationalen Bewegung* förderte sie nicht zutage.

Was die Öffentlichkeit erst 2003 erfuhr, ist ein Skandal, von dem es verschiedene Versionen gibt. Unstrittig ist allein das Telefonat zwischen K. und S. Danach gehen die Geschichten und Erklärungen auseinander. Die eine, für den Verfassungsschutz wohlwollende Variante, geht so: Der V-Mann-Führer von Christian K. habe, wie es häufig passiert, vor einer anstehenden Razzia gewarnt, ohne ein genaues Datum zu nennen. Den genauen Termin habe K. in der Kneipe Pippi Langstrumpf in Borkwalde erfahren, da sich zwei zivil gekleidete Polizisten darüber unterhalten hätten und K.

das Gespräch mithören konnte. Die zweite und wahrscheinlichere Version ist schnell erzählt: Der V-Mann-Führer soll K. über das genaue Datum der Razzia informiert und seinem V-Mann die Geschichte mit den Beamten in der Kneipe als zu erzählende Geschichte diktiert haben.

Der durch Recherchen des »Tagesspiegel« und der »Märkischen Allgemeinen Zeitung« ins Rollen gekommene Fall beschäftige auch den Landtag. Gerade erst hatten sich dort die Wogen nach dem letzten Geheimdienstskandal etwas gelegt: Ein halbes Jahr zuvor hatten sich die Parlamentarier mit dem V-Mann Toni Stadler beschäftigt. Der Gubener war vom Berliner LKA festgenommen worden, weil er Rechtsrock-CDs mit Mordaufrufen unter anderem gegen den Generalstaatsanwalt Brandenburgs produziert hatte. Nun standen die Vorgänge um die verratene Razzia und Christian K. auf der Tagesordnung der geheim tagenden Parlamentarischen Kontrollkommission, dem zuständigen Gremium für den Geheimdienst. Der Landtagsabgeordnete Christoph Schulze, der für die SPD den Vorsitz der Kommission innehatte, erklärte völlig überraschend nach einer Sitzung mit dem Verfassungsschutzchef Heiner Wegesin: »Es gibt keinen V-Mann-Skandal.« Durch den Verrat sei kein Schaden verursacht worden.

Kaum vorstellbar, dass keine verwertbaren Informationen über die Täter oder deren Umfeld durch die vielen Zuträger des Verfassungsschutzes Brandenburg in dieser Zeit gewonnen werden konnten. So hält sich auch eine Mutmaßung hartnäckig bei so manchem Szenekenner und polizeilichem Staatsschützer: Der Verfassungsschutz habe, so die nicht belegte Erzählung, einen V-Mann in oder nah an der *Nationalen Bewegung* gehabt. Die fortschreitenden Ermittlungen des Landeskriminalamts, die Einschaltung des Generalbundesanwalts und die bevorstehende Razzia hätten dazu führen können, dass dieser enttarnt wird. Dies hätte für den Verfassungsschutz nicht kalkulierbare Konsequenzen nach sich gezogen und wäre ein hochkarätiger Skandal gewesen. Um dem vorzubeugen, habe man bewusst die Szene über den V-Mann warnen lassen. Der V-Mann Christian K. belastete gegenüber dem »Tagesspiegel« und der »Märkischen Allgemeinen Zeitung« seinen V-Mann-Führer, den er nur als Max kannte, schwer.[17] Dieser habe ihn, so die Erzählung des Spitzels, über den genauen Termin ebenso informiert wie über die Hintergründe: Die geplanten Durchsuchungen zielten auf die *Nationale Bewegung*. Nach der Erzählung von K. sei er von seinem V-Mann-Führer regelrecht animiert worden, den Termin an den *B&H*-Kader Sven S. zu verraten. Belegt sind die Aussagen und die dahinter stehende Theorie nicht.

Brüskiert gab sich die Staatsanwaltschaft Potsdam, die erst im Mai 2003, als Journalisten dem Skandal bereits auf der Spur waren, von der Bundesanwaltschaft informiert wurde. Die Karlsruher Behörde soll bereits im Februar 2001 von dem Verrat gewusst und die Landesstaatsanwaltschaft nicht darüber in Kenntnis gesetzt haben. Am Ende der Affäre erhielt Christian K. wegen Geheimnisverrats eine Strafe von fünf Monaten auf Bewährung. Sein V-Mann-Führer wechselte auf eigenen Wunsch im Innenministerium in die für kommunale Angelegenheiten zuständige Abteilung 3.[18]

»Wir kämpfen bis zum Sieg oder gehen nach Walhalla.« Ihren Wahlspruch ist die *Nationale Bewegung* nicht gefolgt. Alle Ermittlungen sind abgeschlossen und die Taten der Gruppe bis heute nicht aufgeklärt.

DIE ROLLE DES STAATES

CHRISTOPH KOPKE

POLIZEI UND MILITANTER NEONAZISMUS IN BRANDENBURG

»Auf dem Weg zur Haltestelle bewaffneten sich einige Teilnehmer mit Zaunlatten, [...] andere rissen Wahlplakate insbesondere der PDS ab. [...] Alle Personen aber, die nunmehr zum ›Hüttengasthof‹ weiterzogen, kannten die gewalttätige und ausländerfeindliche Intention des Zuges und billigten diese auch. Der Pulk, der für einen Außenstehenden in der Nacht als zusammengehörig erschien, zog von der Haltestelle ›Kleiner Stern‹ auf die Leninstraße in Richtung des etwa 2 km entfernten ›Hüttengasthofs‹. [...] Viele von ihnen waren relativ uniform, dunkel gekleidet, etwa mit Bomberjacken u. a. und Jeans. Zur äußeren Demonstration gemeinsamer politischer Ansichten wurde die erste Strophe des Deutschlandliedes gesungen und die Parolen ›Deutschland den Deutschen! Ausländer raus!‹ sowie ›Neger verpißt euch!‹ skandiert. Darüber hinaus wurde aus dem Zug heraus der aus England bekannte Schlachtruf der rechtsradikalen Szene ›Zicke, Zacke, Zicke, Zacke, Oi, Oi, Oi!‹ gebrüllt.«[1]

Die Jugendlichen, die am 24. November 1990 zur Eberswalder Diskothek Hüttengasthof zogen, machten aus ihrer Gewaltbereitschaft und ihrer ideologischen Ausrichtung kein Geheimnis. Sie sollten an diesem Abend mit der Tötung des 28jährigen angolanischen Arbeiters Amadeo Antonio einen der ersten rassistischen Morde im neu gebildeten Bundesland Brandenburg begehen.[2] Die Umstände des Verbrechens und die offensichtlichen Fehler der vor Ort agierenden Polizisten, die die Tat hätten verhindern können, werden in dem Urteil des Bezirksgerichts Frankfurt (Oder) detailliert geschildert. Sie werfen ein Schlaglicht auf den Umgang der Polizei mit Rechtsextremismus in jener Zeit.

Am frühen Abend hatten die jugendlichen Skinheads, unter denen sich eine aus Gartz und Casekow in der nördlichen Uckermark angereiste Gruppe befand, bereits zahlreiche Straftaten begangen. Auf dem Weg zur Diskothek Rockbahnhof wurden »nicht den rechtsgerichteten Vorstellungen der Gruppe entsprechende Wahlplakate, u. a. der SPD, [...] abgerissen«. Die Skinheads rempelten einen »russischen Soldaten« an, nahmen ihm die

Mütze weg, warfen sich diese zu und versuchten schließlich, »die Mütze in Brand zu setzen«. Sie brachen den Imbisswagen eines türkischen Gewerbetreibenden auf und stahlen daraus Lebensmittel und einen Kassettenrekorder. »Mit einer gestohlenen Champignondose wurde vor der Bushaltestelle Fußball gespielt.«[3] Später bestieg die Gruppe einen Linienbus. Die Polizei – so ist es im Urteil des Bezirksgerichtes ausdrücklich festgehalten – war mit einem Streifenwagen vor Ort, da »sie von dem Eintreffen der Gartzer/Casekower Skinhead-Gruppe schon mindestens eine Woche vorher informiert worden« war, »und folgte deswegen und auch wegen der [oben beschriebenen] Ausschreitungen auf dem ›Platz der Freundschaft‹ dem Bus«. Was dann geschah, ist aus heutiger Sicht nicht nachvollziehbar: »Die Polizei brach die Verfolgung ab, als sie sah, daß die jungen Leute in den ›Rockbahnhof‹ gingen.« Gegen Mitternacht machten sich die Skinheads gemeinsam mit weiteren Personen auf den Weg zur Diskothek Hüttengasthof,[4] um dort »Neger aufzuklatschen«.[5] Ein Zeuge, »der die gewalttätige Absicht der Aufbrechenden mitbekommen hatte, unterrichte darüber sofort telefonisch die Polizei«, wie es abgesprochen war.[6] Die Polizei rief den Wirt des Hüttengasthofs an und warnte ihn, woraufhin dieser seine Diskothek schloss und die Gäste, unter ihnen mehrere Afrikaner, nach Hause schickte. Dadurch kam es zu der tragischen Situation, dass Amadeu Antonio und seine Freunde »die Gaststätte in Richtung des ihnen entgegenkommenden Pulks« verließen. Auf der Höhe der Chemischen Fabrik schlugen, traten und stachen mehrere Skinheads auf die Afrikaner ein. Zwei bewaffnete Zivilbeamte der Polizei, die den Skinheads gefolgt waren, beobachteten das Geschehen, ohne einzugreifen. Erst als ein Linienbus herannahte »ließ die Gruppe von ihrem Opfer ab«.[7] Amadeo Antonio war ins Koma gefallen. Er starb elf Tage später. Seine beiden Begleiter wurden durch Schläge und Messerstiche schwer verletzt.

Überraschend deutlich benannte der Vorsitzende Richter am Frankfurter Bezirksgericht in seinem Urteil das Versagen der Polizei: »Erst als die Polizei gegen 0.40/0.45 Uhr mit Einsatzfahrzeugen in das Geschehen eingriff, löste sich schlagartig der Zug auf und die Teilnehmer flohen in alle Richtungen. Obwohl die Polizei bereits gegen 22.00 Uhr zusätzliche Kräfte eingezogen und schließlich in Kenntnis des gewalttätigen Zuges und dessen Zieles rechtzeitig in der Nähe des ›Hüttengasthofes‹ mit zwei Einsatzgruppen auf der Specthausener Straße, bzw. der Lichterfelder Straße mit ca. 20 uniformierten Polizisten und Hunden Stellung bezogen hatte, griff sie erst 15 bis 20 Minuten nach dem ersten Angriff auf D.S./A. [die Opfer] verspätet ein. Infolge von Fehleinschätzungen und mangelnder technischer Verständigungsmöglichkeiten mit den Zivilfahndern Be. und W. waren der Leiter vor Ort K. und sein Stellvertreter B. über die Geschehnisse vor der Chemischen Fabrik nicht unterrichtet worden. Erst als der Zeuge B. gegen 0.40 Uhr auf der Kreuzung beobachtete, wie mehrere Personen auf jemanden einschlugen, gab er selbständig den Einsatzbefehl für seine Einsatzgruppe und verständigte den Einsatzleiter K., der sofort mit seinen Kräften nachrückte.«[8] Die Polizei, so fasste die seinerzeit als Polizeipräsidentin von Eberswalde amtierende Uta Leichsenring in einem Interview von 2012 rückblickend zusammen, »war der Situation nicht gewachsen, sie hat einerseits die Gewaltbereitschaft unterschätzt, andererseits aber auch nicht polizeilich adäquat reagiert, bei Straftaten ist sie nicht eingeschritten«.[9]

EINE »VERUNSICHERTE INSTITUTION« UND DIE EXTREM RECHTE MOBILISIERUNG

Als Bundesland im Neugründungsprozess unterlag Brandenburg in den frühen 1990er-Jahren einem tief greifenden Wandel der Verwaltungs- und Sicherheitsstruktur. Nach der Auflösung der Deutschen Volkspolizei (VP) hatten sich ihre Angehörigen für die Einstellung in den Polizeivollzugsdienst der nun bundesdeutschen Länderpolizeien erneut zu bewerben. Die Übernahme eines in vielen Bereichen anders ausgerichteten rechtlichen und polizeilichen Systems verlief nicht ohne individuelle Verunsicherungen.[10] Zudem brachte die neue gesellschaftliche Ordnung Formen von Kriminalität und Delinquenz, die die ehemaligen VP-Angehörigen in dieser Form nicht kannten. Gleichzeitig war die im Auf- und Umbau befindliche brandenburgische Landespolizei mit einer massiven Welle rassistischer Fremdenfeindlichkeit, einer sich rasant ausbreitenden rechtsextremen Jugendszene und schweren Gewalttaten konfrontiert. Sie war diesen Aufgaben damals nicht gewachsen und galt allgemein als eine »verunsicherte Institution« (Hans-Gerd Jaschke).

Angesichts umstrittener Polizeieinsätze, massiver taktischer Fehleinschätzungen und mangelnder Präsenz, beispielsweise bei den pogromartigen Krawallen in Rostock-Lichtenhagen 1992, stand die Polizei immer wieder im Fokus öffentlicher Kritik.[11] Solche Kritik wurde auch in Brandenburg geäußert, etwa als die Polizei 1993 keinen Grund sah, ein großes Skinhead-Konzert bei Prieros im damaligen Landkreis Königs Wusterhausen

Eine Polizeieinheit während der Krawalle in Rostock-Lichtenhagen am 24. August 1992

aufzulösen, obwohl Nachbarn »Sieg Heil!«- und »Juden raus!«-Rufe deutlich vernommen hatten.[12] Dass unter den Feiernden Carsten Szczepanski war, dessen Aktivitäten in der Neonazi-Szene und dessen Verbindungen zum *Ku-Klux-Klan* bereits damals in einem Beitrag der Tageszeitung »Neues Deutschland« ausführlich geschildert worden waren, sei hier nur am Rande vermerkt.[13]

Viele der in jener Zeit von rechter Gewalt Betroffenen berichten noch heute übereinstimmend, dass sie von der Polizei damals keinen Schutz erwarten konnten, dass offensichtlich »Polizei und Politik [...] dem rassistischen Mob und den Neonazis nicht gewachsen und mit dem Ausmaß der Gewalt überfordert« waren.[14] Manche Beobachter hatten damals den Eindruck, die Polizei konzentriere sich zu sehr auf eine vermeintliche Gefahr von links und nehme die rechte Gefahr nicht richtig ernst. Ausführlich berichtete beispielsweise der Berliner »Tagesspiegel« von einem dubiosen Einsatz der Polizei im Juli 1993 in Angermünde gegen das dortige linke Infocafé – nach zuvor erfolgten rechten Angriffen und unter Duldung rechtsextremer Provokationen und Gewalthandlungen während ihres Einsatzes.[15]

Die Verunsicherung aufgrund der massiven Veränderungen mag zur Erklärung beitragen, warum das Land – nicht nur die Polizei, auch die

Politik tat sich schwer, angemessene Gegenstrategien zu entwickeln – erst mit einiger Verzögerung auf die dramatische Ausbreitung rechter Gewalt reagierte. Für die frühen 1990er-Jahre muss sich die brandenburgische Polizei jedenfalls, durchaus zu Recht, erhebliche Kritik für den Umgang mit rechtsextremen Straftaten gefallen lassen.

Straftaten, die auf die Existenz von Rechtsextremismus – bzw. »Neofaschismus« – in der DDR hinwiesen, hatten Volkspolizisten schon seit Mitte der 1980er-Jahre verzeichnet, allerdings war der politische Gehalt dieser Taten in der DDR offiziell geleugnet und diese als Ausdruck unpolitischen »Rowdytums« eingestuft worden. Die Taten richteten sich nicht nur gegen »Ausländer«, Punks oder »Linke«. Immer wieder gingen Rechtsextreme gegen in der DDR stationierte sowjetische Soldaten und auch direkt gegen Angehörige und Einrichtungen der VP vor.[16]

Während und nach der Wende stieg die Zahl der Gewalttaten geradezu sprunghaft an. So berichtet etwa der Jurist und Kriminologe Heinz Cornel für 1992 von 4,2 fremdenfeindlichen Straftaten pro Woche.[17] 1991 kam es in Beelitz und 1992 in Senftenberg sogar zu »gezielten Angriffen auf Polizeiwachen« durch Täter aus der extremen Rechten.[18] Während gewaltsamer Angriffe auf Flüchtlingsheime wurde die anrückende Polizei oftmals massiv attackiert, vereinzelt sollen Zusammenrottungen auch bereits festgenommene rechte Straftäter freigepresst haben.

Vor allem in den ersten Jahren war die brandenburgische Polizei beständig mit Gewalttaten einer zunächst diffus erscheinenden rechten Szene, in der aber auch Organisationskerne und steuernde Zentren erkennbar wurden, konfrontiert. Viele dieser Gewalttaten wurden von ideologisch nur schwach politisierten Tätern ohne Organisationsanbindung begangen, die Bedeutung neonazistischer Kaderstrukturen darf deshalb aber nicht unterbewertet werden. Das betraf etwa die Rolle der in Süd- und Ostbrandenburg seinerzeit recht starken, im Dezember 1992 schließlich verbotenen *Deutschen Alternative*. Sicherlich zu Recht machte die Polizei in der Organisation die Hintermänner der schweren rechtsextremen Ausschreitungen aus, die Ende August 1992 in Eberswalde, Cottbus, Eisenhüttenstadt und weiteren Orten stattfanden. Dass die Krawalle gesteuert gewesen seien, »dafür sprächen Ausstattung und Logistik der Randalierer«.[19]

Es waren aber nicht das provokative Auftreten und die militanten Aktionen von Neonazis allein, die der Polizei eine Auseinandersetzung mit dem Komplex Rechtsextremismus aufzwangen. Auch innerhalb der Polizei stellten rechtsextreme Einstellungen und Handlungen wiederholt ein Problem dar. Nicht nur der wiederkehrende und zumindest für einen Teil der Beschwerden erwiesene Vorwurf, Opfer rassistischer Gewalttaten seien von Angehörigen der Brandenburger Polizei wie Kriminelle behandelt und ihnen sei Hilfe und Schutz verweigert worden, wäre hier anzuführen,[20] sondern auch Fälle, in denen Polizisten selbst in rechtsextreme Aktivitäten verwickelt waren. So sorgte 1993 für Schlagzeilen, dass sich Polizeischüler an rassistischen Ausschreitungen beteiligt hatten. Mehrere Angehörige der damals noch in Basdorf auf dem Gelände der vormaligen VP-Bereitschaften untergebrachten Landespolizeischule hatten sich in ihrer Freizeit an entsprechenden Vorkommnissen beteiligt. So soll ein Polizeischüler »drei Tage vor dem Beginn seiner Polizei-Ausbildung an Randale beteiligt gewesen sein, die sich unter anderem gegen ein polnisches Auto richtete«.[21]

Die Polizei sah sich auch aus diesen Gründen gezwungen, Konsequenzen zu ziehen. Ab 1992 setzte ein Prozess ein, in dessen Verlauf die Bekämpfung des Rechtsextremismus eine immer größere Bedeutung innerhalb der Polizei erlangen sollte. In Umsetzung der Erkenntnisse der Arbeitsgruppe Rechtsorientierte Gewalt, die ab Ende 1991 in den neuen Ländern und Berlin bestand, und eines gemeinsamen Konzepts aus dem Februar 1992 – aber auch darüber hinaus gehend – wurde Rechtsextremismus zu einem zentralen Thema für die Brandenburger Politik im Bereich Innere Sicherheit. Im März 1992 wurden zunächst bei den damals bestehenden regionalen Polizeipräsidien – Oranienburg, Eberswalde, Frankfurt (Oder), Cottbus und Potsdam – Ermittlungskommissionen zur Bekämpfung der Gruppengewalt von Jugendlichen mit fremdenfeindlicher oder rechtsextremistischer Motivation eingerichtet. Im Oktober 1992 präsentierte Innenminister Alwin Ziel (SPD) einen »Zwölf-Punkte-Katalog: Programm Innere Sicherheit«, der rechtsextreme Gewalt zu einem Schwerpunkt erklärte. Im November 1992 wurden die Ermittlungskommissionen mit zusätzlichem Personal ausgestattet und in Sonderkommissionen Rechte Gewalt (ReGa) umgewandelt. Beim Landeskriminalamt nahm zeitgleich eine Arbeitsgruppe ReGa ihre Arbeit auf. Diese sollte gezielt Nachrichten sammeln und auswerten. Hintergrund für die Bildung der SOKO ReGa war der weitere Anstieg rechtsextremistischer und fremdenfeindlicher Gewaltdelikte. Aus Sicht der Polizei trug diese Bündelung der Ermittlungen und des polizeilichen Vorgehens zu einer spürbaren Erhöhung des Verfolgungsdruckes gegenüber der rechten Szene bei. Die SOKO ReGa übernahm die Ermittlungen zu allen Gewalttaten, bei denen rechtsextreme oder fremdenfeindliche Motive ersichtlich oder zu vermuten waren. Von 1992 bis 1995 reduzierten sich die Fallzahlen den Angaben der Behörden zufolge erheblich. Im Oktober 1995 wurde darum die Kommission aufgelöst und die Mitarbeiter in die Staatsschutzkommissariate der regionalen Polizeipräsidien überführt.[22]

Der Zurückdrängung des Rechtsextremismus sollten auch die 1998 eingerichteten Mobilen Einsatzeinheiten gegen Gewalt und Ausländerfeindlichkeit (MEGA) dienen, die für eine »permanente und auch offensive Kontrolltätigkeit entsprechend ihres Einsatzgebietes«[23] sorgen sollten. Rechtsextremen Gewalttätern, so wurde der damalige LKA-Chef Axel Lüdders in der Presse zitiert, wolle man »so auf die Füße treten, daß ihnen der Spaß vergeht, wehrlose Menschen zusammenzuschlagen«.[24] Neonazis aus Frankfurt (Oder) gingen in ihrer Zeitschrift »Frankfurter Frontberichter« auf die MEGA-Gründung ausführlich ein und erklärten: »Den Verfolgungsdruck will die MEGA erhöhen? Uns drückt nichts anderes als die Knechtschaft unseres Volkes und die Tyrannenherrschaft des Regimes, aber sicherlich keine Verfolgung.« Daran schloss sich die Aufforderung an: »Kameraden, laßt euch von diesen (in Zivil auftretenden) Typen nicht provozieren, laßt euch auf keine Gespräche ein; laßt sie bellen und werft ihnen keine Knochen vor – sie sollen an eurem Zusammenhalt und an eurer Verschwiegenheit verhungern.«[25]

Aus polizeilicher Sicht erwies sich die Arbeit der MEGA als erfolgreich. Durch demonstrative Präsenz und Personenkontrollen an Szenetreffpunkten wurde präventiv auf das rechtsextreme Klientel eingewirkt, die Polizei gewann dadurch zudem aktuelle und präzise Erkenntnisse über die Szene.[26] »Wir kennen das persönliche Umfeld jedes Einzelnen«, behauptete beispielsweise der Leiter der MEGA in Nordbrandenburg einem Journalisten des »Spiegel« gegenüber, der die Sondereinheit bei der Arbeit in Wittstock (Dosse) begleitete: Wohnungswechsel, neue Jobs, Partnerwechsel oder Familiengründung und Geburtstage.[27] Um die Jahrtausendwende beherbergte die Kleinstadt mit damals etwa 12.500 Einwohnern eine äußerst militante rechte Szene. Fast monatlich zogen Aufmärsche von Neonazis durch die Stadt, es gab schwere Gewalttaten. Im Oktober 2001 etwa löste die Polizei eine Neonazi-Party in der Diskothek Havanna auf, nachdem verbotene Musik der Neonazi-Band *Landser* gespielt worden war und die Anwesenden »Wir lieben Adolf Hitler!« skandiert hatten. Die Neonazis lieferten sich eine Schlacht mit der Polizei, attackierten die Beamten mit Flaschen und Stuhlbeinen. Sechzig Wittstocker wurden durch die MEGA damals regelmäßig beobachtet.[28]

Im Juni 2000 wurden die MEGA personell aufgestockt; zugleich wurde die Führung der Einheiten den einzelnen Polizeipräsidien zugeordnet. Ab 2001 erhielte sie durch Einführung des TOMEG-Programms (»Täterorientierte Maßnahmen gegen extremistische Gewalt«) größere Handlungsmöglichkeiten. Beamte suchten nun einschlägig auffällige gewordene rechte Gewalttäter zu Hause und gegebenenfalls auf der Arbeitsstelle auf; fallbezogen arbeitete die Polizei mit Jugend- und Sozialämtern zusammen. »Mit TOMEG wird dem allgemeinen hohen Verfolgungsdruck ein personenorientierter sozialer Druck hinzugefügt«, so der damalige Potsdamer Polizeipräsident Klaus Kandt.[29]

Die Aktivitäten der Brandenburger Polizei konnten sich durchaus sehen lassen: Im Jahr 2004 kontrollierten die MEGA über 23.000 Personen und nahmen dabei 197 Personen fest. Es kam zu 363 Ingewahrsamnahmen, es wurden 1.521 Platzverweise ausgesprochen und 456 Straftaten festgestellt. Gleichzeitig standen 264 Personen im Fokus personenorientierter Maßnahmen im Rahmen des TOMEG-Programms.[30]

2003 wurden die polizeilichen Maßnahmen im Strategiepapier »Handlungskonzept des Landes Brandenburg zur Bekämpfung politisch motivierter Kriminalität« zusammengefasst. Zielvorgaben und die grundsätzliche Ausrichtung sind darin genannt, die einzelnen Maßnahmen erläutert und die Zusammenarbeit mit Staatsanwaltschaften und Verfassungsschutz festgelegt. Dieses Konzept ist zwischenzeitlich mehrfach überarbeitet worden, so werden seit 2005 halbjährlich stattfindende regionale Konferenzen »Politisch motivierte Kriminalität« durchgeführt, um ein jeweilig aktualisiertes Lagebild erstellen zu können. Vor diesem Hintergrund konnte 2007 der damalige Potsdamer Polizeipräsident Klaus Kandt zu Recht die »konsequente Verhinderung, Aufklärung und Verfolgung politischer Straftaten« als eine »seit Jahren« bestehende »vorrangige Verpflichtung der Brandenburger Polizei« bilanzieren.[31]

NACH DEM *NSU*

Nach dem Auffliegen der rechtsterroristischen Gruppierung *Nationalsozialistischer Untergrund (NSU)* im November 2011 hat die brandenburgische Polizei eine Reihe von Maßnahmen ergriffen, um sich mit diesem Thema auseinanderzusetzen. Dies waren zum einen Ermittlungen, um zu klären, ob der *NSU* in Brandenburg Verbrechen verübt haben könnte, die bislang übersehen worden waren. Zum anderen sollte die Frage geklärt werden, ob einheimische Neonazis in direkter Verbindung mit dem *NSU* standen; so wurden die Ermittlungen des Bundeskriminalamts unterstützt und im LKA eine Arbeitsgruppe Rechtsextremistische Netzwerke (AG RENE) gebildet, die zu dem Schluss kam: »Im Ergebnis liegen keine Erkenntnisse zu konkreten Beteiligungen von Brandenburger Rechtsextremen an den Straftaten der rechtsterroristischen Gruppierung NSU vor.«[32] Darüber hinaus wurde mit mehreren administrativen Maßnahmen sowie mit der Entwicklung neuer Materialien und Formate in der Fort- und Ausbildung auf die Enthüllungen und das polizeiliche Versagen im *NSU*-Komplex reagiert.

Eine bemerkenswerte Konsequenz war, dass sich das Land in der langjährigen Auseinandersetzung zwischen Landesregierung und zivilgesellschaftlichen Initiativen um das wahre Ausmaß der seit 1990 im Bundesland zu verzeichnenden rechts bzw. rassistisch motivierten Tötungsdelikte deutlich bewegt hat. Es stimmte einer unabhängigen Untersuchung der umstrittenen Fälle nicht nur zu, sondern finanzierte diese Maßnahme und unterstütze sie auch fachlich uneingeschränkt. Von 2013 bis 2015 prüften zwei Mitarbeiter des Moses Mendelssohn Zentrums anhand der Ermittlungsunterlagen all jene Tötungsdelikte, bei denen durch zivilgesellschaftliche Initiativen oder durch journalistische Recherchen Hinweise auf vorliegende politische Motive vorgebracht worden sind, obwohl Polizei und Justiz die Fälle anders bewertet hatten. Ziel des Forschungsprojektes war es, die Diskrepanz zwischen den in der Statistik aufgeführten Fällen und den öffentlich diskutierten Fällen zu erklären und daraus Erkenntnisse für den künftigen Umgang mit entsprechenden Deliktkonstellationen und ihrer Aufklärung zu gewinnen. Die Gewaltverbrechen wurden anhand im Forschungsprozess erarbeiteter sozialwissenschaftlicher Kriterien diskutiert und bewertet. Im Ergebnis verdoppelte sich die bislang genannte Zahl von neun Todesopfern rechter Gewalt in Brandenburg auf 18. Auch bei weiteren Fällen konnte eine entsprechende Motivlage zwar nicht nachgewiesen, aber auch keinesfalls ausgeschlossen werden. Vertreter der Fachhochschule der Polizei, des polizeilichen Staatschutzes im LKA und der Polizeiabteilung des Innenministeriums sowie der Generalstaatsanwaltschaft brachten sich im Rahmen eines begleitenden Expertenarbeitskreises, dem auch Vertreter der relevanten zivilgesellschaftlichen Institutionen angehörten, engagiert in das Forschungsprojekt ein.[33]

Gleichzeitig wurde eine bestehende Erlasslage erheblich erweitert und als Erlass zur »Gewährung der Diskriminierungsfreiheit« in der Polizei verankert.[34] Es wird nun verstärkt darauf hingewirkt, »dass Form und Inhalt des polizeilichen Sprachgebrauchs im Innen- und Außenverhältnis so zu gestalten sind, dass sie nicht diskriminierend wirken oder Vorurteile schüren«.[35] Weiter wurde eine verbesserte Zusammenarbeit mit dem Verein Opferperspektive beschlossen, der Opfer von rechter Gewalt und rassistischer Diskriminierung berät. So sollen Opfer entsprechender Gewaltdelikte bereits bei der Polizei über Hilfsangebote informiert werden, »speziell auch zu den Beratungsangeboten des Vereins Opferperspektive e. V.«.[36]

Die Bekämpfung des Rechtsextremismus – das klingt inzwischen schon wie ein Allgemeinplatz – ist zuvorderst eine gesamtgesellschaftliche Aufgabe, an der zivilgesellschaftliche und staatliche Akteure zusammenwirken müssen. Dies scheint in Brandenburg besser zu funktionieren als andernorts.[37] Aber sie bleibt eben auch eine polizeiliche Aufgabenstellung. Kritische Beobachter haben die Effizienz der MEGA angezweifelt, auf Einsatzpannen hingewiesen und die oftmals behauptete Verunsicherung der rechtsextremen Szene bestritten. Einzig »der erhebliche Rückgang von Propagandadelikten« sei beispielsweise für das Jahr 1999 festzustellen gewesen, während andere rechtsextreme Delikte um 20 Prozent angestiegen seien.[38] Eine tatsächliche unabhängige Evaluation der Wirkung der polizeilichen Maßnahmen liegt nicht vor, sodass es schwer ist, die genaue Effizienz der Aktivitäten und Strukturen präzise zu bewerten.

Dennoch: Im Verbund mit einer gegen rechtsextreme Straf- und Gewalttaten rigide vorgehenden Staatsanwaltschaft[39] scheint die Polizei in der Zurückdrängung des Rechtsextremismus in Brandenburg insgesamt recht effektiv zu sein. Zur »Prävention durch Repression« gehören auch die vergleichsweise häufig erfolgten Vereinsverbote. Brandenburg hat seit 1995 sieben rechtsextreme Vereinigungen verboten, das sind deutlich mehr als in anderen ostdeutschen Ländern. Die Verbote wurden durch die Verbotsbehörde im Innenministerium vorbereitet und durch polizeiliche Maßnahmen durchgesetzt.[40] Seit Jahren bemüht sich das brandenburgische Landeskriminalamt besonders um die Indizierung jugendgefährdender Hassmusik. Allein zwischen 2004 und 2014 meldete das LKA der Bundesprüfstelle für jugendgefährdende Medien 652 Tonträger ganz überwiegend aus dem Bereich extrem rechter Musik.[41] Außerdem versucht die Polizei seit Jahren, möglichst alle rechtsextremen Musikkonzerte konsequent zu verhindern und durch Anwendung versammlungsrechtlicher Regelungen historisch sensible Orte – wie den Soldatenfriedhof von Halbe oder die KZ-Gedenkstätten – vor extrem rechter Vereinnahmung zu schützen.[42]

AUSBLICK

Während die Polizei in den frühen 1990er-Jahren nicht gerade den Ruf genoss, die Gewalt von rechts zielgerichtet und konsequent unterbinden zu wollen, kann der heutigen Polizei bzw. ihrer Führung der ernsthafte Wunsch, rechtsextrem motivierte Straftaten effektiv zu unterbinden bzw. aufzuklären kaum mehr abgesprochen werden. Die brandenburgische Polizei hat sich deutlich verändert. In der Aus- und Fortbildung wird Wissen über den Rechtsextremismus vermittelt und interkulturelle Kompetenz gestärkt. Die auf dem früheren SS-Gelände in Oranienburg-Sachsenhausen angesiedelte Fachhochschule der Polizei ist sich auch ihrer geschichtlichen Verantwortung bewusst und hat das Thema »Polizei im Nationalsozialismus« in vielfältiger Weise aufgegriffen. Durch die verbesserte Kommunikation mit Vereinen wie der Opferperspektive und mit regionalen »Bündnissen gegen Rechts« verändert sich auch die polizeiliche Sicht auf zivilgesellschaftliche Akteure und deren Praxis. Auf der anderen Seite zeigen allein fünf im Jahr 2015 bekannt gewordene Vorfälle von Rechtsextremismus innerhalb der Polizei – so soll zum Beispiel ein Beamter sich an rechtsextremen Demonstrationen beteiligt und auch »Ermittlungen gegen Rechtsextreme behindert« haben –, dass hier noch ein langer Atem nötig sein wird.[43]

Rechtsextreme, rassistische Gewalt verläuft in Konjunkturen. Der derzeit zu verzeichnende massive Anstieg von Gewalt- und anderen Straftaten im Rahmen der extrem rechten Mobilisierungen gegen geflüchtete Menschen und Flüchtlingsunterkünfte stellt die Polizei wieder vor erhebliche Herausforderungen. Man wird sehen, wie gut sie für diese und die noch kommenden Auseinandersetzungen wirklich gerüstet sein wird.

DIRK LAABS

DIE V-MANN-KARRIERE DES CARSTEN SZCZEPANSKI

Während sich Uwe Mundlos, Uwe Böhnhardt und Beate Zschäpe radikalisierten und zu zentralen Akteuren der thüringischen Neonazi-Szene wurden, waren sie umstellt von Informanten verschiedener Verfassungsschutzbehörden. Diese sogenannten V-Personen[1] berichteten regelmäßig über die drei Rechtsradikalen. Auch nachdem sie im Januar 1998 aus Jena geflohen waren und zunächst in Chemnitz lebten, trafen sie immer wieder auf Informanten. Einige dieser V-Männer kamen ihnen geografisch sehr nahe, lebten in unmittelbarer Umgebung, andere waren auf ihre Unterstützer im direkten Umfeld angesetzt oder unterstützten die Drei sogar aktiv. Nur eine von diesen Schlüsselquellen verriet allerdings zeitnah kriminelle Aktivitäten des Trios an eine Verfassungsschutzbehörde, und das, als Böhnhardt, Zschäpe und Mundlos bereits in Sachsen untergetaucht waren. Dieser V-Mann war Carsten Szczepanski, Quellenname »Piatto«, geführt vom Landesamt für Verfassungsschutz (LfV) Brandenburg.[2] »Piatto« berichtete seinem V-Mann-Führer im Spätsommer 1998 über das Bestreben dreier Skinheads, die auf der Flucht seien, sich Waffen zu besorgen, um »weitere« Überfälle zu begehen. Zu diesem Zeitpunkt – so der Wissensstand Ende 2015 – hatten Böhnhardt, Mundlos oder Zschäpe allerdings noch keinen Überfall begangen, bzw. man kann ihnen noch immer keinen solchen Überfall nachweisen. Diese Meldung des V-Mannes »Piatto« wirft also eine Frage auf: Warum sprach er laut Aktenvermerk damals von »weiteren« Überfällen?

Im Gegensatz zu anderen zentralen V-Männern – wie etwa Marcel Degner, den Chef der Thüringer Sektion von *Blood & Honour* – hat Carsten Szczepanski mit den Behörden nach dem Auffliegen des *Nationalsozialistischen Untergrunds (NSU)* am 4. November 2011 zum Teil kooperiert: Er hat sowohl beim Bundeskriminalamt (BKA) ausgesagt als auch später vor dem Oberlandesgericht (OLG) in München im Rahmen des *NSU*-Prozesses. Anders als Degner hat er auch nicht geleugnet, V-Mann gewesen zu sein. Allerdings konnte oder wollte er zu den zentralen Fragen keine weiterführenden Antworten beisteuern. Dass er als »Piatto« über drei Neonazis im

Untergrund und deren Suche nach Waffen berichtet hatte – daran wollte Szczepanski sich überhaupt nicht mehr erinnern, schon gar nicht an konkrete Überfälle. Auch als es in den Befragungen durch Nebenklageanwälte am OLG München um Details seiner Anwerbung und seiner Zusammenarbeit mit dem Geheimdienst ging, gab sich Szczepanski wortkarg. Er behauptete, seine Mitarbeit beim Verfassungsschutz sei eine Art tätige Reue gewesen, deswegen habe er auch nicht den Weg über ein Aussteigerprogramm gesucht.

Die Karriere von Szczepanski als Informant hat bislang im Wesentlichen der erste *NSU*-Untersuchungsausschuss des Bundestages rekonstruiert. Der Ausschuss hat dazu Akten des Brandenburger Innenministeriums, des Bundeskriminalamts und der Bundesanwaltschaft gesichtet, V-Mann-Führer von »Piatto« als Zeugen gehört und Pressematerial ausgewertet. Der Fall Szczepanski wurde zwar intensiv, aber nicht abschließend bearbeitet, die Ausschussmitglieder hatten zu viele Untersuchungsgegenstände.[3] Viele Fragen, die die Szczepanski-Akten aufwerfen, wurden gar nicht erst gestellt. Zudem hat der Ausschuss nicht alle relevanten Dokumente vom brandenburgischen Innenministerium bekommen. Das alles muss man sich vor Augen halten, um zu verstehen, warum so vieles in Sachen »Piatto« immer noch im Dunkeln liegt. Das wiederum ist sehr typisch für Schlüsselfiguren im *NSU*-Komplex: Eine Gesamtschau der kompletten erhaltenen Dokumente gibt es noch nicht, zudem fehlen vor allem Zeugen, die sich auch erinnern wollen. Dennoch lassen sich anhand der vorhandenen Dokumente die Kernfragen und -probleme im Fall »Piatto« sehr klar ausmachen.

DIE OFFIZIELLE VERSION: ANWERBUNG 1994

Carsten Szczepanski soll sich dem LfV Brandenburg im Sommer 1994 als Informant angeboten haben. Zu diesem Zeitpunkt war der gebürtige Berliner in Untersuchungshaft – ihm wurde Beihilfe zu versuchtem Mord vorgeworfen. Szczepanski hatte zu einer Gruppe von Skinheads gehört, die in der Nacht vom 8. auf den 9. Mai 1992 in einer Kneipe am Scharmützelsee Steve Erenhi aus Nigeria bedrängten, beleidigten und bedrohten. Ein Freund von Szczepanski schlug auf Erenhi ein, trat und würgte den jungen Lehrer, wollte ihn im Scharmützelsee ertränken. Szczepanski stand bei dieser Tat neben dem Haupttäter und feuerte ihn an.[4] Obwohl die Verfahren gegen diesen Haupttäter und mehrere Komplizen schon 1992 und 1993 stattfanden, blieb Carsten Szczepanski unbehelligt. Erst auf die Initiative eines Nebenklage-Anwalts hin wurde mit Nachdruck gegen Szczepanski ermittelt, er wurde schließlich im Mai 1994 verhaftet und kam in Untersuchungshaft. Von dort aus, so geht es jedenfalls aus Akten des Brandenburger Verfassungsschutzes hervor, schrieb Szczepanski an das Innenministerium in Potsdam. Er wolle gern den aktuellen Verfassungsschutzbericht geschickt bekommen. Die erste Anfrage wurde vom Ministerium übersehen, die zweite dagegen nicht, man verstand sie offenbar als Aufforderung, Szczepanski im Gefängnis zu besuchen. Das Landesamt für Verfassungsschutz schickte daraufhin tatsächlich Mitarbeiter zu ihm in die Untersuchungshaft. Der Charakter der Tat am Scharmützelsee und der kommende Prozess schienen die Vertreter des Geheimdienstes nicht abzuschrecken. Sie einigten sich mit Szczepanski. Er wurde eine bezahlte V-Person des LfV Brandenburg und bekam den Tarnnamen »Piatto«. Ab dem 4. August 1994 trafen schließlich verschiedene V-Mann-Führer des LfV Brandenburg Carsten Szczepanski regelmäßig. Sechs Jahre berichtete dieser danach aus der Szene und lieferte, wie er später selbst dem BKA sagte, ordnerweise Informationen. So weit die Version, die sich aus den Akten rekonstruieren lässt.

Hoch problematisch ist es, dass das LfV Brandenburg einen Mann als V-Mann anwarb, der auf seinen Prozess wegen Beihilfe zu versuchtem Mord wartete. Angeblich sei diese Maßnahme innerhalb der Regierung intensiv diskutiert worden, so die Schilderung mehrerer Zeugen vor dem Untersuchungsausschuss in Berlin. Man habe sogar später Ignatz Bubis gefragt, ob man mit einem solchen Mann zusammenarbeiten dürfe. Der Vorsitzende des Zentralrats der Juden in Deutschland habe dies befürwortet, also habe man mit Szczepanski gearbeitet. Ungewöhnlich ist zudem, dass man sich im Brandenburger Innenministerium sehr sicher zu sein schien, dass »Piatto« eine so wichtige Quelle werden könnte, dass man einen großen politischen Skandal in Kauf nahm. Zudem musste man ja annehmen, dass der V-Mann zunächst Jahre im Gefängnis verbringen würde und daher wenig aktuelle Informationen würde liefern können. Warum man trotzdem Szczepanski in dieser Situation als V-Mann mit Nachdruck anwarb, konnte trotz diverser Aussagen von brandenburgischen Verfassungsschützern vor den Untersuchungsausschüssen des Bundestages und des Thüringer Landtages noch nicht geklärt werden.

Szczepanski wurde sechs Monate nach seiner Anwerbung vom Landgericht in Frankfurt (Oder) zu einer – für bundesdeutsche Verhältnisse – drakonischen Strafe von acht Jahren Haft verurteilt. Vor allem seine Mittäter hatten ihn schwer belastet, er wurde von Zeugen als »Führer der Meute« bezeichnet, allerdings konnte Szczepanski nicht nachgewiesen werden, dass er Steven Erenhi selbst körperlich misshandelt hat. Trotz des hohen Strafmaßes zogen Szczepanski und dessen Verteidigung eine Revision gegen das Urteil wieder zurück. Die volle Härte der Strafe spürte er nie. Szczepanski wurde bereits ab 1997 im Gefängnis nicht wie ein normaler Häftling behandelt, schon im April 1998 kam er in den offenen Vollzug. Ob diese Lockerung der Haftbedingungen etwa Teil eines Deals mit Szczepanski war, ist noch immer unklar. Zu diesem Zeitpunkt erfuhr Szczepanski jedenfalls bereits seit Jahren eine Sonderbehandlung durch verschiedene Behörden, und zwar nicht erst, seitdem er – offiziell – ein V-Mann wurde.

RÜCKBLENDE: SONDERBEHANDLUNG FÜR EINEN UNGEWÖHNLICH GUT VERNETZTEN NEONAZI

Carsten Szczepanski hatte schon früh in seinem Leben Kontakt zu national und international agierenden Neonazis. Er war zunächst ein gut vernetzter Westberliner Skinhead, wohnte für ein paar Monate mit Andreas »Oswald« Pohl zusammen, einem führenden Mitglied der *Nationalistischen Front,* mit dem er auch zusammen im Fanclub »Zyklon B« zu Hertha-BSC-Spielen ging. Szczepanski hielt – gerade 20-jährig – zudem Kontakt zu führenden militanten Rassisten in England und in den USA. In den USA hatte er vor allem Kontakt zu Dennis Mahon, einem »White Supremacist«, der seine eigene extremistische *Ku-Klux-Klan*-Gruppe anführte, die von dem »White Aryan Resistance«-Gedanken geleitet war.[5] Mahon propagierte offen, dass die »weiße Rasse« sich mit Gewalt gegen die »Überfremdung« wehren müsse. All diese Kontakte machten Szczepanski früh zu einer interessanten Zielperson verschiedener Staatsschutzstellen.

Spätestens im Herbst 1991 wurde den Beamten der Berliner Kriminalpolizei Szczepanskis Bedeutung endgültig klar. Damals hatte der Berliner Verfassungsschutz die lokale Kriminalpolizei auf ein antisemitisches Skinzine aufmerksam gemacht, das den *Ku-Klux-Klan* verherrlichte – in DIN A5 gedruckt, anscheinend in einem Kopierladen vervielfältigt, Titel: »Das Feuerkreuz«. In dem Heft schrieb ein Autor unter anderem: »Haß ist unser Gesetz und Rache unsere erste Pflicht«, »Hau ab Jude, so lange Du noch kannst«. An einer anderen Stelle hieß es: »Kampf der zionistisch-jüdischen Macht!! Schlagt sie, wo ihr sie trefft. Vernichtet die Brut, bevor die Brut

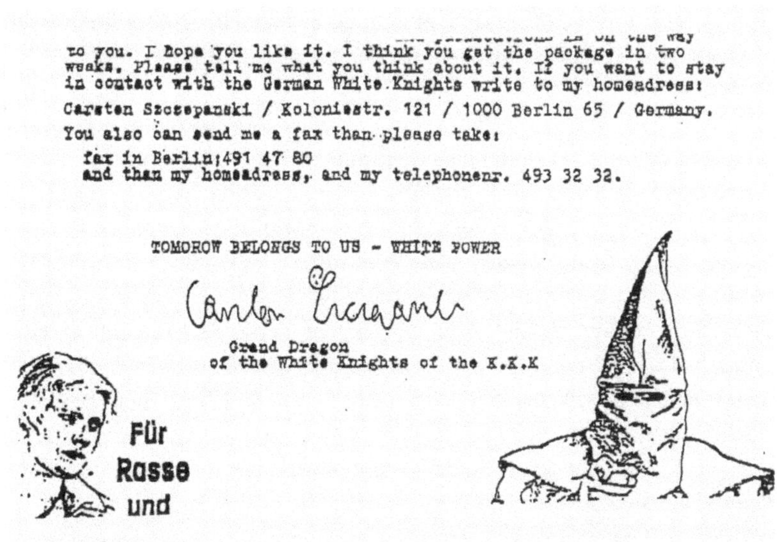

to you. I hope you like it. I think you get the package in two weeks. Please tell me what you think about it. If you want to stay in contact with the German White Knights write to my homeadress:

Carsten Szczepanski / Koloniestr. 121 / 1000 Berlin 65 / Germany.

You also can send me a fax than please take:

fax in Berlin;491 47 80
and than my homeadress, and my telephonenr. 493 32 32.

TOMOROW BELONGS TO US - WHITE POWER

Grand Dragon
of the White Knights of the K.K.K

Aus einem Schreiben Carsten Szczepanskis als Anführer der Klan-Gruppe »White Knights«

uns vernichtet.« Als Kontaktadresse war in dem Heft ein Postfach in Berlin angegeben.

Die Berliner Ermittler wussten zunächst nicht, wo sie ansetzen sollten. Der Zufall half ihnen jedoch auf die Sprünge. Ein Zeuge meldete sich, seine Schwiegermutter habe eine Wohnung im Prenzlauer Berg an einen Mann vermietet, der seine Mietschuld nicht zahle. Deswegen habe er sich in den Räumen umgesehen und verdächtige Gegenstände gefunden, darunter Chemikalien. Die Polizei durchsuchte die Wohnung – insgesamt drei Mal in wenigen Wochen. Sie fanden vier Metallröhren, Schwefelsäure, Kalium- und Ammoniumnitrat – Grundstoffe, aus denen man Bomben basteln kann, dazu eine kleine Glühbirne, an ein Kabel angelötet, die als Teil eines Zünders dienen könnte. Bei einer der späteren Durchsuchungen entdeckten die Polizisten diverse Flugblätter. Auf einem stand in großen Lettern: »Stop der multikulturellen Gesellschaft!!«, »Stop der Rassenvermischung!!«, »Stop der Fremdeinwanderung!!« Daneben war der Umriss einer AK 47 abgebildet. Als Verfasser war unten auf dem Flugblatt vermerkt: »White Knights – die stärkste Kraft«. Der Mieter der Wohnung, in der all diese Dinge gefunden wurden, war Carsten Szczepanski. Nach den Durchsuchungen im Dezember 1991 tauchte er jedoch unter und war für die

Polizei nicht mehr auffindbar. Ähnlich wie sieben Jahre später Böhnhardt, Zschäpe und Mundlos, die ebenfalls nach dem Auffliegen einer Bombenwerkstatt untertauchten.

Da der Anführer einer *Klan*-Splittergruppe – der erwähnte Dennis Mahon – im deutschen Fernsehen aufgetreten war und ein Kreuz vor laufender Kamera verbrannt hatte, hatte die Bundesanwaltschaft deutschlandweit alle Ermittlungen gegen deutsche *Ku-Klux-Klans* übernommen.[6] Der Fall Szczepanski, sein »Feuerkreuz«, die Funde in der Wohnung wurden als Teil dieser Ermittlung vom BKA bearbeitet. Kaum hatte der Bundesanwalt den Fall übernommen, meldete sich die Berliner Kripo. Es habe eine Besprechung beim Landesamt für Verfassungsschutz Brandenburg in dieser Sache gegeben. Eine Quelle habe berichtet, dass Szczepanski bei einem Brandenburger Neonazi untergetaucht sei, am Rande von Berlin in Königs Wusterhausen. Szczepanskis Kontakt sei ein gefährlicher Krimineller, der auch Überfälle begehen würde. In der Wohnung der beiden lagerten Waffen, sie würden nun einen Raubüberfall auf eine Tankstelle planen. Es sei Gefahr im Verzug – mehr könnten die Anrufer von der Kripo dem Bundesanwalt aus Quellenschutzgründen nicht sagen. Das BKA erfuhr dann, dass das LfV Brandenburg bereits den neuen Wohnort von Szczepanski observierte. Für den Verfassungsschutz scheint Szczepanski also nie wirklich verschwunden gewesen zu sein.

Wenig später wurde der Bundesanwalt informiert, dass sich in dem Zielobjekt eine Panzerfaust befinden solle. Das BKA bekam die Anweisung, so schnell wie möglich aus Meckenheim mit einem Trupp nach Brandenburg anzurücken. Der Verfassungsschutz vor Ort war von dieser Einmischung offenbar nur mäßig begeistert, man versprach zwar zu kooperieren, teilte dem Team des Bundeskriminalamts jedoch eine falsche Zieladresse in Königs Wusterhausen mit. Wenig später fanden die BKA-Ermittler die korrekte Anschrift doch noch heraus. In der kleinen Wohnung traf der Trupp nur noch auf Carsten Szczepanski, sein mutmaßlicher Komplize war weg. Eine Panzerfaust oder Waffen wurden bei ihm nicht sichergestellt, jedoch ein Pilotenkoffer, darin zwei Reisepässe, scheinbar echt, nicht auf seinen Namen ausgestellt, weitere Flugblätter, Briefe und Bücher über den *Ku-Klux-Klan*. In der Wohnung fanden sich zudem Notizen, darunter: »Munitionslager ausgeräumt«. Szczepanski wurde vorläufig festgenommen und auf das Polizeirevier gebracht, noch am Abend wurde er vernommen.

Szczepanski bat nach seiner Verhaftung um keinen Anwalt, sondern beantwortete alle Fragen. Das Verhör dauerte drei Tage. Er habe sich in die Sache »hineinmanövriert«, die sei ihm über den Kopf gewachsen. Im Anschluss berichtete er detailliert über andere *Klan*-Mitglieder in Deutschland. Er sei über eine Anzeige in einem Skinzine auf den Anführer Dennis Mahon gestoßen und habe ihn dann einfach angerufen. Schließlich habe er mehrere Berliner für die Gruppe geworben und Mahon nach Deutschland eingeladen. Der sei dann auch gekommen.[7]

Szczepanskis Aussagen waren sehr hilfreich für das BKA. Dank seiner Mitarbeit war man nun über das Netzwerk aus US-amerikanischen Nazis, deutschen und britischen Skinheads in groben Zügen informiert, man wusste von der Existenz mehrerer deutschen *Klans,* die miteinander in Kontakt standen. Obwohl Szczepanski sich schwer belastet hatte und eindeutig Verdunkelungs- und Fluchtgefahr bestand – immerhin hatte sich Szczepanski gerade erst aus Berlin abgesetzt, seine Wohnung und die verdächtigen Gegenstände einfach zurückgelassen –, kam er auf freien Fuß. Es schien sich für ihn gelohnt zu haben, dass er in den Tagen zuvor bei den Verhören mit dem BKA ausführlich geredet hatte. Er äußerte sich so umfassend, als habe er damals schon als Informant gearbeitet. Dass er zu dieser Zeit tatsächlich – etwa vom BKA oder einer anderen Bundesbehörde – als Informant geworben worden wäre, konnten die bisherigen Beweisaufnahmen durch die verschiedenen Untersuchungsausschüsse allerdings nicht belegen. Der Verdacht liegt jedoch sehr nahe – warum das so ist, zeigen die weiteren Ereignisse nach Szczepanskis Verhör.

1992 – MITGLIEDER DES KU-KLUX-KLANS ERMORDEN MEHRERE MENSCHEN IN DEUTSCHLAND

Kaum war Szczepanski auf freiem Fuß, verschärfte sich die Situation in der deutschen *Klan*-Szene dramatisch. Im März erschlug Stefan S., ein Skinhead und *Klan*-Mitglied aus der Nähe von Hamburg, einen arbeitslosen Kapitän mit leeren Flaschen und einem Kantholz. Der Seemann hatte zuvor mit S. über Adolf Hitler gestritten. Bei der Durchsuchung des Zimmers im Haus der Eltern von S. wurden *Ku-Klux-Klan*-Schriften und eine Urkunde gefunden, die ihn als »Pagen« eines Klans auswies. Sein Zimmer war zudem voller Briefe – der junge Skin hatte systematisch die wichtigsten *Klans* in den USA angeschrieben, einige »Klansmen« dort auch besucht. Dem BKA sagte er später: »Ich sitze hier in Untersuchungshaft wegen einer schweren Straftat, in deren Verlauf jemand zu Tode gekommen ist. Diese Straftat ist in keinem

Zusammenhang zu sehen mit meinen Kontakten zum Ku-Klux-Klan.« Die Bundesanwaltschaft sah das ähnlich und urteilte vom Schreibtisch in Karlsruhe aus: »Die Einlassung ist nicht zu widerlegen … Das Ermittlungsverfahren [wegen der Mitgliedschaft in einer terroristischen Vereinigung] gegen ihn ist deshalb einzustellen.« Nur Wochen darauf, im Mai 1992, war Carsten Szczepanski dann dabei, als der nigerianische Asylbewerber Steve Erenhi von einer Neonazi-Meute fast umgebracht wurde – die Skinheads hatten während der Jagd auf Erenhi »Ku-Klux-Klan! Ku-Klux-Klan!« skandiert. Trotzdem weigerte sich die Bundesanwaltschaft, das Verfahren zu übernehmen und es in den *Klan*-Komplex einzugliedern: »Dass auch KKK'ler dabei waren, macht die Tat nicht zu einer Sache der Vereinigung«, schrieb der zuständige Bundesanwalt. Zudem schien ihm Carsten Szczepanski nur am Rande, nicht als Haupttäter beteiligt gewesen zu sein. Die Bundesanwaltschaft zeigte also keinerlei Interesse daran, die schweren Gewalttaten zweier Hauptakteure des *Klans* mit dem deutschen *Ku-Klux-Klan* in Verbindung zu bringen.

Die Ermittlungen gegen den *Klan* liefen in der Phase jedoch weiter – man war also nicht vollends desinteressiert. Die Bundesanwaltschaft hatte durch die Ermittlungen des BKA einen guten Überblick der *Klan*-Szene in Deutschland bekommen – über 30 Mitglieder im ganzen Land, mehrere Standorte, miteinander im Kontakt, Mahon als Identifikationsfigur. Zudem erfuhr die Bundesanwaltschaft, dass sich in Berlin eine *Klan*-Gruppe gebildet hatte, zu der auch enge Freunde von Szczepanski gehörten. Die Bundesanwaltschaft erweiterte entsprechend das Verfahren und bezog den Berliner *Klan* in die Gesamtermittlung ein. Das BKA trieb im Auftrag der Bundesanwaltschaft weiter einen großen Aufwand, zu dem es sich gegen die rechte Szene sonst nur äußerst selten durchringen konnte. Man schien nur den optimalen Zeitpunkt abzuwarten, um eine spektakuläre Anklage vorzulegen oder diverse Mitglieder zu verhaften.

Doch nur zwei Tage nachdem die Bundesanwaltschaft die Berliner Mitglieder in das *Klan*-Verfahren eingegliedert hatte, tötete ausgerechnet eines der drei Berliner Mitglieder einen Menschen. Ein *Klan*-Freund von Szczepanski, Norman Z., hatte mit einer Baseballkeule zwei Männer auf einem Spielplatz in Berlin-Charlottenburg zusammengeschlagen. Er wurde dabei von einem Freund begleitet. Die beiden Skinheads waren betrunken, stritten sich erst mit Jungen, die sie als Ausländer ausmachten, bedrängten dann zwei Männer, die am Rande saßen und die sie für Obdachlose hielten. Das *Klan*-Mitglied Z. zertrümmerte zunächst dem ersten Mann den Schädel, schlug dann zwei Mal mit dem Baseballschläger auf den Kopf des zweiten Mannes. Eines der beiden Opfer starb im Krankenhaus.

Zwei Morde und zwei Mal versuchter Totschlag innerhalb weniger Monate – das alles war dem *Klan* zuzurechnen, dessen Struktur und Mitglieder genau in dieser Zeit im Fadenkreuz der Ermittlungen des BKA standen. Und: Die Beweismittel, die das BKA 1992 bei Szczepanski in Brandenburg sichergestellt hatte, deuteten eindeutig darauf hin, dass man in den deutschen *Klans* zudem darüber nachdachte, Terrorzellen im Untergrund zu bilden. So hatte man ein brisantes Dokument in Szczepanskis Pilotenkoffer in Brandenburg gefunden. »Eine wichtige interne Information« folge, hieß es in dem Schreiben. Es ging um Verhaltensmaßregeln für die Zukunft. Jeder *Klan*-Mann müsse sich darauf vorbereiten, in »den totalen Untergrund« zu gehen. Man müsse auf bewaffnete Auseinandersetzungen vorbereitet sein. Die nächste Phase der Arbeit beginne mit dem Aufbau von Kleinstgruppen, dem Einbunkern von Waffen, Munition, Ausrüstungsgegenständen sowie der Schaffung »einer finanziellen Sicherheit«. Angeblich, so Szczepanski in einer Aussage, sei das Schreiben ein Rundbrief Mahons gewesen, den er nur übersetzt habe. Die Ermittler stießen jedoch darüber hinaus in Szczepanskis Besitz auf ein Buch mit dem Titel »The Poor Man's James Bond«, in dem erklärt wird, wie man Bomben selbst herstellt.[8] Auch die Adresse von einem Schweizer Waffenhändler fand man bei Szczepanski. Die *Klans* wollten also offenbar die Gewalt noch weiter treiben – dass man bereit war zu töten, und sei es im Affekt, hatten *Klan*-Mitglieder ja gerade bewiesen.

Das alles machte eine Anklage oder eine Fortsetzung der Ermittlungen gegen den *Klan* eigentlich zwingend. Doch die Bundesanwaltschaft folgte dieser Logik nicht. Zwei Tage nachdem sie die Ermittlungen ausgeweitet hatte, stellte die Bundesanwaltschaft die Maßnahmen gegen alle *Klans* in Deutschland ein. Sie verwies einige Tatbestände zurück an lokale Staatsanwaltschaften. Man war bei der Bundesanwaltschaft und dem BKA nicht etwa »auf dem rechten Auge blind«, man hatte ja mit großen Aufwand ermittelt, aber trotzdem schwere Straftaten und den Tod zweier Menschen nicht verhindern können. Dass man danach kein Interesse daran hatte, gegen die *Klans* im Ganzen als Katalysator des Hasses vorzugehen, noch dazu in einer Phase, in der ständig Flüchtlingsheime angegriffen wurden, ist juristisch nicht zu erklären. Alle Verdachtsmomente hatten sich ja während der Ermittlungen gegen Kernmitglieder des *Klans* weiter erhärtet. Das ist einer der Knackpunkten in der Frühphase der Karriere von Szczepanski:

Warum wurde trotz der bedrohlichen Gesamtsituation nicht weiter gegen ihn ermittelt? Darauf gibt es noch keine befriedigende Antwort. Man hat die Bundesanwaltschaft allerdings auch nicht pointiert danach gefragt. Auffallend im *NSU*-Komplex ist jedoch, dass gerade in dieser Zeit – ab 1991– etwa das Bundesamt für Verfassungsschutz V-Männer vor einer Strafverfolgung geschützt hat. In einem Fall bat man das BKA, konkret mitzuteilen, wenn Ermittler einem bestimmten V-Mann des BfV zu nahe kamen. Der wurde dann entsprechend gewarnt und war auf Durchsuchungen vorbereitet. Auch Staatsanwaltschaften ließen sich in dieser Zeit darauf ein, V-Männer eine Schonfrist zu gewähren oder sie ganz vor einem Verfahren zu schützen.

Der Eindruck drängt sich daher an dieser Stelle auf, dass auch im Fall der deutschen *Klans* ein Akteur vor zu gefährlichen Ermittlungen geschützt werden sollte. Wäre Carsten Szczepanski bereits Ende 1991 oder Anfang 1992 als V-Mann oder Informant etwa von einer Bundesbehörde angeworben worden, dann hätte er in dieser Funktion eine Struktur aufgebaut – die deutschen *Klans* –, deren Mitglieder innerhalb von wenigen Monaten zwei Menschen getötet und zwei schwer verletzt haben. Ein Prozess gegen Szczepanski und Co. hätte das ans Tageslicht bringen und somit nicht riskiert werden können. In dem Fall wäre es an dieser Stelle darum gegangen, einen Staatsskandal zu vertuschen. Der Beweis für eine frühere Anwerbung Szczepanskis findet sich in den Akten jedoch nicht. Unbestritten ist: Das BKA ermittelte in der Folge nicht weiter, Carsten Szczepanski durfte weitermachen, als sei nichts passiert. Und das hieß bei ihm in jener Zeit: das Netzwerk *Blood & Honour (B&H)* weiter mitaufzubauen.

EIN KONZERT IN BRANDENBURG – WURDE SZCZEPANSKI AUS DER SCHUSSLINIE GEBRACHT?

Szczepanski war beim Verfahren gegen den Haupttäter vom Scharmützelsee zunächst als Zeuge geladen, in den Protokollen wurde er als möglicher Beschuldigter eingetragen, doch auch fast ein Jahr nach der Tat behelligte ihn niemand. Anfang 1993 wohnte er noch immer in Brandenburg, war sogar offiziell gemeldet. Erst dann wollte die Staatsanwaltschaft in Frankfurt (Oder) Szczepanski als Beschuldigten im Fall Erenhi befragen lassen. Monate vergingen, die lokale Polizei suchte nur äußert umständlich nach Szczepanski, aber schließlich wurde ihm von der Kriminalpolizei aus Potsdam ein Schreiben zugestellt: Er habe sich am 6. Mai 1993 zu einem Verhör einzufinden. Dann, wie so oft in der radikalen Karriere von Szczepanski, ließen die Ermittler den Neonazi ohne Not vom Haken. Noch vor dem Termin seines Verhörs wurde Szczepanski festgenommen. Allerdings nicht von den zuständigen Potsdamer Kripo-Beamten, sondern von Streifenpolizisten der Polizeihauptwache Königs Wusterhausen. Szczepanski kam kurzfristig in die Justizvollzugsanstalt der Stadt, wurde dann jedoch, am 5. Mai, einen Tag vor der vorgesehenen Vernehmung, in das Gefängnis nach Moabit in Berlin gebracht. Der Brandenburger Beamte, der Szczepanski wegen Erenhi vernehmen sollte, stellte dann fest, dass es bei der Festnahme um ein Sachbeschädigungsdelikt zu gehen schien, das die Staatsanwaltschaft Berlin verfolgte. Eine Lappalie, verglichen mit dem Vorwurf der Staatsanwaltschaft in Frankfurt in Sachen Erenhi.

Die Potsdamer Beamten ließen sich trotz der Schwere des Vorwurfs Zeit, versuchten Szczepanski erst wenige Wochen später, in der JVA Moabit eine weitere Verfügung zuzustellen, doch dort war er nicht mehr. Erst im September erfuhren die zuständigen Polizisten in Potsdam, dass Szczepanski nur gut eine Woche nach seiner Festnahme am 14. Mai entlassen worden war, und anschließend hatte nach Hause fahren dürfen. Es wirkt so, als sei er aus der Schusslinie genommen worden.

Denn tatsächlich plante Szczepanski genau in dieser Zeit ein für die *Blood & Honour*-Bewegung sehr wichtiges Event: Zwei britische Bands aus dem Umfeld des *B&H*-Gründers Ian Stuart Donaldson – *Razors Edge* und *Close Shave* – sollten am 19. Juni in Brandenburg spielen, gemeinsam mit vier deutschen Bands. Ein Grundstück hatten die Veranstalter schon gefunden, in der Nähe von Prieros, einem Nachbarort von Klein Eichholz, dort, wo Carsten Szczepanski inzwischen wohnte. Szczepanski selbst erschien am 19. Juni bei dem Konzert, er organisierte alles, 750 Skinheads aus ganz Deutschland kamen und zahlten 30 DM Eintritt. Um 16 Uhr fuhren zwei Polizisten vor dem Gelände vor. Szczepanski stellte sich vor und sagte, er feiere seinen Geburtstag, das Ganze sei eine private Feier, nichts weiter. Die Polizisten ließen Szczepanski machen. Obwohl er als Beschuldigter in einem Kapitalverbrechen angeblich gesucht wurde, blieb Szczepanski so abermals auf freiem Fuß. Das blieb er auch noch viele Monate. Wie das Konzert bewies: Szczepanski hatte exzellente internationale Kontakte, zu führenden Neonazis in England vor allem. Das machte ihn potenziell sehr wertvoll – wenn er denn bereits als Informant arbeitete oder bereits als solcher geworben werden sollte.

Erst Anfang des Jahres 1994 drehte sich der Wind – vor allem weil der Anwalt von Steve Erenhi Druck machte. Die zuständige Staatsanwaltschaft verfasste eine neue Anklageschrift, Szczepanski wurde zunächst wegen Beihilfe zu schwerer Körperverletzung gesucht, dann beantragte die Staatsanwaltschaft im Mai 1994 einen Haftbefehl und ließ Szczepanski wegen Beihilfe zu versuchtem Mord schließlich doch noch verhaften – zwei Jahre nach der Tat. Das Brandenburger Innenministerium behauptet trotz vieler Indizien, die in eine andere Richtung deuten, dass Szczepanski erst danach in der U-Haft ein V-Mann geworden ist und für keine andere Behörde zuvor oder parallel gearbeitet hat.

WAFFEN FÜR SPÄTERE MITGLIEDER DES *NSU*

Im April 1998 war Carsten Szczepanski abermals in seinem Leben am richtigen Ort zur richtigen Zeit, um die Interessen des LfV Brandenburg optimal bedienen zu können. Zwei Entwicklungen verliefen in dieser Phase parallel: Zum einen waren Böhnhardt, Zschäpe und Mundlos bereits seit zwei Monaten in Chemnitz untergetaucht, zum anderen bekam »Piatto« Hafturlaub. Diese Zeit nutzte er, um Freunde aus der Szene in Sachsen zu treffen, die ihn auch in der Haft besucht hatten: Antje und Michael Probst aus Limbach bei Chemnitz. Das Ehepaar Probst gehörte zu den führenden Akteuren der sächsischen Neonazi-Szene. Sie waren in jener Zeit eng mit Thomas Starke und vor allem Jan Werner verbunden, den beiden Anführern der sächsischen Sektion von *Blood & Honour*. Werner und Starke wiederum waren 1998 die wichtigsten Unterstützer von Zschäpe, Mundlos und Böhnhardt im sächsischen Untergrund. »Piatto« arbeitete im Frühsommer 1998 sogar in dem Laden des Ehepaars Probst, im Sonnentanz, mit. Szczepanski konnte also Böhnhardt, Mundlos und Zschäpe sehr schnell sehr nahe kommen. War das Zufall, Glück oder Planung? Auch diese Frage ist noch nicht beantwortet.

Der damals 28-jährige Historiker Gordian Meyer-Plath war in dieser Zeit einer der V-Mann-Führer von »Piatto«. Die beiden trafen sich mindestens alle 14 Tage. Pro Treffen bekam »Piatto« 300 DM oder mehr. Ab Mitte 1997 wurde ihm noch dazu ein Handy zur Verfügung gestellt, mit einer Nummer, die auf das Innenministerium von Brandenburg registriert war, was später für Probleme sorgen sollte. Meyer-Plath sagte dem *NSU*-Ausschuss des Bundestages über diese Zeit: »In den Jahren 1997 und 1998 war der Informant nach Bewertung der Auswertung noch besser geworden. Er konnte nun dank regelmäßiger Zeiten außerhalb der Justizvollzugsanstalt wieder näher an die Szene heran. Er war weiterhin überall gern gesehen, jeder vertraute ihm, jeder sprach mit ihm, er sog alles auf wie ein Schwamm und berichtete ausführlich, obwohl er wusste, dass seine Informationen für die Szene in jeder Hinsicht teuer wurden.« Die Szenemitglieder vertrauten Szczepanski offenbar tatsächlich fast blind. Die einen, weil er nicht nur geredet, sondern »endlich etwas getan« hatte, die anderen, weil sie das Strafmaß – acht Jahre Gefängnis – für eine Art »Regimeterror« hielten, schließlich habe Szczepanski das Opfer »nicht einmal angefasst«, so Meyer-Plath. Mitte 1998 wurde die Arbeit der Quelle heißer, erinnerte sich Meyer-Plath vor dem Ausschuss: »In Vertretungsfällen, insbesondere im Sommer 1998, habe ich auch alleine Treffs mit Carsten Szczepanski durchgeführt, inklusive Prämierung und Autokennzeichenwechsel in den mückenreichen und/oder matschigen Brandenburger Wäldern. In der Regel verfasste ich danach die Berichte, die über die Referats- und Abteilungsleitung an die Kollegen der Auswertung übermittelt wurden. Dort wurden sie ausgewertet, bewertet und gesteuert, das heißt, es wurde dort bestimmt, welche anderen Verfassungsschutzbehörden oder die Polizei diese Informationen erhalten sollten.« Aber genau diese Steuerung der Information an die Polizei sollte 1998 eben nicht funktionieren – genau zu dem Zeitpunkt, als Szczepanski begann, über die Pläne des Trios aus Thüringen zu berichten.

Im Juli 1998 war »Piatto«, er hatte gerade wieder Freigang, sogar bei einem internen Treffen der sächsischen *B&H*-Sektion dabei. Angeblich ging es dabei nur darum, mehr Disziplin von den Mitgliedern einzufordern. Im Juni, das hatte das LfV Sachsen von einer anderen Quelle erfahren, war es bei einem Treffen von *Blood & Honour* schärfer zugegangen. Antje Probst habe eine klare Forderung an die Sektion: Ab jetzt müsse »die politische Arbeit im Untergrund in Form von Anschlägen« durchgeführt werden. Angeblich, so heißt es in einem kurzen Vermerk des LfV Sachsen, hätten die anwesenden Teilnehmer den Vorschlag abgelehnt. Im August berichtete »Piatto« dann seinem V-Mann-Führer: »Laut Antje Probst sind drei sächsische Skinheads (zwei Männer und eine Frau) zur Zeit wegen verschiedener Straftaten auf der Flucht vor der Polizei. Dieser Fall sei medienbekannt. Die drei, von denen einer anonym Artikel für die Publikation ›White Supremacy‹ geschrieben habe, wollen sich angeblich innerhalb der nächsten drei Wochen mit ›geliehenen Pässen‹ nach Südafrika absetzen und dort in neue

Identitäten schlüpfen.« Mit den drei sächsischen Skinheads waren Böhnhardt, Zschäpe und Mundlos gemeint.

Wenige Tage später berichtete »Piatto« laut einem Treffbericht des Verfassungsschutzes: »Einen persönlichen Kontakt zu den drei sächsischen Skinheads [gemeint sind Böhnhardt, Mundlos und Zschäpe] soll Jan Werner haben. Jan Werner soll zur Zeit den Auftrag haben, ›die drei Skinheads mit Waffen zu versorgen‹. Gelder für diese Beschaffungsmaßnahme soll die ›Blood & Honour‹-Sektion Sachsen bereitgestellt haben. Die Gelder stammen aus Einnahmen aus Konzerten und dem CD-Verkauf. Vor ihrer beabsichtigten Flucht nach Südafrika soll das Trio einen weiteren Überfall nach dem Erhalt der Waffen planen, um mit dem Geld sofort Deutschland verlassen zu können. Der weiblichen Person des Trios will Antje Probst ihren Paß zur Verfügung stellen. Probst und Werner sollen unabhängig voneinander und ohne Wissen des anderen für die drei tätig sein.«

Das ist der Schlüsselbericht, die zentrale Meldung, denn sie belegt: In Teilen der rechten Szene von Chemnitz war bekannt, dass drei Neonazis aus Thüringen Waffen suchten, um weitere Überfälle zu begehen. Doch diese Information wurde nur in der Geheimdienstszene weitergereicht, nicht aber an die Thüringer Polizei, die nach den Dreien aus Jena fahndete. An dieser Stelle wird ein Kernproblem des V-Mann-Wesens deutlich: Die Verfassungsschutzbehörden hatten zwar zu einem hohen Preis (ein verurteilter Gewalttäter bekommt eine Sonderbehandlung) wichtige und korrekte Informationen bekommen, die änderten nur nichts an der Gesamtlage, da man die Informationen nicht richtig einsetzen konnte oder wollte. Im Fall von »Piatto« kam es noch schlimmer: Die Verfassungsschutzbehörden behinderten die Arbeit der Polizei aktiv, um ihre Quelle und die Operation zu schützen, bei der es darum ging, möglichst viele Informationen aus der militanten rechten Szene zu bekommen, um sie auch operativ beeinflussen zu können.

In dieser Zeit – genau am 25. August 1998 – wurde von der Zielfahndung des LKA Thüringen ein SMS-Dialog zwischen Szczepanski und Jan Werner aufgenommen: Werner hatte versucht, »Piatto« anzurufen. Szczepanski war nicht ans Telefon gegangen. Zwei Minuten später schrieb Werner ihm eine SMS: »Hallo. Was ist mit den Bums.«[9] Die SMS wurde später unter anderem von der sogenannten Schäfer-Kommission, die im Auftrag des Thüringer Innenministeriums die Fahndung nach dem Trio analysierte, dahingehend interpretiert, dass sich Jan Werner von »Piatto« Waffen erhoffte. Ein ganz entscheidender Punkt: Hatte ein V-Mann der Szene Waffen angeboten? Szczepanski selbst verneint das.

Carsten Szczepanski hatte an dem fraglichen Tag Freigang und war noch mit einem seiner V-Mann-Führer unterwegs, als die SMS einging. Er will jedoch von der SMS nichts mitbekommen haben. Angeblich, so die Aussage verschiedener Beamter des LfV Brandenburg, wurde das Handy genau an jenem 25. August 1998 stillgelegt. Denn die Kripo habe mitbekommen, dass »Piatto« mit einem Diensthandy telefonierte. Das hatte Schockwellen bis nach Köln zum Bundesamt für Verfassungsschutz ausgelöst. Das BfV warnte daraufhin das Landesamt in Brandenburg: Ein V-Mann, noch dazu ein ergiebiger, war kurz davor, enttarnt zu werden. Das Handy wurde daraufhin vom LfV Brandenburg eingezogen. Der Polizei wurde so eine wichtige Möglichkeit verbaut, das Trio aus Jena zu finden.

Szczepanski bekam ein weiteres, besser getarntes Handy vom Verfassungsschutz. Er kommunizierte abermals mit Jan Werner, der noch immer Waffen für das Trio aus Thüringen suchte. Im September bereiteten die beiden intensiv ein Treffen in Brandenburg vor. Auch diese Kurznachrichten – samt Geokoordinaten der Gesprächspartner – zeichnete das LKA Thüringen auf. Doch die entscheidenden Nachrichten vor, nach und am Tag des Treffens, fehlen in den Akten, die den verschiedenen Ausschüssen zur Verfügung gestellt wurden. Wer wem was übergeben hat – auch das bleibt unklar, wäre aber im Lichte der SMS, in der Werner »Piatto« nach »Bums« fragt, entscheidend. Wie an so vielen Stellen im *NSU*-Komplex klafft hier eine Lücke in den Akten.

Noch im Oktober – also zwei Monate nach der ersten Meldung, die besagte, dass die drei Flüchtigen auf der Suche nach Waffen sind –, berichtete »Piatto« abermals seinem V-Mann-Führer, dass Werner bei einem Konzert in einem Rocker-Club (ausgerechnet des Clan MC, der sich früher White Priests MC nannte und von Andreas »Oswald« Pohl, dem alten Weggefährten von Szczepanski, mitangeführt wurde) nach Waffen gefragt habe: »Am Rande des Konzerts erfuhr die Quelle, daß Jan Werner bei seinen Versuchen, die drei flüchtigen Neonazis mit Waffen zu versorgen, noch nicht erfolgreich war und die Suche fortsetzt.«

Noch immer suchte Werner also aktiv Waffen, das wussten die verschiedenen involvierten Verfassungsschutzbehörden im Herbst 1998 – doch sie machten, angeblich, nichts mit dieser Information. Wenige Wochen danach beging eine Gruppe von Rechtsradikalen, die sich später *NSU* nennen sollte, ihren ersten dokumentierten Überfall in Chemnitz. Sie raubten einen Edeka-Markt aus, schossen dabei um sich. Diesen Überfall wollen die Verfassungsschutzbehörden nicht mit der Meldung von »Piatto« in Verbindung gebracht haben. Szczepanski selbst berichtete danach noch knapp zwei Jahre über die rechtsextremistische Szene. Doch nachdem ein LKW mit Rechtsrock-CDs, der für Chemnitz bestimmt war, von der Polizei beschlagnahmt worden war, traute die Gruppe um Thomas Starke und Jan Werner dem »Kameraden« Szczepanski nicht mehr. Denn er war einer der wenigen Menschen, die im Vorfeld von der Lieferung gewusst hatten. Dieses Misstrauen gegenüber Szczepanski spiegelte sich in Notizen und in Nachrichten etwa von Starke und Probst wider. »Piatto« berichtete danach nie wieder über das Trio aus Thüringen und die Unterstützung der Drei durch führende sächsische Neonazis.

»Piatto« wurde später an eine weitere Gruppe in Berlin herangespielt. Gleich mehrere aktive und spätere V-Männer versuchten damals – im Stile von Agents Provocateurs –, Rechtsextremisten dazu zu bringen, Rohrbomben zu bauen und zu legen.[10] So agitierte Nick Greger eine Gruppe in Potsdam, Rohrbomben gegen die Antifa einzusetzen. Im Gefängnis wurde Greger später vom LKA Berlin als Informant rekrutiert. Mindestens ein weiterer Teilnehmer der Treffen, auf denen der Einsatz von Rohrbomben diskutiert wurde, war in Augen der anderen Teilnehmer verdächtig, da er zu offensiv den Einsatz von Bomben propagierte und in der Vergangenheit von der Polizei kaum belästigt worden war. Die Aktion führte zu Verhaftungen, aber zu keinen Urteilen, weil der Staatsanwaltschaft der Einfluss des Verfassungsschutzes zu offensichtlich war. Szczepanski wurde im Sommer 2000 durch eine gezielte Indiskretion enttarnt, »Der Spiegel« konnte über ihn und seine Rolle berichten. Er kam danach in ein Zeugenschutzprogramm und rückte erst wieder nach dem Auffliegen des *NSU* im November 2011 in den Mittelpunkt des Interesses.

Auch heute, vier Jahre später, sind wesentliche Punkte, die Szczepanskis Arbeit als Informant und Akteur in der Szene betreffen, ungeklärt. Und Dokumente aus dem Innenministerium Brandenburg zeigen: Das dortige LfV betrieb eine Art doppelte Buchführung. Es gab »Piatto«-Berichte, die an andere Dienste und später an die Untersuchungsausschüsse weitergereicht wurden. Und es gab die internen Berichte, die man unter Verschluss hält und die der Autor zum Teil einsehen konnte. Aus denen geht hervor: »Piatto« hat sehr viel mehr erzählt, als den Ausschüssen bekannt ist. So hat er über ein zentrales Treffen von *Blood & Honour* 1998 berichtet, bei dem zwei Thüringer anwesend waren. Wer das war – etwa Böhnhardt und Mundlos – ist bis heute unklar, da sich Szczepanski eben nicht konkret geäußert hat und es aller Wahrscheinlichkeit nach auch nicht mehr tun wird. In den

Halle (Saale), 9. November 1991: Der spätere V-Mann »Corelli« (2. v. r.)

Brandenburger Berichten geht es auch detailliert um Personen, die Waffen in der rechten Szene anboten. Aber auch dieser Spur konnten die verschiedenen Parlamentarier nicht nachgehen, da diese Akten unter Verschluss gehalten werden. Was also »Piattos« Rolle wirklich war, ob er länger als V-Mann oder in einer anderen Rolle gearbeitet hat, wie zufällig sein punktgenaues Auftauchen in der Chemnitzer Szene war, wie gut seine internationalen Kontakte – das alles muss so offen bleiben. Am brisantesten ist schließlich eine bislang nicht beleuchtete Aussage eines anderen Neonazis. Der hatte dem BKA nach dem Auffliegen des *NSU* berichtet, dass »Piatto« mehrmals aktiv Waffen in der Szene angeboten habe. Das leugnete Szczepanski jedoch in seiner Aussage beim BKA. Er habe den Zeugen mal beim Verfassungsschutz verpfiffen, mutmaßlich wolle der sich nur rächen. Die Behauptung würde allerdings zu der SMS an Jan Werner passen: »Was ist mit den Bums«. Auch hier muss die Suche nach der Wahrheit weitergehen, mit Erinnerungslücken und Ausflüchten darf man sich nicht zufriedengeben. Die Aufklärung des Falles »Piatto« steht erst am Anfang.

ANTONIA VON DER BEHRENS

GEDÄCHTNISLÜCKEN UND GESPERRTE AKTEN

DER BRANDENBURGISCHE VERFASSUNGSSCHUTZ IM *NSU*-PROZESS

Mit Perücke und mit einem Halstuch vor dem Gesicht betrat Carsten Szczepanski am 3. Dezember 2014 den Gerichtssaal im Oberlandesgericht in München. Zwei Personenschützer und eine Rechtsanwältin begleiteten den ehemaligen Neonazi-Aktivisten und V-Mann des brandenburgischen Verfassungsschutzes, der an diesem Tag im Verfahren wegen der Taten der rechtsterroristischen Organisation *NSU* als Zeuge geladen war. Viel Aufwand für einen Zeugen, würde man denken. Ursprünglich hatte der brandenburgische Verfassungsschutz für die Vernehmung noch viel weitergehende Bedingungen gestellt. Szczepanski sollte nach dem Willen der Behörde gar nicht persönlich vor Gericht erscheinen, sondern per Video zugeschaltet werden, mit verfremdeten Bild und verfremdeter Stimme. Außerdem müsse die Öffentlichkeit aus dem Gerichtssaal ausgeschlossen werden. Mehr als eine Seite brauchte die Behörde, um alle Einschränkungen aufzuzählen, die Voraussetzung dafür sein sollten, dass Szczepanski dem Gericht sagt, was er über die Organisation weiß, die für den Tod von mindestens zehn Menschen verantwortlich ist. Erst nach öffentlicher Kritik und einem Schreiben des Vorsitzenden Richters Manfred Götzl gab der Verfassungsschutz schließlich nach: Die Vernehmung könne stattfinden, wenn Szczepanski sich verkleiden könne und keine Angaben zu seiner neuen Identität machen müsse.

»Ich bin sicher, dass es mehr als die waren, die jetzt angeklagt sind. Ich will, dass alles aufgeklärt wird, wer beteiligt war, wer es gewusst hat, auch die Hintermänner.« Das sagte Abdulkerim Şimşek, der Sohn des ersten *NSU*-Mordopfers Enver Şimşek, Anfang September 2015 über seine Erwartung an den Münchner Prozess. Der Innenminister, der Polizeipräsident und auch der Verfassungsschutzchef Brandenburgs hörten ihm zu. Die Fachhochschule der Polizei in Oranienburg hatte Şimşek eingeladen, auf einer Tagung über die Konsequenzen der *NSU*-Mordserie für die brandenburgische Polizei zu sprechen. Mehr als 80 Familienangehörige von Mordopfern und Überlebende von Anschlägen und Mordversuchen des *NSU* ha-

Carsten Szczepanski am 3. Dezember 2014 im Oberlandesgericht München

ben sich als Nebenkläger dem Verfahren in München angeschlossen, wo sie durch Anwälte vertreten werden. Für die Opfer des *NSU* geht es nicht nur um die Feststellung der Schuld der Angeklagten und eine entsprechende Verurteilung. Sie wollen auch Aufklärung, wie die Mordopfer ausgewählt wurden, wer die Unterstützer waren und ob die Taten hätten verhindert werden können. Bis zur Selbstenttarnung des *NSU* wurden die Täter nie ernsthaft im rechten Spektrum gesucht, vielmehr wurden die betroffenen Familien verdächtigt, Kontakt zur organisierten Kriminalität zu haben. Sie wurden beschuldigt, die Ermittlungen zu behindern und kriminelle Strukturen zu decken.

Ob die Polizei die Mitglieder des *NSU* hätte festnehmen und dadurch Morde verhindern können, wenn die Ermittler sich nicht von rassistischen Vorstellungen hätten leiten lassen? Diese Frage ist schwer zu beantworten. Dagegen gibt es konkrete Hinweise darauf, dass der brandenburgische Verfassungsschutz die Mordserie möglicherweise hätte verhindern können, wenn er die Informationen, die er von seinem V-Mann Szczepanski bekam, an die Fahnder der Polizei weitergegeben hätte. Warum das nicht geschah, das ist die Frage, die Szczepanski und seine Auftraggeber im Potsdamer Innenministerium vor Gericht hätten beantworten sollen.

HÄTTE DER VERFASSUNGSSCHUTZ DIE MORDSERIE VERHINDERN KÖNNEN?

Szczepanski war 1998 regelmäßig in Chemnitz mit den *Blood & Honour*-Mitgliedern Jan Werner, Antje Probst und Thomas Starke – dem Sprengstofflieferanten des *NSU* und Ex-Freund von Beate Zschäpe – zusammen. Mindestens fünf Mal berichtete er seinen V-Mann-Führern im brandenburgischen Innenministerium, Rainer G. und Gordian Meyer-Plath, im Sommer und Herbst 1998 über das untergetauchte Trio. Er gab dem Verfassungsschutz Hinweise auf den Aufenthaltsort, die Pläne zur Bewaffnung, auf geplante Überfälle und eine bevorstehende Ausreise der Untergetauchten – und er nannte die Namen von zwei ihrer direkten Unterstützer.

In diesem Zusammenhang sind zwei Nachrichten aus dem Sommer 1998 von großer Bedeutung, eine SMS vom 25. August und eine Deckblattmeldung vom 9. September 1998.[1] An diesem Tag berichtete der V-Mann: »Die Quelle [Szczepanski] teilt mit, Jan Werner solle zur Zeit den Auftrag haben, die drei Skinheads mit Waffen zu versorgen; Gelder für diese Beschaffungsmaßnahme solle die B&H Sektion Sachsen bereitgestellt haben. Nach der Entgegennahme der Waffen – noch vor der beabsichtigten Flucht nach Südafrika – solle das Trio einen weiteren Überfall planen, um mit dem Geld sofort Deutschland verlassen zu können. Der weiblichen Person des Trios werde Antje Probst ihren Pass zur Verfügung stellen.«[2] Anschließend informierte Szczepanski seine Auftraggeber in Potsdam noch drei weitere Mal über das Trio und die Versuche Werners, Waffen zu beschaffen, bis diese Nachrichten Mitte Oktober 1998 plötzlich abrissen. Ob es Jan Werner gelungen ist, das Trio mit Waffen zu versorgen, oder ob es vielmehr Szczepanski war, der diese Waffen im Auftrag Werners beschaffen sollte, ist bis heute ungeklärt. Dass der V-Mann in die Waffenlieferung verwickelt gewesen sein könnte, legt eine SMS nahe, die Werner am 25. August 1998 an Szczepanski sandte: »Hallo. Was ist mit den Bums«. Szczepanski gab in einer Vernehmung beim Bundeskriminalamt am 31. Januar 2013 an, mit »Bums« könnten Waffen gemeint sein, er kenne die SMS aber nicht und habe auch nie Waffen für Werner besorgt oder besorgen sollen.

Sicher ist aber, dass der *NSU* kurz darauf über eine Schusswaffe verfügte, mit der bei dem – soweit bisher bekannt – ersten Raub der Gruppe im Dezember 1998 auf einen 16-jährigen Jugendlichen, der die Täter beobachtet hatte, geschossen wurde.

Hätten diese brisanten Meldungen des V-Mannes »Piatto« eine Ergreifung des Trios noch vor dem ersten Mord ermöglicht? Das erscheint zumindest denkbar. Es war bekannt, durch welche Neonazi-Strukturen und welche Personen das Trio mit Geld und Waffen unterstützt wurde bzw. werden sollte, was es plante und wo es sich aufhielt. Es ist jedoch noch nicht einmal geklärt, welche Behörden davon erfahren haben und was daraufhin veranlasst wurde. Nach den erhaltenen Akten und den Aussagen von Verfassungsschutzmitarbeitern vor Gericht und vor dem Untersuchungsausschuss des Bundestages hat es lediglich Mitte September 1998 ein Treffen der drei Verfassungsschutzbehörden aus Brandenburg, Thüringen und Sachsen gegeben, um zu besprechen, was mit den Informationen von Szczepanski geschehen sollte. Dass die Geheimdienste bis auf dieses Treffen nichts weiter unternommen haben, ist nicht plausibel. Haben die Ämter sich nicht bemüht, die vorliegenden Informationen mit nachrichtendienstlichen Mitteln zu bestätigen und durch weitere Quellen diese gefährliche Situation aufzuklären? Dies wäre zumindest das übliche Vorgehen der Dienste gewesen.

EINE ANKLAGE OHNE V-MÄNNER

In der Anklage, die der Generalbundesanwalt am 5. November 2012 bei dem Oberlandesgericht München gegen Beate Zschäpe, Ralf Wohlleben, Carsten S.,[3] Holger Gerlach und André Eminger erhob,[4] wurde Carsten Szczepanski weder als Zeuge benannt, noch wurden die Inhalte seiner damaligen Mitteilungen erwähnt. Dabei hatte das Bundesamt für Verfassungsschutz schon mit Schreiben vom 1. Dezember 2011, also nur einen Monat nach der Selbstenttarnung des *NSU*, das Bundeskriminalamt (BKA), das die Ermittlungen leitete, über die Meldungen »Piattos« informiert. Befragt wurde Szczepanski vom BKA aber erst, nachdem seine Meldungen im Mai 2012 im Wortlaut im sogenannten Schäfer-Gutachten[5] zitiert worden waren. Das BKA fühlte sich dadurch gedrängt, Szczepanski im Juni 2012 und erneut im Januar 2013 als Zeugen zu vernehmen – allerdings nicht in dem Ermittlungsverfahren gegen Zschäpe, sondern in einem gesondert gegen Jan Werner geführten Verfahren. Neben dem Strafverfahren gegen Zschäpe u. a., das seit Mai 2013 vor dem Oberlandesgericht in München verhandelt wird, führt der Generalbundesanwalt weitere neun Ermittlungsverfahren gegen weitere mögliche Unterstützer des *NSU*, unter ihnen Jan Werner. Wahrscheinlich wird in diesen Verfahren jedoch niemals Anklage erhoben werden, weil die Taten verjährt sind oder weil der Generalbundesanwalt nicht glaubt, genug Beweise zu haben. Immerhin reichte der Generalbundesanwalt die Protokolle der Vernehmungen Szczepanskis kurz vor Beginn des Verfahrens in München im Mai 2013 zur Gerichtsakte. Bis dahin war allen anderen Prozessbeteiligten noch nicht einmal der Umstand, geschweige denn der Inhalt seiner Vernehmungen bekannt.

In der Anklageschrift geht der Generalbundesanwalt davon aus, dass der *NSU* eine Terrororganisation war, die streng abgeschottet von der Neonazi-Szene agierte und nur aus drei Mitgliedern bestand: Beate Zschäpe und den beiden verstorbenen Uwe Mundlos und Uwe Böhnhardt. Unter den rund 600 in der Anklageschrift benannten Zeugen ist kein einziger V-Mann-Führer einer Verfassungsschutzbehörde und lediglich ein V-Mann, nämlich der ehemalige Anführer des *Thüringer Heimatschutzes (THS)*, Tino Brandt, sowie ein Polizeiinformant, der Sprengstofflieferant des *NSU*, Thomas Starke. Beide kannten das Trio persönlich gut und haben es nach dem Abtauchen unterstützt; sie als Zeugen zu benennen war für die Anklage unumgänglich. Im Umfeld des Trios gab es jedoch eine große Zahl weiterer Personen, die mit den Behörden als V-Männer oder Gewährspersonen und Informanten zusammenarbeiteten und die zum Teil auch über das Trio berichteten. So zum Beispiel Marcel Degner. Der Sektionschef von *Blood & Honour Thüringen* wurde vom Landesamt für Verfassungsschutz Thüringen geführt. Laut einem telefonischen Bericht von Uwe Böhnhardt an Tino Brandt im März 1999 soll Degner für das Trio Konzerteinnahmen von mindestens 1.000 DM gespendet haben. Im Sommer und Herbst 1999 meldete Degner seinem V-Mann-Führer fast dasselbe, was Szczepanski ein Jahr zuvor dem brandenburgischen Landesamt mitgeteilt hatte: Das Trio werde im Untergrund von den Chemnitzer *B&H*-Mitgliedern Jan Werner und Antje Probst unterstützt, und es brauche kein Geld mehr, weil es »jobbe« – im Sprachgebrauch der Neonazis der Ausdruck für Überfälle. Zugleich ist bekannt, dass es mindestens einen bisher nicht enttarnten V-Mann in der *B&H*-Sektion Sachsen gegeben hat,[6] der angesichts der Umstände von der Unterstützung des Trios etwas erfahren haben muss, was allerdings bisher nicht aktenkundig ist.

Neben den Angeklagten Gerlach, Wohlleben, Eminger und Carsten S. gab es mindestens weitere 15 namentlich bekannte Personen aus dem *THS*- und *Blood & Honour*-Umfeld, die das Trio in Chemnitz mit Identitäten, Wohnungen oder Geld unterstützten. Das Trio war also nicht so abgeschottet, wie es in der Theorie des Generalbundesanwaltes erscheint. Da es ein Netzwerk von Mitwissern und Unterstützern gab, stellt sich angesichts der V-Mann-Dichte im Umfeld des Trios die Frage: Kann es wirklich möglich sein, dass die Nachrichtendienste über den *NSU* nichts wussten? Acht V-Leute und Informanten, fünf V-Mann-Führer und mehrere Verfassungsschutzmitarbeiter konnten – entgegen der Absicht der Bundesanwaltschaft – inzwischen vor dem OLG München als Zeugen gehört werden. Ein Großteil dieser Personen wurde nur auf Antrag der Nebenklage geladen und vernommen – unter ihnen Carsten Szczepanski.

»DAS WEISS ICH HEUTE NICHT MEHR«

Nach dem Tauziehen um die Aussagegenehmigung wurde die Vernehmung Szczepanskis am 3. Dezember 2014 mit Spannung erwartet. Die Plätze für die Öffentlichkeit und die Medien waren gut besetzt. Sehr schnell wurde offenbar, dass Szczepanski wohl nicht mehr sagen würde als in den Vernehmungen durch das BKA, wo er geleugnet hatte, das Trio zu kennen. Er präsentierte sich als ehrenamtlicher, verdeckter Ermittler, der aus der Szene ausgestiegen sei und als Wiedergutmachung ohne Honorar für den Verfassungsschutz gespitzelt habe; eine völlig unwahrscheinliche Darstellung, die weder von Zeugen noch durch die Akten bestätigt wird. Szczepanski gab zu, Nachrichten an das Amt weitergeben zu haben, und erklärte, was er damals gesagt habe, sei richtig gewesen, aber was das im Einzelnen gewesen sei, erinnere er nicht mehr. Insbesondere konnte er sich angeblich nicht an die drei untergetauchten thüringischen Skinheads erinnern, die seine sächsischen Freunde und *Blood & Honour*-Mitglieder mit Waffen, Geld und Ausweisen unterstützten – gerade so, als ob er nicht mehrfach den expliziten Auftrag hatte, möglichst viele Informationen über das Trio zu sammeln.

An seine eigenen Aktivitäten konnte sich Szczepanski, wenn sie über Konzertbesuche und Ähnliches hinausgingen, angeblich auch nicht mehr erinnern, dafür berichtete er dem Gericht freimütig über die Bedeutung von *Blood & Honour* und ihrer Ideologie. Die »weiße Vorherrschaft« sei generell das Bestreben von *B&H* gewesen, und er selbst sei damals dafür gewesen, dass »Nichtdeutsche vertrieben« werden. Über Waffen sei in der Szene »tagesaktuell« gesprochen worden. Es habe die Vorstellung vom »Tag X« gegeben, an dem das »politische System der BRD zusammenbricht und man sich in bürgerkriegsähnlichen Zuständen« befinden würde. Auf diesen Tag wolle man sich vorbereiten und eine »Waffe an der Wand hängen« haben. *Blood & Honour* sei der »absolute Hardliner-Verband« und seine sächsische Sektion die aktivste und größte in Deutschland gewesen. Diese hätte auch das Fanzine »White Supremacy« herausgegeben. 1998 hatte Szczepanski noch berichtet, dass auch ein Mitglied des Trios – wohl Mundlos – für dieses Fanzine geschrieben habe. Davon aber wusste er nun nichts mehr.

»DAVON HABE ICH KEINE KENNTNIS«

Da Szczepanski abstritt, irgendwelche Erinnerung an die über das Trio erhaltenen Informationen zu haben, musste das Gericht die beiden V-Mann-Führer dazu befragen, was ihnen »Piatto« damals berichtet hatte und was sie daraufhin in Deckblattmeldungen festhielten.

Glatt und eloquent gab sich Gordian Meyer-Plath[7] während seiner gesamten Aussage im Gericht; durch Fragen ließ er sich nicht aus der Ruhe bringen, er referierte zu allgemeinen Fragen und gab unproblematisches Aktenwissen wieder. Er hat eine steile Karriere hinter sich: Der heutige Präsident des sächsischen Verfassungsschutzes begann im September 1994, kurz nach der Anwerbung Szczepanskis, in Potsdam als »Auswerter«. Ab 1997 arbeitete er in der »Beschaffungsabteilung«, wo er die Aufgabe hatte, den V-Mann-Führer von Szczepanski, Rainer G., zu unterstützen und zu vertreten. Im Wesentlichen habe er Fahrdienste für Szczepanski erledigt. Meyer-Plath erklärte, er habe seinen V-Mann mit dem Auto aus der Haft abgeholt, wenn der Freigang hatte, und zu verschiedenen Szenetreffs gefahren, damit Szczepanski dort Informationen sammeln konnte.[8]

Dass Szczepanski ihm drei Mal über das untergetauchte Trio berichtet habe und dass es hierbei um Beschaffung von Waffen durch Jan Werner gegangen sei, daran erinnerte sich der Verfassungsschützer durchaus. Die erste Mitteilung habe Szczepanski auf eigene Initiative gemacht. Die drei untergetauchten Neonazis aus Jena seien ihm damals, so Meyer-Plath, überhaupt kein Begriff gewesen. Anschließend habe man Szczepanski beauftragt, weitere und möglichst konkrete Informationen zu dem Trio zu besorgen. Dass er von diesen drei Untergetauchten bis zur ersten Meldung Szczepanskis noch nie gehört hatte, dabei blieb Meyer-Plath auch, als ihm ein Interview vorgehalten wurde, in dem sein damaliger Chef Hans-Jürgen Förster schon kurz nach dem Abtauchen des Trios dieses als ein Beispiel für eine rechtsterroristische Gefahr genannt hatte.[9] Die Nebenklage wollte von Meyer-Plath erfahren, was ihm über den genauen Aufenthaltsort des Trios bekannt war. Szczepanski hatte laut der Deckblattmeldungen berichtet, dass Chemnitzer *Blood & Honour*-Mitglieder das Trio unterstützen, nicht aber, dass das Trio auch in Chemnitz untergebracht war. In einem Telefonvermerk vom 7. September 1998 hatte Norbert W., der im thüringischen Landesamt für Verfassungsschutz die »Operation Drilling« maßgeblich betrieb, festgehalten, dass ihm Rainer G., »Piattos« V-Mann-Führer, telefonisch mitgeteilt habe, die Quelle – also Szczepanski – habe als Aufenthaltsort des Trios Chemnitz genannt.[10] Weshalb diese brisante Information nur in diesem Telefonvermerk auftaucht, konnte Meyer-Plath nicht erklären.[11] Die Frage ist, ob es beim Verfassungsschutz weitere Informationen über das Trio gab oder gibt, die nicht in den Deckblattmeldungen – zumindest den bisher bekannten – festgehalten wurden.

Dann ist da noch die SMS, die Jan Werner mit der Frage nach »Bums« an Szczepanski schickte. Von der hatte Meyer-Plath nach seiner Aussage keine Kenntnis. Aus den Akten wisse er nur, dass am 25. August 1998, dem Tag, als die SMS abends verschickt wurde, das Handy von Szczepanski ausgetauscht worden sei. Im Rahmen einer Telefonüberwachung bei Jan Werner sei bekannt geworden, dass die Mobilfunknummer von Szczepanski auf das brandenburgische Innenministerium registriert war, daher hätte die Nummer sofort gegen eine unverfängliche getauscht werden müssen. Rainer G. wiederholte diese Version der Ereignisse. Was er jedoch auch nicht erklären konnte: Warum wurde das Handy – wenn es wirklich ausgetauscht worden ist – nicht mit Szczepanski zusammen ausgewertet? Es ist schon bemerkenswert, dass das Telefon gerade an dem Tag ausgetauscht worden sein soll, an dem eine besonders aufschlussreiche SMS einging, und dass dazu noch die eingegangenen Nachrichten nicht überprüft wurden. Noch fraglicher wird diese Version, weil die von Szczepanski genutzte Telefonnummer erst im November 1998 – also Monate nach dem angeblichen Austausch als eine des Innenministeriums identifiziert wurde.[12] Der behauptete Grund für den Handy-Tausch war also am 25. August 1998 noch gar nicht bekannt. In den erhaltenen Protokollen der SMS- und Telefonverbindungen aus der Überwachung von Werner fehlen genau jene für die Tage nach dem 25. August 1998, obwohl die Überwachung vorher und nachher geschaltet war.[13]

Zum 1. November 1998 verließ Meyer-Plath den Verfassungsschutz, um nach eigenen Angaben nur noch als wissenschaftlicher Mitarbeiter für eine brandenburgische Bundestagesabgeordnete zu arbeiten. Die letzte Meldung Szczepanskis zum Trio erfolgte am 10. Oktober. Am 19. Oktober 1998 beauftragte Meyer-Plath ihn noch einmal, weitere Informationen über das

Trio zu sammeln. Szczepanski fuhr weiterhin regelmäßig nach Chemnitz zu Jan Werner und Antje Probst. Trotzdem sind keine weiteren Meldungen zum Trio erhalten. Eine Erklärung dafür hat keiner der V-Mann-Führer. Meyer-Plath kehrte zweieinhalb Jahre später in den Verfassungsschutz zurück und wurde prompt zum Referatsleiter befördert. Für Szczepanski, den umstrittenen Top-V-Mann, der ein halbes Jahr zuvor unter unklaren Umständen von der Presse enttarnt worden war, interessierte er sich nicht mehr. Er habe, »ehrlich gesagt, jetzt nicht allzu viel Zeit dafür verwandt, zurückzuschauen«.[14]

»DARAN ERINNERE ICH MICH NICHT«

Rainer G.[15] war der zweite V-Mann-Führer Szczepanskis. Er ist heute noch in der Beschaffung beim Verfassungsschutz in Brandenburg tätig. Vor Gericht erschien er am 1. Juli 2015 in einem ähnlichen Aufzug wie sein ehemaliger Schützling: mit Perücke und in einem dicken, grünen Kapuzenpulli. Anders als der wortgewandte Meyer-Plath antwortete Rainer G. auf Fragen einsilbig, mal mit »Ja«, mal mit »Nein« – wobei er »Nein« oder »Ich erinnere mich nicht« unterschiedslos gebrauchte. Das ging so weit, dass der Vorsitzende Richter ihm mehrfach verärgert vorhielt, zur Pflicht eines Beamten gehöre es, sich vorzubereiten, sich auseinanderzusetzen und sich Gedanken zu machen. Der Beamte konnte lediglich die Richtigkeit des Inhalts seiner damals gefertigten Deckblattmeldungen bestätigen. Weitergehendes erinnerte er kaum. Zum Beispiel erinnerte er sich nicht, ob er Mitte September 1998 bei dem Treffen der drei Verfassungsschutzämter anwesend war. Nach Erkenntnissen des Bundestagsuntersuchungsausschusses fand sich auf dem entsprechenden Protokoll nämlich sein Nachname.[16] Auch eine Konfrontation mit dieser Erkenntnis brachte seine Erinnerung an das Treffen nicht zurück. Sein Kollege Meyer-Plath erklärte, er habe von diesem Treffen gar nichts gewusst.

Es findet also ein Treffen mehrerer Verfassungsschutzämter statt, bei dem es um die Top-Quelle des brandenburgischen Nachrichtendienstes geht. Der eine V-Mann-Führer erinnert sich gar nicht daran, der andere erinnert sich daran, dass er davon nichts wusste. Das ist nicht glaubhaft. Nach dem erhaltenen Protokoll – das nicht Bestandteil der Gerichtsakte ist, sondern nur in dem Bericht des Untersuchungsausschusses auszugsweise veröffentlicht ist – wurde auf dem Treffen auf Betreiben der Brandenburger keine weitergehenden Überwachungsmaßnahmen, dafür aber »Quellenschutz«

für Szczepanski vereinbart. Zum Schutz der wertvollen Quelle »Piatto« sollten seine Informationen nicht in einer für die Ermittlungen verwertbaren Form an die Polizei weitergegeben werden.[17] Entsprechend hatten weder das LKA Thüringen, das mit der Zielfahndung nach dem Trio betraut war, noch das LKA Sachsen, das die Raubserie des *NSU* in Chemnitz ermittelte, Kenntnisse von den Meldungen zu den »Überfällen«. In derselben Zeit wurden jedoch andere Informationen von »Piatto« den Ermittlungsbehörden weitergeleitet. Meyer-Plath bestätigte, dass ihm aus seinem Aktenstudium bekannt sei, dass aufgrund einer Mitteilung von Szczepanski am 16. Oktober 1998 eine Lieferung von indizierten CDs der Neonazi-Band *Landser* beschlagnahmt werden konnte.[18] Die Frage ist: Warum wurde die Quelle »Piatto« riskiert, um CDs zu beschlagnahmen, aber nicht um das Trio zu finden? Tatsächlich kamen nach der Beschlagnahmung erste Gerüchte in der rechten Szene auf, Szczepanski könnte ein Spitzel sein. Ging es also gar nicht um Quellenschutz, sondern wollten die Verfassungsschutzämter aus anderen Gründen verhindern, dass die Polizei erfährt, wo das Trio sich aufhält? Die Antwort müssten die Teilnehmer der Sitzung der Verfassungsschutzämter im September 1998 kennen. Möglicherweise ist das ein Grund dafür, dass sich »Piattos« V-Mann-Führer nicht an dieses Treffen erinnern können – oder wollen. Eine Weitergabe genau dieser Information hätte möglicherweise dazu geführt, dass der *NSU* bereits nach dem Raubüberfall auf den Edeka-Mark in Chemnitz im Dezember 1998 entdeckt worden wäre. Die Mord- und Anschlagsserie hätte dann verhindert werden können.

DIE »PIATTO«-AKTEN

Rainer G. musste am 29. Juli 2015 erneut vor Gericht erscheinen, seine Befragung war noch nicht angeschlossen. Dieses Mal stellte sein Arbeitgeber ihm vorsorglich einen Anwalt als Zeugenbeistand zur Seite. Während dieser zweiten Vernehmung legte G. eine Akte vor sich auf den Tisch – Unterlagen, die er in Vorbereitung auf seine Vernehmung zusammengestellt hatte. Bei Fragen, auf die er keine Antwort wusste, las er mit Erlaubnis des Vorsitzenden in diesen Unterlagen und konnte nach diesem Aktenstudium einige der gestellten Fragen tatsächlich beantworten. Vertreter der Nebenklage beantragten daher eine Beschlagnahmung der Akte als Beweismittel.

In den folgenden Wochen entspann sich – wie schon bei der Frage, unter welchen Bedingungen der V-Mann Szczepanski zu vernehmen sei – erneut eine Kontroverse zwischen München und Potsdam. Das brandenburgische Innenministerium versuchte, durch eine sogenannte Sperrerklärung sämtliche Unterlagen der Beschlagnahmung durch das Gericht zu entziehen. Warum das Bekanntwerden von Dokumenten, die ein Zeuge offen vor sich auf den Tisch legt und aus ihnen vorliest, geeignet sein soll, der Sicherheit der Bundesrepublik oder des Landes Brandenburg schweren Schaden zuzufügen, das war von vornherein aber nicht ersichtlich. Nur in solchen Fällen können Dokumente nämlich als »geheim« eingestuft werden. Dass die Akte dagegen relevant für das Verfahren sein könnte, zeigten Nebenklagevertreter in ihrer Stellungnahme in der Hauptverhandlung am 16. September 2015 auf, mit der sie zugleich beantragten, die acht Aktenordner zu Szczepanski beizuziehen, anhand derer sich Rainer G. und Meyer-Plath auf ihre Vernehmungen vorbereitet hatten: »Den Zeugen G. ließ in der Hauptverhandlung nicht nur angeblich sein Gedächtnis im Stich, sondern es ist davon auszugehen, dass er absichtlich nicht alles sagte, was er wusste. So gab er zum Beispiel in der Hauptverhandlung vor, Umstände völlig vergessen zu haben, die er noch in seiner Vernehmung vor dem Parlamentarischen Untersuchungsausschuss des Bundestages erinnerte.«

Wieder musste erst öffentlicher Druck entstehen und wieder musste der Vorsitzende Richter bei der Verfassungsschutzbehörde in Potsdam intervenieren, um eine erneute Kehrtwende des brandenburgischen Innenministeriums zu erreichen: Die Sperrerklärung soll laut einem Medienbericht zurückgenommen werden.[19] Giesela Friedrichsen, die den Prozess für den »Spiegel« kommentiert, schrieb zu diesem Streit: »Zu fragen wäre auch einmal, ob es für die Bundesrepublik tatsächlich von Vorteil ist, wenn in diesem international beachteten Strafverfahren, in dem es um neun rassistisch motivierte Morde und zwei folgenschwere Sprengstoffanschläge geht, Akten verschlossen bleiben, die – möglicherweise – Aufschluss darüber geben könnten, warum der Staat nicht früher den Mördern auf die Spur kam. Denn vielleicht wären dann einige Menschen noch am Leben.«[20]

»BRÜDER SCHWEIGEN«

Würden die Menschen, die der *NSU* ermordete, noch leben, wenn die Nachrichtendienste, wenn der brandenburgische Verfassungsschutz Informationen an die Polizei gegeben hätte? Weder Carsten Szczepanski noch ein anderer Zeuge aus dem Unterstützernetzwerk des Trios hat bislang ausgepackt. Der Angeklagte André Eminger und sein Bruder Maik, ein führender brandenburgischer Neonazi, posierten im Gerichtssaal mit einem Sweatshirt mit dem Aufdruck: »Brüder schweigen – bis in den Tod« – ein Zitat aus dem Treuelied der Waffen-SS und Wahlspruch der US-amerikanischen Terrorgruppe *The Order.*[21]

Die Aussagebereitschaft der Verfassungsschützer unterscheidet sich leider kaum von jener ihrer Klientel. Sie können sich an manches erinnern, was für die Aufklärung nebensächlich ist, aber das, was für die Aufklärung wichtig wäre, erinnern sie nicht. Eine echte Erinnerung würde auch der Logik des Verfassungsschutzes zuwiderlaufen, sie würde das V-Mann-System infrage stellen und eine Mitverantwortung der Dienste zutage fördern. Die Verfassungsschutzämter und die Bundesanwaltschaft bestimmen entsprechend, welche Akten über V-Männer dem Gericht vorgelegt werden. Im Falle von Szczepanski waren dies nur die wenigen Seiten der fünf Deckblattmeldungen zum Trio. Es ist schwer, einem Zeugen zu beweisen, dass er etwas weiß, wenn den Verfahrensbeteiligten Akten vorenthalten werden, mit denen sie den Zeugen das Gegenteil beweisen könnten. Durch die Vernehmung von Szczepanski, Meyer-Plath und Rainer G. können bisher vor allem Leerstellen und offene Fragen aufgezeigt werden, unter denen auch die wichtigste Frage, was mit der Meldung vom 9. September 1998 zur Bewaffnung des Trios geschehen ist, weiter einer Antwort harrt. Aufgrund der bisherigen Erfahrungen kann man nicht davon ausgehen, dass der brandenburgische Verfassungsschutz und die Bundesanwaltschaft freiwillig diese Antworten geben werden. Daher wird es im Rahmen des Prozesses vor dem OLG München wohl nicht möglich sein zu klären, ob der Verfassungsschutz in Brandenburg die Möglichkeit hatte, die Morde an zehn Menschen zu verhindern.

RÜCKBLICKE UND AUSBLICKE

»ICH HABE IMMER DAMIT GERECHNET, DASS ES EINEN ORGANISIERTEN RECHTSTERRORISMUS GEBEN KÖNNTE«

ERARDO CRISTOFORO RAUTENBERG IM GESPRÄCH MIT HEIKE KLEFFNER UND ANNA SPANGENBERG

Erardo Cristoforo Rautenberg ist seit dem 1. März 1996 Generalstaatsanwalt des Landes Brandenburg. Bereits seit dem Juli 1992 ist er im Bundesland tätig. Zunächst wurde er von der Bundesanwaltschaft als Leiter der Schwerpunktabteilung für DDR-Bezirkskriminalität und -Justizunrecht an die Staatsanwaltschaft Potsdam abgeordnet, ab dem Dezember 1993 dann als Leitender Oberstaatsanwalt an die Staatsanwaltschaft Neuruppin versetzt.

Im Winter 1993 kamen Sie als Leitender Oberstaatsanwalt nach Neuruppin. Welche Parallelen sehen Sie zwischen der damaligen und der aktuellen gesellschaftlichen Situation in Brandenburg?

In den frühen 1990er-Jahren hatten wir – ähnlich wie heute – auch einen Flüchtlingszustrom, der die Europäische Union allgemein, aber insbesondere Deutschland betraf. Hinzu kam die nach der Wiedervereinigung bei vielen ehemaligen DDR-Bürgern sehr stark verwurzelte Haltung: »Nach der Wiedervereinigung sind jetzt erst einmal wir dran und nicht die, die von woanders herkommen.« Obwohl die Zahl der Ausländer in Brandenburg damals noch viel geringer war als heute, begegnete mir diese Haltung 1993/94 in Neuruppin vor allem bei Gesprächen nach Feierabend in der Kneipe, über der ich ein Zimmer hatte – unabhängig davon, ob es sich um Konservative oder Wähler der damaligen PDS handelte. Aus diesem Grund habe ich damals dann nachträglich dem sogenannten Asylkompromiss zugestimmt, mit dem Artikel 16 Grundgesetz geändert wurde.[1] Ich hatte das Gefühl, in einem gesellschaftlichen Dampfkessel zu sitzen, der irgendwann explodiert, deshalb habe ich meine anfangs sehr kritische Haltung gegenüber der Grundgesetzänderung aufgegeben. Aber trotz des Asylkompromisses und rückläufiger Flüchtlingszahlen ließ diese bedrückende gesellschaftliche Stimmung nicht nach. Gleichzeitig war ein Anstieg von fremdenfeindlich motivierten Straftaten unübersehbar. Diese wurden zumeist nicht von den Erwachsenen begangen, sondern von Jugendlichen, die sich offensichtlich durch die Umbruchsituation, die Schließung von Jugendclubs und das Ende der organisierten Freizeitangebote, die sie aus der DDR kannten, ziemlich hilflos auf der Straße zusammenrotteten. Diese Jugendlichen erlebten, wie die sozialen Strukturen zu Hause zerbrachen, und sahen in den wenigen Ausländern, die in Brandenburg auftauchten, die Sündenböcke. Das Ausmaß der Propagandadelikte und Gewaltstraftaten durch Jugendliche und Heranwachsende stieg so massiv, dass ich als Leiter der Staatsanwaltschaft in Neuruppin eine Liste anlegte, um auf Wiederholungstäter schneller und härter reagieren zu können. Doch dann musste ich feststellen, dass immer neue Täter hinzukamen.

Ist denn, aus Ihrer Sicht, die aktuelle Asylrechtsverschärfung eine angemessene Reaktion auf die steigende Zahl von Brandanschlägen und Gewalttaten?

Um das Asylrecht der Bevölkerung vermittelbar zu machen, muss es meiner Ansicht nach auf diejenigen Menschen beschränkt werden, die aus politischen Gründen verfolgt werden oder die aus einem Kriegsgebiet kommen und wirklich nur ihre Haut gerettet haben. Wenn man die Tore auch für die sogenannten Wirtschaftsflüchtlinge aufmacht, befürchte ich, dass wir wieder mit einer derartig explosiven Stimmung in der Gesellschaft konfrontiert sein werden wie in den frühen 1990er-Jahren und uns Rechtsextreme geradezu züchten.

Wo sehen Sie denn die wesentlichen Unterschiede?

Heute haben wir eine breit aufgestellte Zivilgesellschaft, die sich engagiert. Das ist der entscheidende Unterschied zu der damaligen Situation. Und der zweite Unterschied ist die Jugendkultur, die damals von rechtsextremem Gedankengut dominiert war, was bis zum Ende der 1990er-Jahre anhielt. Das erlebe ich heute anders. Obwohl es nach wie vor eine rechte Jugendkultur gibt, ist sie nicht mehr so flächendeckend dominant. Damals waren ja alle, die nicht rechts dachten, Außenseiter und wurden beispielsweise auch in den Schulen drangsaliert. Ich habe bei Schulbesuchen in Oberstufenklassen erlebt, wie Lehrer mit diesen gleichgeschalteten, extrem rechts eingestellten Schülern nicht mehr zurechtkamen und die wenigen Schüler, die anders dachten, sich nichts zu sagen trauten. Eine aktive Zivilgesellschaft habe ich damals nicht ausmachen können. Es gab zwar linke Gruppen, auch in Neuruppin, die aber sowohl aufgrund ihrer DDR-Erfahrungen als auch, weil sie sich von der Polizei nicht gegen rechte Angriffe geschützt fühlten, erhebliche Vorbehalte gegen staatliche Stellen hatten und dann mit Gegengewalt reagierten.

Im Juni 1996 haben Sie dem »Tagesspiegel«-Redakteur Frank Jansen ein Interview gegeben, das weit über Brandenburg hinaus Wellen schlug. Zur Bekämpfung rechtsextremer Gewalt brauche es »eine breite Front, die vom stramm Konservativen bis zum linksautonomen Spektrum reicht«, erklärten Sie damals. Was hat Sie zu dieser ungewöhnlichen Aussage bewogen?

Einerseits hat mich damals ein Fall rassistischer Gewalt in Neuruppin sehr bewegt. Der ghanaische Asylbewerber Martin Agyare war am 16. September 1994 in Hohen Neuendorf auf den Gleisen der S-Bahn mit einem zertrümmerten Unterschenkel gefunden worden. Martin Agyare gab danach an, er sei von Skins aus der S-Bahn geworfen worden. Das war ein wirklich schwieriger Fall, da es keine Zeugen gab und manche ihm nicht glaubten. Später wollte die Ausländerbehörde Martin Agyare dann ausweisen. Ich habe – letztendlich erfolgreich – dagegen protestiert, weil ich argumentiert habe: Solange die Straftat nicht aufgeklärt ist, brauchen wir ihn als Zeugen. Wie die Ausländerbeauftragte Almuth Berger, die sich sehr für ihn eingesetzt hat, hatte ich keinen Zweifel an seiner Darstellung des Angriffs, und als wir das Ermittlungsverfahren dann 1996 ergebnislos einstellen mussten, hat mich das nicht kalt gelassen. Hinzu kamen in dieser Zeit noch zwei weitere krasse Fälle: Im Januar 1996 war ein 19-Jähriger in Zechlin mit seinem Trabant direkt auf eine Türkin zugefahren, die sich gerade noch retten konnte. Am 20. Februar 1996 war der Punk Sven Beuter einem rechtsextremistischen Angriff in Brandenburg an der Havel erlegen. Dann wurde ich dort am 1. März 1996 zum Generalstaatsanwalt berufen und musste in den darauffolgenden Wochen feststellen, dass meine naive Vorstellung, man müsse nur insgesamt – so wie ich es auch in Neuruppin gemacht hatte – die Strafverfolgung intensivieren, dann würden wir das Problem in den Griff bekommen, keine Wirkung zeigte. Es gab einfach keine positiven Effekte: Am 12. Mai 1996 schoss ein Jugendlicher in der Gedenkstätte Sachsenhausen mit einem Schreckschussrevolver und schrie »Sieg Heil!«. Am 15. Juni 1996 überfielen Skins in Eberswalde einen 15-Jährigen, hetzten ihn durch die Stadt. Und am 16. Juni 1996 ereignete sich ein Vorfall, der für mich zum Schlüsselerlebnis wurde: Zwei Jugendliche bzw. Heranwachsende warfen in Mahlow einen schweren Feldstein auf das vorbeifahrende Fahrzeug von farbigen britischen Bauarbeitern. Einer der Fahrzeuginsassen war Noël Martin, der seitdem querschnittsgelähmt ist. Dann wurde am 17. Juni 1996 in Brandenburg an der Havel einem Asylbewerber aus Pakistan mit einer Schreckschusspistole ins Gesicht geschossen. Und am 22. Juni 1996 gab es auch noch einen Brandanschlag auf das Ausländerwohnheim in Schenkenberg. Als Frank Jansen mich dann nach diesen Wochen voller Angriffe im Interview damit konfrontierte, dass der Verfassungsschutz von einer rückläufigen Tendenz der Gewaltdelikte sprach, konnte ich das so einfach nicht stehen lassen. Zumal die Frage nach politischen Konsequenzen aus der gesellschaftlichen Situation im Raum stand und dringend beantwortet werden musste. Der viel zitierte Satz ist mir allerdings eher nebenbei rausgerutscht. Damals gab es eben hauptsächlich die rechtsextremen Jugendlichen und ganz kleine Gruppen von autonomen Jugendlichen, die wirklich absolut allein dastanden. Deshalb war mir das auch wichtig, sie zu benennen, auch wenn sie überall aneckten und die Polizei häufig sagte, sie seien selbst schuld, wenn sie ins Visier der Rechten gerieten. Außerdem konnte man die Autonomen nicht alle über einen Kamm scheren, denn der gewalttätige »Schwarze Block« der autonomen Szene war ja nur eine Erscheinungsform des autonomen Spektrums.

Welche Reaktionen gab es auf das Interview?

Als ich die Interview-Überschrift »Gemeinsam mit linken Autonomen gegen rechte Gewalt« am nächsten Morgen im »Tagesspiegel« sah, habe ich doch ziemlich geschluckt und natürlich mit unangenehmen Reaktionen gerechnet. Die kamen dann auch, beispielsweise in Form eines Artikels in der »Neuen Juristischen Wochenschrift« (NJW)[2] und in vielen Leserbriefen. Aber mein Dienstherr, der damalige Justizminister Hans Otto Bräutigam, ist mir nicht in den Rücken gefallen. Und dann ist Almuth Berger mit der Einladung zu einem Runden Tisch auf mich zugekommen, den sie Ende 1996 im Sozialministerium einrichtete und bei dem es um die zentrale Frage ging: Was können wir angesichts der Eskalation rechter Gewalt tun? Im folgenden Jahr ist es dann zur Gründung des »Aktionsbündnisses gegen Gewalt, Rechtsextremismus und Fremdenfeindlichkeit« gekommen, obwohl das Innenministerium ursprünglich einen Landespräventionsrat installieren wollte. Ein Jahr später beschloss die Landesregierung das Handlungskonzept »Tolerantes Brandenburg«.

Würden Sie angesichts der aktuellen Situation diese Forderung einer Allianz »von Konservativen bis Autonomen« noch einmal in Erinnerung rufen wollen? Oder hatte die Idee dieses ungewöhnlichen Bündnisses nur für diese historische Phase Gültigkeit?

Heute würde ich – weniger plakativ als 1996 – sagen: Man muss sich trotz aller Unterschiede über die Flüchtlingsfrage in einem Punkt einig sein: Alle

Flüchtlinge, die in Deutschland sind, müssen vor Gewalttaten, Beschimpfungen und Angriffen auf ihre Unterkünfte geschützt werden. Darauf können sich alle demokratischen Kräfte verständigen und den Mitgliedern der Alternative für Deutschland (AfD), die sich als rechte Demokraten gerieren, muss man die Nagelprobe abverlangen, sich auch dazu zu bekennen. Diejenigen, die sich weigern, sind dann eben keine Biedermänner, sondern Brandstifter. Daher brauchen wir angesichts brennender Flüchtlingsunterkünfte in der Tat wieder ein breites politisches Bündnis.[3]

Wenn Sie sich die Täter von damals noch einmal vor Augen führen und vor allem die Verfahren, die Sie geführt haben: Haben Sie damals den Eindruck gehabt, aus dieser militanten Naziszene heraus könnte sich eine terroristische Struktur entwickeln?

Wenn man sich diese rechtsextremistische Stimmung in der Jugend vergegenwärtigt, war es eigentlich nur folgerichtig, dass es aus dieser Massenbewegung heraus auch eine Abspaltung geben könnte, die sich stärker radikalisiert. Wir haben mit den *National-Revolutionären Zellen*[4] und anderen Strukturen dann auch eine Vorstufe von Rechtsterrorismus in Brandenburg erlebt.

Das heißt, Sie waren nicht völlig überrascht, als im November 2011 die Existenz des Nationalsozialistischen Untergrunds bekannt wurde?

Ich habe immer damit gerechnet, dass es einen organisierten Rechtsterrorismus geben könnte.

Sie haben dann Anfang der 2000er-Jahre zwölf Mitglieder des Freikorps Havelland, die in Nauen und Umgebung Brandanschläge gegen migrantische Imbisse verübt hatten, wegen »Bildung einer terroristischen Vereinigung« nach Paragraf 129a StGB angeklagt. Was war die Reaktion darauf?

Die Anerkennung, dass es ein Problem des Rechtsextremismus gibt, war die eine Hürde, die die Politik in Brandenburg überspringen musste. Die Berichterstattung aus dem Medienzentrum Berlin sorgte ja dafür, dass fast alle Fälle der Öffentlichkeit bekannt wurden, während andernorts damals zu befürchten war, dass Lokalzeitungen ihre Berichterstattung aus Angst beschränken würden, als Nestbeschmutzer zu gelten und deshalb Abonnenten zu verlieren. Und die Politiker hatten natürlich Angst vor dem Negativ-Image eines »braunen Brandenburg«. Aber da das Problem als solches nun mal existierte, war es nicht auf Dauer zu negieren, und man konnte nach einem öffentlichen Eingeständnis darauf hoffen, dass die Medien irgendwann darüber berichten würden, dass Brandenburg sich dem Problem auch stellt. Und so ist es letztlich ja auch gekommen. Aber, das muss man nochmals betonen: der Druck, diese Hürde zu überspringen, war hoch. Die zweite Hürde bestand in dem Eingeständnis der Existenz eines rechtsextremen Terrorismus. Diese Hürde war auch sehr hoch. Das habe ich gemerkt, als wir mit den Ermittlungen zu den zehn Brandanschlägen begonnen haben, die das *Freikorps* zwischen August 2003 und Mai 2004 auf ausländische Imbisse im Havelland verübt hatte. Es gab sehr gute polizeiliche Ermittlungen dazu, aber man merkte schon, dass es im Innenministerium gar nicht so gut ankam, dass wir das Verfahren unter Terrorismus-Verdacht laufen ließen. Nun war der Paragraf 129a StGB damals gerade geändert worden und es gab noch keine einschlägige Rechtsprechung. Aber der Wortlaut und der Wille des Gesetzgebers schienen mir eigentlich ziemlich klar zu sein. Wir haben dann beim Generalbundesanwalt in Karlsruhe angefragt, der zunächst nicht einmal einen Anfangsverdacht sah, diesen schließlich zwar bejahte, aber einen Fall von »minderer Bedeutung« annahm und es ablehnte, das Verfahren zu übernehmen. Dann haben wir beim Brandenburgischen Oberlandesgericht Anklage erhoben. Aus dem Innenministerium und in den Medien gab es daraufhin erheblichen Widerstand – nach dem Motto: Nun macht unser Generalstaatsanwalt auch noch aus Jugendlichen und Heranwachsenden Terroristen. Politisch erwünscht war das Verfahren also auf gar keinen Fall. Als der Strafsenat des Oberlandesgerichts Brandenburg dann im März 2005 fünf Angeklagte unter anderem wegen Bildung einer terroristischen Vereinigung zu Haft- und Bewährungsstrafen verurteilte, war die Überraschung im Innenministerium groß.

Und der Generalbundesanwalt in Karlsruhe?

Die Karlsruher Kollegen waren auch geschockt. Aber der richtige Schock war die Entscheidung des Bundesgerichtshofs, der das Urteil bestätigt hat. Es war eben ein Fall wie aus dem Lehrbuch. Wir konnten alle Merkmale einer terroristischen Vereinigung nachweisen, beispielsweise dass es in der Gruppe eine Arbeitsteilung gab: Wenn die Gruppe einen Imbiss abfackeln wollte, dann wurde einer aus der Gruppe angerufen, der stellte den Wagen, der nächste besorgte Benzin und dann ging's los. Ich hatte eigentlich nie einen Zweifel daran, dass es richtig war, diese Gruppe als terroristische Vereinigung anzuklagen.

Im Zusammenhang mit dem NSU-Komplex steht der brandenburgische Verfassungsschutz wegen seines langjährigen V-Mannes »Piatto« wieder ziemlich in der Kritik, nachdem der NSU-Bundestagsuntersuchungsausschuss sich intensiv mit dessen Vorgeschichte, der Anwerbung und der V-Mann-Führung befasst hat. Inwieweit waren Sie in die Verfahren involviert, die die Brandenburger Justiz gegen Carsten Szczepanski geführt hat bzw. in denen er – wie im Dolgenbrodt-Prozess – eine Rolle gespielt hat?

Konkrete Erinnerungen daran habe ich nicht mehr, zumal die Verfahren nicht von der Generalstaatsanwaltschaft, sondern von der Staatsanwaltschaft Frankfurt (Oder) geführt wurden. Dass im Dolgenbrodt-Verfahren um den Brandanschlag auf eine geplante Flüchtlingsunterkunft im November 1992 eine V-Mann-Problematik bestand, wusste ich.[5] Auch, dass der Nachfolger von Wolfgang Pfaff, in dessen Amtszeit als Verfassungsschutzchef die Anwerbung von »Piatto« fiel, damit große Bauchschmerzen hatte. Im Übrigen kann ich nicht mehr trennen, was ich damals wusste und was ich erst durch die Untersuchungsausschüsse und den *NSU*-Prozess erfahren habe. Im Nachhinein scheint klar zu sein, dass es nicht vertretbar war, jemanden als V-Mann anzuwerben, dem versuchter Mord zur Last gelegt wurde. Nur muss man auch die damalige Zeit sehen: Einerseits war der Verfassungsschutz bestrebt, der Öffentlichkeit vorzugaukeln, dass die rechtsextremistische Gefahr geringer sei als es den Anschein hatte. Andererseits wusste man nicht, wie man die Situation verbessern könnte, und griff nach jedem Strohhalm. Ich kann mir die Anwerbung von »Piatto« also nur als Ausdruck von Hilflosigkeit erklären. Man kam einfach nicht weiter und hat sich wahrscheinlich gedacht, je höher man mit einem V-Mann einsteigt in der Neonazi-Szene, umso besser ist es. Letztendlich ist es so ähnlich wie mit den V-Leuten in der *NPD*. Dass man es dann aber mit Menschen zu tun haben kann, die für zwei Seiten agieren bzw. die Auftraggeber nur soweit versorgen, dass die eigene Partei oder Organisation nicht gefährdet wird, ist eigentlich klar. Denn wenn jemand wirklich mit dem Rechtsextremismus gebrochen und die Seite gewechselt hat – auch das gibt es ja –, dann wird er nicht V-Mann und geht freiwillig wieder dahin zurück, wo er gerade rauswollte.

An dieser Stelle ein Einspruch: Würden Sie die Anwerbung von »Piatto« wirklich als hilflos bezeichnen? Oder war das Ganze nicht auch ein Freilandversuch ohne Sicherungsnetz?

Mit Hilflosigkeit meine ich, dass Leute als V-Männer eingesetzt wurden, von denen man nicht ernsthaft erwarten konnte, dass sie wirklich bekehrt worden waren und sich ernsthaft darum bemühen würden, die alten Bekannten aus Überzeugung zu bekämpfen. Das würde ich als Zeichen der Hilflosigkeit ansehen. Weil man nicht wusste, was man tun sollte, hat man zu unkonventionellen Mitteln gegriffen. Man kann es aber auch als einen »Freilandversuch ohne Sicherungsnetz« bezeichnen. Die zweite Frage ist, was macht der Verfassungsschutz mit den Informationen der V-Leute. Über den Verfassungsschutz im *NSU*-Komplex hat jemand gesagt: Polizisten sind Jäger und Verfassungsschützer sind Sammler. Und Sammler geben ungern was ab. Das ist das Grundproblem mit den Diensten, so wie ich das erlebt habe. Sie behalten ihre Informationen für sich, solange es irgendwie geht, immer in der Hoffnung, dass sie noch mehr erfahren.

Wie schwierig ist es aus Ihrer Erfahrung, die Strafverfolgung korrekt auszuüben, wenn man mittendrin als Waffenlieferanten, als Ideengeber einen V-Mann hat?

Das ist jedenfalls etwas, das man sich nicht wünscht. Ich habe auch meine eigenen Erfahrungen gemacht mit V-Leuten, die Straftaten begehen. Dabei ging es um Toni Stadler, einen V-Mann des Verfassungsschutzes in Brandenburg, der im Jahr 2003 eine CD mit Neonazi-Musik mit dem Titel »Noten des Hasses« produziert und vertrieben hat. Darauf wurde zu Morden an Prominenten und Politikern aufgerufen und der Verfassungsschutz hat das über den V-Mann mitgesteuert. In der Behörde hat man sich auf den Standpunkt gestellt, das diene der Aufklärung von irgendwelchen Neonazi-Musikstrukturen und sei daher erlaubt. Ich habe dann ein Schreiben an meine Kollegen mit dem Inhalt geschickt, dass ich, im Gegensatz zum Innenminister, die Position des Verfassungsschutzes nicht teile. Der Verfassungsschutz und das Innenministerium in Brandenburg blieben bei ihrer Position, auch nachdem alle Generalstaatsanwälte und der Generalbundesanwalt sich meiner Rechtsansicht angeschlossen hatten. Dann stellte sich aber heraus, dass auf der Schule des Bundesamtes für Verfassungsschutz, wo deren Leute ausgebildet werden, Gegenteiliges gelehrt wurde. Als dann noch der damalige Bundesinnenminister Otto Schily (SPD) dem brandenburgischen Innenminister Jörg Schönbohm (CDU) in der Angelegenheit den Rücken stärkte, habe ich meine Position in einem Aufsatz in einer Fachzeitschrift ausführlich dargelegt:[6] dass V-Leute im Auftrag des Verfassungsschutzes eben nicht strafbare Handlungen begehen und beispielsweise Neonazi-Propaganda produzieren und verbreiten dürfen. Am Schluss habe ich gefordert, dass die rechtlichen Grundlagen der V-Mann-Tätigkeit dringend gesetzlich geregelt werden müssten, weil die Grenzen sowohl für die V-Leute als auch für die V-Mann-Führer unklar sind. Das war im Jahr 2003. Sie können sich denken, dass mein Stuhl damals ganz schön gewackelt hat, denn ich war noch »politischer Beamter« und konnte jederzeit in den Ruhestand versetzt werden. Wir haben dann noch ein Verfahren gegen den V-Mann-Führer von Toni Stadler geführt. Das endete damit, dass das Landgericht Cottbus das Verfahren zwar wegen geringer Schuld einstellte, aber in einem schriftlichen Beschluss zur Einstellung feststellte, dass V-Leute keine Straftaten begehen dürfen.

... was aber vorkommt?

Ja, und ich gehe von einem großen Dunkelfeld aus.

Kann aber nicht ein V-Mann als Zeuge von Wert für die Strafverfolgung sein?

Das Problem ist, dass man sich nie sicher sein kann, was den Wahrheitsgehalt der Aussagen eines V-Mannes betrifft. Deshalb handelt es sich um ein schlechtes Beweismittel. Das ist ein grundsätzliches Problem: V-Leute sind immer Grenzgänger, und man weiß nie, wann überschreiten sie mal wieder die Grenze. Natürlich kann es sein, dass sie einem manchmal weiterhelfen, aber ich halte den Schaden für größer als den Nutzen. Denn wir wissen ja gar nicht, ob die V-Leute wirklich alle Informationen an ihre offiziellen Auftraggeber weitergegeben haben. Das erfahren wir nicht. Mir kann doch niemand erzählen, dass die *NPD* so blöd war, nichts von den vielen V-Leuten in ihren Führungsgremien gewusst zu haben. Viel näher liegt doch, dass die sogenannten V-Leute auch im Auftrag der *NPD* agiert und nur Informationen weitergegeben haben, die der *NPD* jedenfalls nicht geschadet oder deren wahres Agieren verdeckt haben.

Wie schwierig ist es, einen Prozess erfolgreich zu Ende zu bringen, wenn die zentrale Person ein V-Mann ist?

Der Bernauer Jugendrichter Andreas Müller, der im zweiten Dolgenbrodt-Prozess[7] als Berichterstatter dabei war, hat das in seinem Buch sehr plastisch dargestellt – wie froh er war, dass er auf Carsten Szczepanski als Zeuge verzichten konnte, um dann trotz der schweigenden Dorfbewohner doch noch eine Verurteilung der Haupttäter für den Brandanschlag auf das geplante Flüchtlingsheim in Dolgenbrodt zu erwirken. Es gab zum Glück andere Beweismittel in dem Verfahren, die den Haupttäter überführt und für ein sauberes Urteil ausgereicht haben.[8]

CD-Backcover von »Noten des Hasses« der White Aryan Rebels, 2001 hergestellt

Die Prozesse zu dem Brandanschlag in Dolgenbrodt 1992 sind ja auch ein Lehrstück darüber, wie eine Dorfgemeinschaft die Täter eines rassistisch motivierten Brandanschlags über Jahre deckt. Erleben Sie dieses Schweigen in den aktuellen Fällen eigentlich auch?

Wenn es Tote oder Verletzte gibt, dann redet meistens irgendwann jemand. Aber wenn ein Gebäude nur abbrennt und damit verhindert wird, dass Fremde ins Dorf kommen, dann halten alle zusammen, dann werden die Täter nicht verpfiffen. Diese Mentalität gab es vor 20 Jahren und die gibt es heute wieder. Anders als damals wird die Zustimmung nicht mehr öffentlich artikuliert, sondern es herrscht klammheimliche Freude vor. Das gilt vielleicht auch für den Anschlag auf die Flüchtlingsbegegnungsstätte »Turmstube« in Jüterbog Anfang November 2015. Das Café befindet sich mitten im Zentrum von Jüterbog und dennoch will niemand irgendetwas bemerkt haben. Das ist eine Kontinuitätslinie, die sich seit 1990 durchzieht. Aber im Moment macht mir mehr Sorgen als die Gewalt, dass extreme Rechte sich als Biedermänner gerieren, darüber in die Parlamente kommen und von dort aus versuchen, ihre Vorstellungen umzusetzen.

Teilen Sie die Befürchtung, dass in der aktuellen Situation ein Teil der Naziszene – so wie in den 1990er-Jahren – rechtsterroristische Strukturen aufbauen wird, weil der parlamentarische Weg diese Leute ihrem Ziel eines »ethnisch gesäuberten Deutschlands« letztendlich nicht näherbringt?

Möglich ist das durchaus. Denn trotz aller Asylrechtsverschärfungen werden hier mehr Flüchtlinge – und zwar völlig berechtigt – sein, als dies von den Neonazis je akzeptiert werden wird. Führen Massenproteste und Brandanschläge nicht weiter, eröffnen sich für die extreme Rechte zwei Wege: Sie können versuchen, über die Parlamente Einfluss zu bekommen, doch ist die Wahrscheinlichkeit derzeit gering, dass sie für ihre Ziele eine parlamentarische Mehrheit finden werden. Und dann sind wir schon bei der Option des organisierten Terrorismus. Anders als bei der Massenbewegung in den 1990er-Jahren haben wir es nicht mehr hauptsächlich mit unter 20-Jährigen zu tun, sondern mit einer höheren Altersstufe, bei der die Gefahr größer ist. Unter denen, die sich bei *Pegida* und der AfD sammeln, befinden sich Leute, die über vielfältige Erfahrungen im rechtsextremen Spektrum verfügen und die die Bilanz ziehen könnten, mit den bisher eingesetzten Mitteln den richtigen Durchbruch nicht geschafft zu haben.

Das heißt, wir haben es heute auch wieder mit denen zu tun, die in den 1990er-Jahren rechtsextremistisch und ausländerfeindlich motivierte Straftaten begangen haben?

Ja, ich vermute, dass diejenigen, die von dieser rechtsextremen Jugendkultur der 1990er-Jahre geprägt worden sind, heute zwar keine Ausländer mehr auf der Straße verprügeln, aber ihre Gesinnung beibehalten haben. Das spiegelt sich dann im Wahlverhalten, im Demonstrationsverhalten, in der Erziehung ihrer Kinder wider. Nur, dass die Jugendkultur zum Glück heute vielfältiger ist und wir doch einige Jugendliche erleben, die es nicht so toll finden, dass ihre Eltern bei *Pegida* mitlaufen.

Welche Bilanz würden Sie dann nach fast 20 Jahren als Generalstaatsanwalt in Brandenburg ziehen?

Dass es sich gelohnt hat, Rechtsextremismus und Fremdenfeindlichkeit nicht nur mit repressiven Mitteln zu bekämpfen, sondern auch die Zivilgesellschaft zu stärken. Daher bin ich Frank Jansen dankbar dafür, mich im Juli 1996 zu dem Interview im »Tagesspiegel« überredet zu haben. Als Erfolg würde ich auch verbuchen, dass meine Anregung aufgegriffen worden ist, in die Landesverfassung eine Antirassismusklausel aufzunehmen. Der durch Gesetz vom 5. Dezember 2013 einstimmig beschlossene Artikel 7a lautet: »Das Land schützt das friedliche Zusammenleben der Menschen und tritt der Verbreitung rassistischen und fremdenfeindlichen Gedankenguts entgegen.«

Und was gehört zu den Misserfolgen?

Bis es wieder zu einer Serie von Brandanschlägen auf Flüchtlingsunterkünfte gekommen ist, hatte ich wirklich gedacht, wir hätten es geschafft. Weil wir heute eine aktive Zivilgesellschaft haben und eine vielfältige Jugendkultur und sich, wenn Not am Mann ist, viele Menschen mobilisieren lassen. Diese Erfolge sind ganz real. Daher habe ich mich fast schon in Sicherheit gewogen, dass wir einen nachhaltigen Erfolg erzielt hätten bei der Bekämpfung des Rechtsextremismus. Und dann führen einem diese Brandanschläge und tätlichen Übergriffe auf Flüchtlinge wieder vor Augen, dass wir zwar nicht erneut ganz am Anfang angelangt, aber doch sehr weit zurückgeworfen sind. Das ist ganz klar deprimierend. Doch aufgegeben wird nicht!

»DAS HABEN WIR ALLES SCHON MAL ERLEBT«

ALMUTH BERGER UND UTA LEICHSENRING IM GESPRÄCH MIT MANJA PRÄKELS

Die Theologin Almuth Berger war 1989 Mitbegründerin der Bürgerbewegung Demokratie Jetzt und nahm an den Beratungen des Zentralen Runden Tisches der DDR in der Arbeitsgruppe Ausländerfragen teil. 1990 wurde sie Ausländerbeauftragte der letzten DDR-Regierung; dieses Amt übte sie von 1991 bis 2006 auch für das Land Brandenburg aus.

Die Ökonomin Uta Leichsenring engagierte sich 1989 in einer Bürgerkommission zur Auflösung der Staatssicherheit. Zwischen 1991 und 2001 war sie Polizeipräsidentin in Eberswalde und von 2005 bis zu ihrer Pensionierung 2014 Leiterin der Außenstelle des Bundesbeauftragten für die Unterlagen des Staatssicherheitsdienstes der ehemaligen DDR (BStU) in Halle.

Unter beider Mitwirkung entstanden in den 1990er-Jahren in Brandenburg die Regionalen Arbeitsstellen für Ausländerfragen (RAA), die Mobilen Beratungsteams (MBT) und das Aktionsbündnis gegen Gewalt, Rechtsextremismus und Fremdenfeindlichkeit.

Im Sommer 1992 wurde das sogenannte Sonnenblumenhaus in Rostock-Lichtenhagen zum traurigen Symbol jener Zeit, als ein rassistischer Mob das Wohnheim vietnamesischer Vertragsarbeiter belagerte und anzündete. Wie erklären Sie sich diese Ereignisse? Wie haben Sie die Zeit in Brandenburg erlebt?

Uta Leichsenring: Ich habe noch sehr intensive Erinnerungen an diese Tage von Rostock. Da waren die Polizeipräsidien hier in Brandenburg schon gebildet worden. Wir, das heißt die Staatsanwaltschaft in Frankfurt (Oder), waren zu dem Zeitpunkt noch mit den Ermittlungen im Fall Amadeu Antonio[1] befasst. Ich wollte und musste wissen: Was ist da genau abgelaufen? Wie konnte es so weit kommen? Unser Fazit lautete: Es hätte verhindert werden können, wenn sich die Polizei anders verhalten hätte. Als dann Rostock-Lichtenhagen passierte, bin ich aus allen Wolken gefallen. Ich dachte nur: Das kann doch nicht sein! Wir hatten an dem Tag ein Treffen der Polizeipräsidenten hier in Brandenburg. Als die Meldung hereinkam, habe ich zu meinen Kollegen noch gesagt: Das würde hier bei uns nicht mehr passieren. Aber ich räume ein, in Eberswalde hatte das auch mit dem Trauma von 1990 zu tun, mit dem wir uns intern, also im Präsidium, immer wieder auseinandergesetzt haben. Insofern ist mir Rostock-Lichtenhagen noch sehr präsent. Wut habe ich empfunden und Ohnmacht, warum so was dort passieren kann. Die Unsicherheit der Polizei damals war enorm groß. Aber das Entscheidende war, dass es tatsächlich an Führung mangelte. Die ersten Tage hat da gar nichts funktioniert. Erschreckend, wie sich die Leitungsebene dort verhalten hat.

Almuth Berger: Bis hin zum Innenminister.

UL: Auch die Leute in der Polizeiführung, die alle aus den sogenannten Partnerländern, aus westdeutschen Bundesländern also, kamen. Da muss man mal ganz deutlich sagen: Das waren nicht immer die Besten. Ich glaube, all das zusammen spielte eine Rolle. Es wurde immer »Phänomen« genannt – das Phänomen der Fremdenfeindlichkeit, das Phänomen des Rechtsradikalismus. Dem stand die Polizei ziemlich hilflos gegenüber. Andererseits war das Phänomen nicht unbekannt. Es gab die *NPD*, *Die Republikaner*, Michael Kühnen[2], der versucht hat, Strukturen in Brandenburg aufzubauen. Aber es gab noch nicht diese massive Gewaltbereitschaft. Und wenn dann die Polizeiführung nicht funktioniert, muss es zum Desaster kommen.

AB: Für mich war das Erschreckendste an Rostock die breite Zustimmung in der Bevölkerung, die Beifall bezeugte, als die Angriffe erfolgten und das Feuer gelegt wurde. Angriffe auf Asylbewerberheime und Brandstiftungen hatten wir vorher in Brandenburg auch. In Hoyerswerda[3] war die Bevölkerung auch aufseiten der Angreifer gewesen. Es hieß damals: Das ist keine Fremdenfeindlichkeit, das ist Feindlichkeit gegen Asylbewerber. Ich habe daher im Augenblick ständig Déjà-vu-Erlebnisse, weil die damalige Situation und die Stimmung in einigen Teilen der Bevölkerung ganz ähnlich waren wie heute. Die Erstaufnahmeeinrichtung in Eisenhüttenstadt war hoffnungslos überbelegt, es wurden Zelte aufgebaut. Das haben wir alles schon mal erlebt. Die Feindseligkeiten, die noch unterstützt wurden durch die Schlagzeilen in den Medien: Das Boot ist voll – Asylflut.

UL: Ich sehe noch diesen »Spiegel«-Titel mit dem vollen Boot vor mir!

AB: Das ist von der Politik regelrecht geschürt worden, ganz bewusst. Und das war auch in Rostock die eigentliche Ursache, lange vor dem Versagen der Polizei. Die Verwaltung war nicht in der Lage gewesen, die Asylbewerber vernünftig unterzubringen. Die, die keinen Platz hatten, campierten auf der Straße, wo die hygienischen Bedingungen katastrophal waren. Das musste die Leute aufbringen. Und dann hieß es: Wir müssen das Grundgesetz ändern. Und man meinte, damit wäre das Problem erledigt. In Brandenburg ist man zum ersten Mal aufgewacht, als der Anschlag auf die jüdischen Baracken in Sachsenhausen verübt wurde.[4] Da wurde auf einmal klar: Das hat nichts mit Asylbewerbern zu tun, das hat auch nichts mit Ausländern zu tun.

UL: Aber mit Antisemitismus.

AB: Ja, der ist eben Teil des Rechtsextremismus. Dabei hat man immer wieder und ganz lange Zeit gesagt: »Eine rechtsextreme Szene gibt's gar nicht in Brandenburg. Das sind einzelne Jugendliche. Die sind alkoholisiert.« Die hätte man im Innenministerium genau unter Kontrolle. Das seien nach Angaben des Verfassungsschutzes nur rund 500 Leute. Aber das entsprach einfach nicht den Tatsachen.

UL: Weil nicht sein kann, was nicht sein darf.

AB: Ich weiß noch sehr gut, wie Manfred Stolpe sich später regelrecht entschuldigt hat.[5] Er erklärte, er habe es nicht für möglich gehalten, dass Leute, die in der DDR mit diesem Anspruch von Antifaschismus[6] groß geworden sind, rechtsextreme Einstellungen haben könnten. Das habe er einfach nicht geglaubt. Aber wir und auch Leute wie Bernd Wagner, der ja schon ein Fachmann war auf dem Gebiet,[7] wurden als Schwarzseher abgetan. Uns wurde immer wieder gesagt: »Ihr übertreibt doch.«

UL: »Das wächst sich aus«, hieß es.

AB: Die Änderung des Asylparagraphen[8] schien den Leuten ja auch erst mal recht zu geben. Da ebbten die Gewalttaten zunächst ab. Aber 1994/95 hat es wieder ganz stark angezogen. Nun richteten sich die Gewalttaten auch deutlich gegen Arbeiter aus anderen Ländern, gegen Leute, die jüdisch aussahen, gegen alle möglichen …

UL: … Minderheiten und Schwächere.

AB: Genau. Nun standen nicht mehr die Asylbewerber im Fokus. Sie wurden zwar nach wie vor angegriffen, aber nicht mehr so massiv. Der Angriff auf Noël Martin[9] hat ja dann die halbe Welt erschüttert. Das war 1996.

Ab wann wurde überhaupt erkannt und ausgesprochen, dass es in Brandenburg rechte Netzwerke gibt?

AB: Das kommt darauf an, wo. Bei uns wurde das sehr früh gesagt, im Mobilen Beratungsteam, im Büro der Ausländerbeauftragten. Innerhalb der Regierung kam das erst wesentlich später. Uta, wann haben wir die interministerielle Arbeitsgruppe gegründet? War das 1994 oder 1995?

Nach dem Brandanschlag auf die sogenannten Jüdischen Baracken in der KZ-Gedenkstätte Sachsenhausen, 26. September 1992

UL: Ich denke, das war schon 1994.

AB: Das war eine Gruppe mit einer sehr ungewöhnlichen Zusammensetzung. Da war der Generalstaatsanwalt drin, eine Polizeipräsidentin, ein Abteilungsleiter aus dem Justizministerium, einer aus dem Bildungsministerium. Das Innenministerium schickte nur einen Referatsleiter. Dann waren noch Bürgermeister, Sozialarbeiter aus dem Mobilen Beratungsteam und kirchliche Vertreter dabei … Also das war ziemlich breit aufgestellt.

Gab es einen konkreten Anlass für die Gründung dieser Arbeitsgruppe?

AB: Die Angriffe hatten wieder zugenommen. Die Täter wurden nun auch von der Polizei und der Justiz verfolgt.

UL: Ja, dort wurde zunehmend professioneller mit der Problematik umgegangen.

AB: Immer wieder gab es Äußerungen der Betroffenheit und des Entsetzens. Da haben wir gesagt: Das reicht nicht, Worte haben wir schon genug verloren. Wir müssen Konzepte entwickeln, um die Demokratie in den Gemeinden und den Kommunen zu stärken. Und wir müssen diejenigen unterstützen, die sich gegen die Angriffe wenden. Es gab ja inzwischen eine ganze Reihe von Initiativen.

UL: Aber bis es dahin kam! Ich erinnere mich noch, das war 1992 oder 1993, auch im Zusammenhang mit Angriffen auf Asylbewerberheime, die teilweise noch gar nicht eingerichtet waren. Gewalt und Hass kamen eben aus der Mitte der Gesellschaft. Die Alten, also unsere Generation, standen weiter hinten, und vorne waren die Jungen. Die Leute haben wirklich ihre Kinder vorgeschickt. Alkohol spielte auch eine Rolle. Und die vorne haben laut artikuliert, was die hinten dachten. Ich werde nie vergessen, wie ein Regionalpolitiker sagte: »Da soll die Polizei mal ordentlich draufhauen, dann erledigt sich das Problem von selbst.« Ich habe dem Mann dann klargemacht: Das löst sich überhaupt nicht von selbst. Wir brauchen hier zivilgesellschaftliche Strukturen neben den staatlichen, also neben der Polizei und der Justiz. Und da war für mich Rostock-Lichtenhagen eine Zäsur. Soviel fehlende Empathie in der Bevölkerung für Menschen, die viel schwächer sind … Das war der Punkt, an dem ich merkte, dass wir Netzwerke aufbauen müssen. Aber es war ein langer Prozess, bis auch die kommunal Verantwortlichen kapiert haben, dass sich da nichts von selber löst und dass es zunehmend gefährliche Strukturen gibt. Ich weiß noch, 1992 waren *Die Republikaner*[10] massiv präsent bei uns.

AB: Dann gab es noch die *Deutsche Alternative*[11] und Frank Hübner.[12]. Bei einer Veranstaltung, an der Stolpe teilgenommen hat – es muss eine »Woche der ausländischen Mitbewohner« gewesen sein –, kam Hübner sehr publikumswirksam zu spät, sodass ihn alle wahrnehmen mussten. Und Stolpe hat ihn fast hofiert. Wir waren entsetzt, was er ihm für ein Podium geboten hat. Das ist sogar vom Fernsehen übertragen worden.

UL: Ich glaube, es steckte auch ein bisschen die Haltung dahinter: In solchen Strukturen haben wir sie unter Kontrolle. Bei Ablegern von Parteien hieß es immer, die können uns nicht gefährlich werden. Aber deren Wirkung, auch auf die Mitte der Gesellschaft, wurde nicht erkannt.

AB: Der einzige innerhalb der Regierung, der das erkannt und auch gesagt hat, war Hans Otto Bräutigam, der damalige Justizminister.[13], aber der ist nicht durchgekommen damit, weil die anderen es nicht glauben konnten.

UL: Oder wollten. Da haben wir wieder diese Haltung: Es darf nicht sein …

AB: Es ging ja auch ums Image.

UL: Klar, die Debatte um mögliche Imageschäden spielte eine ganz große Rolle, auf der Landesebene und kommunal ebenfalls.

AB: Für jeden Schuldirektor waren es die Schüler der anderen, der Nachbarschule.

UL: Und in den Kommunen hieß es: Aber bei denen nebenan ist es viel schlimmer. Und die Rechten bei den Demos kamen immer von woanders.

AB: Es war 1997, da bin ich das erste und einzige Mal ins Kabinett eingeladen worden, um einen Bericht zur Lage abzugeben. Ich hab damals die Gelegenheit genutzt und sehr intensiv und ehrlich die Situation dargestellt. Und zusammen mit den Bemühungen des damaligen Innenministers Alwin Ziel[14] kam dann die Idee auf, einen Landespräventionsrat zu gründen. Ziel ging mit der Vorlage ins Kabinett, und als er herauskam, war es ein Aktionsbündnis geworden. Wir waren erst nicht so überzeugt: Aktionsbündnis? Das weckt auch ganz falsche Erwartungen, dachten wir. Aber damit war die Erkenntnis in der Landesregierung angekommen, dass man wirklich etwas unternehmen muss.

UL: Auch hinsichtlich der Stärkung der Zivilgesellschaft. Die muss durch die Politik gestärkt werden, wenn sie sich entwickeln soll. Das ist ein wirklicher Prozess gewesen in den Neunzigerjahren. Parallel dazu haben sich die Strukturen der Rechtsextremen entwickelt. Die *NPD* hat ihre Kreisverbände aufgebaut und verstärkt junge Leute über die Jugendorganisation angesprochen. Einer von denen war Frank Schwerdt,[15], der war regelmäßig bei uns in der Region.

AB: Immerhin muss man der Brandenburger Regierung zugestehen, dass wichtige Projekte, die es immer noch gibt, damals entstanden sind, nämlich die Regionalen Arbeitsstellen für Ausländerfragen (RAA). Das war 1992 ein Modellversuch, für den das Land die Grundfinanzierung übernahm. Seither sind diese Stellen gesichert. Und fast gleichzeitig ist das Mobile Beratungsteam (MBT) entstanden, nachdem 1991 in Wittenberge Namibier in ihrer Wohnung angegriffen worden waren. MBT und RAA haben heute jeweils sechs Niederlassungen und diese Strukturen waren die ersten in den neuen Bundesländern. Das möchte ich zur Ehrenrettung Brandenburgs auch mal sagen.

UL: Na, und das Aktionsbündnis!

AB: Diese sicheren Arbeitsmöglichkeiten hat es in keinem anderen Bundesland gegeben.

Mit dem Einigungsvertrag 1990 entstand ein neues Land, aber die Menschen blieben dieselben. Polizisten der DDR wurden Polizisten der BRD. Viele Führungskräfte kamen aus den alten Bundesländern. Zündstoff genug. Wie muss man sich das vorstellen, als Sie, Frau Leichsenring, in dieser männerdominierten Hierarchie zur Vorgesetzten wurden, zur neuen Polizeipräsidentin?

UL: Das Entscheidende in Brandenburg war das Konzept der zivilen politischen Führung. Das fand ich sehr gut für diesen Neuaufbau der Polizei und gerade vor dem Hintergrund dessen, was Polizei in der DDR gewesen war. Da hatte sich ja unheimlich viel Unmut aufgestaut, auch solcher, der eigentlich der Stasi galt. Diese zivile Form der Führung hat es leichter gemacht, das Vertrauen in der Bevölkerung gegenüber der Polizei wieder zu stärken. Als Polizei Ländersache wurde, 1990, mussten sich alle neu bewerben. Und dass die Angehörigen so einer Organisation einen Erkenntnisprozess durchmachen müssen, ist klar. Es gab Fortbildungen, aber das heißt ja noch lange nicht, dass sich auch im Kopf was verändert. Da war die Verunsicherung groß. Das sind meine persönlichen Erfahrungen als Frau und Zivilistin, also nicht aus dem Apparat kommend. Von dieser Ausgangslage aus habe ich versucht, eine neue Denkweise hineinzubringen. Dennoch ist Polizei natürlich eine stark hierarchisch geprägte Struktur. Es kommt gerade in solchen unsicheren Zeiten, in so einer Organisation, stark auf die Führung an. Enorm wichtig war, das zeigte Rostock dann im negativen Sinne, die Vorbildfunktion. Wenn sich da ein Polizeiführer verabschiedet und erst mal ein Wochenende nach Hause fährt, na, was soll da wohl geschehen? Mit den verunsicherten Polizisten, die diesem Mob gegenüber stehen ……

AB: Wir vom Büro der Ausländerbeauftragten haben dann auch gemeinsam mit der Polizei Weiterbildungen gemacht.

UL: Stimmt. Unsere Zusammenarbeit war unheimlich wichtig. Im Zusammenhang mit den Vorkommnissen auf der Polizeiwache in Bernau[16], ging das los. Es war, wie ich schon angedeutet habe: Die haben zwar weitestgehend mitgezogen bei der Polizei, aber die hatten ihren Frust, der sich in dem Moment gegen die vietnamesischen Zigarettenhändler richtete. Da war es wichtig, dass auch innerhalb der Organisation, nicht nur nach außen, deutlich gemacht wird: Rassistisches Verhalten wird hier nicht toleriert. Schon gar nicht unter den Teppich gekehrt.

Als Nachfolger Alwin Ziels trat 1999 Jörg Schönbohm[17] das Amt des Innenministers in Brandenburg an. Was hat sich da aus Ihrer Sicht konkret verändert?

UL: Zunächst die Strukturen, aber nicht nur die. Für einige kam da der Schneidige, der Militär. Die haben von Schönbohm erwartet, dass er jetzt alles umkrempelt. Und der hat auch gleich deutlich gemacht, dass man die zivile Polizeiführung nun nicht mehr brauche. Das fanden einige in Bernau ganz wunderbar. Da wurde erst klar, wie übel die mir meine Arbeit genommen haben.

AB: Du hast damals gegen sie ermittelt. Gegen Polizisten ermittelt.

UL: Ja, ich hatte eine ganze Dienstgruppe suspendiert. Und letztlich standen einige vor Gericht. Wir haben die Betreffenden dann nicht mehr zusammen arbeiten lassen, also den Einsatzplan umorganisiert. Denn die hatten sich die Vietnamesen in der Regel am Wochenende, wenn keine anderen Vorgesetzten da waren, auf die Wache geholt. Ich erinnere mich aber auch an einen Fall, 1995, als das Land Brandenburg die Überlebenden der Konzentrationslager eingeladen hatte, zum 50. Jahrestag der Befreiung von Ravensbrück und Sachsenhausen. Wunderschönes Wetter, alle Polizisten im Einsatz, rund um die Uhr. Und einen von denen hat das frustriert. Da hat der in seiner Gruppe antisemitische Bemerkungen gemacht. Dass so was anschließend nicht unter der Decke gehalten wurde, das war schon ein kleiner Erfolg, nach den Ereignissen von 1993.

AB: Wir haben dann ab 1993 Anti-Rassismus-Training in meinem Büro organisiert, mit leitenden Polizeibeamten von der Fachhochschule. Das ist gut angenommen worden.

UL: Und es wurde etabliert, das ist heute fester Bestandteil der Ausbildung.

AB: Für mich hat sich mit dem Auftreten Schönbohms Entscheidendes geändert. Es gab plötzlich beim Innenminister keine Gesprächsbereitschaft mehr für meine Anliegen. Unter Ziel war ganz klar, dass ich auf Anfragen hin einen Termin bekam und reden konnte. Das hörte mit Schönbohm schlagartig auf. Der hat mich nie empfangen. Das war unter seiner Würde. Er sprach nur mit Leuten vom Staatssekretär aufwärts. (lacht)

UL: Deswegen brauchte er ja auch die Polizeipräsidenten aus dem Osten nicht. Mögen sie gewesen sein, wie sie waren, alles sehr unterschiedliche Leute, natürlich, aber das war seine generelle Haltung. Und da merkt man, was die Haltung eines einzelnen Menschen im Ergebnis für Auswirkungen haben kann. Aus den Gesprächen mit Ziel ist immer etwas in unsere Dienstbesprechungen eingeflossen. Aber wenn das Gespräch nicht stattfindet, dann fehlt es eben auch an der Rückwirkung.

Im Zusammenhang mit dem Prozess gegen den Nationalsozialistischen Untergrund (NSU) gibt es erneut starke Kritik an der Arbeit des Verfassungsschutzes (VS). Welche Kontakte zum brandenburgischen VS hatten Sie, welcher Art waren Ihre Erfahrungen?

UL: Zwischen Polizei und Verfassungsschutz gibt es einen Informationsaustausch, das ist klar. Der ist stärker vonseiten der Polizei, – auf jeden

Fall war es damals so. Wir hatten ja unter Minister Alwin Ziel eine mobile Einsatzgruppe gegen Gewalt und Ausländerfeindlichkeit (MEGA) und eine weitere Gruppe, die präventiv gearbeitet hat, ins Leben gerufen. Die brachten natürlich Erkenntnisse für die Polizei, und wir waren verpflichtet, solche Informationen weiterzugeben. Umgekehrt war es komplizierter. Der Verfassungsschutz arbeitet ja mit verdeckten Strukturen, daher ist die Weitergabe schwieriger, klar. Aber ich kann mich erinnern, dass es immer etwas knirschte, zwischen Polizei und VS, wegen dieser Informationsweitergabe. Die Ermittlungen zum *NSU* haben gezeigt, wie groß die Versäumnisse aus solcher mangelnden strukturellen Zusammenarbeit sein können.

AB: Der *NSU* war ja während meiner Dienstzeit noch gar kein Thema. Wir haben damals auch mit dem Verfassungsschutz ... na ja, zusammengearbeitet wäre übertrieben ausgedrückt. Ich sage mal: wir hatten öfter Austausch. Es war uns allen klar, dass der VS seine Leute in der rechtsextremen Szene hatte, aber das war eigentlich kein Thema. Sie haben uns informiert über Dinge, die sie in rechtsextremistischen Gruppierungen beobachtet hatten. Ich weiß noch, da gab es Angebote, doch mal gemeinsam in Schulklassen zu gehen. Aber für uns war klar: Wir haben einfach einen anderen Auftrag. Als Ausländerbeauftragte und zivilgesellschaftliche Institution können wir so was nicht machen.

UL: Richtig. Dagegen ist die Zusammenarbeit zwischen Polizei und VS eminent wichtig. Die ist ja auch qua Amt verfügt, wurde bloß nicht umgesetzt. Das war nicht immer einfach. Die Kollegen haben sich öfter beklagt, dass die von unseren Informationen leben, aber wir keine zurückbekommen. Nur ein Beispiel, wie sich das praktisch äußern kann: Es gibt Hinweise auf ein rechtsextremistisches Konzert, irgendwo an der Grenze zu Mecklenburg-Vorpommern. Da müssen die Länder schon gut zusammenarbeiten, was an sich schon schwierig ist. Dann muss klar sein, zumindest innerpolizeilich: Wer ist vom Verfassungsschutz? Sind die an der Sache dran? Da hatte es zwar mal eine Info gegeben, aber ob die vor Ort waren, das entzog sich dann unserer Kenntnis. Dabei können die sich ja ins Gehege kommen. Unsere Leute waren schließlich auch in zivil da. Das muss zwangsläufig zu Erkenntnisverlusten führen, wenn das nicht abgestimmt wird.

Sie haben diese Umbruchszeit »an vorderster Front« erlebt und gesehen, dass da eine Generation von militanten Neonazis heranwächst. Hat Sie das Auffliegen des NSU noch überrascht?

AB: Nein.

UL: Doch. Mich hat es schon überrascht.

AB: Ja, in der Dimension vielleicht. Aber nicht grundsätzlich.

UL: Mich hat insbesondere überrascht – nach allem, was ich weiß, muss ich einschränkend sagen –, dass nicht in genügend Richtungen ermittelt wurde. Ich komme eben immer wieder auf mein polizeiliches Denken zurück, auf meine Erfahrung. Ich kann mich noch erinnern, als Otto Schily[18] anlässlich des Nagelbombenanschlags von 2004 vor das Mikrofon getreten ist und gesagt hat, ein fremdenfeindlicher Hintergrund werde ausgeschlossen. Das haben die dem eingeflüstert. Und der sagt es auch noch! Das kann man doch zu dem Zeitpunkt überhaupt noch nicht ausschließen! Diese Scheuklappenermittlung hat mich schon erstaunt.

AB: Aber Uta, es hat sich doch sehr oft gezeigt, dass die Ermittler, zum Teil auch in Brandenburger Behörden, auf dem rechten Auge blind waren. Darum sage ich, es hat mich nicht wirklich überrascht. Wir haben öfter Situationen erlebt, wo wir gedacht haben, meine Güte, das springt doch ins Auge, dass da ein radikaler Hintergrund ist, dass da rechtsextremistisches Gedankengut vorhanden ist! Ich war entsetzt, wie viele dieser Taten als Drogenkriminalität abgetan wurden.

UL: Das hab ich auch erlebt bei uns, und wir haben heftig diskutiert. Was war die Motivation der Täter, hat das einen antisemitischen, fremdenfeindlichen, rechtsextremen Hintergrund? Das ist immer eine Diskussion in der Polizei. Keiner schreibt ja an seine Tat ran: Ich bin Rassist.

AB: Damals wurde immer abgewiegelt. Angesichts der vielen Hakenkreuze, die man damals sehen konnte, erklärte man: »Das machen die Jugendlichen, um zu provozieren. Die wissen doch gar nicht, was das bedeutet.«

Um nochmal auf den Anfang des Gesprächs zurückzukommen. Sie sagten, Frau Leichsenring, der Mord an Amadeu Antonio hätte verhindert werden können. Können Sie das konkretisieren? Inzwischen ist ja auch innerhalb der Brandenburger Polizei, zumindest in der Leitung, Konsens: Hätten wir unseren Job richtig gemacht, würden diese Leute noch leben.

UL: Die Polizei ist immer in Gefahr, bestimmte Stereotype in ihre Ermittlungen einfließen zu lassen. Polizisten sind ständig und ausschließlich mit negativen menschlichen Verhaltensweisen konfrontiert. Das trifft auch auf Menschen mit Migrationshintergrund zu – das Wort kann ich ja überhaupt nicht leiden, haben wir nicht ein besseres? Zugewanderte! Das trifft auf alle zu. Wenn der Polizist in Erscheinung tritt, dann hat das meistens keinen positiven Grund. Und das prägt natürlich ein Bild bei den Ermittelnden. Dagegen muss immer wieder angegangen werden, besonders wenn es um Minderheiten in einer Gesellschaft geht. Und die Problematik verstärkt sich ja wieder.

AB: Ja, das wird zunehmen.

UL: Wenn jetzt irgendwo ein Straftäter, der Migrant ist, gefasst wird, heißt es in der Bevölkerung wieder ganz schnell: »die Ausländer«. Hier kann Statistik was leisten. Die muss aber auch stimmen.

AB: Damals hat die Statistik zum Beispiel alle Straftaten unterschiedslos zusammengerechnet, darunter auch solche, die überhaupt nur von Ausländern begangen werden konnten. Verstoß gegen die Residenzpflicht[19] zum Beispiel. Das wurde immer mitgezählt. Für uns war da die Zusammenarbeit mit dem Verein Opferperspektive ganz wichtig. Die haben bei diesen Straftaten ganz genau hingeschaut, wie auch umgekehrt bei den Verbrechen gegen Ausländer: Gibt es da einen rechtsextremen Hintergrund? Die sind zu ganz anderen Zahlen gekommen als wir. Darum sind solche Initiativen so wichtig. Weil die den Finger da drauf legen und zeigen, hier ist die Statistik aber nicht in Ordnung.

Sie haben beide viele Jahre an unterschiedlichen Stellen gewirkt. Wie fällt rückblickend Ihr Fazit aus?

AB: Dass in Regierungskreisen und im Parlament kaum Interesse am Thema Rechtsextremismus vorhanden war, hat mich oft sehr frustriert, muss ich sagen. Die wenigen interessierten und engagierten Abgeordneten haben oft auch resigniert. Wenn, dann gab es Unterstützung vonseiten der PDS. Das war ein Problem, denn wenn sich die PDS für etwas einsetzte, galt das Thema für die anderen Parteien als »verbrannt« – die Anträge wurden abgelehnt. Da gab es viele Niederlagen. Die Erfolge, die ich sehe, sind die Gründungen der Projekte, von denen wir bereits sprachen und die es heute noch gibt. Aber insgesamt besteht immer die Gefahr, dass man als Alibi benutzt wird: »Wir haben doch eine Ausländerbeauftragte.«

UL: Du wurdest als Störfaktor betrachtet!

AB: Klar war das unbequem. Ich erinnere mich noch, wie wir versucht haben, ein eigenes Brandenburger Antidiskriminierungsgesetz einzubringen, was intensiv von Minister Bräutigam betrieben wurde. Das ist dann im Kabinett gescheitert, wesentlich an Regine Hildebrand. Das war ein Tiefpunkt. Oder die Tatsache, dass ich während meiner ganzen Amtszeit nur ein einziges Mal ins Kabinett eingeladen wurde – das spricht schon Bände.

Und oft gab es Angriffe. Die CDU hat immer wieder gesagt: »Ausländerbeauftragte, die brauchen wir nicht. Überflüssig.« Immerhin, einiges, was wir angestoßen haben, hat weitergewirkt.

UL: Ja, auch in der Polizei. Es muss natürlich die Möglichkeit bestehen, so hineinwirken zu können. Und die gab es.

AB: Ohne dich hätte es die nicht gegeben.

UL: Stimmt. Da sind wir wieder an dem Punkt …

AB: … Personen sind ganz wichtig.

UL: Ich muss sagen, dass es mir bei der Polizei anders ergangen ist als Almuth. Bei der Polizei ist es so: Man sagt was und das wird dann gemacht. Was ja nicht immer das Schlechteste ist, in dem Fall. (lacht) In diesen elf Jahren hat sich in meine Augen viel Positives entwickelt, in der Region, in der Kommunalpolitik, in der Zivilgesellschaft. Und auch in der Polizei, was aber sicherlich wieder kippen kann. In so hierarchischen Strukturen geht es immer darum: Was ist Chefsache? Innerhalb der Polizei habe ich die Entwicklung dieser besonderen Strukturen gegen Rechtsextremismus als Erfolge gewertet, die wir gemeinsam mit Alwin Ziel erreicht haben.

AB: Der Unterschied zwischen uns ist einfach: Du hattest eine Führungsposition.

UL: Du hattest eine politische Funktion. Aus zivilgesellschaftlicher Perspektive: Du bist gehört worden, bist bekannt gewesen, bist es noch.

Heute, 25 Jahre später, heißt das Phänomen* Pegida. *In Brandenburg gibt es rechte Aufmärsche in ungekannter Stärke und Zahl. Wo sehen Sie Unterschiede, wo Parallelen zwischen der Situation damals und heute?

UL: Der Gegenwind ist stärker.

AB: Ja, es gibt erfreulich viele Gruppierungen, die sich dagegenstellen, die ganz intensiv auf Flüchtlinge zugehen. Das wäre 1991 so noch nicht möglich gewesen. Ich sehe die Stimmung trotzdem mit einiger Besorgnis. Ich merke schon, dass in der Bevölkerung eine heftige Ablehnung vorhanden ist, die sich sehr hinter dem Argument versteckt, es seien zu viele.

UL: Gerade in der Mitte, in großen Teilen der Bevölkerung, hat sich ein stärkerer Egoismus im Sinne von Besitzstandswahrung breitgemacht. Da ist die Angst, teilen zu müssen. Und es bleibt dabei: Die tollste Willkommensinitiative und die engagiertesten Leute bewirken wenig, wenn die Verwaltung nicht mitzieht, die Politik, die Polizei, wenn nicht alle an einem Strang ziehen.

ANDREA RÖPKE

DROHT EINE NEUE WELLE RECHTER GEWALT?

»Refugees not welcome«. Die Botschaft der Facebook-Gruppe »IN WITTSTOCK AUFGEWACHSEN UND DARAUF BIN ICH STOLZ«[1] ist unmissverständlich. 167 Menschen aus der Stadt an der Dosse folgen diesem Ruf. In einer anderen Gruppe namens »Wittstock sagt Nein zur Asylpolitik« wird klargestellt: »Wir brauchen in unserer Stadt keine Großstadtverhältnisse mit Gangbildung, wachsender Kriminalität mit Migrationshintergrund!« Und schließlich gibt es noch die »Public Group« mit dem Titel: »Asylpolitik in Wittstock NEIN DANKE« mit immerhin 480 registrierten Mitgliedern. Diese drei virtuellen Organisationen aufgebrachter und vermeintlich unorganisierter Bürger aus Nordwestbrandenburg haben eines gemeinsam, sie möchten »die Überfremdung« ihrer Heimat stoppen, damit Deutsche unter Deutschen bleiben. Der Protest ist nicht nur virtuell: Für den Nikolaustag 2015 mobilisierten die Facebook-Gruppen zu einem realen Fackelmarsch gegen Flüchtlinge, den auch die NPD Prignitz-Ruppin unterstützte.

Auf der Straße bekommt anonyme Hetze ein Gesicht. Die Drahtzieher werden sichtbar. Einer von ihnen ist der Wittstocker Neonazi Sandy Ludwig, ein Tätowierer, bekannt als »Lui«. Der Brillenträger mit Glatze fungierte am 7. November 2015 als Versammlungsleiter eines fremdenfeindlichen Aufzuges. Seine politischen Kontakte reichen von der militanten Kameradschaft *Weisse Wölfe Terrorcrew* bis zur neuen radikalen Partei *Der III. Weg*.

Der 34-jährige Ludwig zeigte sich 2008 mit seinen Kameraden von der *Weisse Wölfe Terrorcrew*, die zur Gründung im Hamburger Jacobipark für ein Gruppenfoto posierten. In der vordersten Reihe zwischen »Ricky« und »Adeline« ist »Lui« aus Wittstock zu sehen, ebenso wie die anderen trägt er auf dem Rücken seines T-Shirts seinen Namen und den Schriftzug »C 18«.[2] Das Kürzel »C 18« steht nicht nur sinngemäß für »Kampfgruppe Adolf Hitler«, sondert gilt szeneintern als Bekenntnis zum Terror. Aus den Reihen der militanten Organisation *Combat 18* wurden in den 1990er-Jahren in Europa rassistisch und homophob motivierte Anschläge mit vielen Verletzten verübt. Die *Weisse Wölfe Terrorcrew* hatte ihr Logo noch mit einem

Schlagstock und einer Handgranate verstärkt. Inzwischen zeigen sie sich mit einem Schlagring als Emblem. Zur Fußball-Europameisterschaft 2008 verbrannten mehrere Mitglieder im Hamburger Stadtteil St. Georg auf dem multikulturell geprägten Steindamm eine türkische Flagge. Einer der brandenburgischen *Weissen Wölfe* steht aktuell im Visier der Behörden. Ihm wird vorgeworfen, im September 2015 in Neuruppin mit weiteren Neonazis zweimal brutal Jugendliche attackiert zu haben.

Für die Wittstocker Aktionen gegen die »Asylflut« mobilisieren ebenfalls die *Freien Kräfte Neuruppin/Osthavelland*. Um auch für fremdenfeindlich gesinnte Bürger zum Ansprechpartner zu werden, dirigieren Neonazis die Stimmungen zunächst innerhalb der virtuellen Tarngruppen, ohne sich zu outen. Besonders aktiv ist dabei der Rechte Oliver Mende. Immer wieder forderte der vermeintliche lokale »Kümmerer« zur Teilnahme an Aktionen im Jahr 2015 auf. Mal befürwortete er nebenher *Pegida* in Dresden, mal die *Nationalen Sozialisten Wittstock/Dosse* oder die *NPD*. Der radikale Hintergrund zeigt sich bei den Wittstocker Facebook-Gruppen auch an den Symbolen unter den Überschriften. So ist auf der Seite von »Wittstock sagt Nein zur Asylpolitik« als Eingangsbild mit dem Slogan »Refugees go home« ein gezeichnetes Paar mit Handys von Apple in den Händen zu sehen. Es flieht vor einem Hund und vor mit Mistforke und Gewehr bewaffneten Bauern.[3] Das sind eindeutige Aussagen, die ernst genommen werden müssen, denn sie haben nichts mehr mit Demokratie und Rechtsstaatlichkeit zu tun. Gewalt, Selbstjustiz und die Jagd auf Asylsuchende werden als legitim angepriesen.

Nach Recherchen des Aktionsbündnisses gegen Gewalt, Rechtsextremismus und Fremdenfeindlichkeit sind von Herbst 2013 bis November 2015 über 80 brandenburgische Facebook-Seiten entstanden, die gegen die Aufnahme von Flüchtlingen mobilisieren. Die Gruppen sind in den meisten Fällen mitnichten unorganisiert. Die Stimmungsmache erinnert an die Mobilisierungen im Vorfeld der Pogrome in den 1990er-Jahren. Damals agitierten Neonazis wie in Rostock-Lichtenhagen auch hinter dem Mob. Allerdings gab es noch keine Hass-Foren, keine sozialen Netzwerke, nicht mal Mobiltelefone. Wochenlang wurden flächendeckend Flyer verteilt, um fremdenfeindliche Ressentiments mit neonazistischen Parolen zu befeuern. Bis es knallte, charterten Neonazis Busse und koordinierten die Aktionen.

Mit wenig Rechercheaufwand wird ersichtlich, dass im Hintergrund vieler bundesweiter Anti-Asyl-Initiativen (z. B. »Wehrt Euch« oder »Nein zum Heim«) jeweils regionale Neonazis oder Angehörige rechter Milieus die Fäden ziehen. Ihre Vorgehensweise ähnelt einander: Zunächst gilt es, identitätsstiftende Merkmale wie einen gemeinsamen Wohnort mit einem allgemeinen Interesse an Sicherheit und mit örtlichen Vorkommnissen zu kombinieren. Schon bald sind Administratoren oder Vielschreiber dieser Internetgruppen einem breiten Publikum von Lesern bekannt. Sie dirigieren die modernen Parallelwelten. Zwischen neugierigem Interesse an Verkehrsunfällen oder Gewalttaten, Meldungen über vermeintliche Pädophile oder Einbrecherkolonnen in der Nachbarschaft oder auch nur dem Verkauf »einer Waschmaschine von Hoover für 250 Euro« häufen sich rassistische Statements. Geschickt aufgeheizt werden einfache Meldungen der Lokalpresse wie »Schullandheim in Schweinrich wird Flüchtlingsunterkunft« zu Skandalen.

»In diesem Klima entzünden sich Flüchtlingsunterkünfte«, warnt Journalist Olaf Sundermeyer in einem Kommentar bei RBB aktuell, »es animierte mutmaßlich drei Jugendliche, eine hochschwangere Asylbewerberin aus Somalia in Bad Belzig zusammenzuschlagen«. Sundermeyer vergleicht die heutigen Mechanismen mit denen der gewalttätigen 1990er-Jahre und kommt zu dem Fazit: »Deshalb ist es vor allem eine glückliche Fügung, dass die Welle der rassistisch motivierten Gewalt, die in diesem Jahr durch Deutschland läuft, auch durch Brandenburg, bislang kein Todesopfer unter sich begraben hat.«[4]

Die brandenburgischen Polizeibehörden zählten bis Ende September insgesamt 77 Angriffe auf Flüchtlinge, Personen wie Einrichtungen. Das geht aus einer Antwort des Innenministeriums auf eine parlamentarische Anfrage der Landtagsabgeordneten Andrea Johlige (Die Linke) hervor. Im Jahr 2013 waren noch 15 Attacken auf Flüchtlinge und Flüchtlingsunterkünfte registriert worden, 2014 waren es schon 36. Im darauffolgenden Jahr war eine rasante Zunahme zu verzeichnen. Die Zahl der Angriffe 2015 war allein im dritten Quartal doppelt so hoch wie im gesamten ersten Halbjahr. In den ersten sechs Monaten waren es 26 Angriffe auf Flüchtlinge und deren Unterkünfte; in den drei Monaten von Juli bis September listete das Ministerium schon 51 entsprechende Straftaten auf.[5]

Eine besonders starke Zunahme gab es bei Gewalttaten wie Körperverletzung und Sachbeschädigungen. Über 175 Versammlungen richteten sich gegen Flüchtlinge. Organisiert wurden sie von lokalen Bündnissen, aber auch von der Alternative für Deutschland, dem Brandenburger *Pegida*-Ableger *BraMM* (»Brandenburger für Meinungsvielfalt & Mitbestimmung«) sowie den Neonazi-Parteien *NPD*, *Der III. Weg* und *Die Rechte*. Parallel dazu

Turnhalle in Nauen nach dem Brandanschlag, 24. August 2015

ist die Zahl der politisch motivierten Attacken auf Abgeordneten- und Parteibüros gestiegen, davon gab es bis Ende September 2015 allein in Brandenburg 23. Andrea Johlige warnte gegenüber den Medien: »Wir sehen, dass die Hemmschwellen immer mehr sinken, Gewalt direkt gegen Menschen und Sachen zu richten«. Ihrer Meinung nach führe die »Verrohung der politischen Kultur« direkt zu solchen Taten.[6]

Das ist eine gefährliche Entwicklung. Die aufgeheizte Stimmung könnte auch den Nährboden für weitere rechtsterroristische Aktivitäten darstellen. Im Oktober 2015 verletzte ein Rechtsextremist die parteilose Kölner Oberbürgermeisterkandidatin Henriette Reker mit einem Messer schwer. Sie war in der Domstadt für die Unterbringung von Flüchtlingen zuständig. Anders als bei Hunderten rassistisch motivierter Anschläge übernahm die Generalbundesanwaltschaft in Karlsruhe sofort den Fall als möglichen Akt einer terroristischen Handlung. Dem Verbrechen wurde damit höchste Priorität eingeräumt – das Opfer war Politikerin und Deutsche.

Am Tag nach der Kölner Attacke schmierten Unbekannte in Bernau »Erst Henriette Reker, dann André Stahl« an eine Wand. Stahl (Die Linke) ist Bürgermeister der Stadt bei Berlin und setzt sich ebenfalls für Flüchtlinge ein. Bereits Ende August 2015 brannte in Nauen im Landkreis Havelland eine als Flüchtlingsnotunterkunft vorgesehene Turnhalle bis auf die Grundmauern ab. Die Ermittler gehen davon aus, dass der Anschlag von langer Hand geplant worden war, da vorsätzlich Gas in die Sporthalle eingeleitet wurde. Von »Heimtücke« und »Terror« war in dem Polizeibericht dem RBB zufolge die Rede. Brandenburgs Ministerpräsident Dietmar Woidke (SPD) sprach von einer »Schande für unser Land«.

Der Brand aber hat eine Vorgeschichte, denn zuvor gab es in Nauen monatelang eine massive Stimmungsmache von rechts. Bereits Mitte März mobilisierten *NPD* und »Freie Kräfte« in die 16.000-Einwohner-Stadt. Eine Bürgerinitiative mit dem unverfänglichen Namen »Zukunft Nauen« übernahm den Protest. Diese Gruppe zeige überhaupt keine Berührungsängste zu regionalen Neonazis, warnte frühzeitig der »Presseservice Rathenow«.[7] So seien auch bei den scheinbar bürgerlichen Protesten Parolen wie »Ali, Mehmed, Mustafa – ab mit euch nach Ankara«, »Kriminelle Ausländer raus! Und was ist mit dem Rest? Der auch!« oder »Gegen Repression und Volksverrat, auf die Straße, Mut zur Tat« gerufen worden. Eine Rednerin bei einer Veranstaltung von »Zukunft Nauen« stellte sich als »1,62 Meter großer Stachel im Arsch dieses System« vor. Die kurzhaarige Blondine, die sich nicht namentlich vorstellte, war niemand anderes als die NPD-Gemeinderatsabgeordnete Manuela Kokott aus Spreenhagen im Landkreis Oder-Spree. Auch beteiligten sich Anhänger der biederen Bürgerinitiative, den Recherchen des »Presseservice Rathenow« zufolge, an einem Aufmarsch der Neonazi-Gruppe »Nein zum Heim« des Nauener NPD-Stadtverordneten Maik Schneider. Viel Hetze und Wut entluden sich – und im August brannte die Sporthalle des Oberstufenzentrums lichterloh. Es war der schwerste Anschlag auf eine solche Einrichtung in Brandenburg seit 20 Jahren. Die Polizei setzte zur Ergreifung der Täter eine Belohnung von 20.000 Euro aus.

Rassistisch aufgeladene Demonstrationen schaffen ein fremdenfeindliches Klima, aus dem Gewalt hervorgeht. Gemeinsam oder allein fühlen sich einige berufen, gewalttätige Forderungen des Mobs tatsächlich umzusetzen. Sie werden zu willfährigen Handlangern der aufgebrachten Menge. »Pegida hat in Köln mitgestochen« lautete die Überschrift des »Tagesspiegel« nach der Attacke auf Reker.[8] Der vorbestrafte Attentäter Frank S. sagte nach der Tat: »Ich habs für Euch getan«. Das erinnert fatal an das Attentat auf den bei vielen verhassten Studentenführer Rudi Dutschke vor bald 50 Jahren. Damals hatte der 23-jährige Neonazi Josef Bachmann am 11. April 1968 dreimal auf Rudi Dutschke geschossen und ihn schwer verletzt. Eine

Mitverantwortung für die Tat wurde der »Springer-Presse« und dem von ihr erzeugten »Klima der Hatz und Verfolgung« zugeschrieben.

Zum Prototyp des amoklaufenden, verwirrten Einzeltäters aus der rechtsradikalen Szene wurde jedoch Kay Diesner. Nach dem der Ostberliner 1997 mit einer Pumpgun in seinen »Krieg« gezogen war, avancierte dessen Porträt mit dem hasserfüllten Blick zum Gesicht des rechten Terrors in Deutschland. Diesners erstes Opfer war ein linker Buchhändler aus Marzahn, der schwerverletzt überlebte. Vier Tage später erschoss der Glatzkopf auf der Flucht einen jungen Polizisten und verletzte einen weiteren schwer.

Drei Jahre später tötete Michael Berger kaltblütig drei Polizisten. Der Dortmunder Neonazi war auf die Tat vorbereitet, er war ein geübter Schütze, in seiner Wohnung fanden Beamte ein Waffenarsenal. Die drei Opfer tauchten in keiner Statistik rechter Gewalt auf, da der Täter als schwermütiger Psychopath eingestuft wurde. Dabei kannte Amokläufer Berger die rechte Szene bestens. Und die ihn. Aus der Sicht seiner Kameraden hatte er drei Büttel des Staates, also Feinde, ausgeschaltet. Tatsächlich brachte die *Kameradschaft Dortmund* stolz einen Aufkleber mit der Parole »3:1 für Deutschland« in Umlauf.

Inwieweit die militante Szene über die Taten der Amokläufer aus den eigenen Reihen vorher informiert war, bleibt in den meisten Fällen unaufgeklärt. Auch wenn Medien vom »einsamen Hass« sprechen,[9] stellen rechte Amokläufe vor allem Bekenntnisse an die Szene dar. Mit der Parole »Taten statt Worte« mag sich die bekannteste Neonazi-Terrorgruppe, der *Nationalsozialistische Untergrund (NSU)*, als ausführende Spitze einer rassistischen »Kampfgemeinschaft« gesehen haben. Fakt ist, dem Neonazi-Trio lag an Anerkennung: Mit Spenden und internen Schreiben machten sie ab 2002 intern auf sich aufmerksam. Als die Öffentlichkeit noch nichts von der braunen Terrorzelle ahnte, veröffentlichte das Knast-Fanzine »Der Weisse Wolf« im Vorwort der Ausgabe Nr. 18 einen folgenschweren Gruß: »Vielen Dank an den NSU, es hat Früchte getragen ;-) Der Kampf geht weiter …« Die Message war durch Fettdruck deutlich hervorgehoben, doch sie fiel nicht auf. Der »Der Weisse Wolf« war 1996 als »Rundbrief inhaftierter Kameraden der Justizvollzugsanstalt Brandenburg« entstanden und galt als Plattform einer militanten Anhängerschaft.

Einzeltäter und terroristische Gruppen sehen sich als Vollstrecker politischen Hasses. Der Leiter des Instituts für interdisziplinäre Konflikt- und Gewaltforschung an der Universität Bielefeld, Andreas Zick, sagte dem »Kölner Stadt-Anzeiger« über den Anschlag auf Henriette Reker, die Tat selbst sei eine ideologische Botschaft und werde als Amoklauf in aller Öffentlichkeit ausgeführt. Zick ergänzte: »Wir haben vor Monaten gewarnt, dass der Rechtspopulismus auf eine gewaltorientierte Durchsetzung der eigenen Propaganda drängt. Wir haben 179 Todesopfer rechtsextremer Gewalt und eine Rechtsterrorgeschichte mit dem NSU. Wir haben allein in diesem Jahr über 500 vorurteilsbasierte Hasstaten. Das ist der Bezugsrahmen, auf den sich der Täter beruft.«[10]

Im Kampf um die Macht werden fanatische Täter zu willfährigen Marionetten rechter Strategen, die ihre Gefolgschaft mit Hassparolen und Feindbildern manipulieren. Wenn die 2013 neugegründete Partei *Der III. Weg* den Leitfaden »Kein Asylantenheim in meiner Nachbarschaft« veröffentlicht, dann ist das nicht nur eine Anleitung mit praktischen Tipps für den Protest, sondern es wird auch bewusst in Kauf genommen, dass es als Aufruf zur gewaltsamen Tat gewertet werden könnte. Auf einer interaktiven Karte markierte die Partei, die in Brandenburg den »Stützpunkt Potsdam/Mittelmark« führt, rund 3.600 Flüchtlingsunterkünfte, vielfach mit Kommentaren und konkreten Hinweisen versehen. Nach Recherchen des TV-Senders 3sat verteilten Aktivisten der Partei auf dem Münchner Oktoberfest auch Flugblätter, »die den Eindruck erwecken, Asylbewerber würden in Massen Frauen vergewaltigen«.[11] Die elitäre Kleinstpartei mit ihren etwa 200 Mitgliedern wird mittlerweile auch von den Sicherheitsbehörden als geistiger Brandstifter für rassistisch motivierte Straftaten angesehen.

Gegründet 2013 in Baden-Württemberg, dümpelte die Partei zunächst vor sich hin. Dann jedoch schloss sich ihr das einflussreiche, kurz vor dem Verbot stehende *Freie Netz Süd* um den Fürther Matthias Fischer an, dem die militantesten Gruppen in Bayern, Sachsen und Thüringen angehörten. Thüringer Wortführer des *Freien Netzes* war Ralf Wohlleben aus Jena. Seit 2013 steht Wohlleben im *NSU*-Verfahren in München als Mitangeklagter unter Terrorverdacht. Durch die Übernahme der Strukturen des *Freien Netzes* gewann *Der III. Weg* an Elan. Seit 2014 expandiert die Partei »mit einem unübersehbaren Hang zur NS-Ästhetik«[12] weiter nach Norden. Dabei setzt sie auf »Elitenbildung« und völkisch-kulturellen Kampf.

Mit dem Zuzug des fränkischen Neonazi-Kaders Matthias Fischer im Sommer 2014 nach Angermünde begannen die Aktivitäten des *III. Weges* auch in Brandenburg. Gemeinsam mit dem bekannten Neonazi Maik Eminger, der 2005 in die Nähe von Potsdam zog, bildet Fischer ein umtriebiges Führungsduo. Das »Antifaschistische Infoblatt« urteilt: »›Der III. Weg‹

Maik Eminger (li.) und Matthias Fischer am 15. November 2014 in Wunsiedel

spricht, ganz im Gegensatz zu dem eher gediegenen Parlamentarismus der NPD, die sich zunehmend radikalisierenden Aktivisten der rechten Szene an.«[13] In dem von der Partei aufgestellten »10-Punkte-Programm« wird unter anderem »die Wiederherstellung Gesamtdeutschlands in seinen völkerrechtlichen Grenzen« gefordert. Erste Sympathien für die neue Partei zeigen sich längst auch bei den Etablierten Rechten; so wechselte Anfang 2015 der ehemalige Belziger NPD-Stadtverordnete Pascal Stolle über.

Einer breiteren Öffentlichkeit präsentierte sich der neue Brandenburger Parteiableger dann im Juni 2015 zum »Tag der deutschen Zukunft«, einer parteiübergreifenden Demonstration in Neuruppin. Während der örtliche NPD-Stadtverordnete Dave Trick sie angemeldet hatte, organisierten vor allem Mitglieder von *Die Rechte* und *Der III. Weg* die Veranstaltung, zu der rund 500 Neonazis kamen. In die Fontanestadt mobilisiert hatten auch die *Freien Kräfte Neuruppin/Osthavelland,* als deren Sprecherin Beatrice Koch fungierte. Die rothaarige junge Frau trat selbstbewusst auf. Lautstark sprach sie sich gegen eine »Nivellierung der Rassen« aus und kündigte an, zur Not werde sie das Reizwort »Rasse« auch singen. Koch heizte den »werten Mitstreitern« ein, in dem sie schrie: »Auch wenn wir heute nicht das Regime stürzen, Adolf Hitler nicht wieder aufersteht und die Asylanten sich nicht in Luft auflösen, können wir ein Zeichen für die nationale Opposition setzen.«[14] Der später durch Blockaden von Antifaschisten verhinderte Aufmarsch in Neuruppin diente als Versuch, über Parteigrenzen hinweg das extrem rechte Lager zu bündeln. Während Fischer sich im Hintergrund hielt, übernahm Maik Eminger aus Mühlenfließ bei Grabow das Reden als Vertreter von *Der III. Weg.* »Wir stehen heute hier, um dem System den Kampf anzusagen«, brüllte Eminger ins Mikrofon.

Eminger und Fischer sind keine durchschnittlichen Neonazis, beide haben einen hochpolitischen Background mit Spuren in den braunen Untergrund. Maik Emingers Zwillingsbruder André muss sich als Unterstützer des NSU vor dem Oberlandesgericht in München verantworten. Bis zuletzt hatte der Mann aus Zwickau Kontakt zum NSU-Kerntrio Beate Zschäpe, Uwe Mundlos und Uwe Böhnhardt gehalten. Verhaftet wurde André Eminger im November 2011 auf dem Anwesen seines Bruders Maik in Brandenburg. Beiden wird ein enges politisches und persönliches Verhältnis attestiert. Seit den 1990er-Jahren führt das Bruderpaar aus Ostsachsen einen ganz eigenen »Rassenkampf«. Zunächst gründeten sie die *Weiße Bruderschaft Erzgebirge*, interessierten sich für den *Ku-Klux-Klan*, bandelten sowohl mit Hardlinern von *Blood & Honour* als auch mit der *Hammerskin Nation* an. Das Fanzine der Brüder hieß »The Aryan Law & Order«. Später verlagerten sie ihre Aktivitäten zeitweilig in völkisch-nationalistische Kreise, besuchten Lager der konspirativ agierenden *Artgemeinschaft – Germanische Glaubens-Gemeinschaft wesensgemäßer Lebensgestaltung.* Während Tätowierer Maik Eminger 2008 in Potsdam einen »Stützpunkt« der *NPD*-Jugendorganisation mitaufbaute, dem vor allem in der Prignitz aktiven *Schutzbund Deutschland* bis zu dessen Verbot angehörte und gemeinsam mit seine Ehefrau Mitglied der 2009 verbotenen *Heimattreuen Deutschen Jugend* (HDJ) gewesen sein soll, zeigte der in Sachsen verbliebene André Interesse an den *Freien Nationalisten Zwickau* und traf sich nebenher, ebenso wie seine Ehefrau, mit den *NSU*-Terroristen in deren Unterschlupf in der Zwickauer Frühlingsstraße 26. Als Zschäpe am 4. November 2011 vom Tod Böhnhardts und Mundlos erfuhr und die Zwickauer Wohnung in Brand steckte, half das Ehepaar ihr mutmaßlich bei der Flucht. Kurze Zeit später suchte André Eminger selbst Unterschlupf und fand sie auf dem Gehöft seines Bruders im ländlichen Potsdam-Mittelmark. Dort fand die Spezialeinheit der Polizei GSG 9 Ende November nicht nur den verdächtigen Terrorhelfer, sondern auch fast 4.000 Euro Bargeld.

Die Ermittler des Bundeskriminalamtes bekamen seither immer wieder zu hören, Maik Eminger sei der Kopf des Bruderpaars, doch konnte ihm bislang nichts nachgewiesen werden. Der Neonazi lebt mit Familie zurückgezogen auf dem heruntergekommenen Hof. Ein Leben nach völkischen Ritualen, mit Brauchtumsfeiern und ohne einen in der Szene »Elektrojude« genannten Fernseher.[15] Dass Beate Zschäpe zwei Mal, zuletzt im Spätsommer 2011, in der Nähe des Wohnhauses von Maik Eminger und dessen Ehefrau gesehen worden sein soll, einmal sogar in Begleitung zweier Männer, belastete ihn nicht.

Seitdem sich der eine Bruder, André, in München vor Gericht verantworten muss, besucht der andere den Prozess gelegentlich als Zuhörer. Keiner der beiden gibt sich öffentlich geläutert. Im Gegenteil. Mit Matthias Fischer hat sich Maik Eminger einen engen Mitstreiter gesucht, der immer wieder mit Militanz in Verbindung gebracht wird. An Maik Emingers Seite zeigt sich auch, wie etwa beim »Tag der deutschen Zukunft« 2015 in Neuruppin, ein verurteilter Rechtsterrorist aus München: der 35-jährige Karl-Heinz Statzberger. Er war im Mai 2005 wegen Mitgliedschaft in der rechtsterroristischen Vereinigung *Schutzgruppe (SG)* des neonazistischen *Aktionsbüros Süd/Kameradschaft Süd* zu einer Haftstrafe von vier Jahren und drei Monaten verurteilt worden. Die Gruppe um Martin Wiese hatte Waffen und Sprengstoff gehortet sowie Anschlagspläne gegen ein jüdisches Zentrum in München ausgeheckt. Nach seiner Haft schloss sich Statzberger zunächst dem *Freien Netz Süd* und dann der Partei *Der III. Weg* an. 2014 trat neben Fischer auch der verurteilte Rechtsterrorist und frühere Anführer der *Schutzgruppe,* Martin Wiese, als Redner bei einer »Stützpunktgründung« der Partei auf.

Fischer, Wiese und Statzberger verfügen über besondere Verbindungen nach Brandenburg. Die terroristische Münchner *Schutzgruppe,* Kernzelle der *Kameradschaft Süd,* hatte 2003 häufig Kontakt zu zwei Skinheads aus der Uckermark, die als Waffenfreaks bekannt waren. Mit einem von ihnen fuhren sie im April 2003 gemeinsam nach Güstrow in Mecklenburg-Vorpommern, um Waffen zu kaufen. Auf dem Rückweg nach München sollen sechs Pistolen mit Munition an eine bis heute unbekannte Person weitergegeben worden sein. Die Waffen konnten nie aufgefunden werden.

Unklar ist bis heute, ob die beiden Terrorzellen *Schutzgruppe* und *NSU,* die vorübergehend parallel agierten, voneinander wussten? Nicht zuletzt die Personalien der beiden wichtigsten Brandenburger Köpfe von *Der III. Weg* lassen diesen Verdacht zu, aber auch der Umstand, dass eine der Bekenner-DVDs mit dem Paulchen-Panther-Logo nach dem Auffliegen der Zwickauer Terrorzelle von Unbekannten in Nürnberg in einen Briefkasten eingeworfen wurde.

Zu diesem Zeitpunkt, 2011, war aus der 2004 verbotenen *Fränkischen Aktionsfront* längst das *Freie Netz Süd* geworden, eine vermeintlich lockere Kameradschaftsstruktur. Wieder mit dabei: Matthias Fischer, der ehemalige führende Kopf der *Fränkischen Aktionsfront*. Fischer zog 2014 überraschend mit seiner Familie in die Nähe von Angermünde. Das brandenburgische Informationsportal gegen Rechtsextremismus »Gegenrede« mutmaßte zunächst einen politischen Rückzug, klärte aber bald über Fischers Aktivitäten für den *III. Weg* auf. Nach der Selbstenttarnung des *NSU* wurde bekannt, dass der umtriebige Neonazi auch dessen Mastermind, Uwe Mundlos, kannte. Fischers frühere Telefonnummer in Nürnberg sowie die seiner Schwägerin, einer ehemaligen Neonazistin, die heute ebenfalls in der Uckermark lebt, tauchten 1998 auf der sogenannten Garagenliste auf, der persönlichen Telefonliste von Mundlos, die die drei Jenaer Bombenbastler bei ihrer Flucht in den Untergrund zurückließen. Sie gilt heute als »Who is who« der Helfer beim Einstieg in die Illegalität.

Ab 1998 gab Fischer das Fanzine »Landser« heraus. Im Nachwort der Ausgabe Nr. 7 erging ein Dank an anonyme »Gönner und Finanzierer«. Eine Ausgabe später schon wurde die Neonazi-Zeitschrift eingestellt. Bei seiner Zeugenvernehmung im Rahmen des NSU-Verfahrens wurde Fischer damit konfrontiert, dass sich seine Telefonnummer in Mundlos' Liste finde. Fischer räumte daraufhin ein, den Jenaer Skinhead Mitte der 1990er-Jahre auf einem Konzert kennengelernt und sporadischen Kontakt zu ihm gehabt zu haben. Den NSU wollen Fischer und auch dessen Schwägerin, nicht kennen. Doch beide kannten sächsische Neonazis, die später als Unterstützer des abgetauchten Trios bekannt wurden.

Der Hass ist derselbe geblieben, auch wenn die Verkleidungen, in denen er auftrat, häufiger wechselten. In Neuruppin schwadronierte Maik Eminger 2015 beim »Tag der deutschen Zukunft« als Redner des *III. Weges* über »Fremde, die hier nicht hingehören«, und von Deutschen, die durch ihr Blut zur »Schicksalsgemeinschaft« würden. Neben ihm stand der glatzköpfige Karl-Heinz Statzberger und schwieg. Wenige Tage zuvor, Ende Mai, hatten die Parteimitglieder gemeinsam mit einer Organisation namens *Gefangenenhilfe.info* ein »nationales Fußballturnier« in Brandenburg ausgerichtet.

Bereits in den 1990er-Jahren spielte die Betreuung verurteilter Kameraden eine wichtige Rolle bei der Radikalisierung von Teilen der braunen Szene. Diese distanzierten sich nicht von rechten Straftätern wie dem Polizistenmörder Kay Diesner oder den rassistisch motivierten Brandstiftern von Mölln und Solingen, denen viele unschuldige Menschen zum Opfer fielen. Als »Märtyrer« für die nationale Sache gehörten sie zum propagierten »weißen Freiheitskampf«. Bis zu ihrem Verbot 2009 genoss die *Hilfsorganisation für nationale politische Gefangene und deren Angehörige e. V. (HNG)* Kultstatus. Für Rechtsterroristen schien die *HNG* immer von besonderer Bedeutung. Auch Uwe Mundlos übernahm schon frühzeitig die Betreuung einsitzender Kameraden. Nach der Gründung des NSU erhielt die Organisation aus Mainz ein internes Bekennungsschreiben. *Gefangenenhilfe.info* hat die Nachfolge der *HNG* angetreten und der Brandenburger Neonazi Maik Eminger unterstützt sie. Er ist auch Bindeglied zu einer weiteren Tarnorganisation mit dem Namen *Ein Licht für Deutschland gegen Überfremdung*. Diese Gruppe von Neonazis klinkte sich bereits im Winter 2014 in die ersten *Pegida*-Proteste in Dresden ein und unterstützte nach und nach deren Ableger in mehreren Bundesländern. Bei Facebook werden von deren Anhängern Sätze wie »Unsere Großeltern sind im Krieg gefallen. Jene die überlebten, haben Deutschland wieder aufgebaut. Und nun sollen wir es kampflos aufgeben? NIEMALS!« gepostet.

»Revolutionen sind ansteckend«, glauben die Macher von *Ein Licht für Deutschland gegen Überfremdung* und hoffen, dass der Mob auf der Straße letztendlich auch ihren rassistischen Kampf befeuert. Für die Kleinstgruppe um Maik Eminger zeichnet sich das deutsche Volk durch seine »einmalige Leistungsstärke« aus. Am 12. Dezember 2015 hat die Tarntruppe gemeinsam mit der Strausberger »Bürgerbewegung Heimatland« einen Spaziergang als »friedlichen Bürgerprotest« veranstaltet. Längst aber sollte bekannt sein, dass ihr Anliegen keinesfalls nur ein patriotisches ist. Denn bereits Ende 2014 hat sich *Ein Licht für Deutschland gegen Überfremdung* per Videoclip im Stil der »Unsterblichen« inszeniert.

In dem Schwarz-Weiß-Film ist zu sehen, wie ein Marschzug mit Fackeln durch die Straßen Wittstocks zieht, dazu pathetische Musik. »Wir für Deutschland gegen Überfremdung« ist die einzige inhaltliche Botschaft des dreiminütigen Videos. Eine weitere, weitaus wichtigere zielt auf die Gefühle, es ist eine Art Drohkulisse, die aufgebaut wird. Das erinnert an die gruseligen Aktionen einer anderen Brandenburger Organisation. Die »Unsterblichen« waren eine Kampagne der 2012 verbotenen *Widerstandsbewegung in Südbrandenburg*, besser bekannt unter dem Namen *Spreelichter*. Bis zu 300 Neonazis tauchten nachts spontan in Gemeinden auf und formierten sich zu einem düsteren Demonstrationszug. Verborgen hinter weißen Masken propagierten sie eine Kampagne gegen den angeblich drohenden »deutschen Volkstod«. Ihre Videos hinterließen Angst und Schrecken.

Bereits im Sommer 2015 kam der »Spiegel«-Kolumnist Sascha Lobo zu dem Schluss: »Was sich in Deutschland gerade vollzieht, ist die Geburt eines neuen Terrorismus.« Zu diesem Zeitpunkt hatte das Gros rassistischer Brandstiftungen und Angriffe noch gar nicht stattgefunden. Lobo forderte, den »völkisch motivierten, mit ›Notwehr‹ begründeten Terror«, »vorangetrieben von Aber-Nazis«, auch als solchen zu benennen.[16] Das ist nicht geschehen. Fast jeden Tag gibt es in der Bundesrepublik Angriffe auf Flüchtlinge, Asylbewerber, Demokraten, die von Neonazi-Strukturen angelegt und von ideologischen Vordenkern der »Neuen Rechten« gerechtfertigt werden. Bis Ende November 2015 gab es über 800 Straftaten gegen Asylunterkünfte, 68 davon waren Brandanschläge.[17] Anhand von Ausschreitungen wie im sächsischen Heidenau im Herbst des Jahres, ließ sich nachweisen, dass organsierte Neonazis für die Krawalle mitverantwortlich waren.

Dass die Fremdenfeindlichkeit sich auch in Brandenburg in gewalttätigen Angriffen äußert und sich bis hin zu terroristischen Aktionen entwickelt, zeichnet sich ab. In keinem anderen Bundesland starben seit 1990 so viele Menschen durch rechte Gewalt wie in Brandenburg. Das Bundesland bildete – nach dem ersten Halbjahr 2015 – mit 2,98 rechtsextremen Angriffen pro 100.000 Einwohner die traurige Spitze eines beschämenden bundesweiten Rankings.[18] Die politischen Ereignisse im Jahr 2015 haben gezeigt: Mit steigenden Flüchtlingszahlen geht eine alarmierende Radikalisierung innerhalb der Neonazi-Szene einher. Das ist nicht verwunderlich. Doch von »Asylflut,« dem großen Austausch der Bevölkerung oder einer »fremdländischen Invasion« ist nicht mehr nur in Neonazi-Kreisen die Rede. Diese durften zu Stichwortgebern und Einheizern von »Wutbürgern« werden. Durch die große Bandbreite an regionalen Sammelbecken des Protestes, die von Bürgerinitiativen und der AfD über Neonazi-Parteien bis zu militanten Strukturen reichen, konnte die Hatz auf Flüchtlinge großflächig angelegt werden. Die aufgebauten Proteststrukturen sollen zur »Systemüberwindung« genutzt werden, so haben es viele Redner bei den Anti-Asyl-Demonstrationen unumwunden angekündigt. Offen propagiert *Ein Licht für Deutschland gegen Überfremdung* auf seiner Facebook-Seite: »Es scheint nicht der Plan der Herrschenden zu sein, dass all die sogenannten Flüchtlinge wieder gehen, wenn die Umstände, vor denen sie angeblich geflüchtet sind, behoben wurden. Nein ganz im Gegenteil, sie wollen unser Volk austauschen, wollen integrieren, was nicht zu integrieren ist. Sie wollen überall Fremde ansiedeln, um uns Stück für Stück aus unserer Heimat zu verdrängen.«

Rechte Militanz gegen Minderheiten und Engagierte ist zum alltäglichen Phänomen in Deutschland geworden. Wenn es um Terrorismus geht, werden Warnungen jedoch fast ausschließlich gegenüber dem islamistischen Terror ausgesprochen. Bereits in den 1990er-Jahren und auch 2004, dem Jahr der Verurteilung der Münchner Terrorzelle um Martin Wiese und Karl-Heinz Statzberger, gab es keine umfassende Aufklärung über rechte Untergrundstrukturen. Als Maßstab für Terrorismus galten bis dahin die Verbrechen der Roten Armee Fraktion (RAF). Zwar ließ das Bundesamt für Verfassungsschutz ein geheimes »Spezial«-Dossier mit dem Titel »Gefahr eines bewaffneten Kampfes deutscher Rechtsextremisten« erstellen, doch die Behörde kam zu dem Schluss, dass von rechts keine organisierte Gefahr drohe. Der Inlandsgeheimdienst ließ intern verlauten: »Für einen planmäßigen Kampf aus der Illegalität heraus [...] mangelt es an einer auf die aktuelle Situation in Deutschland bezogenen Strategie zur gewaltsamen Überwindung des ›Systems‹. Es fehlen geeignete Führungspersonen, Logistik und finanzielle Mittel. Ungeachtet der Tatsache, dass es den ›Bombenbastlern von Jena‹ jahrelang gelungen war, sich ihrer Verhaftung zu entziehen, gibt es keine wirkungsvolle Unterstützerszene, um einen nachhaltigen Kampf aus dem Untergrund heraus zu führen.«[19] Eine verhängnisvolle Einschätzung, die weiteren Menschen das Leben kosten sollte. Denn die Realität sah im Jahr 2004 so aus, dass der NSU gerade sein fünftes Opfer aus rassistischer Motivation hingerichtet und zwei Sprengstoffanschläge verübt hatte. Während eine rechte Terrororganisation sich professionell in der Illegalität bewegte und sieben Jahre lang mordete, sahen die Geheimdienstler die einzige braune Gefahr ausgehend »von Kleinstgruppen oder Einzelpersonen (lone wolf)« – lapidar als »Feierabendterrorismus«[20] bezeichnet.

Heute wähnt sich die Neonazi-Szene kurz vor dem Bürgerkrieg. Nicht mehr nur Parteien wie *Der III. Weg* oder *Die Rechte* propagieren offen den Kampf. Auch aufgebrachte *Pegida*-Anhänger wollen »das System überwinden«, »Parteien abschaffen« oder »Volksverräter ihrer gerechten Strafe« zuführen. Bürger johlen, wenn andere einen Galgen für die Bundeskanzlerin beim Aufmarsch zeigen. Im Hintergrund ist die Radikalität weitaus professioneller gediehen. Nahezu jede Kameradschaft verfügt über ausreichende Ideologiebildung vom Werwolf-Konzept bis hin zum Konzept des »Leaderless Resistance«, die »Turner Diaries« mit ihrer rassistischen Bürgerkriegsideologie sind Standard. Gewalt- und Waffenaffinität sind ausgeprägt. Nahkampfausbildungen werden von der *Identitären Bewegung*« bis hin zur *NPD* angeboten. Logistik, Kommunikation und Verschlüsselung wurden perfektioniert. Doch es reicht nicht, wenn wie in der »Zeit« gefordert wird, der Rechtsstaat müsse »die Dynamik hasserfüllten Denkens stoppen«.[21] Militante Neonazi-Netzwerke müssen erkannt und schonungslos offengelegt werden. Doch auch das allein ist nicht ausreichend. Anfang der 1990er-Jahre nutzten rechte Brandstifter und Gewalttäter eine nahezu rechtsfreie Zeit zwischen der Eingliederung der DDR in die Bundesrepublik und dem Aufbau von Polizei und Justiz in den neuen Bundesländern. Sie konnten weitestgehend straffrei agieren. Daran hat sich bis heute viel zu wenig geändert, denn Angst vor Strafe müssen auch im Jahr 2015 nur die wenigsten von ihnen haben. Von 222 Attacken gegen Flüchtlingsheime bis Dezember 2015, mit 104 verletzten Menschen, wurden in nur 41 Fällen Tatverdächtige ermittelt. Elf Prozent der Verfahren wurden sogar ganz eingestellt.[22] Das ist nicht hinnehmbar.

ANHANG

DAS JAHRZEHNT DER GLATZEN – EINE CHRONIK VON CHRISTOPH SCHULZE

1990

21. JANUAR – Die Neonazi-Gruppen um Michael Kühnen verabreden einen internen »Arbeitsplan Ost«, der einen Strukturaufbau im Gebiet der Noch-DDR umreißt. Konkret wird der Aufbau der *Deutschen Alternative (DA)* mit Schwerpunkten in Cottbus und Dresden beschrieben.

23. MÄRZ, POTSDAM – Skinheads und Mitglieder der Berliner Hooligangruppe *Wannseefront* überfallen ein besetztes Haus in Potsdam.

7. JULI, COTTBUS – Auf einem Parteitag der *Deutschen Alternative* wird der Cottbuser Carsten W. zum Landesvorsitzenden gewählt. Michael Kühnen und der österreichische Neonazi-Anführer Gottfried Küssel gehören zu den rund 150 Teilnehmern.

29. JULI, POTSDAM – Auf die Gedenkstätte für die Potsdamer Konferenz am Schloss Cecilienhof wird ein Brandanschlag verübt. Bei der Polizei geht ein Bekennerschreiben mit dem Signet der Partei *Die Republikaner* ein.

26. AUGUST, TREBBIN – Etwa 30 deutsche Jugendliche greifen ein Wohnheim von mosambikanischen Arbeitern an, werfen Scheiben ein und verprügeln die Bewohner. In den Wochen zuvor hatte es mehrere Angriffe auf das Trebbiner Wohnheim gegeben, unter anderem mit Brandsätzen.

7. OKTOBER, LÜBBENAU – Das vermutlich erste rechtsmotivierte Tötungsdelikt nach der Wiedervereinigung wird verübt. Vier Tage nach den Feierlichkeiten zur deutschen Einheit verprügeln drei junge Deutsche vor einer Diskothek den Polen Andrzej Fratczak und verletzen ihn mit einem Messerstich tödlich. Zwei der Täter sind später an den Ausschreitungen auf das Asylbewerberheim von Lübbenau im September 1992 beteiligt.

14. OKTOBER – Bei den ersten Landtagswahlen im neuen Bundesland Brandenburg erringen *Die Republikaner* 1,2 Prozent der Stimmen (15.000). Die *NPD* liegt bei 0,1 Prozent (1.700).

16. NOVEMBER, HALBE – Am Volkstrauertag marschieren rund 450 Neonazis an der größten Kriegsgräberstätte in Deutschland auf.

25. NOVEMBER, EBERSWALDE – Der Angolaner Amadeu Antonio wird in Eberswalde von einer Gruppe von etwa 50 Neonazis mit Knüppeln angegriffen

und ins Koma geprügelt. Drei bewaffnete Zivilpolizisten beobachten die Tat, greifen aber nicht ein. Amadeu Antonio erliegt elf Tage später seinen Verletzungen.

1. DEZEMBER, GUBEN – Die *Deutsche Alternative* will trotz behördlichen Verbots eine Kundgebung gegen die Oder-Neiße-Grenze abhalten. 68 der rund 200 Neonazis werden kurzzeitig in Gewahrsam genommen. Fast alle sind bewaffnet, mit Schlagstöcken, Reizgas, Brandsätzen.

24. DEZEMBER, EBERSWALDE – Rechte Skinheads planen einen Überfall auf ein Ausländerwohnheim. Die Polizei lässt das Gebäude räumen. Die Skinheads ziehen sich daraufhin zurück.

1991

7. APRIL, FRANKFURT (ODER) – Am Abend vor der Öffnung der deutsch-polnischen Grenze für den visafreien Grenzverkehr kommt es am Übergang von Frankfurt (Oder) nach Slubice zu stundenlangen Krawallen. Polnische Reisende und deren Fahrzeuge werden mit Steinwürfen attackiert.

1. MAI, COTTBUS – Die *Deutsche Alternative* versammelt rund 250 Anhänger zu einem Treffen. Als Interimsanführer für den wenige Tage zuvor verstorbenen Michael Kühnen wird der Österreicher Gottfried Küssel bestimmt.

2. MAI, WITTENBERGE – Ein Lehrlingswohnheim, in dem unter anderem Namibier untergebracht sind, wird von rund 30 Rechten mit Messern und Gaspistolen gestürmt. Etwa 15 Angreifer dringen bis in den vierten Stock des Gebäudes vor. Zwei Namibier werden über die Brüstung 15 Meter in die Tiefe gestoßen. Beide erleiden schwere Verletzungen, einer liegt mehrere Tage im Koma. Als Reaktion auf diesen Angriff entstehen die bis heute existierenden Mobilen Beratungsteams (MBT), die eine Gemeinwesenberatung gegen Rechtsextremismus anbieten. Im Verlauf des Jahres kommt es zu zahlreichen weiteren Gewalttaten an Unterkünften von Nichtdeutschen.

AUGUST, ORANIENBURG – Die im April von der *Nationalistischen Front (NF)* ausgerufene Kampagne »Schluss mit dem Holocaust« wird auch in Brandenburg gewalttätig umgesetzt. Auf die KZ-Gedenkstätte Sachsenhausen wird in einer nächtlichen Aktion ein Farbanschlag verübt. Eine *NF*-Zeitschrift veröffentlicht ein Bekennerschreiben. Einige Tage später ziehen Anhänger der *Nationalistischen Front* durch Fürstenberg, dringen in die KZ-Gedenkstätte Ravensbrück ein und greifen Besucher an.

24. AUGUST – Ein Samstagabend in Brandenburg: In Schwarze Pumpe greifen

rund 25 Vermummte ein Übergangswohnheim für rumänische Flüchtlinge an. Die 37 Bewohner können flüchten. Das Haus wird von den Angreifern niedergebrannt. In Cottbus randalieren etwa 120 Rechte, werfen Schaufensterscheiben ein, beschädigen Autos. Ein Passant wird zusammengeschlagen und erleidet einen Schädelbruch. In Basdorf verletzen rechte Skinheads, mit Baseballschlägern, Samurai-Schwertern und Schlagringen bewaffnet, mehrere Menschen. Ein besetztes Haus in Zeesen bei Königs Wusterhausen wird von etwa 80 Neonazis angegriffen, es gibt zahlreiche Verletzte. Ein Rechter rast mit seinem Auto in die vor ihrem Haus stehenden Besetzer. Tags darauf wird aus einem Auto mit einem Gewehr auf eine Menschenmenge vor dem Haus geschossen. Ein 32-Jähriger wird in den Arm getroffen.

16. SEPTEMBER, SCHWEDT – Am Abend wird der Arbeitslose Wolfgang Auch von acht Jugendlichen aus der rechten Szene zusammengeschlagen. Er verstirbt eine Woche später an den Folgen des Angriffs.

17. SEPTEMBER, HOYERSWERDA (SACHSEN) – Nächtelang randalieren bis zu 500 Personen vor dem Wohnheim für Vertragsarbeiter und Flüchtlinge.

20. SEPTEMBER, KÖNIGS WUSTERHAUSEN – In einem Wald wird eine Kreuzverbrennungs-Zeremonie des *Ku-Klux-Klan (KKK)* inszeniert.

3. OKTOBER, COTTBUS – Zum Jahrestag der deutschen Einheit spielt die britische Neonazi-Kultband *Skrewdriver* vor etwa 1.000 Besuchern. Schon Tage vorher hält sich die Band in Südbrandenburg auf. Am 30. September ziehen die britischen zusammen mit einheimischen Neonazis durch Cottbus, überfallen Passanten und einen Jugendklub. Ein langhaariger Jugendlicher wird mit einem Messer lebensgefährlich verletzt.

13. OKTOBER, WELZOW – Etwa 30 Neonazis greifen die Unterkunft der sowjetischen Garnison an, geben Schüsse mit Gas- und Schreckschusspistolen auf die Soldaten ab. Die Sowjets reagieren mit Warnschüssen.

17. NOVEMBER, HALBE – Am Volkstrauertag marschieren etwa 1.000 Neonazis am Waldfriedhof auf.

30. NOVEMBER, HOHENSELCHOW – Der 30 Jahre alte Gerd Himmstädt wird von sieben Rechten mit Baseballschlägern zusammengeschlagen. Er verstirbt am 3. Dezember.

12. DEZEMBER, MEURO – Mitglieder der *1. Werwolf-Jagdeinheit Senftenberg* erschießen den 27-jährigen Timo K.

31. DEZEMBER, RATHENOW – 300 junge Neonazis schlagen im Stadtzentrum Schaufenster ein und plündern Geschäfte. Die Polizei nimmt zwei Personen fest. Daraufhin belagern die Rechten die Polizeiwache und pressen die beiden Randalierer frei.

1992

5. JANUAR, GRANSEE – Vor einer Diskothek in Klein Mutz wird der 18-jährige Ingo Ludwig von etwa 15 Rechten verprügelt. Er verstirbt noch in der Nacht. Die genauen Tatumstände können nicht rekonstruiert werden.

8. MAI, WENDISCH RIETZ – Der nigerianische Lehrer und Asylbewerber Steve Erenhi wird von Neonazis verprügelt und fast ermordet. Als Anführer der Neonazi-Meute erhält Carsten Szczepanski später eine Haftstrafe von acht Jahren.

30. MAI, KIRCHMÖSER – Rund 1.400 Neonazis nehmen an einem Konzert unter dem Motto »Rock gegen Kommunismus« teil. Es treten unter anderem die britische Gruppe *No Remorse* und *Radikahl* aus Bayern auf.

1. JULI, NEURUPPIN – Drei Skinheads verabreden sich am 1. Juli zum »Pennerklatschen«, verprügeln den 50-jährigen Obdachlosen Emil Wendland und erstechen ihn schließlich.

28. AUGUST – Der Verein *Die Nationalen* gründet sich. Unter dem späteren Vorsitzenden Frank Schwerdt (heute *NPD*) entwickelt sich der Zusammenschluss in den Folgejahren zu einer der radikalsten Neonazi-Vereinigungen der Region.

22. AUGUST, ROSTOCK (MECKLENBURG-VORPOMMERN) – Im Stadtteil Lichtenhagen beginnen die Ausschreitungen vor der Zentralen Aufnahmestelle für Asylbewerber, die bis zum 26. August andauern.

26. AUGUST, EBERSWALDE – Mehrere Hundert Neonazis ziehen mit Schlagstöcken und Eisenstangen zur Asylbewerberunterkunft, es werden Rauchbomben gezündet. Ein Militärfahrzeug der GUS-Streitkräfte wird angegriffen. Der Bundesgrenzschutz ist mit mehreren Hundertschaften im Einsatz. Während vor der Tür »Sieg Heil«-Rufe ertönen, kommentiert Brandenburgs Bildungsministerin Marianne Birthler, dass es falsch sei, »alle Schuld den ins Land strömenden Ausländern zu geben«.

29. AUGUST – In zahlreichen Orten werden an diesem Wochenende Flüchtlingsheime angegriffen. Vor der Zentralen Aufnahmestelle für Asylbewerber in Eisenhüttenstadt werfen rund 80 Neonazis mit Steinen und Molotowcocktails. In Cottbus-Sachsendorf liefern sich etwa 180 Neonazis Straßenschlachten mit der Polizei. Einer Journalistin wird mit einer Schreckschusspistole ins Gesicht geschossen. Die Polizei stellt zahlreiche Waffen sicher. In Lübbenau werfen rund 20 Rechte Steine auf das Flüchtlingsheim. In Spremberg versuchen 20 Neonazis, ein Zivilgebäude der GUS-Streitkräfte zu stürmen, in dem Ausländer untergebracht sind. In Wittenberge versuchen 40 Rechte,

das Flüchtlingsheim anzugreifen. Das Flüchtlingsheim in Althüttendorf wird mit Steinen beworfen. In Wittstock verhindert die Polizei, dass rund 20 Skinheads das Asylbewerberheim stürmen. In Eberswalde muss das Flüchtlingsheim nach einer Bombendrohung evakuiert werden. – Das ganze Jahr über werden Flüchtlingsheime attackiert. Bereits am 21. März hatten rund 40 Angreifer das Heim in Drebkau verwüstet; zwei Tage, nachdem in der Presse zu lesen war, dass in Baracken am Rande von Sommerswalde in Oberhavel ein Asylbewerberheim mit 80 Personen belegt werden solle, legten Unbekannte dort Feuer; am 4. Juni waren Brandsätze auf das Heim in Elsterwerda geworfen worden, wo die Bewohner das Feuer löschen konnten. Auch im Herbst gehen die Brandanschläge weiter. Am 3. Oktober setzen in Zehdenick acht Neonazis, die den Jahrestag der Wiedervereinigung feiern, ein Flüchtlingsheim in Brand. Der Vorfall wiederholt sich drei Wochen später: Auf das Flüchtlingsheim im Ortsteil Neuholland werden mehrere Brandsätze geworfen. Am 25. November werfen acht Rechte insgesamt zwölf Molotowcocktails auf ein Wohnheim für Wolgadeutsche im Neuruppiner Ortsteil Gildenhall.

2. SEPTEMBER, COTTBUS – Ministerpräsident Manfred Stolpe (SPD) trifft sich mit Frank Hübner von der *Deutschen Alternative,* vermeldet die Neonazi-Zeitschrift »Brandenburger Beobachter«. Die *DA* sei zu einem »wichtigen Gesprächspartner« für die »etablierten Parteien« geworden.

5. SEPTEMBER – Ein Wochenende in Brandenburg: 150 Neonazis belagern an zwei aufeinander folgenden Abenden die Zentrale Aufnahmestelle für Asylbewerber in Eisenhüttenstadt. Anwohner applaudieren, als Steine und Brandsätze fliegen. Der Bundesgrenzschutz verhindert eine Stürmung des Gebäudes. Weitere Anschläge auf Flüchtlingsheime gibt es in Lübbenau und Cottbus, wo jeweils rund 100 Rechte aufmarschieren. In Ketzin brennt nach einem Angriff mit Molotowcocktails ein Flüchtlingsheim aus, die Bewohner können sich retten. In Biesenthal wird der Wohncontainer an einer Flüchtlingsunterkunft niedergebrannt. In Lübben, Kremmen, Wittenberge, Lychen, Gandow-Lenzen und Prenzlau werden ebenfalls Flüchtlingsheime angegriffen.

26. SEPTEMBER, SACHSENHAUSEN – Kurz nach dem Besuch des israelischen Ministerpräsidenten Jitzchak Rabin wird ein Brandanschlag auf die KZ-Gedenkstätte Sachsenhausen verübt. Die Baracken 38 und 39 werden schwer beschädigt. Am 4. Oktober versammeln sich aus Protest gegen den Anschlag Tausende Menschen unter dem Motto »Nachdenken über Deutschland« an der Gedenkstätte. Der Haupttäter Thomas Haberland ist heute *NPD*-Funk-

tionär in Brandenburg. Am 20. Oktober folgt ein weiterer Anschlag: Zwei Jugendliche werfen Brandsätze auf die KZ-Gedenkstätte Ravensbrück und auf ein mit zwei GUS-Soldaten besetztes Wachhaus. Die Polizei versucht mehrere Tage lang, diesen Vorfall durch eine Nachrichtensperre geheim zu halten.

3. OKTOBER, FINSTERWALDE – 1.500 Neonazis besuchen ein Konzert der Bands *Noie Werte* und *Störkraft*. Auch *Skrewdriver* treten auf – wegen der Vorfälle im Vorjahr werden zwei britische Bandmitglieder durch deutsche Musiker ersetzt.

1. NOVEMBER, DOLGENBRODT – Ein neu errichtetes Asylbewerberheim wird einen Tag vor dem Einzug der Flüchtlinge mit Molotowcocktails niedergebrannt. Dorfbewohner hatten Geld gesammelt, um Neonazis für den Anschlag anzuheuern. Beim späteren Prozess tritt Carsten Szczepanski als Zeuge auf.

7. NOVEMBER, LEHNIN – Der 52-jährige Obdachlose Rolf Schulze wird in Lehnin von zwei Neonazis verprügelt, mit einer Propangasflasche geschlagen, in einen See getaucht. Die Leiche zünden sie an.

23. NOVEMBER, MÖLLN (SCHLESWIG-HOLSTEIN) – Drei Menschen sterben bei einem Brandanschlag auf zwei von türkischen Familien bewohnte Häuser. Bundeskanzler Helmut Kohl lehnt es ab, an der Beerdigung teilzunehmen, er wolle nicht in einen »Beileidstourismus« verfallen.

27. NOVEMBER – Das Bundesinnenministerium verbietet die *Nationalistische Front*. Bis zum Jahresende folgen zwei weitere Verbote: am 10. Dezember wird die *Deutsche Alternative* und am 21. Dezember die *Nationale Offensive* verboten.

30. DEZEMBER, COTTBUS – Vier Männer, darunter zwei Streetworker des mit rechten Jugendlichen arbeitenden Jugendhilfe e. V., fahren mit einem Taxi durch Cottbus. Sie lassen das Taxi anhalten, drei von ihnen steigen aus und verprügeln Linke. Ein Schwerverletzter.

31. DEZEMBER, FÜRSTENBERG – 40 betrunkene Rechte provozieren in der Silvesternacht russische Soldaten und bewerfen diese mit Steinen. Es gibt mehrere Verletzte. Brandenburgs Innenminister Alwin Ziel (SPD) entschuldigt sich wenige Tage später bei der Führung der Westgruppe der russischen Armee.

1993

ANFANG 1993 – Die erste Ausgabe der »Berlin-Brandenburger Zeitung« erscheint. Über Jahre wird das Blatt die wichtigste Neonazi-Zeitschrift in der Region sein. Zu den Redakteuren gehören Frank Schwerdt und Christian Wendt. Als Herausgeber von Regionalausgaben treten unter anderem der im Umfeld des späteren *Nationalsozialistischen Untergrunds (NSU)* wirkende V-Mann Tino Brandt und der heutige Brandenburger *NPD*-Vorsitzende Klaus Beier in Erscheinung.

1. JANUAR – Die RAA Brandenburg nimmt unter dem damaligen Titel »Regionale Arbeitsstelle für Ausländerfragen« ihre Arbeit auf, zunächst als auf drei Jahre befristetes Modellprojekt.

9. JANUAR, KLOSTERFELDE – Zwei Täter werfen Brandsätze auf ein Asylbewerberheim. Einen Monat später folgen Steinwürfe und ein erneuter Brandanschlag. Weitere Angriffe auf Flüchtlingsheime folgen im Jahresverlauf in Mühlberg, Prenzlau und Potsdam.

9. FEBRUAR – Justizminister Hans Otto Bräutigam (parteilos) äußert die Sorge, dass der Rechtsextremismus im Bundesland terroristische Züge annehmen könnte.

25. FEBRUAR, BERNAU – Ein Vietnamese wird auf der Polizeiwache Bernau massiv misshandelt. Damit beginnt eine sich bis zum Juni 1994 erstreckende Serie von mindestens 23 rassistischen Vorfällen, bei denen Vietnamesen und ein Pole Opfer schwerer polizeilicher Misshandlungen werden. Vier Polizisten werden später zu Bewährungsstrafen verurteilt.

MÄRZ, FRANKFURT (ODER) – Der Neonazi und Bundeswehrreservist Sven Ruda gründet einen *Kameradschaftsbund Deutschland* und veranstaltet Wehrsportübungen und Kampfsporttraining. Es wird später geprüft, ob es sich bei der rund 30 Personen starken Gruppe um eine terroristische Vereinigung handelt.

18. MÄRZ, BASDORF – Der Berliner »Tagesspiegel« berichtet über Vorfälle an der Landespolizeischule. Mehrfach sind Polizeischüler in Vorfälle mit rechtsextremem Hintergrund verwickelt gewesen.

4. APRIL – Die »Berliner Morgenpost« berichtet über Wehrsportübungen, die von paramilitärischen Gruppen nördlich von Berlin, im Potsdamer Raum und in Südbrandenburg durchgeführt werden.

8. MAI, BAD BELZIG – Der Marokkaner Belaid Baylal wird von mehreren Rechten in einem Lokal attackiert und schwer verletzt. Neun Jahre später wird er an den Spätfolgen sterben.

26. MAI – Der Deutsche Bundestag beschließt den »Asyl-Kompromiss«, eine Grundgesetzänderung, mit der das Recht auf politisches Asyl eingeschränkt wird.

29. MAI, SOLINGEN (NORDRHEIN-WESTPHALEN) – Fünf Menschen sterben bei einem Brandanschlag auf ein von Türken bewohntes Haus, 17 weitere werden zum Teil schwer verletzt.

5. JUNI, FÜRSTENWALDE – Zwei rechte Skinheads foltern den Obdachlosen Horst Hennersdorf zu Tode.

19. JUNI, PRIEROS – Bei Königs Wusterhausen findet ein Konzert mit den britischen Neonazi-Bands *Razors Edge* und *Close Shave* sowie den deutschen Gruppen *Boots Brothers, Brutale Haie, Frontal* und *Elbsturm* statt. Rund 750 Neonazis nehmen teil. Organisator ist der zur Fahndung ausgeschriebene Carsten Szczepanski. Er führt vor Ort Verhandlungen mit der Polizei. Veranstaltungsort ist das Grundstück des Vizebürgermeisters. Gleichzeitig treffen sich am Bützsee in Altfriesack 200 Neonazis bei einer Sonnenwendfeier des *Förderwerkes Mitteldeutsche Jugend*. Diese Versammlung wird von der Polizei aufgelöst.

15. JULI – Die verbotene *Deutsche Alternative* arbeitet im Untergrund weiter. Deshalb finden in mehreren Bundesländern Durchsuchungen von 67 Wohnungen, davon elf in Brandenburg, statt. Neben Propagandamaterialien werden Waffen sichergestellt.

28. JULI, STRAUSBERG – Hans-Georg Jakobson wird von drei Skinheads aus Habgier ausgeraubt und aus der fahrenden S-Bahn geworfen. Er verstirbt am Folgetag.

15. AUGUST, POTSDAM – Die sechsteilige Konzertreihe »Am Rande des Wahnsinns« beginnt. Antifa-Gruppen aus Berlin und Brandenburg versuchen, über Auftritte von antifaschistischen Bands aus Deutschland und dem Ausland mit kulturellen Mitteln »den braunen Ring um Berlin zu brechen«.

28. AUGUST, RÖBEL – Der Landesverband der *Deutschen Volksunion (DVU)* wird gegründet. Auf dem Weg zur Versammlung machen zwei Gründungsmitglieder Halt an der KZ-Gedenkstätte Sachsenhausen und schänden eine Skulptur mit Hakenkreuzen.

18. SEPTEMBER, SCHWEDT – Rund 15 Neonazis schlagen eine Person am Rande einer Veranstaltung im Café Lisa zusammen und verletzen diese schwer. In der Stadt Schwedt ereignen sich im Jahresverlauf zahlreiche rechte Übergriffe, besonders am Karthausklub und am Café Lisa.

9. DEZEMBER, SCHWARZE PUMPE – Neun inhaftierten Neonazis gelingt die Flucht aus der Justizvollzugsanstalt. Darunter befindet sich einer der Mörder des

Neuruppiner Obdachlosen Emil Wendland, der mittlerweile von der *Hilfsorganisation für nationale politische Gefangene und deren Angehörige (HNG)* betreut wird. Ebenfalls im Dezember zetteln rechte Gefangene in der JVA Luckau eine Revolte an; in der JVA Königs Wusterhausen gibt es eine Geiselnahme, an der sich inhaftierte Neonazis beteiligen.

27. DEZEMBER, POTSDAM – Auf das Wohnhaus des PDS-Politikers Rolf Kutzmutz wird ein Brandanschlag mit Molotowcocktails verübt.

1994

1994 – Im Verlauf des Jahres formiert sich *Blood & Honour (B&H)* in Brandenburg. Es bilden sich zwei »Sektionen«, eine für Berlin und Brandenburg und eine separate für Südbrandenburg.

20. JANUAR – Bundesweit werden 50 Wohnungen von Neonazis durchsucht. Ein Schwerpunkt liegt auf dem Land Brandenburg. Die Aktion richtet sich gegen die *Direkte Aktion Mitteldeutschland.*

2. AUGUST – Die Tätigkeit des Neonazis Carsten Szczepanski als V-Mann für den Brandenburger Verfassungsschutz beginnt. Sechs Jahre lang wird er unter dem Decknamen »Piatto« Berichte an den Geheimdienst liefern.

6. AUGUST, VELTEN – Der 42-jährige Gunter Marx wird von einer Gruppe Rechter vom Fahrrad getreten. Sie wollen ihr Zufallsopfer aus Habgier ausrauben, das jedoch kein Geld bei sich trägt. Aus Wut darüber wird Marx mit einem schweren Schraubenschlüssel erschlagen.

16. SEPTEMBER, HOHEN NEUENDORF – Sechs rechte Skinheads überfallen den Ghanaer Martin Agyare in der S-Bahn, verletzen ihn mit Springmessern und werfen ihn aus dem fahrenden Zug. Während das Opfer bewusstlos auf den Gleisen liegt, fährt eine S-Bahn über seinen Körper. Ein Unterschenkel und Zehen am anderen Bein müssen amputiert werden, ein Schädelbasisbruch wird festgestellt. Drei Jahre später, am 22. November 1997, wird Martin Agyare erneut in einem Zug, diesmal bei Belzig, von einer Gruppe Rechter attackiert und geschlagen.

27. OKTOBER – Bei einer Razzia in Südbrandenburg und Nordsachsen, unter anderem in Senftenberg und Großräschen, werden zahlreiche Waffen sowie rechtes Propagandamaterial beschlagnahmt. Acht Personen werden kurzzeitig festgenommen.

30. DEZEMBER, NAUEN – Bei einem Rechtsrock-Konzert mit 150 Besuchern treten drei Neonazi-Bands auf, unter anderem *Independent* aus Nauen und

Thors Hammer aus Brandenburg/Havel. Die Veranstaltung wird von den *Hammerskins* organisiert.

1995

1995 – Dieses Jahr ist das erste seit der Wiedervereinigung, in dem es im Land Brandenburg kein Todesopfer durch rechte und rassistische Gewalt zu beklagen gibt.

22. FEBRUAR, POTSDAM – Das Büro der Regionalen Arbeitsstelle für Ausländerfragen (RAA) wird durch einen Brand völlig zerstört.

24. FEBRUAR – Die *Freiheitliche Deutsche Arbeiterpartei (FAP)* wird durch das Bundesinnenministerium verboten.

20. APRIL – Die Polizei macht bei Feiern zum Geburtstag Adolf Hitlers in verschiedenen Brandenburger Orten Festnahmen. Zu Auseinandersetzungen kommt es unter anderem in Blankenfelde, Finsterwalde, Brandenburg/Havel, Bernau, Perleberg, Lübben und Eisenhüttenstadt. In Werneuchen treten die Rechtsrock-Bands *Kahlkopf* und *Endstufe* auf, auch hier kommt es zu Ausschreitungen.

24. APRIL, BERNAU – Zwölf Neonazis versuchen, den linksalternativen Treffpunkt Autonomia zu stürmen. Obwohl die Polizei einschreitet, randalieren die Neonazis, werfen mit Brandsätzen und posieren mit dem Hitlergruß.

1. MAI, BUCKOW – Die Polizei hebt ein Waffenlager aus und beschlagnahmt unter anderem Sprenggranaten, Panzerfaustzünder und Munition.

5. MAI – Die Landesregierung Brandenburg verbietet erstmals eine Neonazi-Vereinigung, die *Direkte Aktion Mitteldeutschland/Junge Front.*

4. JUNI, RATHENOW – Junge Rechte werfen Steine auf Autos, greifen einen vietnamesischen Imbiss an, bewerfen ein von Linken besetztes Haus mit Steinen. Acht der Neonazis prügeln mit Schlagstöcken auf die Hausbesetzer ein. Später wird das Haus in Anwesenheit der »Sieg Heil!« rufenden Rechten von der Polizei geräumt.

22. JUNI, SCHENKENBERG – Auf ein Wohnheim für ausländische Arbeiter im Landkreis Potsdam-Mittelmark wird ein Brandanschlag verübt. Die Täter verschütten dafür an mehreren Stellen Benzin. Verletzt wird niemand, da sich in dem von rund 90 Menschen bewohnten Haus zur Tatzeit nur ein Italiener aufhält, der sich retten kann.

6. SEPTEMBER, COTTBUS – Ein Treffen von 70 Neonazis in einem Gartenlokal wird von der Polizei aufgelöst. Vor Ort sind bundesweit bedeutende Neo-

nazis wie Friedhelm Busse, Frank Hübner und Frank Schwerdt. Waffen und Propagandamaterial werden beschlagnahmt.

OKTOBER – Der Neonazi Bendix W. wird wegen Verstoßes gegen das Kriegswaffenkontrollgesetz zu zweieinhalb Jahren Haft verurteilt. W. hatte mit dem österreichischen Neonazi Peter Binder im Sommer 1993 in Halbe und Bernau nach Weltkriegswaffen gesucht, um Sprengstoff zu gewinnen. In der Haft in der JVA Spremberg wird W. von der *Hilfsorganisation für nationale politische Gefangene und deren Angehörige (HNG)* betreut. Im September 2002, zwei Tage vor der Bundestagswahl, schlägt W. den Bundestagsabgeordneten der Grünen, Christian Ströbele, mit einer Stahlrute auf den Kopf. Im Juni 2009 folgt eine weitere Verurteilung durch das Amtsgericht Bernau wegen des unerlaubten Verbringens von explosionsgefährlichen Stoffen. W. lebt in Brandenburg.

8. OKTOBER, NEURUPPIN – Das linksalternative Wohnprojekt Mittendrin wird von rund 30 Neonazis überfallen. Im Erdgeschoss wird das Inventar komplett zerstört. Die Hausbewohner können sich im Obergeschoss verbarrikadieren.

1996

1996 – Die erste Ausgabe des Fanzines »Der weisse Wolf« erscheint. An der Herstellung sind die in der JVA Brandenburg inhaftierten Neonazis Maik F., Jens K. und Carsten Szczepanski beteiligt. K. war der Anführer der *1. Werwolf-Jagdeinheit Senftenberg*. 2002 erscheint im Heft eine Gruß- und Dankesadresse an den *NSU*. »Der weisse Wolf« wird zeitweilig in der JVA-eigenen Druckerei produziert.

15. JANUAR, FLECKEN ZECHLIN – Ein 19-Jähriger rast mit seinem Auto auf ein türkisches Mädchen zu. Die 17-Jährige wird von ihrem Begleiter in letzter Sekunde zur Seite gerissen. Der Täter wird später wegen Mordversuchs verurteilt.

18. JANUAR, LÜBECK (SCHLESWIG-HOLSTEIN) – Ein von Asylbewerbern bewohntes Haus wird angezündet. Zehn Menschen sterben, darunter sieben Kinder und Jugendliche. Die Tat wird nie aufgeklärt.

15. FEBRUAR, BRANDENBURG/HAVEL – Der 23-jährige Punk Sven Beuter wird von einem rechten Skinhead angegriffen und so schwer verletzt, dass er fünf Tage später stirbt. Der Täter ist bis heute in der Neonazi-Szene aktiv.

16. JUNI, MAHLOW – Der schwarze britische Bauarbeiter Noël Martin versucht

mit zwei Kollegen, in seinem Auto vor rechten Angreifern zu fliehen. Während der Verfolgungsjagd wird ein Feldstein in das Auto der Briten geworfen. Das Auto überschlägt sich und prallt gegen einen Baum. Noël Martin ist seit diesem Vorfall vom Kopf abwärts querschnittsgelähmt.

1. AUGUST, EISENHÜTTENSTADT – Der 34-jährige Andreas Götz wird von sechs jugendlichen Rechten überfallen und aus Habgier ausgeraubt. Er stirbt an den Folgen.

16. SEPTEMBER, BERLIN – Frank Schwerdt wird zu einer einjährigen Gefängnisstrafe verurteilt. Zehn Tage später wird Christian Wendt in Potsdam festgenommen, er erhält ebenfalls eine Freiheitstrafe. Beide Neonazis gehörten zu den Anführern von *Die Nationalen.*

30. SEPTEMBER, TREBBIN – Ein Gruppe rechter Skinheads will »Ausländer aufschlagen«. Die Neonazis stürzen sich auf Orazio Giamblanco, ein Baseballschläger kracht auf seinen Kopf. Der Italiener überlebt nur knapp. Er ist seitdem weitgehend auf den Rollstuhl angewiesen.

1997

31. JANUAR, FREDERSDORF – Der Vietnamese Phan Van Toau wird auf dem Bahnhof von einem Mann unter rassistischen Beleidigungen geschlagen und mit dem Kopf auf den Betonboden gestoßen. Er stirbt drei Monate später.

8. MAI, KÖNIGS WUSTERHAUSEN – Der Arbeitslose Augustin Blotzki wird in seiner Wohnung von Rechten überfallen und zu Tode geprügelt.

22. MAI – Das landesweite Aktionsbündnis gegen Gewalt, Rechtsextremismus und Fremdenfeindlichkeit wird gegründet.

15. AUGUST – Die *Kameradschaft Oberhavel,* eine im April 1996 mithilfe von *Die Nationalen* gegründete Gruppe, wird vom Brandenburger Innenministerium verboten. Zum Zeitpunkt des Verbots hat die Kameradschaft rund 30 Mitglieder, gibt eine Zeitschrift heraus und organisiert Schulungen sowie Wehrsportübungen. Der Vorsitzende der Kameradschaft wirft im September 2003 einen Molotowcocktail auf einen geöffneten Dönerimbiss in Hennigsdorf und erhält dafür später eine sechsjährige Haftstrafe.

18. SEPTEMBER, PRITZWALK – Die Punkband Beer Death wird in ihrem Proberaum in einem städtischen Kulturhaus von rund 20 mit Baseballschlägern bewaffneten Neonazis überfallen. Acht Punks werden verletzt, auf den Kopf eines Opfers wird mit einem Baseballschläger rund 20 Mal eingeschlagen. Als einer der Haupttäter tritt Pascal Stolle in Erscheinung, der eine fünfjäh-

rige Haftstrafe erhält. Stolle wird 2014 für die *NPD* in das Stadtparlament von Bad Belzig gewählt und wechselt wenig später zur Partei *Der III. Weg.*

18. SEPTEMBER, GOLLWITZ – Im Ort gibt es antisemitische Proteste, weil ein Heim für 60 jüdische Aussiedler aus der ehemaligen Sowjetunion eingerichtet werden soll. Der Gemeinderat beschließt einstimmig, dass die Aussiedler nicht aufgenommen werden sollten, da »der Aufenthalt der Immigranten erheblich in das dörfliche Gemeinschaftsleben eingreifen« würde.

23. SEPTEMBER, COTTBUS – Mathias Scheydt wird in Cottbus von einem jungen Neonazi erstochen, nachdem das Opfer ihn in einem Streit »Nazisau« genannt hatte. Derselbe Täter ersticht vier Tage später einen weiteren Menschen, Georg Jürgen Uhl.

23. SEPTEMBER, ANGERMÜNDE – Der Wohnungslose Erich Fisk wird mit schweren Verletzungen aufgefunden, an denen er einen Monat später verstirbt. Es wird kein Täter ermittelt, mehrere Zeugen geben jedoch an, dass Jugendgruppen sich regelmäßig zum »Penner klatschen« trafen.

7. NOVEMBER – Der Neonazi-Verein *Die Nationalen* erklärt seine Selbstauflösung, um einem Verbot zuvorzukommen. Viele Mitglieder treten in die *NPD* ein. Die zuvor in Brandenburg fast bedeutungslose Partei erfährt dadurch einen entscheidenden Schub. Zu den *NPD*-Neumitgliedern gehört der ehemalige Vorsitzende der *Nationalen,* Frank Schwerdt. Dieser hat Kontakte zu Mitgliedern des *Thüringer Heimatschutzes,* aus dessen Milieu sich viele Unterstützer des späteren *NSU* rekrutieren, sowie zu dessen Brandenburger Äquivalent, dem *Märkischen Heimatschutz.*

6. DEZEMBER, FRANKFURT (ODER) – Nach einer Antifa-Demonstration gründet sich eine »Anti-Antifa-Gruppe«, die als »Kampforgan« den »Frankfurter Frontberichter« publiziert. »Gegen Systemknechte werden wir uns jetzt wehren«, wird gedroht.

24. DEZEMBER – Generalstaatsanwalt Erardo Rautenberg fordert in einem Interview eine Einheitsfront von Konservativen bis hin zu Autonomen gegen Rechtsextremismus.

31. DEZEMBER, MAHLOW – Bei einer Silvesterparty wird eine 14-Jährige von Rechten gequält und verletzt. Dem Mädchen wird ein Hakenkreuz auf die Brust gesprayt und der Kopf kahlgeschoren.

1998

17. JANUAR, EICHE – Im Landkreis Barnim veranstaltet die *Berliner Kulturgemeinschaft Preußen* eine »Reichsgründungsfeier«. Es nehmen 170 Neonazis teil.

24. JANUAR, ANGERMÜNDE – Auf das Alternative Literaturcafé wird mit einem Molotowcocktail ein Brandanschlag verübt, während sich in den Räumen Jugendliche aufhalten. Eine Woche später folgen zwei weitere Brandanschläge. Bereits 1994 hatte es einen Brandanschlag auf das Café gegeben.

7. FEBRUAR, MASSEN – Bei einem Konzert von *Blood & Honour* spielen die Bands *Frontalkraft* (Cottbus) und *Sturm und Drang* (Senftenberg). Die Veranstaltung mit mehreren Hundert Besuchern wird von der Polizei aufgelöst. Ein weiteres *B&H*-Konzert folgt am 5. September in Hirschfeld bei Lauchhammer. Die Polizei schreitet ein, es kommt zu schweren Krawallen. 20 Polizisten werden verletzt, 73 der rund 200 Neonazis festgenommen. Zu Gast sind unter anderen die sächsischen *B&H*-Kader Jan Werner und Thomas Starke, V-Mann des LKA Berlin und Sprengstofflieferant des *NSU*.

24. FEBRUAR, ANGERMÜNDE – Eine Gruppe junger Neonazis führt ein wehrsportartiges »Überlebenstraining« durch. Waffen und Propagandamaterial werden beschlagnahmt und elf Personen in Gewahrsam genommen. Es handelt sich um einen der ersten Einsätze der neu gegründeten Mobilen Einsatzgruppe gegen Gewalt und Ausländerfeindlichkeit (MEGA) der Brandenburger Polizei.

14. MÄRZ – Der Chef des brandenburgischen Verfassungsschutzes, Hans-Jürgen Förster, warnt in einem Interview mit Verweis auf die Rohrbomben, die Mundlos, Böhnhardt und Zschäpe in Jena hergestellt hatten, vor dem Entstehen eines Rechtsterrorismus.

APRIL, BRANDENBURG/HAVEL – Carsten Szczepanski wird gestattet, tagsüber das Gefängnis als Freigänger zu verlassen. Er fährt künftig regelmäßig nach Chemnitz und besucht *Blood & Honour*-Mitglieder.

6. APRIL, POTSDAM – Nach Protesten von Antifa-Gruppen wird der Neonazi-Band *Proissenheads* ihr Proberaum in einem städtischen Jugendklub gekündigt. Die Band nutzte die Räume seit 1994.

MAI, POTSDAM – Mit der Opferperspektive nimmt die bundesweit erste Beratungsstelle für Betroffene rechter und rassistischer Gewalt ihre Arbeit auf – zunächst als ehrenamtliche Initiative.

6. MAI – Die Polizei durchsucht 40 Wohnungen von Neonazis in Brandenburg und Sachsen-Anhalt. In Kloster Lehnin und Bad Belzig werden 130 Sprenggranaten, fünf Karabiner mit Munition sowie Sprengstoff gefunden. Ermittlungen gegen 39 Neonazis wegen des Verdachts der Bildung einer kriminellen Vereinigung werden eingeleitet.

18. JUNI, POTSDAM – Junge Neonazis patroullieren um einen für Touristen veranstalteten Schaumarsch der preußischen »Langen Kerls«. Die Rechten gerieren sich als Schutzmacht, um den Marsch vor linken Protesten abzuschirmen.

23. JUNI – Die Landesregierung beschließt das »Handlungskonzept Tolerantes Brandenburg«.

23. AUGUST, DEDELOW – Bei einem Feuerwehrfest wird ein italienischer Bauarbeiter von zwei jugendlichen Neonazis rassistisch beschimpft und angegriffen. Er erleidet mehrere Schädelbrüche, sein Leben kann durch eine Notoperation gerettet werden.

9. SEPTEMBER – Der V-Mann Carsten Szczepanski berichtet dem brandenburgischen Verfassungsschutz, dass Jan Werner versuche, Waffen für die untergetauchten Skinheads – Beate Zschäpe, Uwe Mundlos und Uwe Böhnhardt – zu beschaffen, und dass diese Überfälle planten.

27. SEPTEMBER – Bei den Kommunalwahlen tritt die *NPD* an und erzielt erstmals in der Geschichte des Bundeslandes Wahlerfolge – sie erringt drei Mandate.

31. DEZEMBER, POTSDAM – Im Stadtteil Schlaatz eskaliert am Silvesterabend eine Versammlung von 300 Rechten. Sie rufen »Deutschland den Deutschen«, plündern einen Supermarkt, randalieren und greifen die Polizei mit Feuerwerkskörpern an. In Bad Belzig werfen 40 bis 50 Neonazis Steine auf ein vietnamesisches Restaurant, ein Vietnamese wird mit einem Messerstich verletzt. In Finowfurt stürmen Rechte eine Wohnung, prügeln mit Baseballschlägern. Eine Frau wird schwer verletzt. In Schwedt werden zwei kasachische Aussiedler mit Schlägen und Tritten verletzt.

1999

1999 – Das Liedermacherduo »Eichenlaub« veröffentlicht ein Album, auf dem das Lied »5. Februar« enthalten ist. Darin wird das Untertauchen der späteren *NSU*-Terroristen besungen. Einer der Musiker ist Christian Kapke, der mit dem Trio befreundet war und sich sowohl im Umfeld des *Thüringer Heimatschutzes* als auch der *Wanderjugend Gibor* in Cottbus bewegt. Der örtliche Ansprechpartner der letztgenannten Gruppe ist der Gubener Toni Stadler, V-Mann des brandenburgischen Verfassungsschutzes. Die *Wanderjugend Gibor* löst sich im Jahr 2000 auf.

12. FEBRUAR, GUBEN – In der Nacht greifen junge Neonazis mehrere Flüchtlinge an. Der 28-jährige Algerier Farid Guendoul flieht vor den Rechten und versucht, sich mit Tritten gegen eine Glastür in ein Wohnhaus zu retten. Er zieht sich dabei tödliche Verletzungen zu. Der Haupttäter der tödlichen Hetzjagd, Alexander Bode, ist bis heute als Neonazi aktiv.

22. FEBRUAR, FORST – Zwei Asylbewerber werden von rund 30 Neonazis in einer Diskothek eingesperrt, bedroht und misshandelt.

27. FEBRUAR, ANGERMÜNDE – An einem Aufmarsch der *NPD* nehmen rund 400 Neonazis teil. Hauptredner ist Holger Apfel, damals Bundesvorsitzender der *NPD*-Jugendorganisation.

1. MAI, COTTBUS – Der *Kampfbund Deutscher Sozialisten (KDS)* gründet sich in der Nähe von Cottbus als eine Organisation, die »revolutionäre, sozialistische Energien« bündeln will. Beteiligt ist der ehemalige *DA*-Vorsitzende Frank Hübner.

13. MAI, FRANKFURT (ODER) – Auf einem Truppenübungsplatz bei Frankfurt werden sieben Neonazis festgenommen, die dem *Ku-Klux-Klan* zugeordnet werden.

5. SEPTEMBER – Der *DVU* gelingt bei den Landtagswahlen mit 5,3 Prozent der Stimmen (58.000) der Einzug in den Brandenburger Landtag, in dem sie zehn Jahre lang vertreten sein wird. Die *NPD* erreicht 0,7 Prozent der Stimmen (8.000).

ENDE 1999 – Die achte Ausgabe des Brandenburger Neonazi-Fanzines »Proissen Power« erscheint. Der Tod von Ignatz Bubis, Vorsitzender des Zentralrates der Juden in Deutschland, wird darin gefeiert. Außerdem wird gedroht, »Spitzel, Spalter und Provokateure« per »Standrecht« mit »Todesurteilen« zu bestrafen.

AUSBLICK

IM JAHR 2000 – Die Mordserie des *NSU* beginnt, der bis 2007 zehn Menschen zum Opfer fallen werden. Auch im Land Brandenburg kommt es zu weiteren Tötungsdelikten und Anschlägen. Der Gegenwind wird jedoch in den 2000er-Jahren stärker. Bürgerinitiativen stellen sich Neonazis entgegen, die Behörden verbieten mehrere Kameradschaften. Doch die Hoffnung, dass Rechtsextremismus sich auf die Aktivitäten einiger Unverbesserlicher reduzieren ließe, wird enttäuscht.

ANMERKUNGEN

ANFÄNGE

JEANNETTE GODDAR: »UND DANN KAMEN NUR ZWEI POLIZISTEN ...«

1 Für Unterstützung und Informationen danke ich insbesondere Ibraimo Alberto, Marietta Böttger, Enrico Demurray & Gesine Enwaldt, Klaus Farin & Eberhard Seidel, Hajo Funke, Frank Jansen, Anetta Kahane, Sylke Kirschnick, Ray Kokoschko, Susanne Lang, Jone Munjunga, Judith Porath, Erardo Rautenberg, Burkhard Schröder, Bernd Wagner sowie den Interviewerinnen und Interviewern des Demokratischen Jugendforum Brandenburg e. V. für den Recherche-Blog »Blühende Landschaften«.

2 Nicht näher gekennzeichnete Zitate stammen aus Gesprächen mit der Autorin.

3 Vgl. dazu den Beitrag von Christoph Kopke in diesem Band.

4 Vgl. Der Spiegel vom 27.5.1991, S. 80.

5 Demokratisches Jugendforum Brandenburg e. V.: Recherche-Blog »Blühende Landschaften – Neonazigewalt in Brandenburg 1989–1993«, unter: www.djb-ev.de; Klaus Farin / Eberhard Seidel-Pielen: Rechtsruck. Rassismus im neuen Deutschland, Berlin 1992; Burkhard Schröder: Im Griff der rechten Szene. Ostdeutsche Städte in Angst, Hamburg 1993.

6 Die Stadt gehört uns. Rechte Gewalt in Schwedt, ARD-Dokumentation von Enrico Demurray und Gesine Enwaldt, Ostdeutscher Rundfunk Brandenburg, 1993.

7 Bernd Wagner: Rechtsextremismus und kulturelle Subversion in den neuen Ländern. Studie, in: Bulletin Schriftenreihe des Zentrum Demokratische Kultur, Sonderausgabe (1998), S. 67.

8 Vgl. Inge Günther: Furcht vor Rache, in: Die Zeit vom 28.1.1994.

9 Zit. nach: Frank Drieschner: Glatzenpflege auf Staatskosten, in: Die Zeit vom 13.8.1993.

10 Vgl. Irina Bohn / Richard Münchmeier (Hrsg.): Das Aktionsprogramm gegen Aggression und Gewalt, Bd. 1: Dokumentation des Modellprojektes, Münster 1997, S. 78.

11 Vgl. Jana Simon: Ich bin denen nicht gewachsen, in: Die Zeit vom 10.8.2000.

12 Ministerium des Innern des Landes Brandenburg: Verfassungsschutzbericht 1996, Potsdam 1997, S. 37.

13 Zit. nach: Yvonne Winter: Nazis akzeptiert, in: Jungle World vom 24.6.1998.

14 Ibraimo Alberto (mit Daniel Bachmann): Ich wollte leben wie die Götter. Was in Deutschland aus meinen afrikanischen Träumen wurde, Köln 2014, S. 236.

15 Elke Kaldasch / Veiko Kunkis: Am Bernauer Rathaus gibt es keinen »Noteingang«, in: Berliner Zeitung vom 4.3.1999.

16 Vgl. Christoph Kopke / Gebhard Schultz: Forschungsprojekt »Überprüfung umstrittener Altfälle Todesopfer rechtsextremer und rassistischer Gewalt im Land Brandenburg seit 1990«, Abschlussbericht, Potsdam 2015, S. 26f.

17 Vgl. die nachfolgenden Beiträge von David Begrich und Gideon Botsch in diesem Band.

18 Manfred Stock / Philipp Mühlberg: Die Szene von innen. Skinheads, Grufties, Heavy Metals, Punks, Berlin 1990, S. 28.

19 Zit. nach: Thomas Grumke / Bernd Wagner (Hrsg.): Handbuch Rechtsradikalismus, Opladen / Stuttgart 2002, S. 408.

20 Zit. nach: Die schlagen schneller zu, in: Der Spiegel vom 27.5.1991, S. 78.
21 Ebd.
22 Zit. nach: Institut für angewandte Familien-, Kindheits- und Jugendforschung an der Universität Potsdam: Präsentation von Ergebnissen der Projekte »Jugend in Brandenburg 1996« und »Antisemitismus in Brandenburg und Nordrhein-Westfalen«, Pressematerial.
23 Hajo Funke: Brandstifter. Deutschland zwischen Demokratie und völkischem Nationalismus, Göttingen 1993, S. 90.
24 Biedermänner und Brandstifter, in: die tageszeitung vom 24.8.1993.
25 Zit. nach: Margitta-Sybille Fahr: »Unser Kampf ist national«, in: »National befreite Zonen« – vom Strategiebegriff zur Alltagserscheinung, Schriftenreihe des Zentrum Demokratische Kultur 1/1998, S. 5; vgl. auch den Beitrag von Heike Kleffner in diesem Band.
26 Dörfer von gestern, in: Der Spiegel vom 29.9.1997, S. 20.
27 Zit. nach: Igal Avidan: Gollwitz und der alltägliche Antisemitismus, in: Berliner Zeitung vom 14.10.1997.
28 »Ich wollte es nicht wahrhaben«, Manfred Stolpe im Gespräch mit Toralf Staud, in: Die Zeit vom 21.9.2000.
29 Vgl. auch das Interview mit Almuth Berger in diesem Band.
30 Zit. nach: Jeannette Goddar: Unerbittliches Verständnis, in: Frankfurter Rundschau vom 20.11.1997.
31 Almuth Berger (Ministerium für Arbeit, Soziales, Gesundheit und Frauen – Die Ausländerbeauftragte): Bericht im Kabinett am 25.2.1997 (Manuskript), S. 5.
32 Lothar Späth, in: 610. Sitzung des Bundesrats vom 16.3.1990, BR-Sitzungsberichte, 22. Bd., S. 96.
33 Zit. nach: Asylpolitik zwischen Hysterie und Hilflosigkeit, in: Süddeutsche Zeitung vom 3./4.8.1991.
34 Georg Kronawitter: »Hier ist jedes Loch besetzt«, in: Der Spiegel vom 10.3.1992.
35 Funke: Brandstifter, S. 194.
36 Zit. nach: Jeannette Goddar: »Sie lungern herum, knallen sich mit Dosenbier zu«, in: Frankfurter Rundschau vom 6.5.1998.
37 »Extremismus mit der Muttermilch«. Bernd Wagner im Gespräch mit Jeannette Goddar, in: zitty 6/1997, S. 26.
38 »Eine Einheitsfront von Konservativen und Autonomen«. Erardo Rautenberg im Gespräch mit Jeannette Goddar, in: die tageszeitung vom 24.12.1997.
39 Zit. nach: Schröder nach Anschlag: Aufstand der Anständigen, in: Hamburger Morgenpost vom 4.10.2000.

DAVID BEGRICH: HOYERSWERDA UND LICHTENHAGEN: URSZENEN RASSISTISCHER GEWALT IN OSTDEUTSCHLAND

1 Vgl. www.youtube.com/watch?v=lWvcNLG2yNk
2 Vgl. Loni Niederländer: Das politische Wesen der Skinheadgruppierungen und ihre Sicherheitsrelevanz, Forschungsbericht der Humboldt-Universität zu Berlin, Sektion Kriminalistik, 28.2.1989.
3 Wahrheit macht frei, Dokumentarfilm von Michael Schmidt, Sveriges Television, 1991, unter: www.youtube.com/watch?v=I1NMuVMPw8w.
4 Vgl. den Beitrag von Christoph Kopke in diesem Band.

1 Torsten Thissen/Johannes Wiedemann: Die Generation Hoyerswerda radikalisiert sich, in: Die Welt vom 21.11.2011.
2 David Begrich: »Wir sind das Pack«. Von Hoyerswerda nach Heidenau, in: Blätter für deutsche und internationale Politik 10/2015, S. 9–12, hier: S. 10.
3 Vgl. Kleine Anfrage der Abgeordneten Ulla Jelpke und der Gruppe PDS/Linke Liste, Bundestags-Drucksache (BT-Drs.) 12/2086, und die Antwort der Bundesregierung, BT-Drs. 12/2186.
4 Vgl. Gideon Botsch: From Skinhead Subculture to Radical Right Movement. The Development of a »National Opposition« in East Germany, in: Contemporary European History 21(2012)4, S. 553–573.
5 Vgl. Gideon Botsch: Die extreme Rechte in der Bundesrepublik Deutschland. 1949 bis heute, Darmstadt 2012.
6 Vgl. Walter Süß: Zur Wahrnehmung und Interpretation des Rechtsextremismus in der DDR durch das MfS, Berlin 2012, S. 106.
7 Vgl. Wolfgang Brück: Skinheads als Vorboten der Systemkrise. Die Entwicklung des Skinhead-Phänomens bis zum Untergang der DDR, in: Karl-Heinz Heinemann/Wilfried Schubarth (Hrsg.): Der antifaschistische Staat entläßt seine Kinder. Jugend und Rechtsextremismus in Ostdeutschland, Köln 1992, S. 37–46, hier: S. 41 f.
8 Vgl. Frank Jansen: Rechtsextremismus: Auch in der DDR nicht zu übersehen, in: Der Tagesspiegel vom 21.9.2000.
9 Vgl. Bernd Wagner: Rechtsradikalismus in der Spät-DDR. Zur militant-nazistischen Radikalisierung. Wirkungen und Reaktionen in der DDR-Gesellschaft, Berlin 2014, S. 452.
10 Vgl. Christian Dornbusch/Jan Raabe (Hrsg.): RechtsRock – Bestandsaufnahme und Gegenstrategien, Münster 2006, S. 47, Fn. 61.
11 Zit. nach: Frank Schumann: Glatzen am Alex. Rechtsextremismus in der DDR, Berlin 1990, S. 53.
12 Vgl. Wagner: Rechtsradikalismus, S. 333.
13 Vgl. ID-Archiv im Internationalen Institut für Sozialgeschichte (Hrsg.): Drahtzieher im braunen Netz. Der Wiederaufbau der NSDAP. Ein Handbuch des antifaschistischen Autorenkollektivs, Berlin/Amsterdam 1992, S. 72; Jens Mecklenburg (Hrsg.): Handbuch Deutscher Rechtsextremismus, Berlin 1996, S. 473 f.; Christoph Kopke: Die »nationale Bewegung« in Brandenburg. Rechtsextreme Parteien, Wahlvereine, Verbände und Vereinigungen seit 1990, in: Julius H. Schoeps/Gideon Botsch/Christoph Kopke/Lars Rensmann (Hrsg.): Rechtsextremismus in Brandenburg. Handbuch für Analyse, Prävention und Intervention, Berlin 2007, S. 69–89, hier: S. 73.
14 Vgl. Wagner: Rechtsradikalismus, S. 333.
15 Vgl. ebd., S. 341.
16 Vgl. Wagner: Rechtsradikalismus, S. 341.
17 Vgl. den Beitrag von Gideon Botsch zur Nationalistischen Front im vorliegenden Band.
18 Vgl. Bernd Siegler: Auferstanden aus Ruinen … Rechtsextremismus in der DDR, Berlin 1991, S. 74 ff.
19 Vgl. z. B. Antonia Grunenberg: Antifaschismus – ein deutscher Mythos, Reinbek b. Hamburg 1993; Manfred Agethen/Eckhard Jesse/Erhardt Neubert (Hrsg.): Der missbrauchte Antifaschismus. DDR-Staatsdoktrin und Lebenslüge der Linken, Freiburg i. Br. u. a. 2002.
20 Sigrid Meuschel: Legitimation und Parteiherrschaft in der DDR. Zum Paradox von Stabilität und Revolution in der DDR 1945–1989, Frankfurt a. M. 1992, S. 316 ff.

21 Ingo Hasselbach/Winfried Bonengel: Die Abrechnung. Ein Neonazi steigt aus, Berlin 1994, S. 44.

22 Vgl. Richard Stöss: Die Republikaner. Woher sie kommen – Was sie wollen – Wer sie wählt – Was zu tun ist, Köln 1990, S. 47ff.; Hans-Gerd Jaschke: Die »Republikaner«. Profile einer Rechtsaußen-Partei, Bonn 1993, S. 86ff.

23 Vgl. Norbert Madloch: Zur Entwicklung des Rechtsextremismus in der DDR und in Ostdeutschland von den siebziger Jahren bis Ende 1990, in: Robert Harnischmacher (Hrsg.): Angriff von rechts. Rechtsextremismus und Neonazismus unter Jugendlichen Ostberlins. Beiträge zur Analyse und Vorschläge zu Gegenmaßnahmen, Rostock/Bornheim-Roisdorf 1993, S. 53–73, hier: S. 65.

24 Vgl. Norbert Madloch: Anhang A: Rechtsextremismus in der Endphase der DDR und nach der Vereinigung von DDR und Bundesrepublik Deutschland – Chronologie, in: Harnischmacher (Hrsg.): Angriff, S. 203–253 sowie die Chronologie von Christoph Schulze im vorliegenden Band.

25 Vgl. Christoph Kopke/Gebhard Schultz: Forschungsprojekt »Überprüfung umstrittener Altfälle Todesopfer rechtsextremer und rassistischer Gewalt im Land Brandenburg seit 1990«, Abschlussbericht, Potsdam 2015.

26 Vgl. Uta Döring: Angstzonen. Rechtsdominierte Orte aus medialer und lokaler Perspektive, Wiesbaden 2008.

27 Bernd Wagner: Extreme in Rechts. Die DDR als Stufe zum Heute, in: Harnischmacher (Hrsg.): Angriff, S. 117–124, hier: S. 122.

28 Vgl. Hajo Funke: Paranoia und Politik. Rechtsextremismus in der Berliner Republik, Berlin 2002.

ULLI JENTSCH: IM »RASSENKRIEG«

1 Hilde Sanft: Zwischen grenzenloser Solidarität und mörderischem Rassismus, in: Antifaschistisches Infoblatt 108 (3/2015), S. 9.

2 Deutscher Rassismus am Wochenende, in: die tageszeitung vom 7.9.1992; die ZAST in Eisenhüttenstadt hieß korrekt Zentrale Aufnahmestelle für Asylbewerber. Weitere Angriffe am selben Wochenende wurden gemeldet aus Guben und Wittstock (Brandenburg), Hamminkeln und Düsseldorf (Nordrhein-Westphalen), Bevern (Niedersachsen), Engelsberg (Bayern), Gelnhausen (Hessen), Koblenz bei Hoyerswerda, Chemnitz, Neustadt und Werdau (Sachsen), Greifswald, Trassenheide, Neubrandenburg, Pritzier, Ueckermünde, Brahlstorf bei Schwerin (Mecklenburg-Vorpommern), Ecklingerode und Bad Langensalza (Thüringen), Wansleben, Wernigerode, Mansfeld, Hettstedt (Sachsen-Anhalt), Berlin.

3 Vgl. Berliner Sonntagspost, zit. nach: Bundestags-Drucksache 12/3389 vom 8.10.1992.

4 Marcel Braumann: Lichtblick: Eine Stadt probt den Anstand, in: Neues Deutschland vom 11.9.1992.

5 Um einen Eindruck von der damaligen Vielzahl und Art der Aktivitäten neonazistischer Gruppierungen zu erhalten, vgl. die Chronik von Christoph Schulze in diesem Band.

6 Vgl. Ministerium des Innern des Landes Brandenburg: Rechtsextremismus in Brandenburg – gegenwärtiger Stand, o.J. [August 1993], S. 3. (im Archiv des Antifaschistischen Pressearchivs und Bildungszentrums Berlin – apabiz).

7 Die nur männliche Form ist in diesem Fall Absicht, da mir in Brandenburg nur Fälle von männlichen Aktivisten vorliegen. Zur wichtigen Rolle von Frauen im Rechtsterrorismus

fehlt in Deutschland bisher eine umfassende Untersuchung. Einzelne Texte dazu vor allem von Eike Sanders.

8 Henning Flad: Trotz Verbot nicht tot. Ideologieproduktion in den Songs der extremen Rechten, in: Christian Dornbusch/Jan Raabe (Hrsg.): RechtsRock. Bestandsaufnahme und Gegenstrategien, Münster 2002, S. 98.

9 Zu den Konzepten für den Rechtsterrorismus vgl. Eike Sanders/Kevin Stützel/Klara Tymanova: Taten und Worte – Neonazistische »Blaupausen« des NSU, in: Bodo Ramelow (Hrsg.): Schreddern, Spitzeln, Staatsversagen. Wie rechter Terror, Behördenkumpanei und Rassismus aus der Mitte zusammengehen, Hamburg 2013, S. 114–125.

10 David Myatt: A Practical Guide to The Strategy and Tactics of Revolution, o. O. o. J. [1996 oder 1997], S. 18.

11 Das Internet spielte Anfang der 1990er-Jahre noch keine Rolle.

12 Max Hammer [alias Erik Blücher]: Field Manual, o. O. o. J. [2000].

13 Es ist möglich, dass er bereits früher V-Mann wurde; vgl. den Beitrag von Dirk Laabs in diesem Band.

14 Außer Dennis Mahon gehörten dazu auch Louis Beam und Robert Miles, die die Strategie des »leaderless resistance« entwickelten, sowie der ehemalige KKK-Mann Tom Metzger, der die Gruppe *White Aryan Resistance (WAR)* gründete. Zu Mahon vgl. Stefan Aust/Dirk Laabs: Heimatschutz. Der Staat und die Mordserie des NSU, S. 32–40.

15 Zu The Order vgl. Dirk Laabs: Der NSU, »The Order« und die neue Art des Kampfes, in: Antifaschistisches Infoblatt 105 (4/2014), S. 10.

16 Eine Rolle, die heute zunehmend das Internet erfüllt; vgl. Southern Poverty Law Center: Age of the Wolf. A Study on the Rise of Lone Wolf and Leaderless Resistance Terrorism, Montgomery 2015.

17 Vgl. den Beitrag von Dirk Laabs in diesem Band.

18 Aus aktuellen Untersuchungen ist bekannt, dass bis zu einem Viertel der terroristischen Handlungen, nicht nur von rechts, von Informanten oder Vertrauenspersonen angezettelt werden; vgl. z. B. Mark Hamm/Ramon Spaaj: Lone Wolf Terrorism in America. Using Knowledge of Radicalization Pathways to Forge Prevention Strategies, Indiana State University, February 2015.

19 Vgl. dazu und zum Folgenden den Beitrag von Marie Kwiatek und Michael Weiss in diesem Band.

20 Zit. nach: Lebende Zeitbomben, in: Der Spiegel vom 3.3.1997, S. 32 ff.

21 United Skins, Nr. 11 (Herbst 1997); dort auch die nachfolgenden Zitate.

22 Vgl. Leonard Zeskind: Blood and Politics, New York 2009, S. 84 ff.

23 Zit. nach: Hammer: Field Manual, S. 21.

24 Vgl. die Beiträge von Heike Kleffner und Maik Baumgärtner in diesem Band.

25 »Sehen nicht tatenlos zu«. Interview mit Hans-Jürgen Förster, in: Der Spiegel vom 3.8.1998, S. 29; vgl. »Viele rechtsextreme Täter empfinden sich als potentiell arbeitslos«, in: Der Tagesspiegel vom 28.11.1998.

26 Vgl. Frank Jansen/Alexander Fröhlich: Opferanwälte wollen Razzia beim Verfassungsschutz, in: Potsdamer Neueste Nachrichten vom 18.9.2015.

27 Vgl. den Beitrag von Antonia von der Behrens in diesem Band.

28 Vgl. Paul Blickle u. a.: Es brennt in Deutschland, Zeit Online, 4.12.2015, unter: www.zeit.de/politik/deutschland/2015-11/rechtsextremismus-fluechtlingsunterkuenfte-gewalt-gegen-fluechtlinge-justiz-taeter-urteile.

29 Sanft: Zwischen grenzenloser Solidarität, S. 9.

MILITANTE NETZWERKE

GIDEON BOTSCH: »NATIONALISMUS – EINE IDEE SUCHT HANDELNDE«

1 Vgl. Sven Röbel/Andreas Wassermann: Neonazis: Leiche in Zimmer 15, in: Der Spiegel vom 9.7.2012, S. 46.

2 Zur Person Meinolf Schönborn vgl. Jens Mecklenburg (Hrsg.): Handbuch deutscher Rechtsextremismus, Berlin 1996, S. 533 f.; Thomas Grumke/Bernd Wagner (Hrsg.): Handbuch Rechtsradikalismus. Personen – Organisationen – Netzwerke vom Neonazismus bis in die Mitte der Gesellschaft, Opladen 2002, S. 315 ff.

3 Die Erforschung der NF zählt – auch mit Blick auf die Wirkungsgeschichte – zu den am dringendsten zu behebenden Desideraten akteursbezogener Rechtsextremismusforschung. Vorliegende Darstellung stützt sich, soweit nicht anders angegeben, auf öffentlich verbreitetes sowie internes Originalmaterial der NF in den Beständen des Antifaschistischen Pressearchivs und Bildungszentrums Berlin e. V. (apabiz), einschließlich diverser Publikationen, und auf die folgenden Darstellungen zur NF: Rainer Fromm: Am rechten Rand. Lexikon des Rechtsradikalismus, 2. Aufl., Berlin 1994, S. 135–140; Drahtzieher im braunen Netz. Ein aktueller Überblick über den Neonazi-Untergrund in Deutschland und Österreich. Ein Handbuch des antifaschistischen Autorenkollektivs, Hamburg 1996, bes. S. 84 ff.; Mecklenburg (Hrsg.): Handbuch Rechtsextremismus, S. 395 ff.; Grumke/Wagner (Hrsg.): Handbuch Rechtsradikalismus, S. 420 ff..

4 Vgl. JN-Bundesvorstand (Hrsg.): Die Thesenpapiere der Jungen Nationaldemokraten, undatiert [ca. 1980].

5 Peter Dudek/Hans-Gerd Jaschke: Revolte von Rechts. Anatomie einer neuen Jugendpresse, Frankfurt a. M./New York 1981, S. 144.

6 Ebd.

7 apabiz, Ordner NF 3: Klartext Verlag: Nationalismus – Eine Idee sucht Handelnde, undatiert [ca. 1984/85].

8 apabiz, Ordner NF 1: »Wer kämpft, kann verlieren, wen nicht kämpft, hat schon verloren« – Klartext, Nationalistische Jugendzeitschrift, undatiert [ca. 1984/85]; Klartext-Organisationsmodell, undatiert [ca. 1984/85].

9 Vgl. Gideon Botsch: Die extreme Rechte in der Bundesrepublik Deutschland. 1949 bis heute, Darmstadt 2012, S. 81 ff.

10 Die Vorgeschichte dieser Organisation ist dunkel, aber von Interesse. Die NF/BSN ging auf eine bereits zuvor – vielleicht schon 1969 – erfolgte Gründung des frühen Nationalsozialisten, Anhängers der Brüder Strasser und Frondeurs gegen Hitler innerhalb der NSDAP, Karl Jochheim[-Armin], zurück, der während der NS-Herrschaft im KZ gesessen hatte. Jochheim soll bereits in den frühen 1970er-Jahren eine »Bürgerinitiative Neue Ordnung« gegründet haben, vgl. Cyprian: Wer war mein Freund Karl Jochheim, in: Schwarze Front. Diskussionsblätter für sozialistische und nationalrevolutionäre Politik, Folge 3/2008, S. 3 ff. (online unter: *https://arbeitertum.files.wordpress.com/2010/08/dieschwarzefront3.pdf*).

11 Zur Entstehungs- und Frühphase der NF aus ihrer eigenen Sicht vgl. Fragen an die NF. Stellungnahme der Partei zu Fragen der Weltanschauung, Politik und Strategie, in: Aufbruch, 3. Jg., Nr. 11, März 1991, S. 1 ff.

12 Vgl. Gerhard Kromschröder: Die Saat der Gewalt, in: Stern vom 13.6.1985, S. 10–16.

13 apabiz, Ordner NF 3: »Deutsche Einigkeit ist unsere Stärke, unsere Stärke ist Deutschlands Macht!«, undatiertes Werbeblatt der NF [ca. 1988/89]; vgl. auch Ordner NF 2: Flugzettel »Nur der organisierte Wille bedeutet Macht«, wo das Erreichte nochmals bündig zu-

sammengefasst wird: »Bildung eines Kadernetzes, Schaffung einer logistischen Zentrale, Aufbau eines Verlages und Sicherung einer eigenen Presse, regelmäßige weltanschaulich-geistige und körperliche Schulungen«.

14 apabiz, Ordner NF 2: Rundschreiben »An alle Kameradinnen und Kameraden, Aktivisten und Sympathisanten der NATIONALISTISCHEN FRONT« v. 23.6.1989. – Alle Fehler und stilistischen Eigenheiten sowie Hervorhebungen in den Zitaten entsprechen hier und im Folgenden dem Original.

15 Werbeblatt »Deutsche Einigkeit ist unsere Stärke«.

16 Vgl. apabiz, Ordner NF 2.

17 Detaillierte Hinweise für die Arbeit der NF als Kaderorganisation geben interne Richtlinien und Merkzettel in: apabiz, Ordner NF 2 (von unbekannter Hand beschriftet als »NF-Organisationsprofil«); dort auch: Organisationshandbuch der Nationalistischen Front, Stand: Februar 1990, Bielefeld 1990. Vgl. auch Ordner NF 1: Klartext-Organisationsmodell; Ordner NF 3: Warum Kader? NF-Flugblatt, undatiert [1991]; LANGSAM aber GEWALTIG. Zur Taktik und Strategie der Nationalistischen Front (NF), in: Nachrichten aus der Szene (NadS), Jg. 1/1, Nr. 2/1988, S. 16f.; sowie die ausführliche Darstellung in: Drahtzieher im braunen Netz, S. 88ff.

18 Ein Ergebnis der lokalen Aktivitäten gegen die NF in Bielefeld war eine Broschüre mit dem Titel »Nationalistische Front – eine Dokumentation der antifaschistischen Koordination«, (Bielefeld o.J. [1987]), die interessante sachliche Informationen enthält. Zur Auseinandersetzung um die Bleichstraße vgl. auch die NF-Materialien in: apabiz, Ordner NF 3.

19 Vgl. OL-Mitglieder auf der 13. Gästewoche in Pichl, in: Aufbruch, 1. Jg., Nr. 2, Dezember 1989, S. 4.

20 Handbuch des österreichischen Rechtsextremismus, hrsg. von der Stiftung Dokumentationsarchiv des österreichischen Widerstands, Wien 1993, S. 129. Nachdem sich das *DKEG* in der Bundesrepublik Deutschland gespalten hatte, orientierte sich der österreichische Ableger an der Neugründung *DKG*, die auch die *NF* förderte.

21 Vgl. Sonnenwendfeier in Frankreich, in: NadS 1. Jg./3, Nr. 3 (1988), S. 18; Drahtzieher im braunen Netz, S. 88.

22 Vgl. z.B. apabiz, Ordner NF 2: Nationalistische Front, Ortsgruppe Berlin, Abt. Schulung, Sonderschrift: Ernst Röhm – Vorkämpfer für den Nationalsozialismus, undatiert, mit den Beiträgen: 30. Juni: »Ernst Röhm von den Hitleristen ermordet«, »Späte Erkenntnisse« (Tagebuchaufzeichnung von Joseph Goebbels) sowie der Erklärung »Abschied vom Hitlerismus« der beiden Rechtsterroristen Odfried Hepp und Walther Kexel aus dem Jahr 1982. Ein Nachruf auf Kexel erschien in: NadS, Jg. 1/1, Nr. 1/1988, S. 18.

23 Revolte im Gespräch mit Andreas Siegfried Pohl (Nationalistische Front NF), in: Revolte. Die Zeitung der nationalistischen Bewegung 2/1993 (Nr. 5), S. 3f. [das Heft erschien etwa im Sommer 1992]; zu Pohl vgl. Mecklenburg (Hrsg.): Handbuch Rechtsextremismus, S. 508f.

24 Vgl. Christian Dornbusch/Jan Raabe (Hrsg.), RechtsRock. Bestandsaufnahme und Gegenstrategien, Münster 2002, S. 443.

25 Vgl. Senatsverwaltung für Inneres, Berlin, 10.4.1989: Aktuelle Tendenzen im Berliner Rechtsextremismus, S. 2 (Kopie im Archiv d. Verf.). – Allerdings agitierte die *NF* in Berlin (West) rege, verteilte den »Klartext« und andere *NF*-Materialien und wirkte maßgeblich in der *Deutschen Jugendinitiative* mit, einem übergreifenden Aktionsbündnis junger Neonazis, das zugleich in engem Kontakt mit Rechtsextremen der älteren Generation stand.

26 Klartext 5/1 (1985), Nr. 16, unpaginiert.

27 Vgl. Ralph Gabriel/Ingo Grastorf/Tanja Lakeit/Lisa Wandt/David Weyand: Futur Exakt.

Jugendkultur in Oranienburg zwischen rechtsextremer Gewalt und demokratischem Engagement, Berlin 2004, S. 74f.

28 Aufbruch, 1. Jg., Nr. 2, Dezember 1989, S. 1 f. Vgl. apabiz, Ordner NF 2: NF, Rundschreiben: Stellungnahme der NATIONALISTISCHEN FRONT zur »Grenzöffnung der DDR« am 9.11.89, undatiert [November 1989].

29 Vgl. z. B. Aktion an der Grenze, in: Aufbruch, 1. Jg., Nr. 2, Dezember 1989, S. 3f.

30 Drahtzieher im braunen Netz, S. 87.

31 apabiz, Ordner NF 2, Rundschreiben Schönborns an »Kameradinnen und Kameraden!«, undatiert (27.9.1990); vgl. Ordner NF 3: Erklärung der NATIONALISTISCHEN FRONT (NF) zum Anschluß der »Deutschen Demokratischen Republik« an die »Bundesrepublik Deutschland«, undatiert [September 1990]; Zur Lage in Deutschland, in: NadS, 3. Jg., Nr. 1/1990, unpaginiert; Aufbruch, 2. Jg., Nr. 8, Oktober 1990, S. 1.

32 Aufbruch, 2. Jg., Nr. 8, Oktober 1990, S. 1.

33 Alle Zitate: Ein Nachruf, in: ebd., S. 2.

34 Bericht der Ortsgruppe Berlin, in: Aufbruch, 2. Jg., Nr. 9, November 1990, S. 7f.

35 Vgl. apabiz, Ordner NF 2: Andreas Pohl, NF-Ortsgruppe Berlin, Einladung an »Kameraden und Freunde der Nationalistischen Front« v. 15.10.1990.

36 Bericht der Ortsgruppe Berlin, in: Aufbruch, 2. Jg., Nr. 9, November 1990, S. 8.

37 Vgl. zum Folgenden, soweit nicht anders angegeben, Gabriel u. a.: Futur Exakt, S. 77ff.

38 Aufbruch, 3. Jg., Nr. 12, April 1991, S. 9.

39 Aufbruch, 3. Jg., Nr. 17, Dezember 1991, S. 1.

40 Kader verstärken, in: Aufbruch, 2. Jg., Nr. 8, Oktober 1990, S. 3f.; apabiz, NF-Ordner 1: NADS-Redaktion – Klartext Verlag & Werbeartikel, v. 12.9.1990 an alle Abonnenten der NADS! – Als Nachfolgeorgan der »Nachrichten aus der Szene«, wie auch der NF-nahen Zeitschrift »Freiheit« aus Lüdenscheid, gilt die »Revolte«; vgl. Aufbruch, 3. Jg., Nr. 12, April 1991, S.10f.

41 Vgl. z. B. Ostdeutschland, in: Aufbruch, 2. Jg., Nr. 8, Oktober 1990, S. 7f.

42 Vgl. Aufbruch, 3. Jg., Nr. 12, April 1991, S. 9.

43 Vgl. Aufbruch, 3. Jg., Nr. 17, Dezember 1991, S. 6–8 – eine spätere Bestätigung durch Wahlen wurde angekündigt.

44 Zur Position von Ideologie und Strategie, in: Aufbruch, 3. Jg., Nr. 15, September 1991, S. 3–8, hier: S. 7f.

45 Vgl. Gideon Botsch, »Schluß mit dem Holocaust«. Der Brandanschlag auf die KZ-Gedenkstätte Sachsenhausen im Kontext rechtsextremer Geschichtspolitik, in: Christoph Kopke (Hrsg.): Angriffe auf die Erinnerung an die nationalsozialistischen Verbrechen. Rechtsextremismus in Brandenburg und die Gedenkstätte Sachsenhausen, Berlin 2014, S. 40–52.

46 Autonome Aktion, in: Aufbruch, 3. Jg., Nr. 15, September 1991, S. 2.

47 Vgl. Botsch: Schluß, S. 47.

48 Aufbruch, 3. Jg., Nr. 12, April 1991, S. 11.

49 Vgl. Jens P[ühse], Halbe 1991, in: Revolte 3/1991 (Nr. 3), S. 1; Aufbruch, 3. Jg., Nr. 17, Dezember 1991, S. 4–6.

50 Aufbruch, 3. Jg., Nr. 17, Dezember 1991, S. 5f.

51 Ebd., S. 11.

52 Vgl. apabiz, Ordner NF 3: SIE KOMMEN! Flugblatt, NF, undatiert.

53 Vgl. Aufbruch, 3. Jg., Nr. 17, Dezember 1991, S. 11; Aufbruch, 4. Jg., Nr. 18, Februar 1992.

54 Aufbruch, 3. Jg., Nr. 17, Dezember 1991, S. 11.

55 Vgl. Aufbruch, 4. Jg., Nr. 21, August 1992, S. 9.

56 Vgl. apabiz, Ordner NF 5.

57 apabiz, Ordner NF 2: NF Kameradschaft Kremmen betr. die Durchführung eines »Gespäches« 23.4.1992, undatiert [April 1992]; vgl. Aufbruch, 4. Jg., Nr. 20, Juni 1992, S. 9f.; Aufbruch, 4. Jg., Nr. 21, August 1992, S. 7-9.

58 Vgl. apabiz, Ordner NF 2: NF Ortgruppenführung Kremmen: Aufruf!, undatiert [April 1992].

59 Aufbruch, 4. Jg., Nr. 21, August 1992, S. 8.

60 Ebd., S. 9. Der Anschlag wurde am 16. 5. 1992 verübt.

61 Autonome Aktion, in: Aufbruch, 3. Jg., Nr. 15, September 1991, S. 2.

62 Vgl. Christoph Kopke: Rechtsterrorismus und rechte Gewalt in der Geschichte der Bundesrepublik Deutschland, in: Heidi Beutin / Wolfgang Beutin / Ulrich Praefke (Hrsg.): Rassismus. Ursprung – Funktion – Bekämpfung, Frankfurt a. M. 2014, S. 43–60, hier: S. 52.

63 Für den Täter selbst ist allerdings eine Mitgliedschaft in der *Wiking Jugend* anzunehmen.

64 Ob mit diesem Bild tatsächlich zu dem am 22. August 1992 beginnenden Pogrom in Rostock-Lichtenhagen mobilisiert wurde, ist nicht zweifelsfrei belegt. Einer entsprechenden Aussage des Neonazi-Aussteigers Ingo Hasselbach gegenüber der »taz« wurde von einem anderen seinerzeit aktiven Neonazi in einer Gegendarstellung entschieden widersprochen, vgl. Heike Kleffner: Gesteuerter Volkszorn, in: taz vom 26.2.2002 und die »Richtigstellung« von Norbert Weidner, unter: www.taz.de/1/archiv/archiv-start/?ressort=in&dig=2002%2F02%2F26%2Fa0054&cHash=1c476abce04be1d33b0611c51cf3f472.

65 Vgl. Drahtzieher im braunen Netz, S. 49ff.

66 apabiz, Ordner NF 2 – dort auch die folgenden Zitate. Vgl. Drahtzieher im braunen Netz, S. 46ff.

67 Vgl. Ausnahmezustand in Roding, in: Aufbruch, 3. Jg., Nr. 14, Juli 1991, S. 5–9.

68 Aufbruch, 3 Jg., Nr. 17, Dezember 1991, S. 6; vgl. auch Revolte 3/1991 (Nr. 3), S. 1.

69 Drahtzieher im braunen Netz, S. 98, wo diese These sehr entschieden vertreten wird.

70 Es ist wenig lohnend, die folgende »Schlammschlacht« ausführlich darzustellen; vgl. für die Sicht der Mehrheit (Pohl-Flügel): Aufbruch, 4. Jg., Nr. 20, Juni 1992; Aufbruch, 4. Jg., Nr. 21, August 1992; Pohl-Interview, in: Revolte 2/1993 [1992] (Nr. 5); vgl. auch die retrospektive Darstellung bei Steffen Hupka: Neue Wege, Hohenthurm 2012, S. 61 ff.; für die Perspektive Schönborns: apabiz, Ordner NF 2: Rundschreiben Meinolf Schönborn an Kameradinnen und Kameraden v. 16.6.1992 mit Anlagen.

71 Vgl. apabiz, Ordner NF 2: Maschinenschriftliches Protokoll des Parteitags, ohne Kopf und Datum; Aufbruch, 4. Jg., Nr. 21, August 1992.

72 Betrifft: Teilnahme an der Sonnwendfeier der Artgemeinschaft in Hetendorf, in: Aufbruch, 4. Jg., Nr. 20, Juni 1992, S. 13.

73 Vgl. Enno Gehrmann, Sonnenwendfeier in Potsdam, in: Revolte 2/1993 [1992] (Nr. 5), S. 5.

74 Vgl. Botsch: Schluß.

75 Verfügung des Bundesminister des Innern v. 29. 11. 1992 über das Verbot der NF, Begründung, S. 4f.

76 Der folgende Abschnitt stützt sich auf Material aus apabiz, Ordner NF 5; vgl. Drahtzieher im braunen Netz, S. 110ff.

77 Steffen Hupka knüpfte ab 1994 an den zuvor von ihm redigierten »Aufbruch« mit dem Zirkular »Umbruch« an, das auch für die Brandenburger Neonazi-Szene von Relevanz war.

78 Vgl. apabiz (Hrsg.), Die »Berlin-Brandenburger Zeitung«. Von der Legalität neofaschistischer Propaganda. Eine Textsammlung zur Auseinandersetzung mit einem aktuellen Projekt des bundesdeutschen Neofaschismus, Berlin 1997. – Mit »Kommando F« wurde auch ein Leserbrief in der Zeitschrift »Der Weisse Wolf« unterschrieben; möglicherweise verweist dieser Name auf den im Zusammenhang mit dem *NSU* bekannt gewordenen

V-Mann »Corelli«, der sich 1991 der NF angeschlossen hatte, vgl. Deutscher Bundestag, Drucksache 18/6545 vom 4.11.2015: Unterrichtung durch das Parlamentarische Kontrollgremium. Bericht gemäß §7 Absatz 2 des Gesetzes über die parlamentarische Kontrolle nachrichtendienstlicher Tätigkeit des Bundes zu den Untersuchungen des Sachverständigen Rechtsanwalt Jerzy Montag zum V-Mann Corelli.

79 R. Doberschütz, Die Zeit ist reif!, in: In Aktion. Mitteldeutsche Jugendbewegung, 2. Jg., Nummer 2/94, Ausgabe 14, Hornung 1994, S. 1.

80 kdl., Rechenschaftsbericht über das Wirken der Vororganisationen (1.1.92 bis 28.2.94), in: ebd., S. 2f.

81 Vgl. Bundesamt für Verfassungsschutz, Ein Jahrzehnt rechtsextremistischer Politik: Strukturdaten – Ideologie – Agitation – Perspektiven 1990–2000, Köln 2001, S. 10. Die ebenfalls 1992 verbotene *Deutsche Alternative* lag ziemlich exakt im Durchschnitt, während die endgültig erst 1995 verbotene *Freiheitliche Deutsche Arbeiterpartei* weitere zehn Prozent darunter lag. Angaben zum Datenmaterial und zur Methodik seiner Analyse macht das BfV nicht.

82 Vgl. Materialien in apabiz, Ordner NF 5.

83 Vgl. die Beiträge von Heike Kleffner, Dirk Laabs und Antonia von der Behrens im vorliegenden Band.

84 Vorwort, in: Nationaler Beobachter. Rundbrief des Nationalen Pressearchivs (N.P.A.), 1. Jg., Nr. 1/95, S. 2.

85 Vgl. Stefan Aust/Dirk Laabs: Heimatschutz. Der Staat und die Mordserie des NSU, München 2014, S. 285ff.

86 Vgl. Materialien in apabiz, NF-Ordner 4.

HEIKE KLEFFNER: »AUF VOLLSTÄNDIGE AUFKLÄRUNG WARTEN WIR IMMER NOCH«

1 Vgl. »brennt die Scheiße schon vorher ab denn habt ih ruhe«, inforiot, 24.10.2013, unter: www.inforiot.de/brennt-die-scheisse-schon-vorher-ab-denn-habt-ih-ruhe/ (Rechtschreibfehler im Original).

2 Martin Küper: Bürgermeister wegen Flüchtlingspolitik bedroht, in: Märkische Allgemeine Zeitung (MAZ), 22.4.2015, unter: www.maz-online.de/Lokales/Dahme-Spreewald/Buergermeister-Lutz-Franzke-aus-Koenigs-Wusterhausen-wird-wegen-Fluechtlingspolitik-bedroht.

3 Heftige Vorbehalte gegen Flüchtlinge, in: MAZ, 15.1.2015, unter: www.maz-online.de/Lokales/Dahme-Spreewald/Die-geplante-Unterbringung-von-400-Asylbewerbern-in-Niederlehme-sorgt-fuer-Zuendstoff.

4 Vgl. Chronologie des Vereins Opferperspektive, Eintrag vom 20.2.2015, unter: www.opferperspektive.de/rechte-angriffe/chronologie-rechter-angriffe/koenigs-wusterhausen-2.

5 Franziska Mohr: Brandstiftung in Uckley, in: MAZ, 11.8.2015, unter: www.maz-online.de/Lokales/Dahme-Spreewald/Brandstiftung-in-Uckley.

6 Vgl. Gebäude neben geplanter Asylunterkunft brennt, in: Der Tagesspiegel, 11.8.2015, unter: www.tagesspiegel.de/berlin/polizei-justiz/brandstiftung-in-koenigs-wusterhausen-gebaeude-neben-geplanter-asylunterkunft-brennt/12171550.html.

7 Vgl. Mohr: Brandstiftung.

8 Die Angst vor Anschlägen, in: MAZ, 28.2.2015, unter: www.maz-online.de/Lokales/Teltow-Flaeming/Die-Angst-vor-Anschlaegen.

9 Vgl. Schwerer Schlag fürs Dorf, in: Der Spiegel vom 3.2.1997, S. 82f.

10 Ebd.

11 Zit. nach: Oft gehörtes Thema in der bundesdeutschen Presse, in: Antifaschistisches AutorInnenkollektiv (Hrsg.): Hinter den Kulissen – Faschistische Aktivitäten im Land Brandenburg, Berlin 1994, S. 36 ff.

12 Vgl. Nikolaus Doll: Der Fall Dolgenbrodt ist längst noch nicht zu den Akten gelegt, in: Berliner Morgenpost, 1.11.2002, unter: www.morgenpost.de/printarchiv/brandenburg/article102867412/Der-Fall-Dolgenbrodt-ist-laengst-noch-nicht-zu-den-Akten-gelegt.html.

13 Vgl. Mohr: Brandstiftung.

14 Vgl. Martin Machowetz: Diese Brutalität, in: Die Zeit, 7.5.2015, unter: www.zeit.de/2015/19/nationalsozialismus-thueringen-politiker-weimar; Alexander Fröhlich/Rene Garzke: Rechts und aktionsorientiert, in: Störungsmelder und Potsdamer Neueste Nachrichten, 29.7.2015, unter: http://blog.zeit.de/stoerungsmelder/2015/07/29/neonazis-in-brandenburg-rechts-und-aktionsorientiert_19856.

15 Till Grefe: Mit weißer Maske zum Flash-Mob, in: Jungle World, 9.6.2011, unter: http://jungle-world.com/artikel/2011/23/43344.html.

16 Zur Bedeutung von Yakuza vgl. Yakuza – das neue Thor Steinar, in: Antifaschistisches Infoblatt 108 (3/2015).

17 Vgl. den Beitrag von Gideon Botsch in diesem Band.

18 Vgl. Ingo Hasselbach: Führer-Ex. Memoirs of a former Neo-Nazi, New York 1996, S. 75 f. Die Zitate wurden von der Autorin aus dem Englischen übersetzt. Im Gegensatz zur deutschen Ausgabe seiner Aussteiger-Beichte »Die Abrechnung«, die Ingo Hasselbach 1993 mit Winfried Bonengel im Aufbau Verlag veröffentlichte, verzichtet er in der US-amerikanischen Ausgabe auf Pseudonyme und beschrieb die Straf- und Gewalttaten detailliert.

19 Ebd., S. 202 f.

20 Vgl. ebd.

21 Die Gesellschaft für Sport und Technik (GST) gehörte zu den DDR-Massenorganisationen. Sie führte unter anderem zusammen mit der Nationalen Volkarmee (NVA) die in der DDR gesetzlich vorgeschriebene vormilitärische Ausbildung an Schulen, Universitäten und in Betrieben durch. Die GST hatte dafür Ausbildungslager und Schießstände und veranstaltete Wehrsportübungen und quasi militärische Wehrausbildungslager und Wettkämpfe.

22 Vgl. ebd., S. 209 f.

23 Zur Biografie von Ekkehard Weil vgl. Mariella Schwertmüller: Abtauchen für die Nation, in: Jungle World, 2.8.2000, http://jungle-world.com/artikel/2000/31/27176.html.

24 Vgl. Hasselbach: Führer-Ex, S. 76 f.

25 Vgl. den Beitrag von Dirk Laabs in diesem Band.

26 Vgl. Hasselbach: Führer-Ex, S. 211 ff.

27 Vgl. Antifaschistisches Autorenkollektiv: Drahtzieher im braunen Netz. Ein aktueller Überblick über den Neonazi-Untergrund in Deutschland und Österreich, Hamburg 1996, S. 52 f.

28 Vgl. den Beitrag von Dirk Laabs in diesem Band.

29 Vgl. Deutscher Bundestag, Drucksache (BT-Drs.) 17/14600, Beschlussempfehlung und Bericht, 22.8.2013, S. 181 und 188.

30 Vgl. ebd., S. 52.

31 Vgl. Oft gehörtes Thema in der bundesdeutschen Presse, in: Antifaschistisches AutorInnenkollektiv (Hrsg.): Hinter den Kulissen, S. 36.

32 Ralf Geißer: Zeugin mit Messern bedroht, in: Berliner Zeitung, 8.2.1994, unter: www.berliner-zeitung.de/archiv/acht-skinheads-leugnen-vor-gericht-den-ueberfall-auf-eine-diskothek-zeugin-mit-messern-bedroht,10810590,8806258.html; vgl. auch 2 Jahre Haft:

Skinheads schlagen drei Menschen zusammen, in: Neues Deutschland, 31.12.1994, unter: www.neues-deutschland.de/artikel/525380.jahre-haft-skinheads-schlagen-drei-menschen-zusammen.html.

33 Vgl. Rafael Pilscek: »Mein Sohn, der Neonazi«, 1992; vgl. auch »Antifaschistischer Widerstand in Königs Wusterhausen« in: Antifaschistisches Infoblatt 21 (1/1993), S. 36f.

34 Vgl. Hans Westmar: Eine Bewegung in Waffen, zit. nach: Antifaschistisches Autorenkollektiv: Drahtzieher, S. 54f.

35 Für eine ausführliche Darstellung der ersten und zweiten Briefbombenserie in Österreich vgl. Antifaschistisches Autorenkollektiv: Drahtzieher, S. 19f.

36 Vgl. Neonazi verurteilt, in: Neues Deutschland, 18.10.1995, unter: www.neues-deutschland.de/artikel/575496.neonazi-verurteilt.html.

37 vgl. Briefbombenprozess eröffnet, in: Die Welt, 12.9.1995, unter: www.welt.de/print-welt/article662010/Briefbomben-Prozess-in-Wien-eroeffnet.html; Blutige Rätselspur, in: Der Spiegel vom 23.10.1995.

38 Vgl. apabiz e.V. (Hrsg.): Landser im Visier, in: monitor 3/2001, unter: www.apabiz.de/publikation/monitor/Monitor%20Nr3.pdf.

39 Vgl. Oft gehörtes Thema, S. 35.

40 United Skins, Nr. 10 (Februar 1997), S. 3.

41 Ebd.

42 Vgl. Artikel von Dirk Laabs in diesem Band sowie BT-Drs. 17/14600, S. 294f.

43 Vgl. Führer der Meute, in: Der Spiegel vom 10.7.2000, S. 37f. Zur Bedeutung von Thomas Starke als Freund und Unterstützer des mutmaßlichen NSU-Kerntrios vgl. BT-Drs. 17/14600, S. 297; Manuel Bewarder/Uwe Müller: Der V-Mann packt aus – Der NSU und ich, in: Die Welt vom 23.9.2012, sowie Bericht über die Sonderermittlungen im Geschäftsbereich des Senators für Inneres und Sport im Zusammenhang mit der Aufklärung der Taten der Terrorgruppierung »NSU« (sog. Feuerberg-Bericht), unter www.berlin.de/sen/inneres/aktuelles/bericht_sonderermittler.pdf.

44 Vgl. United Skins, Nr. 11 (1998), S. 10.

45 United Skins, Nr. 12, o.J., S. 2.

46 Zur Relevanz der »Turner Diaries« vgl. Eike Sanders/Kevin Stützel/Klara Tymanova: Taten und Worte – Neonazistische »Blaupausen« des NSU, in: Bodo Ramelow (Hrsg.): Schreddern, Spitzeln, Staatsversagen. Wie rechter Terror, Behördenkumpanei und Rassismus aus der Mitte zusammengehen. Hamburg 2013, S. 114–125.

47 United Skins, Nr. 13 (1999), unpag.

48 Vgl. BT-Drs. 17/14600, S. 290f.

49 United Skins, Nr. 13 (1999).

50 Zu den Biografien der beteiligten Neonazis vgl. Naziorganisierung in den Knästen: Vom Knast zur Kameradschaft, in: Antifaschistisches Infoblatt 46 (1/1999), S. 28ff.

51 Aufruf zur Organisation im Knast, in: Umbruch, Nr. 8/9 (August 1995), S. 7f.

52 Vgl. Naziorganisierung in den Knästen: Vom Knast zur Kameradschaft, in: Antifaschistisches Infoblatt 46 (1/1999), S. 28ff. Unter den Ausbrechern aus der JVA Schwarze Pumpe war ein *NF*-Mitglied, der wegen seiner Beteiligung an dem Mord an dem Obdachlosen Rolf Schulze am 7. November 1992 bei Lehnin zu neun Jahren Jugendhaft verurteilt worden war.

53 Vgl. NSU Watch, Protokoll der Zeugenvernehmung von Carsten Szczepanski in der Hauptverhandlung gegen Beate Zschäpe u.a. am 13. Januar 2015, unter: www.nsu-watch.info/2015/01/protokoll-174-verhandlungstag-13-januar-2015/.

54 United Skins, Nr. 10 (1997), Rechtschreibfehler im Original.

55 Vgl. zur Person von Jens K. den Beitrag von Simone Wendler in diesem Band.

56 Der Weisse Wolf, Nr. 2 (1996). Mit »Hans Jörg aus der Ostmark« ist der wegen des Verstoßes gegen das NS-Wiederbetätigungsverbot zu acht Jahren Haft verurteilte österreichische Neonazi Hans Jörg Schimanek gemeint, der in seinem Zitat auf die Briefbombenserie von 1993 anspielt.

57 Vgl. Hilde Sanft: Nazi-Druckerei im Knast? JVA-Brandenburg-Chef bestreitet Vorwürfe, in: Junge Welt vom 19.12.1996.

58 Zit. nach: Toralf Staud: Ministerium verharmloste rechte Propaganda aus dem Knast, in: Zeit Online, 26.6.2013, unter: www.zeit.de/politik/deutschland/2013-06/der-weisse-wolf-propaganda-nazi. Gut 15 Jahre später recherchierte der Journalist Toralf Staud die Affäre erneut und kam zu dem Schluss: Das diesbezügliche Dementi des Justizministeriums sei »falsch gewesen«. Zudem habe das Ministerium »sein falsches Dementi sogar dann noch verbreitet, als die Beamten es nachweislich besser wussten« (ebd.).

59 Zu Thomas Starke vgl. Andreas Speit: Schweigende Informanten, in: die tageszeitung, 15.7.2014, unter: www.taz.de/!5037578/.

60 Vgl. u. a. BT-Drs. 17/14600, S. 131 ff.

61 Vgl. ebd., S. 463 f.

62 Vgl. ebd. Zum National Politischen Forum vgl. Stefan Aust/Dirk Laabs: Heimatschutz. Der Staat und die Mordserie des NSU, München 2014, S. 285 f.; Beweisantrag mehrerer Nebenkläger vom 3.8.2015 am OLG München, unter: www.nsu-watch.info/files/2015/09/2015.08.03.-Beweisantrag.pdf.

63 Vgl. NSU Watch, Protokoll des 174. Verhandlungstages am 13. Januar 2015 beim OLG München, www.nsu-watch.info/2015/01/protokoll-174-verhandlungstag-13-januar-2015/

64 apabiz e. V.: Vielen Dank an den NSU – Was wusste der Weisse Wolf, 28.3.2012, unter: www.nsu-watch.info/2012/03/vielen-dank-an-den-nsu-was-wusste-der-weisse-wolf/.

65 Vgl. Maik Baumgärtner/Sven Röbel: Cash aus dem Untergrund: NSU verschickte Geldbriefe an rechtsextreme Organisationen, in: Der Spiegel, 16.11.2012, unter: www.spiegel.de/panorama/justiz/nsu-verschickte-geldbriefe-an-rechtsextreme-organisationen-a-867632.html.

66 Vgl. BT-Drs. 18/6545, Bericht gemäß § 7 Absatz 2 des Gesetzes über die parlamentarische Kontrolle nachrichtendienstlicher Tätigkeit des Bundes zu den Untersuchungen des Sachverständigen Rechtsanwalt Jerzy Montag zum V-Mann Corelli, 4.11.2015, unter: http://dip21.bundestag.de/dip21/btd/18/065/1806545.pdf.

67 Vgl. Deutscher Bundestag, 17. Wahlperiode, 2. Untersuchungsausschuss, Protokoll Nr. 64a, 15.4.2013, S. 6.

68 Zur Geschichte der Band *Landser* und des Prozesses am Kammergericht Berlin im Jahr 2003 vgl. Profis, Geld und Subkultur, in: Antifaschistisches Infoblatt 61 (3/2003), S. 6–12 sowie Heike Kleffner: Nazi-Rocker wippen im Takt, in: Antifaschistisches Infoblatt 60 (2/2003), S. 38 f.

69 Zur Bedeutung von Szczepanskis Quellenmeldungen zum Trio vgl. die Beiträge von Dirk Laabs und von Antonia von der Behrens in diesem Band.

70 Vgl. den Beitrag von Marie Kwiatek und Michael Weiss in diesem Band.

71 Vgl. dazu Michael Weiss: Der NSU im Netz von Blood & Honour und Combat 18, 8.6.2015, unter: www.nsu-watch.info/2015/06/der-nsu-im-netz-von-blood-honour-und-combat-18-gesamtversion/.

72 Vgl. Antifaschistisches AutorInnenkollektiv (Hrsg.): Hinter den Kulissen: Faschistische Aktivitäten in Brandenburg – Update '99, Berlin 1999, S. 52 ff. u. S. 66.

73 Vgl. NSU Watch: Protokoll des 167. Verhandlungstages am 3. Dezember 2014, unter: www.nsu-watch.info/2014/12/protokoll-167-verhandlungstag-3-dezember-2014/.

74 Antifaschistisches AutorInnenkollektiv (Hrsg.): Hinter den Kulissen– Update '99, S. 52 f.

75 Heike Haarhof: Die fünfte Gewalt, in: die tageszeitung vom 9.9.2000.

76 Mitglieder der militanten *NSF* waren unter anderem für bewaffnete Banküberfälle und Morde an zwei schwedischen Polizeibeamten im Sommer 1999 verantwortlich.

77 Vgl. Werwolf, Waffen, Werthebach: Wer ist die Anti-Antifa, in: Antifaschistisches Infoblatt 50 (1/2000), S. 27 ff.

78 National-revolutionäre Zellen. Ein Interview aus dem Untergrund, in: Hamburger Sturm, Nr. 20, 1999, S. 9–11.

79 Vgl. die Beiträge von Marie Kwiatek und Michael Weiss sowie von Ulli Jentsch in diesem Band.

80 Zit. nach: Hamburger Sturm, Nr. 20, 1999, S. 10.

81 Alle Angaben nach Frank Jansen: Rechte Szene – Mindestens drei Attentate geplant, in: Der Tagesspiegel, 19.6.2000, unter: www.tagesspiegel.de/berlin/rechte-szene-mindestens-drei-attentate-geplant/148590.html.

82 Zur Rolle von Nick Greger, der als mehrfacher Aus- und Umsteiger innerhalb der extremen Rechten sowie als Informant des LKA Berlin seine Version der Ereignisse bei den *National-Revolutionären Zellen* einige Male geändert hat, vgl. Andreas Kopietz: Wieder Ärger mit den Neonazis, in: Berliner Zeitung vom 27.1.2014 sowie Umgestiegen statt Ausgestiegen, in: Antifaschistisches Infoblatt 95 (2/2012)

83 Vgl. Drei V-Männer vor Gericht, in: Antifaschistisches Infoblatt 58 (4/2002).

84 Vgl. BT-Drs. 17/14600, S. 295. Zur Enttarnung von »Piatto« vgl. Führer der Meute, in: Der Spiegel vom 10.7.2000, S. 37 f.

85 Andreas Müller: Schluss mit der Sozialromantik: Ein Jugendrichter zieht Bilanz, Freiburg i. Br. 4. Auflage 2013, S. 26 ff.

86 Vgl. Martin Klesmann: Enttarnter V-Mann zu zwei Jahren auf Bewährung verurteilt, in: Berliner Zeitung vom 12.11.2002 sowie Heike Kleffner: Richter fordert politisches Nachspiel, in: die tageszeitung vom 12.11.2002.

87 Die Frage, ob Toni Stadler im *NSU*-Komplex von Bedeutung ist, ist ungeklärt. Das OLG München lehnte im September 2015 einen Beweisantrag der Nebenklagevertreterinnen der Familie von Mehmet Kuba ık zu möglichen Unterstützerinnen und Unterstützern des NSU-Kerntrios in Dortmund ab. Stadler war nach seiner Enttarnung als V-Mann nach Dortmund umgezogen; vgl. dazu Johannes Hartwig: »Der Verfassungsschutz wusste gut Bescheid«. Ein Interview mit dem Rechtsanwalt Sebastian Scharmer, in: Lotta Magazin, Nr. 56, 3.8.2014, unter: www.lotta-magazin.de/ausgabe/56/der-verfassungsschutz-wusste-gut-bescheid.

88 Vgl. Unter den Augen der Polizei, in: Antifaschistisches Infoblatt 68 (4/2005).

89 Vgl. Berliner Justiz lässt Überfall auf Ströbele bis heute ungesühnt, in: Stern vom 23.8.2003.

MARIE KWIATEK UND MICHAEL WEISS: WHITE POWER SKINHEADS

1 *Radikahl* wird aufgrund ihrer Geschichte als »Kult-Band« gehandelt. Meist wird sie als Nürnberger Band bezeichnet. Bereits in den 1990er-Jahren zog aber Bandleader Manfred Wiemer von Nürnberg nach Thüringen und wechselte die alte Nürnberger Besetzung aus. Seit etwa 1997 tritt Wiemer unter dem Namen *Radikahl* mit Musikern der Band *Volkstroi* aus Beeskow (Spreewald) auf.

2 Interview mit Paul Burnley, in: Schlachtruf 5/1992

3 Mitglieder der Band *Skrewdriver* hielten sich offensichtlich schon 14 Tage vor dem Kon-

zert am 3. Oktober in Cottbus auf. Es fand ein Treffen zwischen Ian Stuart Donaldson, der Mitglied des *Ku-Klux-Klan (KKK)* war, und deutschen Neonazis sowie einem amerikanischen *KKK*-Anführer statt, bei dem die Gründung einer deutschen Klan-Sektion vorbereitet werden sollte. In diesem Kontext geschah die medial inszenierte Kreuzverbrennung bei Königs Wusterhausen am 20. September 1991. Carsten Szczepanski gründete nachfolgend einen deutschen *KKK*-Ableger. Vgl. dazu den Beitrag von Dirk Laabs in diesem Band.

4 Interview mit Frontalkraft. Ende 2004/Anfang 2005. unter: www.rebel-records.com/FK/Inti%20Kroatien.htm.

5 Interview mit »Uwocaust«, in: Kriegsberichter, 5.11.2009, unter: https://kriegsberichter.wordpress.com/2009/11/05/interview-mit-uwocaust/

6 Die Band *Noie Werte* blieb bis 2010 aktiv. Zwei Versionen des *NSU*-Bekennervideos, die sich auf den Computern in der letzten Wohnung von Beate Zschäpe, Uwe Mundlos und Uwe Böhnhardt in der Zwickauer Frühlingsstraße befanden, sind mit Musik von *Noie Werte* von deren Alben »Kraft für Deutschland« (1991) und »Puls der Zeit« (2000) unterlegt. Zur Besetzung von *Noie Werte* Mitte der 2000er-Jahre zählten unter anderem der der ehemalige *Proissenheads*-Musiker Stefan S., der heute in Karlsruhe lebt, und der ehemalige Chemnitzer *B&H*-Aktivist Andreas Graupner, der 2001 in den Raum Ludwigsburg zog.

7 Vgl. den Beitrag von Jeannette Goddar in diesem Band.

8 *Aryan Brotherhood* veröffentlichte 1998 eine Split-CD mit der britischen Band *White Law* unter dem Titel »German British Terrormachine«.

9 Die Meldungen von Carsten Szczepanski an seinen V-Mann-Führer belegen das Geschehen; vgl. Michael Weiss: Der NSU im Netzwerk von Blood & Honour und Combat 18, in: Jens Zimmermann/Regina Wamper/Sebastian Friedrich (Hrsg.): Der NSU in bester Gesellschaft. Zwischen Neonazismus, Rassismus und Staat, Münster 2015, S. 13; vgl. auch die Beiträge von Antonia von der Behrens und Dirk Laabs in diesem Band.

10 Interview mit Aryan Brotherhood, in: White Supremacy 1/1998.

11 Die ultimative Millenium-Umfrage, in: Blood & Honour Division Deutschland 9/2000.

12 Interview mit Uwe von den Proissenheads, in: The Aryan Law and Order 1/2000. »14 Words« meint das unter Neonazis verbreitete, aus 14 Worten bestehende, Glaubensbekenntnis »We must secure the existence of our people and a future for white children.« (Wir müssen die Existenz unseres Volkes und die Zukunft für die weißen Kinder sichern.)

13 Vgl. den Beitrag von Maik Baumgärtner zu den Eminger-Brüdern in diesem Band.

14 Anklageschrift der Generalbundesanwaltschaft vom 9. September 2002 im Verfahren gegen Landser, S. 76.

15 Vgl. Michael Weiss: Deutschland im September, in: Rechtsrock – Bestandsaufnahme und Gegenstrategien, Münster 2002, S. 57.

16 Vgl. Der Weisse Wolf, Nr. 18, 2002, S. 66.

17 Aus dem *Bloodshed*-Song »Was seid ihr?« Dieses Lied erschien 2008 auf dem Sampler »Berlin – Brandenburg 2«. Bereits 2004 wurde es auf der *Bloodshed*-CD »Asche zu Asche« (2004) veröffentlicht, allerdings mit anderem Text. Anstatt »Wir sind Neonazis, was verdammt noch mal seid ihr?« heißt es dort: »Wir sind die Jungs von Seite eins, doch was verdammt nochmal seid ihr?«

18 Interview mit »Uwocaust«, in: Kriegsberichter, 5.11.2009.

19 Die CDs »Die Söhne Potsdams« boten den Rechtsrock-Bands *Cynic, Redrum, Preussenstolz* und *Strongside* die Möglichkeit, ihre Musik über ein etabliertes Label zu veröffentlichen. Zudem gaben sie Rechtsrock-Musikern der Region die Gelegenheit, zusammen mit Uwe Menzel Musik zu machen.

20 Vgl. Antifaschistische Recherche Potsdam-Umland: Neonazistisch-musikalisches Treiben in Potsdam, 26.2.2011, unter: http://arpu.blogsport.eu/2011/02/26/neonazistisch-musikalisches-treiben-in-potsdam/.
21 Plattenbau Neonazis in Preußisch Disneyland, in: Antifaschistisches Autor_innenkollektiv (Hrsg.): Hinter den Kulissen. Hinter- und Vordergründe der brandenburgischen Neonaziszene 2013, S. 40.
22 »Rac'n Roll« ist eine Ableitung aus Rock 'n' Roll, die auf RAC (Rock against Communism) anspielt.

MAIK BAUMGÄRTNER: WEISSE BRUDERSCHAFT

1 Vgl. den Beitrag von Ulli Jentsch in diesem Band sowie Dirk Laabs: Der NSU, »The Order« und die neue Art des Kampfes, in: Antifaschistisches Infoblatt 105 (4/2014).
2 Vgl. den Beitrag von Marie Kwiatek und Michael Weiss in diesem Band.
3 Zu Combat 18 vgl. Nick Lowles: White Riot. Die Combat 18-Story: Aufstieg und Untergang einer Nazi-Terror-Gruppe, Winsen 2011.
4 Foier Frei, Nr. 13, 2001.
5 Original: »We must secure the existence of our people and a future for White children.« »Our people« wird von Neonazis im Sinne von »unsere Rasse« verstanden.
6 Vgl. den Beitrag von Marie Kwiatek und Michael Weiss in diesem Band.
7 Vgl. den Beitrag von Heike Kleffner in diesem Band.

SIMONE WENDLER: DIE *1. WERWOLF-JAGDEINHEIT SENFTENBERG* UND DER MORD AN TIMO K.

1 Die Namen der Mitglieder der *1. Werwolf-Jagdeinheit Senftenberg* und der Beteiligten an dem Mord wurden geändert.
2 Bundesgerichtshof (BGH), Beschluss StB 21-25/92 vom 17.12.1992.
3 Zit. nach: Lausitzer Rundschau vom 22.1.1994, S. 3.
4 Ministerium des Innern des Landes Brandenburg: Verfassungsschutzbericht 1993, Potsdam 1993, S. 27.
5 Vgl. dpa-Meldung vom 22.10.1992.
6 Zit. nach: Die neuen Nazis greifen an, in: Stern 47/1992, S. 95.
7 Zit. nach: Starkes Gehabe, in: Der Spiegel vom 4.1.1993, S. 38f.
8 BGH-Beschluss StB 21-25/92.
9 Ebd.
10 Ebd.
11 Ebd.
12 Vgl. ebd.
13 Vgl. ebd.
14 Vgl. Sylvia Roscher: Neonazi-Kontaktbörse, in: blick nach rechts 8/2006 (12.4.2006)
15 Vgl. Toralf Staud in: Zeit Online vom 26.6.2013
16 Vgl. Bundestags-Drucksache 18/6545 vom 4.11.2015.
17 Zit. nach: Der weisse Wolf, Nr. 10, 1999.

1 Vgl. den Beitrag von Dirk Laabs in diesem Band.

2 »Der 21.03.1933, Tag der Ernennung des vom deutschen Volke gewählten Reichskanzlers Adolf Hitler. Mit diesem Tage brach eine neue Epoche der Freiheit und des wiedergewonnenen Nationalbewußtseins der Deutschen an, im darauffolgenden Zeitraum kam es zu einmaligen Errungenschaften für das und durch das Volk der Dichter und Denker. Neidvoll mißgönnten die späteren alliierten Kriegsgegner den Aufschwung im Deutschen Reiche. Potsdam, die Stadt, in welcher Adolf Hitler gekrönt wurde, wird zum Gedenken daran mit einer würdevollen Tat bedacht. Die nationale Bewegung.«

3 »Zum Geburtstag wünschen wir, [...], dir lieber Adolf, alles Gute und weiterhin viel Freude, im Himmel beim Kampf für eine gerechte Sache. Die nationale Bewegung.«

4 »Die nationale Bewegung ehrt am heutigen Tage mit dieser Aktion den Führer der deutschen Nation, Adolf Hitler! Damit diese ruhmreichen Jahre niemals in Vergessenheit geraten werden.«

5 »Zur Erinnerung an unsere gefallenen deutschen Kameraden im 2. Befreiungskrieg gg. den weltweiten Imperialismus wollen wir, die nationale Bewegung, ein Zeichen setzen. Da am achten Mai jeden Jahres den Siegern über das großdeutsche Reich gedacht wird, wollen wir mit dieser Tat einmal an die tapferen Soldaten des Reiches erinnern.«

6 »01. September 2000 wir gedenken heute unseren Brüdern, Schwestern, Vätern, Müttern und den im Krieg 1939 bis 1945 gefallenen Kämpfern für unser deutsches Vaterland. Wir werden es nicht dulden, daß russischen Mördern, Kriegsverbrechern und Vergewaltigern mit solchen Ehrenmalen in unserem Land gedacht wird. Die Nationale Bewegung.«

7 »Keine Fördergelder für Juden! Wir haben keinen Platz im Deutschen Reich für die geldgierige unarische Rasse. Erkennt den Volkszorn, der ständig wächst. Die Nationale Bewegung.«

8 »Wir setzen heute erneut ein Zeichen gegen die jüdische Aussaugung des deutschen Volkskörpers durch die den Juden eigene parasitäre Raffsucht. Kampf dem Judentum. Kampf all seinen materiellen und personellen Quellen!!! Die Nationale Bewegung.«

9 »Heute geht noch Schweinefleisch auf den Transport! Morgen werdet ihr es wieder sein! Der Friedhof war der Anfang, erkennt endlich die Zeichen der Zeit! Sollte der vorhandene Schaden wie angekündigt aus deutscher Staatskasse bezahlt werden, dann erkennen wir darin einen weiteren Grund gegen das parasitäre Judentum entschlossener vorzugehen! Wir lassen unser deutsches Volk weder von Juden noch von opportunistischen Politikern finanziell ausbluten. Ihr lebt auf unsere Kosten. Wir kämpfen bis zum Sieg oder gehen nach Walhalla! Die nationale Bewegung«.

10 »Am 30. Januar 2001 wird im Theaterhaus Am Alten Markt das Blut derer fließen, welche meinen, sich mit der Teilnahme an der Veranstaltung gegen den größten deutschen Kanzler schmücken zu können. Wir denken, daß die Schande eines solchen Kulturbetriebes nicht weiter potsdamer Eindrücke prägen muß. In einer Zeit, als Deutschland eine fähige Führung hatte, gab es solche Häuser nicht! Die nationale Bewegung.«

11 Vgl. Sven Röbel: Intensiv und zielgerichtet, in: Der Spiegel vom 16.10.2000, S. 38.

12 Zit. nach: Jens Blankennagel: Innenministerium dementiert Existenz rechter Terrorgruppen, Berliner Zeitung vom 17.10.2000.

13 Ministerium des Innern des Landes Brandenburg: Größte Herausforderungen: Terrorismusbekämpfung und Rechtsextremismus, Pressemitteilung Nr. 042/2002 vom 26.4.2002.

14 Vgl. Der Generalbundesanwalt beim Bundesgerichtshof: Ermittlungen wegen des Brandanschlages auf den jüdischen Friedhof in Potsdam, Pressemitteilung Nr. 3/2001 vom 12.1.2001.

15 Zit. nach: Heike Kleffner: Razzia bei Potsdamer Rechtsextremen, in: die tageszeitung vom 9.2.2001.
16 Vgl. Sven Röbel/Holger Stark: Verrat im Taka-Tuka-Land, in: Der Spiegel vom 7.6.2003, S. 50 ff.
17 Vgl. Frank Jansen: V-Mann-Affäre: Jetzt spricht der Spitzel, in: Der Tagesspiegel vom 6.6.2003.
18 Vgl. Frank Jansen: V-Mann-Affäre: Neuer Verdacht gegen Verfassungsschutz, in: Der Tagesspiegel vom 30.9.2003.

DIE ROLLE DES STAATES

CHRISTOPH KOPKE: POLIZEI UND MILITANTER NEONAZISMUS IN BRANDENBURG

1 Zitat aus einem Urteil des Bezirksgerichts Frankfurt (Oder) vom 14.9.1992 wegen Landfriedensbruch u. a., das im Urteil gegen Sven B. u. a. wegen Körperverletzung u. a. vom 26.10.1992 [Abschrift], Bl. 13 f. zitiert wird. Bei Letzterem handelt es sich um das Urteil im Verfahren wegen des Tötungsdeliktes an Gerd Himmstädt im Jahr 1992, das wir im Zuge des Projektes zur Überprüfung der umstrittenen Altfälle »Opfer rechtsextremer und rassistischer Gewalt« untersucht haben (vgl. Christoph Kopke / Gebhard Schultz: Abschlussbericht des Forschungsprojektes »Überprüfung umstrittener Altfälle Todesopfer rechtsextremer und rassistischer Gewalt im Land Brandenburg seit 1990«, Potsdam 2015, unter: www.mik.brandenburg.de/cms/detail.php/bb1.c.407536.de). In diesem Urteil wurde das hier und im Folgenden auszugsweise wiedergegebene Urteil im Verfahren wegen der vorangegangenen Tötung Amadeo Antonios ausführlich zitiert, da einer der Täter an beiden Fällen beteiligt war. – Anzumerken wäre noch, dass der angeführte Schlachtruf kaum auf die rechtsradikale Szene Englands zurückgeht. Von englischen Skinheads stammt höchstens das »oi, oi, oi«. »Zicke zacke, zicke, zacke hoi hoi hoi« ist – so die Internetenzyklopädie wikipedia – »ein Schlachtruf, der unter Kirmesburschen, im Karneval, im Sport und sonst beim gemeinsamen Alkoholgenuss als Trinklied Verwendung findet«. Auch war er ein in der Hitlerjugend gängiger Ruf; vgl. https://de.wikipedia.org/wiki/Zicke_zacke_zicke_zacke_hoi_hoi_hoi. Für diesen Hinweis danke ich Christoph Schulze.
2 Juristisch wurde das Tötungsdelikt als Körperverletzung mit Todesfolge eingestuft.
3 Alle Zitate nach: Urteil, Bl. 10.
4 Das Lokal war eines der wenigen, in das Schwarze in Eberswalde damals eingelassen wurden; vgl. den Beitrag von Jeannette Goddar in diesem Band.
5 Alle Zitate nach: Urteil, Bl. 11.
6 Ebd., Bl. 12.
7 Ebd., Bl. 15. Couragiert handelte der Busfahrer, der ausstieg und die Skinheads durch die Worte »Was seid ihr für Menschen, dass ihr so etwas macht?« offenbar so irritierte, dass sie sich vom schwer verletzten Opfer entfernten.
8 Ebd., Bl. 17; Personennamen wurden vom Autor anonymisiert.
9 Zit. nach Juliane Lang/Christina Wendt: »Warnschüsse wären in diesem Fall gerechtfertigt gewesen«, in: Opferperspektive e. V. (Hrsg.): Rassistische Diskriminierung und rechte Gewalt. An der Seite der Betroffenen – beraten, informieren, intervenieren, Münster 2013, S. 21.
10 Vgl. Reinhard Haselow: Der Wandel der Volkspolizei zu einer rechtsstaatlich-demokratischen Polizei, Lübeck 2000.

11 Vgl. Hans-Gerd Jaschke: Eine verunsicherte Institution. Die Polizei in der Auseinandersetzung mit Rechtsextremismus und Fremdenfeindlichkeit, in: Wilhelm Heitmeyer (Hrsg.): Das Gewalt-Dilemma. Gesellschaftliche Reaktionen auf fremdenfeindliche Gewalt und Rechtsextremismus, Frankfurt a. M. 2004, S. 305–339.

12 Vgl. Ralf Geißler: Skin-Konzert: Polizei sah keinen Anlaß zum Eingreifen, in: Berliner Zeitung vom 1.7.1993; vgl. Polizei verteidigt ihre Taktik beim Skin-Treffen, in: Der Tagesspiegel vom 1.7.1993; »Außer Ruhestörung keine Vorkommnisse«, in: Neues Deutschland vom 1.7.1993.

13 Markus Wallenberg: Als Kahlkopf und Co. bei Pieros feierten, in: Neues Deutschland vom 16.6.1993. Rückblickend würde – wäre Szcecpanski tatsächlich bereits Anfang der 1990er-Jahre V-Mann gewesen, wie Hajo Funke und Dirk Laabs vermuten (und nicht erst 1994) – dies noch ein besonderes Licht auf den Polizeieinsatz und die nachfolgenden offiziellen Stellungnahmen werfen. Zu Szczepanski vgl. Hajo Funke: Staatsaffäre NSU. Eine offene Untersuchung, Münster 2015, S. 220–231; vgl. auch den Beitrag von Dirk Laabs in diesem Band.

14 Lang/Wendt: »Warnschüsse«, S. 27

15 Tanya Lieske: Unter den Augen der Polizei von Skins verprügelt, in: Der Tagesspiegel vom 11.7.1993.

16 Zur Genese der rechtsextremen Jugendszene in der Spätphase der DDR vgl. Bernd Wagner: Rechtsradikalismus in der Spät-DDR. Zur militant-nazistischen Radikalisierung. Wirkungen und Reaktionen, Berlin 2015; vgl. auch den Beitrag von Gideon Botsch zu den Ursprüngen des Rechtsextremismus in Brandenburg in diesem Band.

17 Heinz Cornel: Schwere Gewaltkriminalität durch junge Täter in Brandenburg. Potsdam/Berlin 1999, S. 27. Zusätzlich wird von einem erheblicher Dunkelziffer auszugehen sein. Hinzu kommt, dass andere rechtsmotivierte Taten, etwa gegen Linke, hier nicht eingerechnet sind.

18 Bernd Wagner: Jugend – Gewalt – Szenen. Zu kriminologischen und historischen Aspekten in Ostdeutschland. Die achtziger und neunziger Jahre, Berlin 1995, S. 63.

19 Rechtsextreme Hintermänner steuerten Randale in Cottbus, in: Berliner Zeitung vom 1.9.1992.

20 Vgl. Tom Dender: Das Grüne und das Weiße. Polizei, Rassismus, Rechtsextremismus, in: Prozessbeobachtungsgruppe Guben (Hrsg.): Nur ein Toter mehr … Alltäglicher Rassismus in Deutschland und die Hetzjagd von Guben, Hamburg/Münster 2001, S. 35–46.

21 Brandenburger Polizeischüler machen Randale. Künftige Beamte bei Aktionen im rechtsradikalen Umfeld identifiziert, in: Berliner Morgenpost vom 18.3.1993.

22 Alle Angaben nach: Ministerium des Innern des Landes Brandenburg (Hrsg.): SoKo Rega – Sonderkommission gegen rechtsorientierte und fremdenfeindliche Gewalt, Manuskript, Potsdam 1993. Vgl. auch Ministerium für Inneres und Kommunales, Ref. 45: Strategieentwicklung zur Bekämpfung der Politisch motivierten Kriminalität im Land Brandenburg, unveröff. Eckdatenpapier, Potsdam (August 2015); Heinz Kleger: Toleranz und »Tolerantes Brandenburg«, Berlin 2006, S. 85 f.

23 Klaus Kandt: Polizeiliche Maßnahmen gegen den Rechtsextremismus in Brandenburg. Erfahrungen aus der Praxis, in: Julius H. Schoeps/Gideon Botsch/Christoph Kopke/Lars Rensmann (Hrsg.): Rechtsextremismus in Brandenburg. Handbuch für Analyse, Prävention und Intervention, Berlin 2007, S. 230–236, hier S. 232.

24 Märkische Oderzeitung vom 25.2.1998.

25 Frankfurter Frontberichter 2/1998.

26 Vgl. Kandt: Polizeiliche Maßnahmen, S. 232

27 Tobias Lill: Die Nazi-Jäger von Neuruppin, in: Spiegel Online vom 21.3.2006.

28 Verstärkte Nazi-Aktivitäten in Wittstock, in: Märkische Allgemeine Zeitung vom 20.3.2002.

29 Vgl. Kandt: Polizeiliche Maßnahmen, S. 233. Zu MEGA und TOMEG vgl. Kleger: Toleranz, S. 85 ff.

30 Vgl. Aktionsbündnis gegen Gewalt, Rechtsextremismus und Fremdenfeindlichkeit/Opferperspektive e. V.: Mobiler Fachtag: Rechtsextremismus in Brandenburg – Einblicke vor Ort (29.9.2006), o. O. o. J. [Potsdam 2006], S. 23; vgl. auch: Kleger: Toleranz, S. 88 mit geringfügig abweichenden Zahlen.

31 Kandt: Polizeiliche Maßnahmen, S. 230.

32 Ministerium für Inneres und Kommunales: Maßnahmen der Polizei des Landes Brandenburg nach Aufdeckung der rechtsterroristischen Gruppierung NSU, Potsdam 2014, S. 11.

33 Vgl. Kopke/Schultz: Abschlussbericht.

34 Amtsblatt Land Brandenburg, 15. Oktober 2014, S. 1287

35 Ministerium: Maßnahmen der Polizei, S. 19.

36 Ebd., S. 20.

37 Vgl. Gideon Botsch/Christoph Kopke: Auf dem Weg, aber nicht am Ziel. Brandenburg und die Abwehr von Rechtsextremismus und Rassismus, in: Opferperspektive e. V. (Hrsg.): Rassistische Diskriminierung und rechte Gewalt. An der Seite der Betroffenen. beraten, informieren, intervenieren, Münster 2013, S. 341–349.

38 Vgl. Dender: Das Grüne und das Weiße, S. 43. Dieser Autor unterstellt den Repressionsmaßnahmen, sie dienten primär als Vorwand, insgesamt polizeiliche Befugnisse ausweiten zu können.

39 Vgl. Gerd Schnittcher: Bekämpfung des Rechtsextremismus (PMK) aus Sicht einer brandenburgischen Staatsanwaltschaft, in: Christoph Kopke (Hrsg.): Die Grenzen der Toleranz. Rechtsextremes Milieu und demokratische Gesellschaft in Brandenburg. Bilanz und Perspektiven, Potsdam 2011, S. 151–165.

40 Verboten wurden 1995: *Direkte Aktion/Mitteldeutschland (JF)*; 1997: *Kameradschaft Oberhavel;* 2005: *Kameradschaft Hauptvolk und Sturm 27;* 2005: *Alternative Nationale Strausberger DArt-, Piercing und Tattoo-Offensive (ANSDAPO);* 2006: *Schutzbund Deutschland;* 2011: *Freie Kräfte Teltow-Fläming;* 2012: *Widerstandsbewegung Südbrandenburg;* vgl. Christoph Kopke: »Signal im Kampf gegen den organisierten Rechtsextremismus«. Die Verbotsverfahren gegen rechtsextreme Vereine im Land Brandenburg, in: Christoph Kopke (Hrsg.): Angriffe auf die Erinnerung an die nationalsozialistischen Verbrechen. Rechtsextremismus in Brandenburg und die Gedenkstätte Sachsenhausen, Berlin 2014, S. 120–133.

41 Vgl. Hassmusik auf dem Index, in: Märkische Allgemeine Zeitung, 29.12.2014, unter: www.maz-online.de/Brandenburg/Landeskriminalamt-Brandenburg-schlaegt-57-extremistische-Tontraeger-fuer-den-Index-vor.

42 Vgl. Andreas Knuth: Rechtsextremismus und Versammlungsrecht. Die Tragweite und Grenzen der Versammlungsfreiheit unter besonderer Berücksichtigung des Falles »Halbe«, in: Schoeps u. a. (Hrsg.): Rechtsextremismus in Brandenburg, S. 214–220.

43 Vgl. www.rbb-online.de/politik/beitrag/2015/09/rechtsextremismus-bei-der-brandenburger-polizei.html.

DIRK LAABS: DIE V-MANN-KARRIERE DES CARSTEN SZCZEPANSKI

1 Sie werden im Folgenden auch V-Männer genannt, da V-Frauen nach aktuellem Stand bislang nicht in der Szene enttarnt wurden.

2 Das LfV Brandenburg ist offiziell die Abteilung V im Brandenburger Innenministerium, entspricht aber einem Landesamt für Verfassungsschutz.
3 Auch deswegen hat der Deutsche Bundestag im November 2015 einen zweiten *NSU*-Untersuchungsausschuss eingerichtet.
4 Vgl. dazu Deutscher Bundestag, Drucksache (BT-Drs) 17/14600, Beschlussempfehlung und Bericht, 22.8.2013, S. 285 ff.
5 Vgl. den Beitrag von Ulli Jentsch in diesem Band
6 Der Plural ist bewusst gewählt. Es gibt in den USA nicht nur einen *Ku-Klux-Klan,* sondern sehr viele – eine Koordinierungsstelle gibt es nicht. Jeder Rassist darf im Prinzip einen *Klan* gründen, die »Marke« ist nicht geschützt. Kein *Klan*-Akteur hat den Überblick, wer wo gerade welchen *Klan* organisiert.
7 Ob das so stimmt, ist fraglich: Tatsächlich tauchten in dieser Zeit in ganz Europa Mitglieder verschiedener *Klans* auf – eingeladen hatten sie sich also selbst, als Teil einer Kampagne, um ein Netzwerk militanter Rassisten in Europa aufzubauen.
8 Man fand weitere Texte bei Szczepanski, die er für sein Skinzine »Das Feuerkreuz« geschrieben hatte: »Mit dieser Ausgabe wollen wir Euch als eine Art ›Weiterbildung‹ ein paar Extraseiten anbieten. Der Inhalt wird euch sicherlich gefallen, denn er ist wahrlich ›explosiv‹. Einiges wird sicherlich schon bekannt sein. Ein Tip noch: Leute, seid vorsichtig beim Basteln, denn Schadenersatz zahlen wir auf keinen Fall! So und nun zum Inhalt, das ganze ist dreifach unterteilt in … Tarnen im Gelände, … Nahkampf, … Herstellen von Explosivkörpern.«
9 Er schrieb tatsächlich »den Bums«. Ohne Fragezeichen.
10 Vgl. den Beitrag von Heike Kleffner in diesem Band.

ANTONIA VON DER BEHRENS: GEDÄCHTNISLÜCKEN UND GESPERRTE AKTEN

1 Diese Deckblattmeldungen wurden, wenn auch mit Verzögerung, an das Landesamt für Verfassungsschutz Thüringen übersandt. Dort bestätigte ihr Inhalt die seit spätestens Juli 1998 vorliegenden Informationen über die Unterstützung des Trios durch die *B&H*-Sektion Sachsen und den vermuteten Aufenthaltsort Chemnitz. In der Akte »Operation Drilling« – so bezeichnete das Landesamt für Verfassungsschutz Thüringen die Suche nach dem Trio – aus der Zeit zwischen 1998 und 2001 finden sich sechs Personen, die heute als sächsische Unterstützer des Trios bekannt sind. Bei weiteren sieben Namen sächsischer *B&H*-Mitglieder und deren Umfeld aus derselben Akte ist bis heute nicht bekannt, ob sie zu den Unterstützern gehörten oder was sie über das Trio wussten, da sie bisher, soweit bekannt, nicht in die Ermittlungen der Taten des *NSU* durch den Generalbundesanwalt einbezogen wurden. Außer einigen kurzen Observationen und Telekommunikationsüberwachung folgten keine nachhaltigen Maßnahmen aus diesen Erkenntnissen.
2 Vgl. Gerhard Schäfer/Volkhard Wache/Gerhard Meiborg: Gutachten zum Verhalten der Thüringer Behörden und Staatsanwaltschaften bei der Verfolgung des »Zwickauer Trios« im Auftrage des Freistaates Thüringen, Erfurt, 14.5.2012, S. 158; vgl. Deutscher Bundestag, Drucksache (BT-Drs.) 17/14600, Beschlussempfehlung und Bericht, 22.8.2013, S. 384.
3 Der Nachname des Angeklagten Carsten S. wird abgekürzt, weil er sich aufgrund seiner Aussagen gegen Ralf Wohlleben im Zeugenschutzprogramm des BKA befindet.
4 Beate Zschäpe wird u. a. vorgeworfen, Mitglied des *NSU* gewesen zu sein und mit Uwe Böhnhardt und Uwe Mundlos als Mittäterin zusammen zehn Morde, viele Mordversuche und 15 Raubüberfälle der Organisation begangen zu haben. Ralf Wohlleben soll mithilfe

von Carsten S. die Mordwaffe, eine Ceska 83 mit Schalldämpfer, besorgt haben. Holger Gerlach und André Eminger sind angeklagt, weil sie unter anderem den NSU mit Ausweispapieren und anderen logistischen Hilfen unterstützt haben sollen.

5 Die Schäfer-Kommission hatte unter der Leitung des ehemaligen Richters am Bundesgerichtshof Gerhard Schäfer und im Auftrag des Thüringer Innenministeriums die Fahndung der thüringischen Behörden nach dem Trio untersucht.

6 Vgl. Maik Baumgärtner/Martin Knobbe: »Halbwegs intelligenter Eindruck«, in: Der Spiegel vom 31.10.2015, S. 34, 36.

7 Der Zeuge Gordian Meyer-Plath wurde auch in der 64. Sitzung des ersten *NSU*-Untersuchungsausschusses des Bundestages am 15. April 2013 sowie in der 45. Sitzung des Thüringer Untersuchungsausschusses 5/1 am 7. Oktober 2013 vernommen.

8 Der damalige Brandenburger Verfassungsschutzchef Hans-Jürgen Förster hatte im ersten *NSU*-Untersuchungsausschuss des Bundestages ausgesagt, dass er Szczepanski zwei V-Mann-Führer zur Seite gestellt hatte; vgl. Deutscher Bundestag, 17. Wahlperiode, 2. Untersuchungsausschuss, Protokoll Nr. 41, 10.1.2013, S. 126.

9 Vgl. ebd., S. 116.

10 Vgl. NSU-Watch, Protokoll der Hauptverhandlung vom 11. November 2014. In dieser Hauptverhandlung hat der Zeuge Norbert W. bestätigt, dass er sich folgenden Telefonvermerk gemacht hatte: »1. Nach telefonischer Rücksprache mit dem zuständigen V-Mann-Führer G. vom LfV Sachen am 07.09.1998 habe die Quelle keine neuen Erkenntnisse mitgeteilt, nur dass die sächsischen Skins sich in Chemnitz aufhalten würden, laut Antje Probst, neue Erkenntnisse würden dem TLfV unverzüglich mitgeteilt [...]«; unter: www.nsu-watch.info/2014/11/protokoll-157-verhandlungstag-11-november-2014/.

11 Vgl. NSU-Watch, Protokoll der Aussage von Meyer-Plath in der Hauptverhandlung vom 22. April 2015; unter: www.nsu-watch.info/2015/04/protokoll-199-verhandlungstag-22-april-2015/.

12 Vgl. BT-Drs. 17/14600, S. 410 und Fn. 3579.

13 Vgl. Stefan Aust/Dirk Laabs: Heimatschutz, München 2014, S. 367; vgl. den Beitrag von Dirk Laabs in diesem Band.

14 Deutscher Bundestag, 17. Wahlperiode, 2. Untersuchungsausschuss, Protokoll Nr. 64, 21.6.2013, S. 41.

15 Der Zeuge Rainer G. wurde auch in der 56. Sitzung am 8. April 2013 vernommen.

16 Vgl. BT-Drs. 17/14600, S. 405.

17 Vgl. ebd.

18 Vgl. Deutscher Bundestag, 17. Wahlperiode, 2. Untersuchungsausschuss, Protokoll Nr. 64, 21.6.2013, S. 6.

19 Vgl. Alexander Fröhlich: Unterlagen zu V-Mann »Piatto«. Brandenburg gibt *NSU*-Akten doch frei, in: Potsdamer Neueste Nachrichten vom 28.9.2015.

20 Giesela Friedrichsen: Zeuge im *NSU*-Prozess: »SA der Neuzeit«, in: Spiegel Online, 16.9.2015, unter: www.spiegel.de/panorama/justiz/nsu-prozess-saenger-von-neonazi-band-sagt-aus-a-1053256.html.

21 Maik Eminger trug den Pullover am 29. Juli 2014 anlässlich der Vernehmung des Chemnitzer Unterstützer des Trios Thomas Rothe, André Eminger trug ihn in der Hauptverhandlung am 16. Oktober 2014 anlässlich der Vernehmung des *Hammerskins* und möglichen NSU-Unterstützers Thomas Gerlach.

»ICH HABE IMMER DAMIT GERECHNET, DASS ES EINEN ORGANISIERTEN RECHTSTERRORISMUS GEBEN KÖNNTE«

1 Am 26. Mai 1993 stimmte eine Zweidrittelmehrheit des Deutschen Bundestages nach einer scharfen Debatte in der deutschen Gesellschaft für eine Änderung des Grundgesetzes, mit der das Grundrecht auf politisches Asyl deutlich eingeschränkt wurde.

2 Rolf-R. Henrich: Der Feind steht rechts! Oder: Was Brandenburgs Generalstaatsanwalt unter Patriotismus versteht, in: NJW 51/1996 vom 18.12.1996, S. 3399ff. Darin heißt es unter anderem, der Generalstaatsanwalt »redet hier über eine verschwindende Minderheit Jugendlicher und Heranwachsender und deren ›gewalttätigen Rechtsextremismus‹ wie über eine soeben auferstandene SA.« Darauf antwortete Rautenberg mit dem Artikel »Solidarität gegen rechtsextremistische Gewalt!«, in: NJW 14/1997 vom 2.4.1997, S. 920ff., der mit einem Spendenaufruf für Noël Martin endete.

3 In der Wochenzeitschrift »Die Zeit« vom 3. Dezember 2015 (S. 9) wird Rautenberg in dem Artikel »Ein Land in Flammen«, der sich mit den zahlreichen Anschlägen auf Flüchtlingsheime befasst, damit zitiert, dass »ein breites politisches Bündnis von rechts bis links« erforderlich sei.

4 Neonazis aus Brandenburg und Berlin hatten sich 1999/2000 als *National-Revolutionäre Zellen* organisiert, um bewaffnete Angriffe auf Linke durchzuführen. Vgl. den Beitrag von Heike Kleffner in diesem Band.

5 Vgl. den Beitrag von Heike Kleffner in diesem Band.

6 Vgl. Erardo Cristoforo Rautenberg: Zur »Abwehr verfassungswidriger Bestrebungen« in §86 III StGB, in: Goltdammer's Archiv für Strafrecht 8/2003, S. 623–632.

7 Nachdem der Haupttäter im ersten Prozess um den Brandanschlag im November 1992 auf das geplante Flüchtlingsheim in Dolgenbrodt im Juni 1994 freigesprochen worden war, kam es 1996 zu einem erneuten Verfahren und einer Verurteilung am Landgericht Potsdam.

8 Vgl. Andreas Müller: Schluss mit der Sozialromantik! Ein Jugendrichter zieht Bilanz, 4. Aufl., Freiburg i. Br. 2013.

»DAS HABEN WIR ALLES SCHON MAL ERLEBT«

1 Der angolanische Vertragsarbeiter Amadeu Antonio wurde in der Nacht vom 24. auf den 25. November 1990 von etwa 50 rechtsextremen Jugendlichen in Eberswalde mit Baseballschlägern angegriffen. Er starb zwei Wochen später.

2 Michael Kühnen war ein führender Kopf der militanten westdeutschen Neonazis und betrieb maßgeblich den Aufbau rechtsextremer Strukturen in der ehemaligen DDR.

3 Vom 17. bis zum 23. September 1991 belagerten bis zu 500 Menschen ein Wohnheim für Vertragsarbeiter und eine Flüchtlingsunterkunft in Hoyerswerda. Die Polizei konnte die Ausschreitungen nicht stoppen.

4 Die Baracken 38 und 39, die gemeint sind, waren Teil des Konzentrationslagers Sachsenhausen. Bei der Errichtung der Gedenkstätte 1961 wurden sie als »Museum der Leiden und des Widerstandskampfes des jüdischen Volkes« rekonstruiert. Im September 1992 wurden die Baracken von Neonazis niedergebrannt.

5 Manfred Stolpe war bis 1989 ein führender Vertreter der Evangelischen Kirchen in der

DDR. Von 1990 bis 2002 amtierte er für die SPD als Ministerpräsident des Landes Brandenburg.

6 Antifaschismus war ein zentrales Element des nationalen Selbstbildes der DDR und ein fester Bestandteil des politischen Alltags. Es zeigte sich jedoch, dass Antifaschismus nicht verordnet, wohl aber politisch instrumentalisiert werden kann.

7 Bernd Wagner ist ein ostdeutscher Kriminalist und Experte zum Thema Rechtsradikalismus. Er befasste sich mit dem Thema Neonazismus in der DDR bereits zur Zeit ihres Bestehens.

8 Im Mai 1993 beschloss der Deutsche Bundestag unter Zustimmung aller großen Parteien die Neuregelung des Asylrechts. Im sogenannten »Asylkompromiss« wurde das Grundrecht auf Asyl stark eingeschränkt. Kritiker sahen darin ein Einlenken zugunsten des beschriebenen »Mobs«.

9 Der britisch-jamaikanische Bauunternehmer Nöel Martin wurde am 16. Juni 1996 Opfer eines rassistischen Anschlags im brandenburgischen Mahlow. Er ist seitdem querschnittsgelähmt.

10 *Die Republikaner (REP)* sind eine 1983 in München gegründete Partei, die von 1992 bis 2007 vom Verfassungsschutz als rechtsextrem eingestuft und beobachtet wurde.

11 Die *Deutsche Alternative (DA)* war eine 1989 auf Initiative von Michael Kühnen gegründete, neonazistische Kleinpartei. Sie war vor allem im Süden und Osten Brandenburgs stark vertreten. Vgl. den Beitrag von Gideon Botsch zur Entstehung des Rechtsextremismus in Brandenburg.

12 Frank Hübner war Bundesvorsitzender der *Deutschen Alternative*. Er ist Mitglied der *NPD*, für die er bis 2014 Stadtverordneter in Cottbus war.

13 Der parteilose Diplomat und Politiker Hans Otto Bräutigam war von 1990 bis 1999 Brandenburgs Minister für Justiz, Bundes- und Europaangelegenheiten.

14 Alwin Ziel, Jurist, Lehrer und Politiker der SPD, war von 1990 bis 1999 Minister des Innern des Landes Brandenburg.

15 Der stellvertretende *NPD*-Bundesvorsitzende Frank Schwerdt gilt als Schlüsselfigur rechtsextremer Bildungsarbeit.

16 Über mehrere Monate quälten und erniedrigten 1993 Beamte der Polizeiwache in Bernau 14 Vietnamesen und einen Mann aus Polen. Der Skandal flog erst auf, als deutsche Freunde der Opfer diese zu Aussagen ermutigten. Vier der Täter wurden zu Bewährungsstrafen verurteilt. Eines der Opfer wurde noch vor Beginn des Prozesses abgeschoben.

17 Jörg Schönbohm ist Politiker der CDU und Generalleutnant a. D. der Bundeswehr. Er blieb bis 2009 Innenminister, war zeitweilig stellvertretender Landeschef und ist heute Ehrenvorsitzender der Brandenburger CDU.

18 Otto Schily, Rechtsanwalt und SPD-Politiker, war von 1998 bis 2005 Bundesminister des Innern.

19 Von der Residenzpflicht betroffene Asylbewerber oder Geduldete dürfen sich nur in einem von der Ausländerbehörde festgelegten Bereich aufhalten.

ANDREA RÖPKE: DROHT EINE NEUE WELLE RECHTER GEWALT?

1 Diese Gruppe ist nicht zu verwechseln mit einer gleichnamigen, größeren Facebook-Gruppe, die nicht durchgehend Großbuchstaben verwendet und nicht rechts orientiert ist.

2 Zu dieser Gruppe vgl. Autonome Pressegruppe: Den Weissen Wölfen Terror machen, o. O. 2013, S. 22.

3 Vgl. www.facebook.com/832902470109048/photos/a.832908216775140.1073741827.832902470109048/957204624345498/?type=3&theater.

4 Olaf Sundermeyer: Gewalt folgt auf Hetze, rbb aktuell, 24.11.2015, unter: www.rbb-online.de/politik/beitrag/2015/11/kommentar-rechte-gewalt-brandenburg-25-jahre-anschlag-amadeu-ant.html.

5 Vgl. Alexander Fröhlich: Gewalt gegen Flüchtlinge steigt rapide, in: Potsdamer Neueste Nachrichten, 30.11.2015, unter: www.pnn.de/brandenburg-berlin/1028474/.

6 Vgl. http://andrea-johlige.com/nachgefragt-angriffe-auf-fluechtlinge-und-ihre-unterkuenfte-im-3-quartal-2015/.

7 Vgl., auch zum Folgenden, https://presseservicern.wordpress.com/2015/05/30/nauen-hasstiraden-bei-gestriger-demonstration-entlarven-burgerinitiative/.

8 Martin Niewendick: Pegida hat in Köln mitgestochen, in: Der Tagesspiegel, 17.10.2015, unter: www.tagesspiegel.de/politik/messerangriff-auf-henriette-reker-pegida-hat-in-koeln-mitgestochen/12463410.html.

9 Vgl. Jörg Diehl: Der einsame Hass des Frank S., Spiegel Online, 21.10.2015, unter: www.spiegel.de/panorama/justiz/henriette-reker-koeln-attentaeter-frank-s-war-vorbestraft-a-1058854.html.

10 »Attentat auf die Kölner OB-Kandidatin ist symptomatisch für Deutschland«. Interview mit Andreas Zick, in: Kölner Stadtanzeiger, 18.10.2015, unter: www.ksta.de/politik/sozialpsychologe-andreas-zick--attentat-auf-die-koelner-ob-kandidatin--ist-symptomatisch-fuer-deutschland,15187246,32187720.html.

11 Ganz weit rechts. Was steckt hinter der Partei »Der III. Weg«?, 3sat, 12.10.2015, unter: www.3sat.de/page/?source=/kulturzeit/themen/183648/index.html.

12 Der Dritte Weg – Aufbau Ost, in: Wut im Bauch, 2015, unter: http://wutimbau.ch/article/der-dritte-weg-aufbau-ost/.

13 Johannes Hartel u. a.: Der Dritte Weg, in: Antifaschistisches Infoblatt 108 (3/2015).

14 Zit. nach: Svenna Berger: »NO TDZZ« in Neuruppin, in: Der rechte Rand 155 (Juli/August 2015), S. 9

15 Christian Fuchs/Daniel Müller: Die weißen Brüder, in: Die Zeit, 11.4.2013, unter: www.zeit.de/2013/16/nsu-helfer-eminger-zwillinge/seite-5.

16 Sascha Lobo: Nennt sie endlich Terroristen, Spiegel Online, 29.7.2015, unter: www.spiegel.de/netzwelt/web/hetze-gegen-auslaender-im-internet-nennt-sie-terroristen-a-1045831.html.

17 Vgl. Alexander Neubacher. Wie Deutschland seine politische Mitte verliert, Spiegel Online, 12.12.2015, unter: www.spiegel.de/politik/deutschland/wie-deutschland-seine-politische-mitte-verliert-kommentar-a-1067438.html.

18 Vgl. Brandenburg ist deutsche Neonazi-Hochburg, n-tv, 23.7.2015, unter: www.n-tv.de/politik/Brandenburg-ist-deutsche-Neonazi-Hochburg-article15582531.html.

19 Bundesamt für Verfassungsschutz: Gefahr eines bewaffneten Kampfes deutscher Rechtsextremisten – Entwicklungen von 1997 bis Mitte 2004, Rechtsextremismus Nr. 21, Juli 2004, S. 46, unter: https://nsuleaks.wordpress.com/2012/07/09/bfv-gefahr-eines-bewaffneten-kampfes-deutscher-rechtsextremisten-entwicklungen-von-1997-bis-mitte-2004/.

20 Ebd.

21 Karsten Polke-Majewski: Lasst die Brandstifter nicht davonkommen, Zeit Online, 3.12.2015, unter: www.zeit.de/politik/deutschland/2015-11/fluechtlinge-gewalt-brandanschlag-extremismus.

22 Vgl. Es brennt in Deutschland, Zeit Online, 3.12.2015, unter: www.zeit.de/politik/deutschland/2015-11/rechtsextremismus-fluechtlingsunterkuenfte-gewalt-gegen-fluechtlinge-justiz-taeter-urteile.

ABBILDUNGSNACHWEIS

Andreasch, Robert 141
Antifaschistisches Bildungszentrum und Pressearchiv Berlin (apabiz) 97, 239, 243
Archiv der Herausgeberinnen 123, 126, 185, 221
Arlt, Werner 46
Bergemann, Sybille / OSTKREUZ 103
Ditsch, Christian 87
dpa 173, 199
Gust, Dietmar 197
ullsteinbild 23 (Foto: Markert), 36, 59 (Foto: Wyludda), 64, 101, 227 (Foto: Jäzosch)
Weisflog, Rainer 33, 149, 155
ZB-Fotoreport 163

SACHREGISTER

Kursive Seitenzahlen verweisen auf Bildunterschriften.

PERSONENREGISTER

Personen, deren Namen geändert wurden, sind nicht verzeichnet.
Kursive Seitenzahlen verweisen auf Bildunterschriften.

DIE AUTORINNEN UND AUTOREN

MAIK BAUMGÄRTNER, Journalist und Autor, arbeitet u. a. für »Der Spiegel« und das Deutschlandradio mit dem Schwerpunkt Innere Sicherheit. Mit Marcus Böttcher veröffentlichte er »Das Zwickauer Terror-Trio. Ereignisse, Szene, Hintergründe« (Berlin 2012).

DAVID BEGRICH, Theologe und Sozialwissenschaftler, arbeitet seit 1998 bei Miteinander e.V. in der Arbeitsstelle Rechtsextremismus in Magdeburg. Er schreibt u. a. für die »Blätter für deutsche und internationale Politik«.

ALMUTH BERGER, Theologin, war ab 1990 Ausländerbeauftragte der letzten DDR-Regierung. 1991 wurde sie zur Ausländerbeauftragten des Landes Brandenburg berufen und übte dieses Amt bis 2006 aus.

PRIV. DOZ. DR. GIDEON BOTSCH, Politikwissenschaftler, forscht am Moses Mendelssohn Zentrum für europäisch-jüdische Studien in Potsdam über Rechtsextremismus und Antisemitismus. Er veröffentlichte u. a. »Die extreme Rechte in der Bundesrepublik 1949 bis heute« (Darmstadt 2012).

JEANNETTE GODDAR, seit 1990 Journalistin, schreibt u.a. für die »Berliner Zeitung«, die »Süddeutsche Zeitung« und »die tageszeitung«. Mit Dorte Huneke gab sie »Auf Zeit. Für immer. Zuwanderer aus der Türkei erinnern sich« (Köln 2011) heraus.

ULLI JENTSCH ist Mitarbeiter des Antifaschistischen Pressearchivs und Bildungszentrums (apabiz) in Berlin.

HEIKE KLEFFNER, Journalistin und Mitglied des Beirats der Mobilen Opferberatung, hat zahlreiche Beiträge über Neonazis veröffentlicht. Mit Frank Jansen betreut sie das publizistische Projekt »Todesopfer rechter Gewalt«. Sie arbeitet als Referentin der Fraktion DIE LINKE im Deutschen Bundestag mit dem Schwerpunkt *NSU*.

PROF. DR. CHRISTOPH KOPKE ist Professor für Politikwissenschaft und Soziologie am Fachbereich Polizei und Sicherheitsmanagement der Hochschule für Wirtschaft und Recht in Berlin. Von 2013 bis 2015 leitete er am Moses Mendelssohn Zentrum für europäisch-jüdische Studien in Potsdam das Forschungsprojekt »Überprüfung umstrittener Altfälle Todesopfer rechtsextremer und rassistischer Gewalt im Land Brandenburg seit 1990«.

MARIE KWIATEK ist aktiv in antifaschistischen Gruppen und recherchiert zu neonazistischen Strukturen in Brandenburg.

DIRK LAABS, Journalist, Filmemacher und Autor, hat zahlreiche Bücher und Dokumentarfilme veröffentlicht. Mit Stefan Aust publizierte er »Heimatschutz. Der Staat und die Mordserie des NSU« (München 2014).

UTA LEICHSENRING, Ökonomin, war zwischen 1991 und 2002 Polizeipräsidentin in Eberswalde. Von 2005 bis 2014 leitete sie die Außenstelle der Stasiunterlagenbehörde in Halle. Sie ist Vorsitzende der Barnim-Uckermark-Stiftung und Mitglied des Aktionsbündnisses gegen Gewalt, Rechtsextremismus und Fremdenfeindlichkeit.

MANJA PRÄKELS, Schriftstellerin und Musikerin, war in den 1990er-Jahren Lokalreporterin der »Märkischen Allgemeinen Zeitung«. Mit Karsten Krampitz und Markus Liske gab sie »Kaltland. Eine Sammlung« (Berlin 2011) und, mit Markus Liske, »Vorsicht Volk!« (Berlin 2015) heraus.

PROF. DR. ERARDO CRISTOFORO RAUTENBERG ist seit 1996 Generalstaatsanwalt des Landes Brandenburg. Er gehört u. a. dem Aktionsbündnis gegen Gewalt, Rechtsextremismus und Fremdenfeindlichkeit an und hat zahlreiche Beiträge über Rechtsextremismus, zur Rechtspolitik und zur Rechtsgeschichte veröffentlicht.

ANDREA RÖPKE ist Journalistin und hat seit 1990 zahlreiche Bücher und Beiträge über die extreme Rechte publiziert. Mit Andreas Speit veröffentlichte sie u. a. »Blut und Ehre. Geschichte und Gegenwart rechter Gewalt in Deutschland« (Berlin 2013).

CHRISTOPH SCHULZE ist Kommunikationswissenschaftler und Journalist. Er arbeitet für das Aktionsbündnis gegen Gewalt, Rechtsextremismus und Fremdenfeindlichkeit und für das Antifaschistische Pressearchiv und Bildungszentrum (apabiz) in Berlin. Er hat zahlreiche Beiträge über Neonazis in Brandenburg veröffentlicht.

ANNA SPANGENBERG ist seit 2006 Geschäftsführerin des brandenburgischen Aktionsbündnisses gegen Gewalt, Rechtsextremismus und Fremdenfeindlichkeit. Davor leitete sie die Mobile Beratung gegen Rechtsextremismus in Thüringen (MOBIT), die sie ab 2000 mit aufgebaut hatte.

ANTONIA VON DER BEHRENS ist Rechtsanwältin und Nebenklagevertreterin der Hinterbliebenen des im Jahr 2006 in Dortmund ermordeten Mehmet Kubaşık im Strafverfahren gegen Beate Zschäpe und andere vor dem Oberlandesgericht München.

MICHAEL WEISS arbeitet für NSU Watch, die Agentur für Soziale Perspektiven (ASP) und das Antifaschistischen Pressearchiv und Bildungszentrum (apabiz). Verschiedene Veröffentlichungen zu den Themen Rechtsrock und *NSU*, u. a. auf dem Blog NSU Watch »Der NSU im Netz von Blood & Honour und Combat 18«.

SIMONE WENDLER, Chemikerin, wechselte 1989 in den Journalismus. Als Chefreporterin der »Lausitzer Rundschau« berichtet sie seit 2000 regelmäßig auch über die rechte Szene im Süden Brandenburgs.